Persönlichkeitsschutz und Geldersatz im deutschen und spanischen Zivilrecht

Schriften der Deutsch-Spanischen Juristenvereinigung

Band 17

PETER LANG
Frankfurt am Main · Berlin · Bern · Bruxelles · New York · Oxford · Wien

Jan Hückel

Persönlichkeitsschutz und Geldersatz im deutschen und spanischen Zivilrecht

PETER LANG
Europäischer Verlag der Wissenschaften

Bibliografische Information Der Deutschen Bibliothek
Die Deutsche Bibliothek verzeichnet diese Publikation in der Deutschen Nationalbibliografie; detaillierte bibliografische Daten sind im Internet über <http://dnb.ddb.de> abrufbar.

Zugl.: Würzburg, Univ., Diss., 2004

D 20
ISSN 1433-884X
ISBN 3-631-54981-4

www.peterlang.de

Vorwort

Die vorliegende Arbeit wurde im Wintersemester 2003/2004 von der Juristischen Fakultät der Bayerischen Julius-Maximilians-Universität Würzburg als Dissertation angenommen. Sie berücksichtigt den Stand von Rechtsprechung und Literatur in Spanien bis Mitte 2002 und in Deutschland bis Ende 2003. Noch vor Drucklegung konnten das Urteil des EGMR zu *Caroline von Monaco* aus dem Jahre 2004 und Teile der darauf folgenden Auseinandersetzung in der Literatur in den deutschen Teil der Arbeit eingefügt werden.

An dieser Stelle geht mein herzlicher Dank an meine „Doktormutter“ Frau Prof. Dr. Eva-Maria Kieninger! Sie hat die Arbeit stets mit Interesse verfolgt und stand mir für Fragen und Probleme immer mit wertvollen Ratschlägen und Unterstützung zur Seite. Herrn Prof. Dr. Olaf Sosnitza danke ich für die Erstellung des Zweitgutachtens!
Ferner gilt mein Dank allen, die an der Entstehung der Arbeit tatkräftig mitgewirkt haben, insbesondere meinem Vater, Herrn Dr. Helmut Hückel für die Schlussdurchsicht! Der Deutsch-Spanischen Juristenvereinigung danke ich für die Aufnahme in ihre Schriftenreihe und den gewährten Druckkostenzuschuss. Besonderer Dank gebührt schliesslich meiner Familie, die mich bei allen meinen privaten und beruflichen Vorhaben immer unterstützt hat und die dabei immer hinter mir stand! Ohne sie wäre diese Arbeit nicht möglich gewesen.

Werne a.d. Lippe, im Herbst 2005 — Jan Hückel

Inhaltsübersicht

Inhaltsverzeichnis

Abkürzungsverzeichnis

a.A.	anderer Ansicht
a.F.	alte Fassung
Abs.	Absatz
AC	Actualidad Civil
AcP	Archiv für die civilistische Praxis
ADC	Anuario de Derecho civil
AfP	Archiv für Presserecht
Anh.	Anhang
Anm.	Anmerkung
Art.	Artikel bzw. artículo
Aufl.	Auflage
Bd.	Band
Begr.	Begründer
BGB	Bürgerliches Gesetzbuch
BGH	Bundesgerichtshof
BGHZ	Entscheidungen des Bundesgerichtshofes in Zivilsachen
BVerfG	Bundesverfassungsgericht
bzw.	beziehungsweise
C.C.	Código Civil
C.E.	Constitución Española
CCJC	Cuadernos Civitas de Jurisprudencia Civil
CDJ	Cuadernos de Derecho Judicial
d.h.	das heißt
DJT	Deutscher Juristentag
DRiZ	Deutsche Richterzeitung
EGMR	Europäischer Gerichtshof für Menschenrechte
EMRK	Europäische Menschenrechtskonvention
etc.	et cetera
EWiR	Entscheidungen zum Wirtschaftsrecht
f.	und die folgende Seite bzw. der folgende Paragraph

FamRZ	Familienrechtszeitschrift
ff.	und die folgenden Seiten bzw. die folgenden Paragraphen
Fn.	Fußnote
FS	Festschrift
gem.	gemäß
GG	Grundgesetz
GRUR	Gewerblicher Rechtsschutz und Urheberrecht
GRUR Int.	Gewerblicher Rechtsschutz und Urheberrecht Internationaler Teil
GS	Großer Senat
h.M.	herrschende Meinung
Hrsg.	Herausgeber
i.S.d.	im Sinne des
i.V.m.	in Verbindung mit
JA	Juristische Arbeitsblätter
JR	Juristische Rundschau
Jura	Jura Juristische Ausbildung
JuS	Juristische Schulung
JZ	Juristenzeitung
KUG	Kunsturheberrechtsgesetz
L.O.	Ley Orgánica
LG	Landgericht
MDR	Monatsschrift für deutsches Recht
n.F.	neue Fassung
NEJ	Nueva Enciclopedia Jurídica
NJW	Neue Juristische Wochenschrift
Nr.	Nummer

o.g.	oben genannt
OLG	Oberlandesgericht
OR	Obligationenrecht
RabelsZ	Rabels Zeitschrift für ausländisches und internationales Privatrecht
RDP	Revista de Derecho privado
RDPrivato	Rivista di Diritto privato
REDA	Revista Española de Derecho Administrativo
RGLJ	Revista General de Legislación y Jurisprudencia
RGZ	Amtliche Sammlung von Entscheidungen des Reichsgerichts in Zivilsachen
Rn.	Randnummer
S.	Seite
SAP	Sentencia de Audiencia Provincial
sog.	so genannte
STC	Sentencia del Tribunal Constitucional
STS	Sentencia del Tribunal Supremo
u.a.	unter anderem
u.U.	unter Umständen
UrhG	Urheberrechtsgesetz
v.a.	vor allem
VersR	Versicherungsrecht, Juristische Rundschau für die Individualversicherung
vgl.	vergleiche
z.B.	zum Beispiel
z.T.	zum Teil
ZEuP	Zeitschrift für europäisches Privatrecht
ZRP	Zeitschrift für Rechtspolitik
ZUM	Zeitschrift für Urheber- und Medienrecht

Einleitung, Problemstellung und Gang der Untersuchung

„Honra y dinero no caminan por el mismo sendero." „Ehre und Geld gehen" - nach diesem alten spanischen Sprichwort - „nicht den gleichen Weg." Wie in Spanien entsprach es lange Zeit auch der herrschenden Meinung in Deutschland, bei Verletzungen der Ehre aufgrund ihrer unschätzbaren Bedeutung einen Ersatz in Geld abzulehnen: Bei Schaffung des deutschen BGB gegen Ende des 19. Jahrhunderts galt allgemein, dass derjenige wenig Ehre zu verlieren habe, der ihre Verletzung durch eine Klage auf Geld zu reparieren suchte.[1] Man verzichtete daher darauf, die „Ehre" in § 823 Abs. 1 BGB ausdrücklich zu schützen. Dem Betroffenen blieb nur eine Ehrenerklärung, eine Entschuldigung des Anderen oder gar das Duell, um seine verletzte Ehre wieder herzustellen. Während das BGB diesbezüglich seit seiner Entstehung vor knapp einem Jahrhundert unverändert blieb und sämtliche Reformbemühungen folgenlos waren, hat sich die gesellschaftliche Beurteilung der Ersatzfähigkeit von Ehr- und anderen Persönlichkeitsverletzungen im Laufe der Zeit grundlegend gewandelt: Man ist nicht nur von der idealistischen Auffassung abgewichen, Persönlichkeitsverletzungen seien in Geld nicht messbar, sondern sieht sich modernen Massenmedien gegenüber, die auf Kosten von Menschenwürde, Ehre und Privatsphäre - vorzugsweise Prominenter - ihren Absatz erhöhen möchten.[2] Der ständig steigende Wettbewerb um Anzeigen, Auflagen und Einschaltquoten wird mit Einzelheiten aus dem Intimleben bekannter Persönlichkeiten, sensationellen Enthüllungsgeschichten oder einzigartigen Exklusivphotos geführt.[3] Angesichts dieser Bedrohung stellt sich die Frage nach der Antwort der Rechtsordnung, die der BGH in seinen Entscheidungen zu *Caroline von Monaco*[4] und *Marlene Dietrich* in Deutschland in eine neue Richtung gelenkt hat. Bei der Bearbeitung dieser Frage empfiehlt sich ein Rechtsvergleich mit dem spanischen Recht. Dies erscheint nämlich zum Einen deshalb lohnenswert, weil dort eine in der deutschen Diskussion zum Teil erhobene Forderung bereits verwirklicht wurde: In Spanien widmet sich seit 1982 ein spezielles Gesetz dem Schutz der Persönlichkeit, das L.O. 1/1982. Zum Anderen finden sich diesbezügliche Rechtsvergleiche mit Spanien nur sehr vereinzelt. Soeben erschien mit *Koch* („Ehren- und Persönlichkeitsschutz im spanischen Privatrecht", 2002) der erste dieser Art. Vielfach zieht man in diesem Zusammenhang nur das US-amerikanische, englische und fran-

---

1 *Mugdan II*, Kom.-Ber., S. 1297.

2 *Prinz*, ZRP 2000, S. 138.

3 *Leutheusser-Schnarrenberger*, FS Engelschall, S. 14; *Prinz*, NJW 1995, S. 817.

4 Seit ihrer Hochzeit mit Prinz Ernst-August von Hannover heisst die monegassische Prinzessin Caroline von Hannover. Im allgemeinen Sprachgebrauch ist aber ihr ursprünglicher Name Caroline von Monaco nach wie vor üblich, so dass auch hier dieser Name verwendet wird.

zösische Recht heran, ein Blick auf Spanien wird kaum gewagt.[5] Die deutsche und die spanische Rechtsordnung sind dabei unter zwei Aspekten zu betrachten: zunächst ist zu fragen, unter welchen Voraussetzungen eine Persönlichkeitsverletzung nach deutschem und spanischem Recht vorliegt. Im Anschluss daran ist zu prüfen, welche Möglichkeiten, insbesondere welche Rechtsfolgen und Ansprüche, die Rechtsordnungen in Deutschland und Spanien dem Betroffenen zur Verfügung stellen, um Persönlichkeitsverletzungen wirksam zu begegnen.

Nach diesem Schema erfolgt auch hier die Untersuchung: Der erste Teil der Arbeit soll sich dem Tatbestand einer Persönlichkeitsverletzung widmen. Um zunächst einen allgemeinen Überblick zur Struktur und Ausgestaltung des Persönlichkeitsschutzes in Deutschland und Spanien zu gewinnen, behandelt dieser Teil zuerst die Grundlagen des jeweiligen Schutzes. In einem kurzen Rechtsvergleich werden sodann die fundamentalen Unterschiede zwischen dem deutschen und dem spanischen Recht gezeigt. Es ist dann im Folgenden detailliert die Frage zu klären, unter welchen Voraussetzungen eine Persönlichkeitsverletzung nach deutschem und spanischem Recht vorliegt.

Im deutschen Recht sind in diesem Zusammenhang insbesondere die verschiedenen Ausprägungen des allgemeinen Persönlichkeitsrechts zu beachten, welches seit der „*Leserbrief*"-Entscheidung[6] aus dem Jahre 1954 die Praxis des Persönlichkeitsschutzes bestimmt. Seine verschiedenen Ausprägungen und Fallgruppen haben dabei in erster Linie den Schutz vor öffentlichen Herabsetzungen, den Schutz des Privatlebens, den Schutz des Rechts am eigenen Bild und am Namen sowie den Schutz vor kommerzieller Nutzung zum Inhalt. Zur leichteren Einordnung des entsprechenden spanischen Persönlichkeitsschutzes erfolgt jeweils im Anschluss an die Darstellung des deutschen Rechts ein kurzer Hinweis auf das dortige Recht, ohne dabei jedoch die jeweiligen Besonderheiten vorwegzunehmen.

Hinsichtlich der Rechtslage in Spanien ist besonders auf das bereits genannte Gesetz L.O. 1/1982 hinzuweisen, das sich detailliert mit dem zivilrechtlichen Persönlichkeitsschutz auseinander setzt. Es stellt sich aber die Frage, ob dieses Gesetz einen umfänglichen Persönlichkeitsschutz gewährleisten kann oder ob trotz einer ausdrücklichen Regelung Schutzlücken verbleiben. Während man in Deutschland den Persönlichkeitsschutz durch ein umfassendes allgemeines Persönlichkeitsrecht sicherstellen möchte, verfolgt die spanische Variante eine andere Konzeption, nämlich durch besondere Persönlichkeitsrechte. Es wird zu untersuchen sein, welche Lösung mehr Vorteile verspricht. Damit zusammen hängt die Frage nach den Vor- und Nachteilen einer Kodifikation in Deutschland, die bereits mehrfach gefordert, aber nie Wirklichkeit geworden ist. Am spanischen Beispiel ist ferner zu erörtern, wie Tatbestände gefasst sein sollen,

---

5 Vgl. *von Gerlach*, JZ 1998, S. 743 ff.; *von Gerlach*, AfP 2001, S. 1 ff.
6 BGH NJW 1954, 1404 – „Leserbrief".

die Persönlichkeitsverletzungen regeln. Genügt eine Generalklausel oder empfiehlt sich die Normierung vieler einzelner Verhaltensweisen? Besonderheiten ergeben sich sowohl in Spanien als auch in Deutschland bei Prominenten. Da die Allgemeinheit ein Interesse an deren Unternehmungen hat, ist zu klären, ob und unter welchen Voraussetzungen sie die ungenehmigte Berichterstattung über ihr Leben zu dulden haben. Es ist außerdem auf die Rolle der Medien und die Pressefreiheit einzugehen, die in einem demokratischen Rechtsstaat als „vierte Gewalt" eine - in Deutschland und Spanien gleichermaßen anerkannte und grundrechtlich geschützte - existentielle Rolle spielen.[7] In beiden Ländern stellt sich außerdem zunehmend die Frage nach der Rechtmäßigkeit der ungenehmigten kommerziellen Nutzung Prominenter, z.B. für die Werbung. Da sie bei der Vermarktung ihrer Persönlichkeit auf öffentliche Darstellung und *Publicity* angewiesen sind, gestatten viele Prominente den Medien oftmals freiwillig den sprichwörtlichen Blick in ihr Schlafzimmer.[8] Was ist aber, wenn sie sich plötzlich ins Private zurückziehen möchten? Haben sie dann - trotz ihrer bisherigen Freizügigkeit und entgegen ihrem früheren Verhalten - ein Recht, in Ruhe gelassen zu werden?

Der erste Teil schließt mit einem Rechtsvergleich hinsichtlich des Persönlichkeitsschutzes und den daraus zu ziehenden Folgerungen für das deutsche Recht. An dieser Stelle ist insbesondere zu untersuchen, ob das spanische L.O. 1/1982 Lösungen für Probleme bieten kann, die in Deutschland im Zusammenhang mit Persönlichkeitsverletzungen regelmäßig auftreten.

Im zweiten Teil der Arbeit geht es dann um die Rechtsfolgen bei einer Persönlichkeitsverletzung. Zunächst wird zu untersuchen sein, welche allgemeinen Maßnahmen dem Betroffenen in Deutschland und in Spanien zur Verfügung stehen, ohne dabei schon konkret auf die besondere Problematik eines Ersatzes in Geld für immaterielle Schäden einzugehen. In diesem Zusammenhang ist die Beantwortung der Frage interessant, welches Recht dem Betroffenen mehr Möglichkeiten bietet, einer Verletzung entgegen zu treten - das deutsche oder das spanische. Dieser Abschnitt endet erneut mit einem Rechtsvergleich und den sich daraus ergebenden Folgerungen für das deutsche Recht.

Danach widmet sich die Arbeit schließlich dem eingangs geschilderten Problem: Passen Geldersatz und Persönlichkeitsschutz überhaupt zusammen? Zunächst ist hier das deutsche Recht näher zu betrachten, das keine ausdrückliche Anspruchsgrundlage für einen solchen Ersatz vorsieht. Im Gegenteil: §§ 253 a.F., 847 a.F. BGB sehen vielmehr einen Ersatz immaterieller Schäden nur bei Körper- und Gesundheitsverletzungen sowie bei Verletzungen der Freiheit und der sexuellen Selbstbestimmung vor,[9] nicht aber bei Persönlichkeitsverletzungen.

---

7 *Seitz (I)*, NJW 1997, S. 3216.

8 *Poll*, ZUM 1988, S. 454.

9 § 253 a.F. BGB ist mittlerweile in § 253 Abs. 1 n.F. BGB aufgegangen. § 847 a.F. BGB wurde in § 253 Abs. 2 n.F. BGB übernommen. Da sich die wissenschaftliche Auseinan-

Dies hindert die Rechtsprechung jedoch nicht daran, dem Betroffenen seit der „*Herrenreiter*“-Entscheidung[10] einen Ersatz immaterieller Schäden auch bei Persönlichkeitsverletzungen zukommen zu lassen. Es stellt sich die Frage, mit welcher Begründung die Rechtsprechung diese Hürde umgehen kann. Verlässt sie damit nicht den Boden des deutschen Zivilrechts?
Des Weiteren wird auf die Funktionen des Geldersatzes einzugehen sein. Soll er lediglich den erlittenen Schmerz beim Betroffenen ausgleichen oder ihn auch vor weiteren Verletzungen schützen? Dieser Gedanke klingt nach zivilrechtlicher Prävention und Strafe, womit die Problematik zusammenhängt, ob dies Aufgabe des Zivilrechts sein kann. Zuletzt ist auf die alternativen Lösungsmöglichkeiten einzugehen, die in der deutschen Literatur angesichts der vermeintlichen Unvereinbarkeit des Geldersatzes bei Persönlichkeitsverletzungen mit der deutschen Zivilrechtsdogmatik diskutiert werden.
Im Anschluss an den deutschen Teil folgt die Untersuchung der Frage, wie die eben geschilderten Probleme in Spanien gelöst werden. Hinsichtlich der Herleitung eines Geldersatzanspruchs bei Persönlichkeitsverletzungen tut man sich in Spanien leichter: Dort ist dieser Anspruch gesetzlich vorgesehen. Es bleiben aber trotz der gesetzlichen Regelung offene Fragen. Unklar ist beispielsweise, ob man den Schadensersatz dort als Ausgleich für erlittene Unbill oder als präventiv wirkende Warnung vor weiteren Verletzungen verstehen kann; oder ob er in erster Linie der Abschöpfung von Vermögensvorteilen beim Verletzer zugunsten des Betroffenen dienen soll. Im Bemühen um eine möglichst objektive Bemessung der Schadensersatzhöhe stellt das spanische Gesetz ausdrückliche Kriterien auf. Hier ist die Frage zu stellen, in wie weit diese Bemessungskriterien für die Praxis geeignet sind.
An die Untersuchung des spanischen Rechts zu den geschilderten Schwierigkeiten schließt sich erneut ein Rechtsvergleich an. Dieser endet mit Überlegungen, wie man bestimmte Erfahrungen aus dem spanischen Recht für hierzulande unzureichend geklärte Probleme nutzen kann.

---

dersetzung seit Anfang der 1960-er Jahre an den bisherigen Paragraphen orientierte, wird diese Form auch hier beibehalten, um Verwirrungen zu vermeiden.

10 BGH NJW 1958, 827 - „Herrenreiter“.

1. Teil:

Persönlichkeitsverletzungen im deutschen und spanischen Recht

Sowohl in Deutschland als auch in Spanien stehen Personen im Mittelpunkt von Medienveröffentlichungen. Über diese wird berichtet, sie erscheinen in Bildern, über sie werden Werturteile gefällt. Nicht immer sind diese Veröffentlichungen aber im Interesse der jeweilig Betroffenen. Für sie stellt sich in diesen Fällen die Frage, ob und unter welchen Voraussetzungen die Medien ohne ihre Einwilligung über sie in Bild, Ton oder Wort berichten dürfen.
Die Beantwortung dieser Frage, nämlich die Ausgestaltung des zivilrechtlichen Persönlichkeitsschutzes im deutschen und spanischen Recht soll den ersten Schwerpunkt der vorliegenden Arbeit bilden. Dabei soll zunächst ein grober Überblick über die Grundlagen des Persönlichkeitsschutzes in Deutschland und Spanien gegeben werden.

A. Grundlagen des deutschen Persönlichkeitsschutzes: Das allgemeine Persönlichkeitsrecht

Der zivilrechtliche Persönlichkeitsschutz im deutschen Recht fußt im Wesentlichen auf der Rechtsprechung zum allgemeinen Persönlichkeitsrecht („Persönlichkeitsschutz ist Richterrecht.“[11]). Das allgemeine Persönlichkeitsrecht hat danach verschiedene Ausprägungen, die vor unterschiedlichen Persönlichkeitsverletzungen Schutz bieten können. Daneben schützen aber auch besonders normierte Tatbestände vor Persönlichkeitsbeeinträchtigung durch Medienberichterstattung, z.B. das Recht am eigenen Bild (§§ 22 ff. KUG) und das Namensrecht (§ 12 BGB).

I. Herleitung

Das deutsche Privatrecht kennt - anders als das spanische - keine ausdrückliche gesetzliche Bestimmung, die den Einzelnen allgemein davor schützt, von anderen in seiner Individualität und Entfaltung beeinträchtigt zu werden.[12] Unter den Rechtsgütern des § 823 Abs. 1 BGB fehlt ein allgemeines Persönlichkeitsrecht in der Aufzählung. Grund dafür ist nicht etwa ein gesetzgeberisches Versehen, sondern der erklärte Wille des BGB-Gesetzgebers am Ende des 19. Jahrhunderts, ein allgemeines Persönlichkeitsrecht nicht anzuerkennen, da es nicht „hinreichend klar“ bestimmt werden könne.[13] Der Gesetzgeber wählte diesen Weg,

[11] *Gounalakis*, AfP 1998, S. 10.
[12] MünchKommBGB/*Rixecker*, § 12 Anh., Rn. 1; Das *Persönlichkeitsrecht* wird allein in § 1 Abs. 1 Bundesdatenschutzgesetz genannt.
[13] Vgl. *Ehmann*, JuS 1997, S. 193.

obwohl im juristischen Schrifttum bereits seit der zweiten Hälfte des 19. Jahrhunderts eine Diskussion um Rechte der Persönlichkeit einsetzte.[14] Trotz der Ablehnung eines umfassenden allgemeinen Persönlichkeitsrechts war die Aufnahme der „Ehre“ unter die Rechtsgüter des § 823 Abs. 1 BGB seinerzeit allerdings nicht ganz unumstritten. Der Antrag zur Fassung des § 823 Abs. 1 BGB lautete: „Wer das Leben, den Körper, die Gesundheit, die Freiheit, das Eigentum, die Arbeitskraft, die *Ehre*, die Sittlichkeit oder ein sonstiges Recht eines anderen verletzt oder beschädigt, ...“[15] Man verwarf diesen Vorschlag aber mit der Begründung, dies sei eine Rückkehr zum überwundenen Recht der Privatstrafklage. Es galt außerdem allgemein nicht als sehr ehrenvoll, Ehrverletzungen durch eine Klage auf Geld zu „reparieren“[16] - ein Argument, das wieder auf das Verhältnis zwischen Ehre und Geld abstellt und noch an anderen Stellen auftauchen wird.[17] Es herrschte damals die Auffassung, der Schutz der persönlichen Ehre sei durch § 823 Abs. 2 BGB i.V.m. den §§ 185 ff. StGB ausreichend gewahrt.[18] In besonders schwer wiegenden Fällen sollte der Rückgriff auf § 826 BGB möglich sein.[19] Bei Ausarbeitung des BGB setzte sich damit die Überzeugung durch, der Ehrenschutz sei überwiegend im Strafrecht beheimatet und nicht im Zivilrecht.[20]

1. Rechtsprechung des Reichsgerichts

Dieser weit verbreiteten Ansicht folgte auch die Rechtsprechung des Reichsgerichts. Es lehnte eine Subsumtion des allgemeinen Persönlichkeitsrechts als „sonstiges Recht“ i.S.d. § 823 Abs. 1 BGB ab.[21] Das Reichsgericht begründete seine Ansicht damit, dass „ein allgemeines subjektives Persönlichkeitsrecht dem geltenden bürgerlichen Recht fremd“ sei.[22] Es gebe nur „besondere, gesetzlich geregelte Persönlichkeitsrechte, wie das Namensrecht, das Warenzeichenrecht, das Recht am eigenen Bilde und die persönlichkeitsrechtlichen Bestandteile des Urheberrechts“.[23] Das Reichsgericht sah sich also an die fehlende Kodifikation eines allgemeinen Persönlichkeitsrechts im bürgerlichen Recht gebunden.

---

14 *Holzhauer*, S. 51.
15 *Mugdan II*, Kom.-Ber., S. 1297.
16 *Mugdan II*, Kom.-Ber., S. 1297.
17 Diesem Bereich widmet sich insbesondere der 2. Teil der Arbeit.
18 Staudinger-*Schäfer*, BGB (1986), Vorbem. zu §§ 823 ff., Rn. 45.
19 *Larenz/Canaris*, S. 491.
20 *Scheying*, AcP 158 (1958), S. 507; *Coing*, FS Maihofer, S. 75, S. 79; MünchKommBGB/*Rixecker*, § 12 Anh., Rn. 10; *J. Helle*, S. 4.
21 RGZ 69, 401, 403 – „Nietzsche-Briefe“; RGZ 113, 413, 414.
22 RGZ 69, 401, 403 – „Nietzsche-Briefe“.
23 RGZ 69, 401, 403 – „Nietzsche-Briefe“; RGZ 113, 413, 414.

2. Situation nach In-Kraft-Treten des Grundgesetzes

Mit In-Kraft-Treten des Grundgesetzes im Jahre 1949 änderte sich die verfassungsrechtliche Lage grundlegend. Während die bei Entstehung des BGB geltende Verfassung des Kaiserreichs noch keine Grundrechte kannte und die Weimarer Reichsverfassung diese als lediglich unverbindliche Programmsätze ansah, stellte das Grundgesetz nach den Erfahrungen des Nationalsozialismus den Schutz der Persönlichkeit mit Art. 1 und 2 Abs. 1 GG an die Spitze.[24]

Dies war der erste Schritt hin zu einem effektiven Persönlichkeitsschutz. In der bis dahin geltenden Rechtslage machte sich das Fehlen eines solchen Schutzes im Laufe der Zeit immer stärker bemerkbar: Durch immer rücksichtslosere Berichterstattung in den aufkommenden modernen Massenmedien, unterstützt durch den technischen Fortschritt bei der Gewinnung von Bildern und Informationen (z.B. durch Teleobjektive, usw.) hatte sich zwischenzeitlich die Gefahr der Verletzung der eigenen Persönlichkeitssphäre ständig erhöht.[25]

3. Rechtsprechung des BGH

Nicht ein Gesetz, sondern die so genannte „*Leserbrief*"-Entscheidung des Bundesgerichtshofes (BGH)[26] verhalf der Anerkennung eines allgemeinen Persönlichkeitsrechts im Jahre 1954 schließlich zum „Durchbruch" im deutschen Recht.[27]

Ausgangspunkt dieser Entscheidung war ein Artikel in einer Hamburger Zeitschrift, in dem es um das Wirken von *Hjalmar Schacht*[28] ging, der während des Nationalsozialismus Reichswirtschaftsminister und Reichsbankpräsident gewesen war und nach dem Zweiten Weltkrieg eine Privatbank gründete. In seinem Auftrag übersandte sein Rechtsanwalt dem Verlag ein Schreiben, in dem er eine Berichtigung des Artikels in der kommenden Ausgabe forderte. Der Verlag lehnte dies ab und veröffentlichte das Anwaltsschreiben stattdessen lediglich unter der Rubrik „Leserbriefe". Dabei ließ er die Sätze weg, aus denen sich ergab, dass der Absender als Anwalt des Betroffenen eine Berichtigung verlangte. Beim Leser entstand dadurch der falsche Eindruck, er äußere lediglich seine persönliche Meinung über den Betroffenen, er ergreife Partei für den ehemaligen ranghohen NS-Funktionär und sympathisiere mit ihm. Der Rechtsanwalt sah sich dadurch in seinem Persönlichkeitsrecht verletzt und erhob Klage, den Verlag zu verurteilen, in der nächsten Ausgabe unter der Rubrik „Leserbriefe" die Behauptung zu widerrufen, er habe einen Leserbrief in der Sache an den Verlag

---

24 *Larenz/Canaris*, S. 492; *Peifer*, S. 138 f.

25 *Larenz/Canaris*, S. 492; *Brehmer/Voegeli*, JA 1978, S. 376.

26 BGH NJW 1954, 1404 – „Leserbrief".

27 *Schlechtriem*, DRiZ 1975, S. 65.

28 In der Literatur wird die BGH-Entscheidung deshalb auch als „Schacht-Brief-Entscheidung" bezeichnet. Mehrheitlich verwendet man aber den Begriff „Leserbrief-Entscheidung".

gesandt. Dem entsprach der BGH mit der Begründung, angesichts des Grundgesetzes habe sich die Rechtslage im Vergleich zu der in der Weimarer Republik geändert. Ein Recht auf Achtung der Menschenwürde (Art. 1 GG) und auf freie Entfaltung der Persönlichkeit (Art. 2 GG) sei auch als „privates, von jedermann zu achtendes Recht vom Grundgesetz" anerkannt. Das allgemeine Persönlichkeitsrecht sei daher als ein „verfassungsmäßig gewährleistetes Grundrecht" anzusehen.[29]

In weiteren Entscheidungen verortete die Rechtsprechung den Schutz des allgemeinen Persönlichkeitsrechts als „sonstiges Recht" im Sinne des § 823 Abs. 1 BGB im Deliktsrecht.[30]

4. Dogmatische Kritik

Das Ergebnis dieser damals neuen Rechtsprechung und die Anerkennung eines allgemeinen Persönlichkeitsrechts fanden in der deutschen Literatur überwiegend Beifall.[31] Lediglich an seiner dogmatischen Herleitung wurde vor allem im Anschluss an die „*Leserbrief*"-Entscheidung viel Kritik geäußert.

a) Unmittelbare Wirkung der Grundrechte

Einer der - vor allem von *Larenz* vorgebrachten - Hauptvorwürfe richtet sich gegen das Verständnis der Rechtsprechung über das Verhältnis von Grundgesetz und Privatrecht.[32] Der Aussage des BGH, das Grundgesetz erkenne das Recht auf Achtung der Menschenwürde und auf freie Persönlichkeitsentfaltung als ein „privates, von jedermann zu achtendes Recht"[33] an, liege ein falsches Grundrechtsverständnis zugrunde.[34] Die Rechtsprechung setze danach voraus, Grundrechte würden auch Privatrechtssubjekte untereinander als unmittelbare Adressaten binden.[35] Diese Sichtweise lasse sich aber mit dem Charakter der Grundrechte als Abwehrrechte des Einzelnen gegenüber dem Staat nicht vereinbaren, Grundrechte entfalteten eben gerade keine unmittelbare Drittwirkung.[36] Es verbiete sich daher, das allgemeine Persönlichkeitsrecht als verfassungsmäßig gewährleistetes Grundrecht zu verstehen. Zwar müsse richtigerweise auf Art. 1, 2 Abs. 1 GG abgestellt werden, aber nicht als Grundrecht im Sinne eines Abwehrrechts, sondern nach dem Verständnis der Grundrechte als Schutzgebote.[37]

---

[29] BGH NJW 1954, 1404, 1405 – „Leserbrief".

[30] BGH NJW 1958, 827, 829 - „Herrenreiter".

[31] Nachweise bei *Hubmann*, S. 5; vgl. *Leutheusser-Schnarrenberger*, FS Engelschall, S. 15.

[32] *Larenz/Canaris*, S. 493.

[33] BGH NJW 1954, 1404, 1405 – „Leserbrief".

[34] *Larenz/Canaris*, S. 493.

[35] *Larenz/Canaris*, S. 493.

[36] *Larenz/Canaris*, S. 493.

[37] *Larenz/Canaris*, S. 493; *Canaris*, AcP 184 (1984), S. 231 f.

Dieser berechtigten Kritik hat sich im Laufe der Zeit auch die Rechtsprechung angeschlossen, indem sie Art. 2 Abs. 1 GG i.V.m. Art. 1 Abs. 1 GG als Schutzgebot versteht, das als Korrektiv Eingriffen in das allgemeine Persönlichkeitsrecht entgegenzuhalten ist.[38]

b) **Deliktsrechtliche Generalklausel**

Ein weiterer Kritikpunkt richtet sich gegen die von der Rechtsprechung vorgenommene Einordnung des allgemeinen Persönlichkeitsrechts als „sonstigem Recht" im Sinne des § 823 Abs. 1 BGB. Diese Einordnung sei nicht zwingend, vielmehr gebe es auch die Möglichkeit, einzelne besondere Persönlichkeitsrechte im bürgerlichen Recht zu schaffen, z.B. das Recht am eigenen Wort.[39] Die Einordnung des allgemeinen Persönlichkeitsrechts als „sonstigem Recht" (§ 823 Abs. 1 BGB) widerspreche dem vom Gesetzgeber bewusst gewählten Weg, die zivilrechtlichen Folgen des Unrechts nicht durch eine Generalklausel regeln zu wollen. Der Gesetzgeber habe typische Fälle unerlaubter Handlungen in den aufgezählten Einzelfällen des § 823 Abs. 1 BGB geregelt, die Generalklausel des § 826 BGB sei hingegen nur für schwere Verstöße gedacht. Dieses System werde sinnlos, wenn man Einzeltatbestände zu Generalklauseln ausweite, wie es beim allgemeinen Persönlichkeitsrecht als „sonstigem Recht" geschehe.[40] Man könnte stattdessen den Kreis der in § 823 Abs. 1 BGB geschützten besonderen Persönlichkeitsrechte „vorsichtig" erweitern, um so einen Persönlichkeitsschutz durch verschiedene besondere Persönlichkeitsrechte zu erreichen, nicht durch ein allgemeines.[41] Damit bliebe man bei einem System einzelner Verletzungstatbestände.[42]

Der BGH verteidigt seine Rechtsprechung gegen diese Vorwürfe mit der Begründung, das Zivilrecht müsse dem übergeordneten Verfassungsrecht weichen. Es gelte nur mit den sich aus dem Grundgesetz ergebenden Wandlungen, sofern das Grundgesetz Bestimmungen anderen Inhalts getroffen habe.[43] Die Zivilrechtsordnung habe sich damit der geänderten Verfassungslage anzupassen. Neben diesen Ausführungen ist außerdem zu berücksichtigen, dass sich in der nunmehr fast 50-jährigen Rechtsprechung auf diesem Gebiet die von *Larenz* befürchtete Abkehr vom System der Einzeltatbestände zu einem System einer ausufernden deliktsrechtlichen Generalklausel nicht bewahrheitet hat.[44] Die Rechtsprechung hat mittlerweile vielmehr Schutzbereiche und spezielle Ausformun-

---

[38] BVerfG NJW 1973, 1226, 1228 – „Lebach"; vgl. BVerfG NJW 1999, 1322, 1323 - „Helnwein".

[39] *Larenz/Canaris*, S. 493.

[40] *Larenz*, NJW 1955, S. 523.

[41] *Larenz*, NJW 1955, S. 524.

[42] *Larenz*, NJW 1955, S. 525.

[43] BGH NJW 1957, 1146, 1147– „Krankenpapiere".

[44] Vgl. *Schlechtriem*, DRiZ 1975, S. 66.

gen des allgemeinen Persönlichkeitsrechts anerkannt, wodurch praktisch eine Annäherung an besondere Persönlichkeitsrechte erfolgt ist. Auch wenn die Einordnung des allgemeinen Persönlichkeitsrechts als „sonstigem Recht" nach § 823 Abs. 1 BGB in der Tat dogmatischen Schwierigkeiten begegnet, hat die Rechtsprechung ihre Aufgabe - Persönlichkeitsschutz des Einzelnen gemäß dem verfassungsrechtlichen Auftrag der Art. 1 und 2 GG sicherzustellen - so gut es ging erfüllt. Solange der Gesetzgeber nicht tätig wird und die von *Larenz* beklagte Abkehr vom System der Einzeltatbestände zu einem System der Generalklausel im Deliktsrecht verhindert, indem er einen ähnlich effektiven gesetzlichen Persönlichkeitsschutz zur Verfügung stellt, kann dieser Schutz nur weiter auf dem von der Rechtsprechung beschrittenen Weg erfolgen.[45] Ob der deutsche Gesetzgeber in diesem Bereich noch tätig werden wird, ist angesichts der bisherigen vergeblichen Bemühungen und Anregungen der Literatur - Einzelheiten dazu später - allerdings nicht zu erwarten.[46]
Das mittlerweile schon „fast gewohnheitsrechtlich"[47] anerkannte allgemeine Persönlichkeitsrecht hat auf dem von der Rechtsprechung eingeschlagenen Weg vor allem den Vorzug einer großen Effizienz und schneller Durchsetzung des Persönlichkeitsschutzes, was sogar Kritiker zugeben.[48] Es ist mittlerweile - auch ohne ausdrückliche Normierung - zu einem festen Bestandteil der deutschen Rechtsordnung geworden.[49]

II. Die Struktur des allgemeinen Persönlichkeitsrechts

Die Schwierigkeit, dem allgemeinen Persönlichkeitsrecht eine Struktur zu geben, liegt in seiner Ausformung als „offener Tatbestand",[50] als „Muttergrundrecht",[51] als „Auffangtatbestand"[52] oder als „Rahmenrecht",[53] also in seiner Konturenlosigkeit im Vergleich zu den anderen Rechtsgütern des § 823 Abs. 1 BGB.[54] Die verschiedenen Bezeichnungen bedeuten keinen sachlichen Unterschied, sondern drücken lediglich aus, dass das allgemeine Persönlichkeitsrecht gerade keine Tatbestandsmerkmale aufweist, an denen sich die Prüfung einer möglichen Verletzung orientieren kann. Es ist nach der Rechtsprechung des

45 MünchKommBGB/*Rixecker*, § 12 Anh., Rn. 3.
46 *J. Helle,* RabelsZ 1996, S. 474.
47 *Soehring*, Rn. 12.50; MünchKommBGB/*Rixecker*, § 12 Anh., Rn. 2.
48 *Larenz/Canaris*, S. 493.
49 BVerfG NJW 1973, 1221, 1223 – „Soraya"; BGH NJW 1978, 2151, 2152 – "Schutzgemeinschaft"; *Jarass*, NJW 1989, S. 858.
50 *Soehring*, Rn. 12.51.
51 BGH NJW 1957, 1146, 1147 – „Krankenkassenpapiere".
52 BGH NJW 1968, 1773, 1775 – „Mephisto".
53 BGH NJW 1991, 1532, 1533 – „Notfalldienstarzt; BGH NJW 1987, 2667 – „Langemann"; *Prinz/Peters*, Rn. 51; *Fikentscher*, S. 757.
54 BVerfG NJW 1980, 2070, 2071 – „Eppler"; Erman-*Ehmann*, BGB, Anh. § 12, Rn. 14; *J. Helle*, S. 6; *Soehring*, Rn. 12.51; *Wenzel*, Rn. 5.8.

BGH ein „Quellrecht, aus dem die konkretisierten Gestaltungen fließen, die es im Hinblick auf die verschiedenen Persönlichkeitswerte des Einzelnen, seine Lebensgüter und Umweltbeziehungen gewinnt.“[55] Aufgrund der uferlosen Rechtsprechung zu diesem Bereich - gerade im Bereich der Beeinträchtigung des Einzelnen durch Medienberichterstattung - kommt es hier zu immer neuen Konflikten, was eine abschließende Umschreibung des allgemeinen Persönlichkeitsrechts unmöglich macht.[56] Man sieht darin „eines der schwierigsten Probleme der deutschen Rechtswissenschaft“.[57] Diese Unbestimmtheit ist eine Folge der in Deutschland herrschenden monistischen Theorie. Der gesamte Persönlichkeitsschutz wird danach durch ein umfassendes allgemeines Persönlichkeitsrecht sichergestellt, nicht durch mehrere besondere Persönlichkeitsrechte.

Ob eine rechtswidrige Verletzung des allgemeinen Persönlichkeitsrechts vorliegt oder lediglich eine Beeinträchtigung eines nicht schutzwürdigen Persönlichkeitsinteresses, kann sich wegen seiner „generalklauseligen Weite“[58] erst durch eine einzelfallbezogene umfassende Güter- und Interessenabwägung feststellen lassen.[59] Dies ist auch deshalb grundsätzlich notwendig, da Handlungen, die das allgemeine Persönlichkeitsrecht des Einen verletzen, gleichzeitig durch die allgemeine Handlungs-, Presse- oder Meinungsfreiheit eines Anderen geschützt sein können. Der Weg über eine Interessenabwägung bedeutet aber auch, dass die Rechtswidrigkeit einer Handlung grundsätzlich nicht indiziert ist, wie es bei den in § 823 Abs. 1 BGB aufgezählten Rechtsgütern der Fall ist.[60] Im Ergebnis führt dies dazu, dass erst durch die Feststellung der Rechtswidrigkeit einer Handlung im Nachhinein die Reichweite des Schutzes des allgemeinen Persönlichkeitsrechts bestimmt werden kann.[61] Ob eine Handlung das allgemeine Persönlichkeitsrecht verletzt oder nicht, ist daher als „Zufälligkeit des richterlichen Fallrechts“ im Vorfeld grundsätzlich nicht zweifelsfrei zu beurteilen,[62] was auch die unzähligen gerichtlichen Streitigkeiten auf diesem Gebiet dokumentieren. Anders ausgedrückt: Die Rechtsprechung muss täglich das „Rad des Persönlichkeitsschutzes von Neuem erfinden“.[63]

---

55 BGH NJW 1957, 1146, 1147 - „Krankenkassenpapiere“.

56 *Prinz/Peters*, Rn. 50; *Schwerdtner*, Karlsruher Forum, S. 29.

57 *Hubmann*, S. 9.

58 BGH NJW 1957, 1146, 1147 – „Krankenkassenpapiere“.

59 BGH NJW 1954, 1404, 1405 – „Leserbrief“; *Prinz/Peters*, Rn. 51 mit weiteren Nachweisen.

60 Palandt/*Thomas*, BGB, § 823, Rn. 184; zu den in einigen Schutzbereichen des allgemeinen Persönlichkeitsrechts davon abweichenden Meinungen siehe unten.

61 BGH NJW 1979, 647, 648 – „Kohl/Biedenkopf“; BGH NJW 1987, 2667 – „Langemann“; BGH NJW 1991, 1532, 1533 – “Notfalldienstarzt“; BGH NJW 1994, 124, 125 – „FCKW“; *Prinz/Peters*, Rn. 51; *Wenzel*, Rn. 5.8; *Miserre*, JA 2003, S. 255.

62 MünchKommBGB/*Rixecker*, § 12 Anh., Rn. 1.

63 *J. Helle*, RabelsZ 1996, S. 452.

Es sind deshalb in der Rechtsprechung und Literatur viele Versuche unternommen worden, durch Fallgruppen- und Schutzbereichsbildung, durch Systematisierungen oder durch die Schaffung vieler besonderer Persönlichkeitsrechte die „generalklauselartige Weite“[64] des allgemeinen Persönlichkeitsrechts mit festeren Konturen zu versehen und damit die Rechtssicherheit zu erhöhen.[65] Diese Praxis erscheint notwendig, wenn man Grundsätze entwickeln möchte, die dem Anwender bei der einzelfalltypischen Güter- und Interessenabwägung Orientierung geben sollen. Bei der Frage, ob eine bestimmte Handlung das allgemeine Persönlichkeitsrecht einer Person verletzt, kann mittlerweile vielfach auf die von Rechtsprechung und Literatur gebildeten Ausformungen und Fallgruppen des allgemeinen Persönlichkeitsrechts zurückgegriffen werden. Mit diesen Systematisierungen und der Anerkennung besonderer Ausformungen des allgemeinen Persönlichkeitsrechts entwickelt sich allerdings eine schleichende Tendenz zu der Einführung besonderer Persönlichkeitsrechte, z.B. dem Recht am gesprochenen Wort.[66] Als Konsequenz dieser Entwicklung möchte man neuerdings in gewissen Konstellationen auf die bisher für das allgemeine Persönlichkeitsrecht typische Güter- und Interessenabwägung ganz verzichten. Einige Schutzbereiche des allgemeinen Persönlichkeitsrechts seien so präzise gefasst, dass die Tatbestandsmäßigkeit die Rechtswidrigkeit indiziere und es nur für „diffizile Schutzbereiche“ bei der Notwendigkeit einer positiven Feststellung der Rechtswidrigkeit durch eine Güter- und Interessenabwägung bleibe.[67] Teilweise wird sogar die generelle Indizierung der Rechtswidrigkeit bei Persönlichkeitsrechtsbeeinträchtigungen befürwortet.[68]

Die von Rechtsprechung und Literatur gebildeten Fallgruppen werden bei der Darstellung der medientypischen Verletzungsformen des allgemeinen Persönlichkeitsrechts weiter unten aufgenommen.

---

64 BGH NJW 1957, 1146, 1147 – „Krankenkassenpapiere“.

65 Vgl. BVerfG NJW 1980, 2070, 2071 – „Eppler“; *Prinz/Peters*, Rn. 52 ff.; *J. Helle*, S. 11 ff.; *Larenz/Canaris*, S. 498 ff.; MünchKommBGB/*Rixecker*, § 12 Anh., Rn. 30 ff.; *Ehmann*, JuS 1997, S. 194 f.

66 BVerfG NJW 1980, 2070 - „Eppler“; *Prinz/Peters*, Rn. 111 mit weiteren Nachweisen. In der unten folgenden Darstellung wird auf das Recht am gesprochenen Wort nicht eigens eingegangen. Vielfach wird sich dieser Schutzbereich mit dem Schutz der Intim- und Privatsphäre decken, dazu unten: 1. Teil: D.II.1.

67 *Larenz/Canaris*, S. 498 f.; MünchKommBGB/*Rixecker*, § 12 Anh., Rn. 9.

68 *Wiese*, FS Duden, S. 724; Diese Technik ist übrigens auch für das spanische Verständnis zum Persönlichkeitsschutz typisch. Dort führt die Tatbestandsmäßigkeit einer Persönlichkeitsverletzung nach dem Willen des Gesetzgebers grundsätzlich zu einer zivilrechtlichen Haftung, ohne dass weitere Voraussetzungen hinzutreten müssen. In der Praxis wird jedoch - entgegen dem Wortlaut - eine Güter- und Interessenabwägung herangezogen und ein Verschulden des Verletzers gefordert. Dazu ausführlich: 1. Teil: B.IV.2.a).

III. Gesetzgeberische Reformpläne

Die angeführte zahlreiche Kritik an der Rechtsprechung zum allgemeinen Persönlichkeitsrecht hat immer wieder zu gesetzgeberischen Reformvorhaben geführt. Bisher setzten sich drei Deutsche Juristentage mit entsprechenden Vorschlägen auseinander, um Gesetzesinitiativen einen Anstoß zu geben.

Aufgrund grober Missbräuche der Pressefreiheit forderte der 42. Deutschen Juristentag im Jahre 1957 eine umfassende gesetzliche Regelung des Persönlichkeitsschutzes. Man wollte die in der Rechtsprechung entwickelten Grundsätze zum allgemeinen Persönlichkeitsrecht kodifizieren und damit der Allgemeinheit die Rechtspflicht zur Achtung der Persönlichkeit bewusst machen.[69] Auf Vorschlag des Deutschen Juristentages arbeitete die Bundesregierung einen „Gesetzentwurf zur Neuordnung des zivilrechtlichen Persönlichkeits- und Ehrenschutzes" aus.[70] Inhalt dieses Entwurfes war die Neugestaltung der §§ 12 ff. BGB.[71] Diese Entwurfsvorschriften enthielten eine Grundnorm in § 12 BGB-E und in den §§ 13-19 BGB-E beispielhafte Aufzählungen von Persönlichkeitsbeeinträchtigungen.[72] Der Gesetzentwurf wurde vom Bundeskabinett verabschiedet und in den Bundestag eingebracht.[73] Das Gesetz scheiterte jedoch am Widerstand der Medien, die eine Beeinträchtigung in ihrem Grundrecht aus Art. 5 GG befürchteten („Maulkorbgesetz") und daran, dass man den Schutz der Persönlichkeit bereits durch die Rechtsprechung als ausreichend gewährleistet betrachtete.[74]

Einige Jahre später, 1967, unternahm das Bundesjustizministerium erneut einen Versuch einer gesetzlichen Verankerung der persönlichkeitsrechtlichen Judikatur des BGH in einem „Referentenentwurf eines Gesetzes zur Änderung und Ergänzung schadensersatzrechtlicher Vorschriften".[75] Diesem Entwurf ging ein Appell des 45. Deutschen Juristentages voraus,[76] der die Entwicklung der Rechtsprechung zu einem effektiven Persönlichkeitsschutz zwar begrüßte, aber vor allem eine gesetzliche Regelung der umstrittenen Geldersatzrechtsprechung bei Persönlichkeitsverletzungen forderte.[77] In diesem Entwurf war die ausdrückliche Anerkennung eines deliktischen Persönlichkeits- und Ehrenschutzes in § 823

---

[69] Verhandlungen des 42. DJT, Band II (1957), S. D 155.

[70] Zu den verschiedenen Entwürfen des Gesetzes zur Neuordnung des zivilrechtlichen Persönlichkeits- und Ehrenschutzes und den entsprechenden Reaktionen ausführlich: *Gottwald*, S. 261-304.

[71] Abgedruckt bei *Hubmann*, S. 381 ff.

[72] *Hubmann*, S. 4; Damit weist dieser Entwurf Ähnlichkeiten zu der geltenden spanischen Rechtslage auf, die sich nach demselben Prinzip richtet.

[73] *Hubmann*, S. 2 f.; Erman-*Ehmann*, BGB, Anh. § 12, Rn. 4.

[74] *Hubmann*, S. 4 f.; Erman-*Ehmann*, BGB, Anh. § 12, Rn. 4.

[75] *Gottwald*, S. 304.

[76] Verhandlungen des 45. DJT 1964, Bd. II (1965), S. C 127 f.

[77] *Gottwald*, S. 306.

Abs. 1 BGB vorgesehen. Die Medien begleiteten diesen Gesetzesentwurf erneut mit Kritik, was wiederum dazu führte, dass er nicht weiter verfolgt wurde und es im Bundestag nicht einmal zu einer ersten Lesung kam.[78]
Die bisher letzten Bemühungen um eine Kodifizierung des zivilrechtlichen Persönlichkeitsschutzes unternahm der 58. Deutsche Juristentag im Jahre 1990. Er befasste sich erneut mit dem Problem des Rechtsschutzes des Einzelnen gegenüber den Medien und seinem Persönlichkeitsschutz. Wiederum stellte er die Forderung auf, den Schutz der Persönlichkeit im BGB ausdrücklich durch eine Erweiterung der §§ 12 ff., 823 Abs. 1 und 847 BGB zu regeln.[79] Dies war allerdings im Gegensatz zu früheren Juristentagen nicht mehr ganz unumstritten, was sich an den knappen Mehrheitsentscheidungen zeigt. Beispielsweise wurde gleichzeitig mit der Empfehlung, den Persönlichkeitsschutz ausdrücklich im BGB zu regeln, der Antrag, einzelne Ausformungen des Persönlichkeitsrechts in besonderen Tatbeständen zu regeln, abgelehnt. Hier hatte sich mittlerweile die Einsicht durchgesetzt, dass die Ausgestaltung des Persönlichkeitsschutzes am besten bei der Rechtsprechung aufgehoben sei, was zuvor noch heftig umstritten gewesen war.
Ein allgemeines Persönlichkeitsrecht ist damit bis zum heutigen Tage nur in der Rechtsprechung der Gerichte und in der Rechtswissenschaft, nicht aber in Form eines ausdrücklichen Gesetzes anerkannt. Daran ändert sich auch durch das „Zweite Gesetz zur Änderung schadensersatzrechtlicher Vorschriften" nichts, welches am 01.08.2002 in Kraft trat. Zwar sprach sich der Bundesrat in seiner Stellungnahme zum Gesetzentwurf der Bundesregierung dafür aus, das allgemeine Persönlichkeitsrecht in § 847 BGB a.F. aufzunehmen.[80] Diesen Vorschlag wies die Bundesregierung jedoch mit der Begründung ausdrücklich zurück, dass die rechtspolitischen Fragen, die im Zusammenhang mit der Geldentschädigung für Persönlichkeitsrechtsverletzungen diskutiert werden, durch eine bloße Kodifizierung nicht gelöst würden.[81] Der Persönlichkeitsschutz wird daher - auch nach dem Willen des Gesetzgebers[82] - in Zukunft eine Sache der Gerichte bleiben.[83] Auch wenn die überwiegende deutsche Literatur nach wie vor die ausdrückliche Kodifizierung des zivilrechtlichen Persönlichkeitsschutzes befürwortet, muss dies nicht zwingend nur Vorteile haben. Der Umstand, dass dem Gesetzgeber bei einer ausdrücklichen Normierung auch Fehler, Ungenauigkeiten und Versäumnisse unterlaufen können, wird später bei einem näheren Blick auf die spanische Rechtslage zum zivilrechtlichen Persönlichkeitsschutz verdeutlicht.

78 *Gottwald*, S. 313.
79 Verhandlungen des 58. DJT 1990, Bd. II, S. K 218.
80 BT.-Drs. 14/7752, S. 49 f.
81 BT.-Drs. 14/7752, S. 55.
82 BT.-Drs. 14/7752, S. 24 f.
83 *Däubler*, JuS 2002, S. 627.

IV. Zusammenfassung

Das deutsche Recht kennt keine ausdrücklichen Regelungen, die einen umfassenden Schutz der Persönlichkeit gewährleisten. Ihr Schutz beruht im Wesentlichen auf der - teilweise kritisierten - Rechtsprechung zum allgemeinen Persönlichkeitsrecht. Eine Persönlichkeitsverletzung liegt danach nur vor, wenn der Persönlichkeitsschutz im Rahmen einer umfassenden Güter- und Interessenabwägung gegenüber anderen Interessen überwiegt. Um das allgemeine Persönlichkeitsrecht in der Praxis besser greifbar zu machen, haben sich in Rechtsprechung und Literatur spezielle Ausformungen gebildet. Daneben existieren vereinzelt gesetzliche Regelungen, die den Schutz bestimmter Facetten der Persönlichkeit übernehmen, z.B. den Schutz des Rechts am eigenen Bild.

B. Grundlagen des spanischen Persönlichkeitsschutzes: Besondere Persönlichkeitsrechte

Das spanische Recht weicht zum Teil von dem gerade dargestellten Grundkonzept des deutschen Persönlichkeitsschutzes ab, stimmt mit ihm aber auch in einzelnen Punkten überein. Den Schutz des Lebens und der körperlichen Unversehrtheit nimmt im spanischen Recht schwerpunktmäßig das Strafrecht wahr. Hier unterscheidet sich das spanische also nicht vom deutschen Recht. Eine Besonderheit im Vergleich zum deutschen Recht liegt aber in der ausdrücklichen Anerkennung spezieller Persönlichkeitsrechte in der spanischen Verfassung und in einem speziellen zivilrechtlichen Gesetz zum Persönlichkeitsschutz, dem L.O. 1/1982.[84]

I. Persönlichkeitsrechte („Derechos de la personalidad")

In der spanischen Rechtswissenschaft werden „*derechos de la personalidad*" - also „Persönlichkeitsrechte" - im Bereich des zivilrechtlichen Persönlichkeitsschutzes häufig erwähnt. Diese finden sich aber meist als „so genannte Persönlichkeitsrechte" in Anführungszeichen. In einen Gesetzestext ist die Bezeichnung „*derecho de la personalidad*" jedoch bisher - soweit ersichtlich - nicht eingegangen. Lediglich die Motive zum L.O. 1/1982 nennen sie ausdrücklich.[85] Der *Tribunal Supremo* benutzte im Jahre 1962 zum ersten Mal die Bezeichnung des *derecho de la personalidad.* Dieses sei ein „Ausdruck der Empfindung der Ach-

---

[84] Im Folgenden wird das L.O. 1/1982 mit dem Artikel „das", also Neutrum, bezeichnet. Dies ist eigentlich ungenau und sogar falsch, da „*la Ley*" im spanischen mit einem weiblichen Artikel versehen wird und daher mit „die L.O. 1/1982" übersetzt werden müsste. Um aber im deutschen nicht von der gewohnten Ausdrucksweise („das Gesetz") abzukommen und um keine Missverständnisse aufkommen zu lassen, erfolgt die Übersetzung in der gewählten Weise.

[85] *Concepción Rodríguez*, S. 32.

tung und Schätzung einer Person".[86] Allgemein versteht man unter den *derechos de la personalidad* die „wesentlichen jeder Person zugehörigen Rechte, die ihr allein wegen der Tatsache zustehen, eine Person zu sein".[87] Diese Rechte bestimmen das Sein jedes Menschen und beziehen sich auf Gefühle, so dass diese Rechte außerhalb jeglicher Verkehrsfähigkeit stehen und daher auch keinen Vermögenswert haben.[88] Als *derechos de la personalidad* sind in Spanien die speziell geschützten Persönlichkeitsrechte Ehre („*honor*"), Privatheit („*intimidad*")[89] und das Recht am eigenen Bild („*derecho a la propia imagen*") anerkannt, die unter diesem Oberbegriff zusammengefasst werden.[90]

1. Subjektive Rechte

Der etwas vorsichtige Umgang der spanischen Literatur mit der Benennung der *derechos de la personalidad* als Persönlichkeits*rechte* hängt mit der viel diskutierten und lange umstrittenen Frage zusammen, ob sie als subjektive Rechte anzuerkennen sind. Teilweise bezeichnet man sie daher nur als Persönlichkeits*güter* („*bienes de la personalidad*"), um den Unterschied zu subjektiven Rechten herauszustellen.[91] Insbesondere konnte man das Phänomen nur schwer erklären, wie jemand ein Recht an sich selber haben konnte. In Spanien erschienen die Begründungsschwierigkeiten zunächst unüberbrückbar, dass das Subjekt eines Rechts gleichzeitig auch dessen Objekt war, so dass das Verhältnis zwischen dem Inhaber des Rechts und dem Recht selber lange ungeklärt war.[92] Mittlerweile sind die *derechos de la personalidad* allerdings mehrheitlich als subjektive Rechte anerkannt.[93]

---

86 Sentencia Tribunal Supremo (STS) de 07 de Febrero 1962: „*manifestaciones del sentimiento de estimación de la persona*".

87 *Crevillén Sánchez*, S. 23.

88 *Crevillén Sánchez*, S. 23.

89 Der Begriff der „*intimidad*" ist schwer ins deutsche übersetzbar, ohne dass er seinen Sinn verliert. Wörtlich bedeutet er „Intimität". Diese Übersetzung verbietet sich aber, da es den Sinn der *intimidad* in die Nähe der im deutschen Recht bekannten Intimsphäre rückt. Die *intimidad* im spanischen Recht reicht aber weiter als die Intimsphäre, sie ist mit der Privatsphäre vergleichbar. Diese Übersetzung hingegen erscheint ebenfalls unglücklich, da sie suggeriert, in Spanien hänge man einer Sphärentheorie an, was nicht der Fall ist. Die Übersetzung von *Adomeit/Frühbeck* als „persönliche und familiäre Intimsphäre" (S. 19) oder von *Trebes* als „Privatsphäre" (GRUR Int. 2003, S. 519) erscheint daher aus genannten Gründen wenig hilfreich. Ebenso ist der Übersetzungsvorschlag von *Rothe* als „Persönlichkeitsrecht" (S. 773) nicht geeignet, die *intimidad* treffend zu übersetzen. Im folgenden wird daher der Ausdruck *intimidad* mit „Privatheit" ins deutsche übersetzt. Dies kommt auch ihrem Ursprung nahe, da sie ihr Vorbild in der amerikanischen „*privacy*" hat.

90 Vgl. *Pérez Royo*, S. 388.

91 Vgl. *Bustos Pueche*; *García Pérez*.

92 *Herrero-Tejedor*, Honor, Intimidad e Imagen, S. 53 f.

93 *Concepción Rodríguez*, S. 69 f.

In der herrschenden spanischen Literatur hat sich auch in der Zwischenzeit die Überzeugung durchgesetzt, dass einer Bezeichnung der *derechos de la personalidad* als Persönlichkeits*rechte* nichts mehr entgegen steht.[94]

2. Umfassendes allgemeines derecho de la personalidad?

Als Nächstes ist die Frage zu untersuchen, welchem Verständnis und Konzept des Persönlichkeitsschutzes man in Spanien folgt. In diesem Zusammenhang spielen die monistische und die pluralistische Theorie eine entscheidende Rolle. In Deutschland herrscht - wie gesehen - die monistische Theorie, nach der ein allgemeines umfassendes Persönlichkeitsrecht den gesamten Schutz der Persönlichkeit gewährleisten soll.

Dagegen ist in Spanien ein umfassendes allgemeines Persönlichkeitsrecht - wie in Deutschland - nicht anerkannt. Lediglich als Spezialität des deutschen Rechts taucht das „allgemeine Persönlichkeitsrecht" in den Darstellungen zum spanischen Persönlichkeitsschutz und als Gegenbeispiel dazu auf.[95] Spätestens mit In-Kraft-Treten des L.O. 1/1982 hat man sich von der Lehre eines umfassenden allgemeinen Persönlichkeitsrechts endgültig verabschiedet, mit der man in Spanien teilweise im Hinblick auf das deutsche Recht sympathisierte. Schließlich entschied man sich zu der Ausgestaltung des Persönlichkeitsschutzes durch besondere Persönlichkeitsrechte - Ehre, Privatheit und das Recht am eigenen Bild -, also für eine pluralistische Sichtweise. Damit wollte man den Verallgemeinerungen, die ein allgemeines Persönlichkeitsrecht mit sich bringt, entgegentreten.[96] Auf den ersten Blick hat diese Technik der besonderen Persönlichkeitsrechte den Vorteil größerer Klarheit. Aufgrund dieser besonders genannten *derechos de la personalidad* erscheint es zunächst leichter, bei einer Verletzung sofort auf das betroffene Persönlichkeitsrecht abzustellen. Es wird allerdings zu zeigen sein, dass der Persönlichkeitsschutz durch besondere Persönlichkeitsrechte einige Probleme aufwirft, mit denen sich die Praxis beschäftigen muss.

Auch wenn sich die Lehre vom allgemeinen Persönlichkeitsrecht im spanischen Zivilrecht nicht durchsetzen konnte, ist umstritten, ob die in Art. 18.1 *Constitución Española* (C.E.) und im L.O. 1/1982 geschützten Rechte der Ehre, Privatheit und am eigenen Bild Ausdruck eines einheitlichen *derecho de la personalidad* sind oder ob sie drei verschiedene, von einander zu trennende Rechte darstellen, worauf nun im Folgenden einzugehen sein wird.[97]

---

94 *Herrero-Tejedor*, Honor, Intimidad e Imagen, S. 56; vgl. *Crevillén Sánchez*, S. 22 f. mit weiteren Nachweisen aus der Literatur.

95 Vgl. *Azurmendi Adarraga*, S. 58 ff.

96 *Crevillén Sánchez*, S. 23; In Spanien wählte man also einen Weg, der dem Vorschlag *Larenz'* nahe kommt, den Kreis der in § 823 Abs. 1 BGB geschützten besonderen Persönlichkeitsrechte „vorsichtig" zu erweitern, *Larenz*, NJW 1955, S. 524.

97 Dazu ausführlich: 1. Teil: B.II.1.

II. Art. 18.1 C.E. und Art. 20.1 C.E. - Verfassungsrechtlicher Persönlichkeitsschutz

Anders als das deutsche Grundgesetz schützt die spanische Verfassung, die am 27. Dezember 1978 in Kraft trat, bestimmte Persönlichkeitsrechte ausdrücklich. Die maßgebliche Vorschrift des Art. 18.1 C.E. lautet:

Das Recht auf Ehre, auf persönliche und familiäre Privatheit und das Recht am eigenen Bild werden garantiert.	*Se garantiza el derecho al honor, a la intimidad personal y familiar y a la propia imagen.*

Die portugiesische Verfassung, die nur ein Jahr zuvor in Kraft getreten war, enthält ebenfalls einen gleich lautenden verfassungsrechtlichen Schutz dieser Rechte, so dass sie als Vorgängerin der spanischen Regelung gelten kann.[98]

1. Verhältnis der drei derechos de la personalidad

Es stellt sich zunächst die Frage nach dem Zusammenhang zwischen den drei in Art. 18.1 C.E. genannten und geschützten Rechten und ihre Beziehung zueinander. In dieser Frage herrschte lange Uneinigkeit in der spanischen Rechtswissenschaft.

Ein Teil der Literatur und die Rechtsprechung des *Tribunal Constitucional* nehmen an, all diese Rechte dienten in erster Linie dem Schutz des Privatlebens und gingen damit auf dieses Persönlichkeitsrecht zurück. Das Recht am eigenen Bild sei somit lediglich ein Unterfall des Schutzes der Privatheit und kein eigenständiges Persönlichkeitsrecht.[99] Auch der Wortlaut des Art. 18.1 C.E. und des Art. 1.1 L.O. 1/1982,[100] in dem im Singular von den drei Rechten die Rede ist („el *derecho fundamental de* ...“), deute nach dieser Ansicht darauf hin, dass es sich um ein einheitliches *derecho de la personalidad* mit drei Ausformungen handele.

Dem ist mit der zutreffenden Begründung der herrschenden Ansicht in Spanien entgegenzuhalten, dass die unterschiedliche Ausgestaltung der Rechte im L.O. 1/1982 das Vorliegen drei verschiedener Rechte zum Ausdruck bringe.[101] Dies erscheint plausibler, da der Gesetzgeber ansonsten das Recht am eigenen Bild nicht extra in den Verfassungstext aufgenommen hätte, wenn er es als Teil der Privatheit angesehen hätte. Zwar bestehen tatsächlich - insbesondere im L.O.

98 *Concepción Rodríguez*, S. 83.
99 *Concepción Rodríguez*, S. 84; *Bustos Pueche*, S. 47, S. 133.
100 Artikel ohne Zusatz sind im Folgenden solche des L.O. 1/1982.
101 *Calderon Ramos*, La Constitución y la practica del Derecho, Bd. II, S. 867; *Herrero-Tejedor*, Honor, Intimidad e Imagen, S. 100; *Concepción Rodríguez*, S. 72.

1/1982 - Probleme hinsichtlich der Überschneidung der verschiedenen Schutzbereiche und ihre Abgrenzung voneinander,[102] was aber keine andere Sicht rechtfertigen kann. Schließlich sprechen die Motive des L.O. 1/1982 von den Rechten wiederum im Plural („los *derechos de la personalidad*"), so dass das eben zitierte Wortlautargument keinen Bestand hat. In Spanien geht man somit von der Existenz mehrerer *derechos de la personalidad* aus.[103] Im Sinne eines Oberbegriffs wird der Begriff der *derechos de la personalidad* hier im Folgenden gebraucht, was der gängigen Praxis in der spanischen Literatur entspricht.

2. Besonderheit beim Recht am eigenen Bild

Bezüglich des verfassungsrechtlichen Schutzumfangs der hier genannten Persönlichkeitsrechte ist eine Besonderheit beim Recht am eigenen Bild zu berücksichtigen. Es ist zwar ein geschütztes Grundrecht nach Art. 18.1 C.E. Jedoch schützt die spanische Verfassung dieses Persönlichkeitsrecht nicht in vollem Umfang. Es ist vorwegzunehmen, dass das Recht am eigenen Bild anerkanntermaßen neben einem ideellen auch einen kommerziellen Aspekt aufweist, nach dem die wirtschaftliche Ausnutzung des Wertes eines Bildnisses[104] verboten ist. Da Art. 18.1 C.E. aber lediglich ideellen Schutz biete und keinen vermögensrechtlichen oder kommerziellen, schütze Art. 18.1 C.E. das Recht am eigenen Bild nach der Rechtsprechung des *Tribunal Constitucional* nicht in seiner kommerziellen Ausprägung.[105] Das kommerzielle Recht am eigenen Bild ist damit nach spanischem Recht kein Grundrecht. Ähnlich ist das Verständnis dazu auch in Deutschland. Kürzlich erst entschied das Bundesverfassungsgericht (BVerfG) in diesem Zusammenhang, das allgemeine Persönlichkeitsrecht sei „nicht im Interesse einer Kommerzialisierung der eigenen Person" gewährleistet.[106]

3. Derechos de la personalidad als verfassungsmäßige Schranke

Während die drei besonderen Persönlichkeitsrechte - wie gesehen - in Art. 18.1 C.E. positiv grundrechtlich geschützt werden, kommt in Art. 20.4 C.E. ihr negativer Inhalt zum Ausdruck,[107] nämlich als Grenze der in Art. 20.1 C.E. geschützten Informations- und Meinungsfreiheit. Erstere gilt als das Recht, andere zu

---

[102] Dazu ausführlich unten: 1. Teil: E.IV.
[103] *García Pérez*, S. 18 mit weiteren Nachweisen.
[104] Der Begriff „Bildnis" klingt auf den ersten Blick seltsam. Jedoch entspricht diese Terminologie der gängigen deutschen Praxis im Zusammenhang mit Bildnisveröffentlichungen. Im Gegensatz zum „Bild" meint „Bildnis" immer die Abbildung einer Person, nicht die einer Sache. Im Hinblick auf diese Praxis wird bereits hier der entsprechende Begriff benutzt. Abweichend davon spricht man aber allgemein vom „Recht am eigenen Bild".
[105] Sentencia Tribunal Constitucional (STC) 231/1988 de 02 de Diciembre 1988 - „Paquirri"; STC 81/2001 de 26 de Marzo 2001 - „Emilio Aragón".
[106] BVerfG NJW 2000, 1021 - „Caroline von Monaco".
[107] *Cremades*, S. 146.

informieren und ist damit nichts anderes als die hierzulande bekannte Pressefreiheit:

Art. 20 C.E.:	*Art. 20 C.E.:*
1. Folgende Rechte werden anerkannt und geschützt:	*1. Se reconocen y protegen los derechos:*
a) Die Freiheit, Gedanken, Vorstellungen und Meinungen in Wort, Schrift oder allen anderen Wiedergabeformen frei zu äußern und zu verbreiten;	*a) A expresar y difundir libremente los pensamientos, ideas y opiniones mediante la palabra, el escrito o cualquier otro medio de reproducción;*
b) ... *c) ...*	*b) ...* *c) ...*
d) Die Freiheit, wahre Informationen durch jedes Verbreitungsmedium weiterzugeben oder zu empfangen.	*d) A comunicar o recibir libremente información veraz por cualquier medio de difusión.*

Die Beschränkung dieser Freiheiten durch die *derechos de la personalidad* in Art. 20.4 C.E. lautet:

Diese Freiheiten haben ihre Grenze in der Achtung der in diesem Titel gewährten Rechte, in den gesetzlichen Vorschriften, die sie ausführen und insbesondere in dem Recht auf Ehre, auf Privatheit und dem Recht am eigenen Bild und dem Schutz der Jugend und Kindheit.	*Estas libertades tienen su límite en el respeto a los derechos reconocidos en este Título, en los preceptos de las Leyes que lo desarrollen y, especialmente, en el derecho al honor, a la intimidad, a la propia imagen y a la protección de la juventud y de la infancia.*

Auch wenn die drei Persönlichkeitsrechte hier als Grenze für andere Grundrechte ausgestaltet sind, gelten sie ihrerseits nicht absolut und schrankenlos. Sie werden ihrerseits durch das öffentliche Interesse und die in Art. 20.1 C.E. anerkannte Meinungs- und Informationsfreiheit beschränkt.[108] Damit stehen sie in einer engen Wechselwirkung, was zu einem Grundrechtskonflikt insbesondere zwischen der Meinungsfreiheit und der Ehre führt.[109]

III. Deliktsrechtliche Generalklausel: Art. 1902 C.C.

Vor In-Kraft-Treten der *Constitución Española* im Jahre 1978 und des L.O. 1/1982 wurde der zivilrechtliche Persönlichkeitsschutz teilweise durch die schadensersatzrechtliche Generalklausel des Art. 1902 *Código Civil* (C.C.) wahrgenommen. Nach dieser Vorschrift ist derjenige, der durch ein „schuldhaftes oder fahrlässiges Tun oder Unterlassen einem anderen einen Schaden zufügt, diesem zum Schadensersatz verpflichtet".[110] Die Norm folgt damit dem Grundsatz des *alterum non laedere*. Wie später zu zeigen sein wird, wurde dieses zentrale Konzept der außervertraglichen Verschuldenshaftung durch das L.O. 1/1982 im Bereich des Schutzes von Ehre, Privatheit und des Rechts am eigenen Bild entscheidend modifiziert. Mittlerweile bestimmt sich der zivilrechtliche Persönlichkeitsschutz nach dem L.O. 1/1982.

IV. Ley Orgánica 1/1982 - Zivilrechtlicher Persönlichkeitsschutz

Das *Ley Orgánica 1/1982, de 5 de Mayo, de Protección Civil del Derecho al Honor, a la Intimidad Personal y Familiar y a la Propia Imagen*: L.O. 1/1982[111] (Gesetz über den zivilrechtlichen Schutz der Ehre, des Rechts auf persönliche und familiäre Privatheit und des Rechts am eigenen Bild) ist die einfachgesetzliche Ausgestaltung der in Art. 18.1 C.E. garantierten gleichnamigen Grundrechte.[112] Das Gesetz soll den Einzelnen vor allem vor Persönlichkeitsverletzungen durch die Medien schützen, was insbesondere die Regelung in Art. 9.3 verdeutlicht, nach der sich die Schadensersatzhöhe nach dem Grade der Verbreitung des Mediums bestimmt, in dem die Persönlichkeitsverletzung stattgefunden hat. Der Zweck des Gesetzes, diese grundrechtlich garantierten derechos de la personalidad wirkungsvoll zivilrechtlich zu schützen, wird allerdings nicht immer erreicht. Dieser Umstand wird im Folgenden ein Schwerpunkt der Untersuchung sein.

Da in diesem Gesetz alle drei Rechte zusammen und parallel geschützt werden, erfolgt aus Praktikabilitätsgründen zunächst eine Darstellung des allgemeinen Teils und der allgemeinen Struktur. Besonderheiten zu jedem einzelnen ge-

---

108 *Calderon Ramos*, La Constitución y la practica del Derecho, Bd. II, S. 867.

109 Dazu ausführlich: 1. Teil: E.I.3.

110 Art. 1902 C.C.: *„El que por acción u omisión causa daño a otro, interviniendo culpa o negligencia, está obligado a reparar el daño causado."*

111 In Spanien gibt es neben *Leyes Orgánicas* auch gewöhnliche Gesetze: *Leyes ordinarias*. Der Unterschied besteht darin, dass *Leyes Orgánicas* Grundrechte ausgestalten und ihre Verabschiedung daher die absolute Mehrheit im Parlament erfordert, Art. 81.1 C.E.

112 *Álvarez Conde*, S. 354.

schützten Recht und zu gegebenenfalls zusätzlichen speziellen Gesetzen, z.B. im Bereich der Privatheit, finden sich dann bei der näheren Betrachtung dieser Rechte.

1. Entstehungsgeschichte

Zunächst herrschte in der spanischen Wissenschaft über die Notwendigkeit Streit, den in Art. 18.1 C.E. gewährleisteten verfassungsrechtlichen Persönlichkeitsschutz in einem speziellen Gesetz auch zivilrechtlich auszugestalten.[113]
Manche meinten, die bestehende Gesetzeslage reiche aus, die durch das *Ley de Protección Jurisdiccional de los Derechos Fundamentales de la Persona* vom 26.12.1978 (Gesetz über den Schutz der Grundrechte) jedem Einzelnen bereits Schutz vor Grundrechtsverletzungen bot.[114] Außerdem gelte Art. 18.1 C.E. auch zwischen Privaten, so dass er von den Gerichten unmittelbar anwendbar sei und es keiner einfachgesetzlichen Ausgestaltung bedürfe.[115]
Es setzte sich jedoch die Meinung durch, die ein spezielles Gesetz für erforderlich hielt. Dies begründete man zum einen mit dem Beispiel des französischen Gesetzes über den Schutz des Privatlebens vom 17. Juli 1970, das in Spanien als nachahmenswertes Vorbild galt. Dieses Gesetz führte eine Vorschrift zum Persönlichkeitsschutz in den *Code civil* ein (Art. 9 C.c.)[116] und garantierte damit in den Augen der Befürworter einer entsprechenden spanischen Lösung einen effektiven Schutz der betroffenen Rechte.[117] Außerdem sollte der Öffentlichkeit der hohe Stellenwert des Rechts auf Ehre, Privatheit und am eigenen Bild signalisiert werden, die im „Gesetz über den Schutz der Grundrechte" nicht erwähnt waren.[118] Ein weiterer Grund für die einfachgesetzliche Ausgestaltung war der Wille, den Gerichten in Konflikten zwischen den Rechten des Einzelnen und den Medien konkrete Abwägungsgesichtspunkte zur Verfügung zu stellen.[119]
Der spanische Gesetzgeber hat sich bei seinem Bestreben um besseren Persönlichkeitsschutz wohl überlegt für den zivilrechtlichen Weg anstelle des strafrechtlichen entschieden, obwohl die Ehre seit jeher im Strafrecht umfangreichen Schutz genoss. Die Alternative wäre gewesen, die Privatheit und das Recht am eigenen Bild dem *Código Penal*, also dem Strafrecht hinzuzufügen. Aufgrund der verfassungsmäßig garantierten Informationsfreiheit und ihrer großen Bedeutung für einen pluralistischen Rechtsstaat sah man aber von dieser Lösung ab. Da strafrechtliche Sanktionen einen schwereren Eingriff in die Informationsfreiheit bedeutet hätten als zivilrechtliche Konsequenzen, zog man die mildere Al-

---

[113] *Azurmendi Adarraga*, S. 149.
[114] *Garrido Falla*, S. 582.
[115] *Garrido Falla*, S. 887, zit. nach: *Concepción Rodríguez*, S. 85.
[116] *Heisig*, S. 72.
[117] *Azurmendi Adarraga*, S. 150.
[118] *Bellón Molina*, AC 1998, S. 392.
[119] *Azurmendi Adarraga*, S. 150.

ternative vor. Dies mag auch mit den Erfahrungen der Mitte der 1970-er Jahre beendeten *Franco*-Diktatur zusammengehangen haben.
Der Gesetzgebungsvorschlag erschien bereits am 19. Dezember 1979, wurde aber erst am 20. April 1982 vom *Congreso de los Disputados* gebilligt, am 05. Mai 1982 vom König ausgefertigt und schließlich am 14. Mai 1982 im Gesetzblatt veröffentlicht.[120] Die großen Vorteile, die mit der Einführung des L.O. 1/1982 verbunden sind, liegen auf der Hand: Ein spezielles Gesetz nimmt sich nun zum ersten Mal in der spanischen Rechtsgeschichte dem Persönlichkeitsschutz an. So groß dieser Vorteil auch sein mag, darf nicht übersehen werden, dass das Gesetz an einigen Stellen fehlerhaft ist und Gefahren für einen effektiven Persönlichkeitsschutz birgt. Auf die bestehenden zahlreichen Nachteile wird an den entsprechenden Stellen noch detailliert einzugehen sein.

2. Struktur und Regelungsgehalt

Hauptanliegen des Gesetzes ist es, zwei widerstreitende grundrechtlich geschützte Interessen zum Ausgleich zu bringen: auf der einen Seite die Persönlichkeitsrechte des Einzelnen und auf der anderen Seite das Recht auf freie Meinungsäußerung und Informationsfreiheit, also Pressefreiheit.[121]
Das Gesetz besteht aus insgesamt neun Artikeln, die sich in einen Allgemeinen Teil („*Disposiciones Generales*", Art. 1-6) und einen Besonderen Teil („*De la Protección civil del Honor, de la Intimidad y de la propia Imagen*", Art. 7-9) gliedern, wobei Art. 9 die Rechtsfolgen bei einer Verletzung regelt. Art. 7 widmet sich schließlich dem Schutz der drei besonderen Persönlichkeitsrechte Ehre (Art. 7.7), persönliche und familiäre Privatheit (Art. 7.1-7.4) und dem Recht am eigenen Bild (Art. 7.5, 7.6). In diesen sieben Absätzen sind bestimmte Verhaltensweisen beschrieben, die eine Verletzung der genannten Persönlichkeitsrechte bedeuten. Steht fest, dass ein Persönlichkeitsrecht betroffen ist, muss aber noch nicht zwingend eine Verletzung vorliegen. In den Art. 2.2 (u.a. Einwilligung), 8.1 (relevantes Interesse) und 8.2 („*persona pública*" beim Recht am eigenen Bild) sind vielmehr Tatbestände normiert, bei denen die Widerrechtlichkeit der Handlung ausnahmsweise entfällt und die wie Rechtfertigungsgründe wirken.[122]
Besonders hervorzuheben sind die folgenden charakteristischen Merkmale des L.O. 1/1982:

a) Intromisión ilegítima als zentrales Element

Der Gesetzgeber hat in den sieben Absätzen des Art. 7 die Verhaltensweisen aufgelistet, die eine Verletzung der geschützten Rechte darstellen („*intromisión*

[120] *Herrero-Tejedor*, Honor, Intimidad e Imagen, S. 164.
[121] *Azurmendi Adarraga*, S. 181.
[122] Ob es sich dabei tatsächlich um Rechtfertigungsgründe handelt, ist umstritten.

ilegítima").[123] Diese Weise der Kodifikation erinnert an die Formulierung strafrechtlicher Tatbestände, bei denen ebenfalls nur die Verhaltensweisen genannt sind, die eine Strafe nach sich ziehen. Anders als die Regelung des Art. 1902 C.C. erfordert der Wortlaut des Gesetzes weder den Beweis eines Schadens durch den Verletzten noch Rechtswidrigkeit oder Verschulden.[124] Allein das Vorliegen einer *intromisión ilegítima*, also einer Verletzungshandlung, durch die eines der geschützten Persönlichkeitsrechte objektiv betroffen ist, führt schon zur Erfüllung des Tatbestandes und damit zur Haftung nach diesem Gesetz (Art. 9.3). Sie tritt im Bereich dieses Gesetzes somit an die Stelle des Schadens, der im sonstigen Haftungsrecht nach Art. 1902 C.C. die zentrale Rolle spielt. Von schadensersatzrechtlichen Grundsätzen, die für einen außervertraglichen Haftungsanspruch nach Art. 1902 C.C. der Beweis eines Schadens durch den Verletzten und ein Verschulden des Verletzers erfordern, weicht das L.O. 1/1982 damit entscheidend ab.
Nach der Struktur des L.O. 1/1982 ist eine tatbestandsmäßige Handlung damit grundsätzlich auch rechtswidrig. Die in Art. 7 beschriebenen Verhaltensweisen bilden somit typische Unrechtstatbestände. Es ist damit - anders als bei Verletzungen des allgemeinen Persönlichkeitsrechts in Deutschland - grundsätzlich keine Güter- und Interessenabwägung notwendig, um die Rechtswidrigkeit einer Handlung zu bestimmen. Die Rechtswidrigkeit ist vielmehr bei Vorliegen einer *intromisión ilegítima* indiziert, was zunächst den Eindruck größerer Rechtssicherheit erweckt. Insoweit unterscheidet sich das spanische Gesetz zum Persönlichkeitsschutz in diesem Punkt erheblich von der deutschen Lösung der Rechtsprechung. Es wird aber später zu zeigen sein, dass die gerichtliche Praxis oft von diesem Schema des L.O. 1/1982 abweicht. Die - vermeintlich einfachere - Indizierung der Rechtswidrigkeit nach spanischem Recht ergibt sich damit lediglich nur oberflächlich und auf den ersten Blick.

b) Betonung der Stellung der Gerichte

Die im L.O. 1/1982 geschützten Persönlichkeitsrechte Ehre, Privatheit und das Recht am eigenen Bild sind dort nicht einmal im Ansatz definiert. Das Gesetz soll vielmehr durch die Gerichte mit Inhalt gefüllt werden.[125] Die Motive des Gesetzes weisen die Aufgabe, den Inhalt der Schutzbereiche nach den jeweiligen Gegebenheiten zu bestimmen, explizit den Gerichten zu.
Dies hat in der spanischen Literatur zu - im Ergebnis aber unverständlicher - Kritik geführt: So bemängeln Einige, dass der Gesetzgeber zumindest einen groben Rahmen dieser Rechte hätte vorgeben sollen, den die Rechtsprechung

---

[123] Wörtlich übersetzt bedeutet *intromisión ilegítima* „unerlaubtes Eindringen" in eines der drei geschützten Persönlichkeitsrechte.

[124] In der Praxis ist - entgegen dem Wortlaut des Gesetzes - dennoch ein Verschulden des Verletzers erforderlich, dazu ausführlich: 2. Teil: D.II.2.c.

[125] *Azurmendi Adarraga*, S. 151.

dann hätte ausfüllen können.[126] In der jetzigen Fassung komme den Gerichten eine Aufgabe zu, die dem Gesetzgeber zugestanden hätte. Manche meinen gar, das Gesetz sei wegen seiner vermeintlichen Ungenauigkeit ein Hindernis für den Schutz dieser Rechte.[127] Die Folge sei Rechtsunsicherheit, da die Gerichte oftmals verschiedene Ansichten über die Schutzbereiche der Rechte vertreten.
Dieser Kritik ist aber entgegenzuhalten, dass eine gewisse Rechtsunsicherheit bei allen abstrakten Regelungen hinzunehmen ist. Eine genauere Formulierung würde den Gerichten einen zu engen Rahmen vorgeben. Gerade im Bereich des Persönlichkeitsschutzes müssen wegen immer neuer technischer Entwicklungen und immer ausgefalleneren Persönlichkeitsverletzungen alle möglichen Verletzungen unter die entsprechenden Normen subsumierbar sein.[128] Dies ist aber nur durch eine abstrakte Regelung möglich. Die falsche Alternative wäre es, den Gerichten Vorgaben zum Schutzumfang der betroffenen Rechte zu machen, da Fälle von Persönlichkeitsverletzungen in der Zukunft denkbar sind, in denen der vorgegebene Rahmen zum Nachteil eines Betroffenen nicht mehr verlassen werden kann. Daher ist die Kritik an der vermeintlich zu unbestimmten Regelung und der mangelnden Definition der Persönlichkeitsrechte in Spanien zurückzuweisen.[129]

c) Offene Formulierung der Verletzungstatbestände

Bisher hat man in der spanischen Literatur keine Einigung darüber erzielen können, ob die Aufzählung der *intromisiones ilegítimas* in den sieben Absätzen des Art. 7 abschließend ist („*numerus clausus*") oder ob sie einen offenen Tatbestand bilden. Ein namhafter Befürworter einer abschließenden Regelung und damit einer engen Auslegung der Tatbestände des Art. 7 begründet dies mit der Nähe dieser Vorschrift zum Strafrecht. Zwar sei das Gesetz ein rein zivilrechtliches, die Aufzählung der Tatbestände als „zivile Delikte" sei aber hingegen typisch für strafrechtliche Gesetze. Konsequenterweise müsse diese Regelung dann auch nach strafrechtlichen Grundsätzen behandelt, also restriktiv ausgelegt werden.[130] Ein weiteres Argument für eine restriktive Auslegung und damit für eine abschließende Regelung des Art. 7 sei Art. 53.1 C.E., nach dem bestimmte Grundrechte nur durch ein Gesetz ausgestaltet werden dürften. Nähme man offene Tatbestände an, so könnten die Gerichte diese Aufgabe des Gesetzgebers

---

126 *Cabezuelo Arenas*, S. 15.
127 *Cabezuelo Arenas*, S. 16.
128 *Royo Jara*, S. 138.
129 Ähnliche Argumente finden sich auch in der deutschen Diskussion über die Normierung des zivilrechtlichen Persönlichkeitsschutzes. Hier lehnt man ebenfalls eine zu große Einengung des Beurteilungsspielraums der Gerichte aus den eben genannten Gründen ab, *Macke*, Verhandlungen des 58. DJT, 1990, S. K 112; *Schwerdtner*, JuS 1978, S. 299.
130 *Herrero-Tejedor*, Honor, Intimidad e Imagen, S. 188 f.

übernehmen und damit Art. 53.1 C.E. umgehen. Danach verstießen eine weite Auslegung und offene Tatbestände gegen dieses Verfassungsgebot.[131]
Die weit überwiegende Meinung in Literatur und in Rechtsprechung übergeht allerdings diese verfassungsrechtlichen Bedenken und sieht die Aufzählung in Art. 7 - zu Recht - als nicht abschließend an („*numerus apertus*").[132] Dies begründet sie mit dem - einleuchtenden - Hinweis auf Art. 1.1, der bestimmt, dass das Gesetz den Einzelnen „gegen *alle* Eingriffe in die genannten Persönlichkeitsrechte" schütze.[133] Außerdem müssten bei jedem technischen Fortschritt, durch den die Persönlichkeitsrechte bedroht werden, neue Gesetze erlassen werden, wenn man eine abschließende Regelung annähme. Der *Tribunal Supremo* äußert ausdrücklich die überzeugende Ansicht, „die in Art. 7 aufgezählten Verletzungstatbestände stellen lediglich die bedeutsamsten und häufigsten Verletzungen der Persönlichkeit dar und sind als Beispiele für unerlaubte Verletzungen zu betrachten".[134] Trotz der offenen Formulierung der Verletzungstatbestände ist aber - wie später zu zeigen sein wird - das Zögern in der spanischen Rechtsprechung zu bemerken, von den normierten *intromisiones ilegítimas* abzuweichen und auch nicht ausdrücklich in Art. 7 genannte Persönlichkeitsverletzungen anzuerkennen.

d) **Gleichzeitiger Schutz aller drei Rechte**

Das L.O. 1/1982 schützt die drei *derechos de la personalidad* Ehre, Privatheit und das Recht am eigenen Bild gleichzeitig. Sowohl die Regelungen des Allgemeinen Teils des Gesetzes als auch die Rechtsfolgen bei einer Verletzung gelten damit für alle drei Persönlichkeitsrechte gleich. Zwar haben diese drei Rechte in ihrer Eigenschaft als Persönlichkeitsrechte Gemeinsamkeiten. Das Gesetz kann dem Umstand, dass sie in der Praxis unterschiedlichen Beeinträchtigungen ausgesetzt sind und teilweise einen verschiedenen Inhalt und Umfang haben, mit dieser Technik jedoch nicht gerecht werden: Allein die Tatsache, dass z.B. das Recht auf Ehre einen rein ideellen Persönlichkeitsschutz sicherstellen soll, während das Recht am eigenen Bild auch dem Schutz kommerzieller Interessen dient, macht deutlich, dass in der Praxis mit unterschiedlichen Angriffen auf die verschiedenen Persönlichkeitsrechte zu rechnen ist. Die einheitliche Ausgestaltung des Persönlichkeitsschutzes und die undifferenzierte Sichtweise des Gesetzgebers geben daher Anlass zu Kritik, auf die später noch detailliert einzugehen sein wird.

---

[131] *Herrero-Tejedor*, Honor, Intimidad e Imagen, S. 189.
[132] STC 223/1992 de 14 de Diciembre 1992; STS de 04 de Noviembre 1986; *Cabezuelo Arenas*, S. 108; *Rovira Sueiro*, Responsabilidad civil, S. 77 f.
[133] STS de 26 de Octubre 1986; STS de 19 de Junio 1989; *Azurmendi Adarraga*, S. 182; *Bustos Pueche*, S. 140.
[134] STS de 26 de Octubre 1986; STS de 19 de Junio 1989.

3. Beabsichtigte Änderung durch L.O. 3/1985

Da politische Meinungsäußerungen insbesondere zu Ehrverletzungen, aber auch zu anderen Persönlichkeitsverletzungen führen können, wollte der spanische Gesetzgeber das L.O. 1/1982 durch das L.O. 3/1985 ändern. Aus Gründen der parlamentarischen Immunität („*inmunidad*") und Unverletzlichkeit („*inviolabilidad*") nach Art. 71 C.E.[135] führte er in Art. 2.2 folgende Bestimmung ein:

Keine intromisión ilegítima *liegt wegen der gebotenen Berücksichtigung des Art. 71 C.E. vor, wenn es sich um Meinungsäußerungen handelt, die Senatoren oder Abgeordnete in Ausübung ihrer Funktionen abgeben.* *Für die Anstrengung eines Zivilprozesses nach dem ... (L.O. 1/1982) ... gegen Senatoren und Abgeordnete ist die vorherige Genehmigung des Congreso de los Disputados oder des Senats erforderlich.*	*No se apreciará la existencia de intromisión ilegítima en el ámbito protegido cuando (...) por imperativo del artículo 71 de la Constitución, cuando se trate de opiniones manifestadas por Diputados o Senadores en el ejercicio de sus funciones.* *Iniciado un proceso civil en aplicación de la presente Ley, no podrá seguirse contra un Diputado o Senador sin la previa autorización del Congreso de los Diputados o del Senado.*

Das Änderungsgesetz L.O. 3/1985 sah sich starker Kritik von Literatur und Rechtsprechung ausgesetzt und wurde schließlich vom *Tribunal Constitucional* für verfassungswidrig erklärt: „Art. 71 C.E. garantiert zwar eine Immunität und Unverletzlichkeit der Parlamentarier auf strafrechtlicher Ebene. Dies darf aber nicht zu einer ungerechtfertigten Privilegierung führen, da sie nach dem neuen Gesetz auch auf zivilrechtlicher Ebene Immunität genießen. Dies stellt eine Ungleichbehandlung zu den übrigen Bürgern und eine unzulässige Beschränkung der Rechtsschutzmöglichkeiten dar. Die Immunität dient allein dazu, die Handlungsfähigkeit des Parlaments zu erhalten und die Änderung seiner Zusammensetzung zu verhindern. Sie soll Strafanzeigen nicht zu einem politischen Instrument machen oder dadurch die öffentliche Meinung beeinflussen. Dies ist aber bei zivilrechtlichen Klagen nicht zu befürchten, da durch sie nicht die persönliche Freiheit des Beklagten in Gefahr ist".[136] Das Erfordernis der vorherigen Einwilligung vor einem Zivilprozess sei daher eine verfassungswidrige Erweite-

---

[135] Art. 71.1 C.E.: „*1. Los Diputados y Senadores gozarán de inviolabilidad por la opiniones manifestadas en el ejercicio de sus funciones.*"

[136] STC 90/1985 de 22 de Julio 1985.

rung des Schutzes der Parlamentarier.[137] Die durch das L.O. 3/1985 zunächst eingeführten Änderungen haben danach mittlerweile keine Bedeutung mehr.

4. Allgemeiner Teil, Art. 1-6 L.O. 1/1982 („Disposiciones Generales“)

Nach der Darstellung der charakteristischen Struktur des L.O. 1/1982 ist nun auf seine Bestimmungen im Allgemeinen Teil einzugehen.

a) Art. 1.1 - 1.3 L.O. 1/1982

Im Allgemeinen Teil („*Disposiciones Generales*“) stellt Art. 1.1 zunächst das Ziel des Gesetzes klar:

Das in Art. 18.1 C.E. garantierte Grundrecht auf Schutz der Ehre, der persönlichen und familiären Privatheit und das Recht am eigenen Bild wird durch die Bestimmungen des vorliegenden Gesetzes zivilrechtlich gegen alle Beeinträchtigungen geschützt.	*El derecho fundamental al honor, a la intimidad personal y familiar y a la propia imagen, garantizado en el artículo 18.1 de la Constitución, será protegido civilmente frente a todo género de intromisiones ilegítimas, de acuerdo con lo establecido en la presente Ley Orgánica.*

In Art. 1.2 geht es um das Verhältnis zwischen dem Schutz dieses Gesetzes und dem u.U. daneben anwendbaren strafrechtlichen Schutz:

Stellt eine intromisión ilegítima *gleichzeitig eine Straftat dar, schließt dies das Verfahren nach Art. 9 nicht aus. Die aus einer Straftat hergeleitete zivilrechtliche Haftung richtet sich allein nach diesem Gesetz, auf etwaige strafrechtliche Besonderheiten kommt es nicht an.*	*El carácter delictivo de la intromisión no impedirá el recurso al procedimiento de tutela judicial previsto en el artículo 9 de esta Ley. En cualquier caso, serán aplicables los criterios de esta Ley para la determinación de la responsabilidad civil derivada de delito.*

Der ideelle Charakter der geschützten Persönlichkeitsrechte wird in Art. 1.3. besonders hervorgehoben. Dort heißt es:

137 STC 243/1988 de 19 de Diciembre 1988; Verfassungswidrigkeit in: STC 9/1990 de 18 de Enero 1990.

Auf das Recht auf Ehre, auf persönliche und familiäre Privatheit und auf das Recht am eigenen Bild kann nicht verzichtet werden. Diese Rechte sind unübertragbar und unterliegen keiner Verjährung. Eine Erklärung, durch die auf den in diesem Gesetz vorgesehen Schutz verzichtet wird, ist nichtig, unbeschadet der Voraussetzungen der Genehmigung oder Einwilligung nach Art. 2 dieses Gesetzes.

El derecho al honor, a la intimidad personal y familiar y a la propia imagen es irrenunciable, inalienable e imprescriptible. La renuncia a la protección prevista en esta Ley será nula, sin perjuicio de los supuestos de autorización o consentimiento a que se refiere el artículo segundo de esta Ley.

b) Einwilligung Minderjähriger, Art. 3 L.O. 1/1982

Während Art. 2.2 die Einwilligung im Allgemeinen regelt, findet sich in Art. 3 eine Bestimmung zur Frage der Einwilligung Minderjähriger („*menores*") und in der Geschäftsfähigkeit Beschränkter („*incapaces*"). Nach dieser Vorschrift können sie ihre Einwilligung selbst geben, wenn „ihre Reife ihnen dies im Rahmen der Zivilgesetze erlaubt" (Art. 3.1).[138]

In den Fällen, in denen der Minderjährige seine Einwilligung nicht selbst wirksam geben kann, muss nach Art. 3.2 der „gesetzliche Vertreter schriftlich zustimmen". Jedoch muss er dem *Ministerio Fiscal*, also einer Behörde vergleichbar mit der deutschen Staatsanwaltschaft, die beabsichtigte Einwilligung vorher zur Kenntnis bringen. Spricht sich diese dann innerhalb von acht Tagen gegen die Einwilligung aus, entscheidet ein Gericht über die Einwilligung.[139]

Im Zusammenhang mit den Rechten Minderjähriger ist auch auf das L.O. 1/1996 hinzuweisen, das sich speziell mit dem Persönlichkeitsschutz Minderjähriger auseinander setzt und das von dem Grundsatz abweicht, dass eine Einwilligung keine Verletzung der Rechte nach sich zieht (Art. 2.2).[140]

---

[138] Art. 3.1 L.O. 1/1982: „*1. El consentimiento de los menores e incapaces deberá prestarse por ellos mismos si sus condiciones de madurez lo permiten, de acuerdo con la legislación civil.*"

[139] Art. 3.2 L.O. 1/1982: „*2. En los restantes casos, el consentimiento habrá de otorgarse mediante escrito por su representante legal, quien estará obligado a poner en conocimiento previo del Ministerio Fiscal el consentimiento proyectado. Si en el plazo de ocho días el Ministerio Fiscal se opusiere, resolverá el Juez.*"

[140] Dazu ausführlich unten: 1. Teil: E.I.6.

c) Exkurs: Rechte Verstorbener, Art. 4-6 L.O. 1/1982

Eine detaillierte Behandlung von Fragen des postmortalen Persönlichkeitsschutzes würde den Rahmen dieser Arbeit überschreiten. Da sich aber im L.O. 1/1982 spezielle und ausführliche Regelungen mit der Ausübung des Persönlichkeitsschutzes von Verstorbenen auseinander setzen, bietet sich ein kurzer Überblick über diese Vorschriften an. Die Ausübung der Rechte eines Verstorbenen bei Persönlichkeitsverletzungen regelt sich nach einer Abfolge bestimmter Personen, die Art. 4 genau festlegt:

1. Zur Erhebung einer Klage zum zivilrechtlichen Schutz der Ehre, der persönlichen und familiären Privatheit oder des Bildnisses einer verstorbenen Person ist derjenige ermächtigt, der im Testament dazu bestimmt ist. Diese Bestimmung kann sich auch an eine juristische Person richten.	*1. El ejercicio de las acciones de protección civil del honor, la intimidad o la imagen de una persona fallecida corresponde a quien ésta haya designado a tal efecto en su testamento. La designación puede recaer en una persona jurídica.*

Den Fall, dass diese Personen nicht vorhanden sind, regelt Art. 4.2:

2. Sofern niemand im Testament bestimmt ist oder der darin Bestimmte ebenfalls gestorben ist, sind der überlebende Ehegatte, die Nachkommen, die Vorfahren und Geschwister des Betroffenen zur Ausübung seiner Rechte ermächtigt, wenn sie im Zeitpunkt des Todes des Betroffenen gelebt haben.	*2. No existiendo designación o habiendo fallecido la persona designada, estarán legitimados para recabar la protección el cónyuge, los descendientes, ascendientes y hermanos de la persona afectada que viviesen al tiempo de su fallecimiento.*

Falls der Verstorbene keine Angehörigen hatte oder niemand zum Schutz seiner Persönlichkeitsrechte bestimmt wurde, greift Art. 4.3 ein:

3. Ist niemand der genannten Personen vorhanden, liegt die Ausübung der Rechte zum Schutz des Verstorbenen beim Ministerio Fiscal, das auf Antrag einer betroffenen Person oder von Amts wegen tätig werden kann, wenn nicht 80 Jahre seit dem Tod des Verstorbenen vergangen sind. Die gleiche Frist gilt, wenn eine juristische Person im Testament zum Schutz der Persönlichkeitsrechte bestimmt wurde.	*3. A falta de todos ellos, el ejercicio de las acciones de protección corresponderá al Ministerio Fiscal, que podrá actuar de oficio a la instancia de persona interesada, siempre que no hubieren transcurrido más de ochenta años desde el fallecimiento del afectado. El mismo plazo se observará cuando el ejercicio de las acciones mencionadas corresponda a una persona jurídica designada en testamento.*

Für den Fall, dass mehrere zur Ausübung der Rechte des Verstorbenen berechtigt sind, trifft Art. 5 folgende Regelung:

1. Gibt es mehrere Verwandte im Sinne des Art. 4, steht jedem die Ausübung der Rechte zum Schutze des Verstorbenen.	*1. Cuando sobrevivan varios parientes de los señalados en el artículo anterior, cualquiera de ellos podrá ejercer las acciones previstas para la protección de los derechos del fallecido.*
2. Dies gilt auch, wenn es mehrere im Testament dazu bestimmte Personen gibt, außer, wenn dort etwas anderes bestimmt ist.	*2. La misma regla se aplicará, salvo disposición en contrario del fallecido, cuando hayan sido varias las personas designadas en su testamento.*

Schließlich erfasst Art. 6 die Konstellation des Versterbens des Verletzten, bevor er eine Klage erheben konnte, oder er während des Prozesses verstirbt:

1. Wenn der Inhaber des verletzten Rechts stirbt, ohne dass er oder sein gesetzlicher Vertreter die in diesem Gesetz vorgesehenen Klagen aufgrund der Umstände, unter denen sich die Verletzung ereignet hat, erheben konnte, können sie die in Art.4 genannten Personen erheben.	*1. Cuando el titular del derecho lesionado fallezca sin haber podido ejercitar por sí o por su representante legal las acciones previstas en esta Ley, por las circunstancias en que la lesión se produjo, las referidas acciones podrán ejercitarse por las personas señaladas en el artículo cuarto.*
2. Sie können auch die vom Verletzten bereits erhobenen Klagen weiter verfolgen, wenn dieser verstirbt.	*2. Las mismas personas podrán continuar la acción ya entablada por el titular del derecho lesionado cuando falleciere.*

Schutzrichtung dieser Vorschriften zum postmortalen Persönlichkeitsschutz ist in erster Linie das Andenken an den Verstorbenen. Die Dauer dieses Schutzes des Andenkens variiert je nach der Lebensdauer seiner Mitmenschen, da natürliche Personen nur klageberechtigt sind, wenn sie zum Zeitpunkt der Persönlichkeitsverletzung bereits gelebt haben. Damit ist das Andenken an einen Verstorbenen für die Angehörigen, die ihn gekannt haben, ihr ganzes Leben lang geschützt. Für das *Ministerio Fiscal* und juristische Personen, deren Existenz typischerweise nicht mit einem gewissen Zeitablauf endet, läuft die Klageberechtigung nach 80 Jahren aus, entsprechend der ungefähren Lebensdauer eines Menschen (Art. 4.3).

V. Zusammenfassung

Im spanischen Recht ist der Persönlichkeitsschutz ausdrücklich kodifiziert: Auf verfassungsrechtlicher Ebene werden das Recht auf Ehre, auf persönliche und familiäre Privatheit und das Recht am eigenen Bild durch Art. 18.1 C.E. geschützt. Außerdem hat ein spezielles zivilrechtliches Gesetz den Schutz dieser drei besonderen Persönlichkeitsrechte zum Inhalt: das L.O. 1/1982. Die darin kodifizierten Beeinträchtigungen der drei Persönlichkeitsrechte, die *intromisiones ilegítimas* als typisiertes Unrecht, haben die Rechtswidrigkeit bestimmter Handlungen zur Folge. Das Gesetz sieht keine Güter- und Interessenabwägung vor.

C. Rechtsvergleich

Nach einem kurzen Überblick über die Grundlagen des Persönlichkeitsschutzes in Deutschland und Spanien sind bereits an dieser Stelle einige fundamentale Unterschiede festzustellen:

Im Gegensatz zur deutschen Praxis, den Persönlichkeitsschutz allein der Rechtsprechung der Gerichte zu überlassen und sich damit in die Hände der „Zufälligkeit des richterlichen Fallrechts“ zu begeben,[141] finden sich in Spanien ausdrückliche und teilweise detaillierte Rechtsvorschriften. Da diese auch von juristischen Laien zu verstehen sind, liegt in der Normierung des Persönlichkeitsschutzes grundsätzlich ein Vorteil der spanischen Lösung.

In Deutschland nehmen die Gerichte den zivilrechtlichen Persönlichkeitsschutz durch einige besonders normierte Persönlichkeitsrechte, z.B. das Recht am eigenen Bild und daneben in erster Linie durch das allgemeine Persönlichkeitsrecht wahr. In Spanien lehnt man hingegen ein umfassendes allgemeines Persönlichkeitsrecht ab. Dort geht man von der Existenz von drei besonderen Persönlichkeitsrechten aus, die ebenfalls den gesamten Persönlichkeitsschutz sicher stellen sollen.

Nach deutschem Recht müssen die Gerichte durch eine umfassende Güter- und Interessenabwägung im Einzelfall die Rechtswidrigkeit einer bestimmten Handlung bestimmen. Damit entscheidet sich die Frage nach einer Persönlichkeitsverletzung erst auf Rechtswidrigkeitsebene. Im Gegensatz dazu verzichtet das spanische Recht - zumindest nach seinem Wortlaut - auf eine solche Abwägung. Erfüllt eine bestimmte Handlung einen der in Art. 7 kodifizierten Tatbestände, liegt eine Persönlichkeitsverletzung (*„intromisión ilegítima“*) bereits auf Tatbestandsebene vor. Anders als nach der Konzeption des spanischen Rechts kann nach deutschem Recht somit immer erst nach einer Beeinträchtigung festgestellt werden, ob eine Verletzung des allgemeinen Persönlichkeitsrechts vorliegt. Allerdings wird später zu zeigen sein, dass auch die spanischen Gerichte an der vermeintlichen Indizierung der Rechtswidrigkeit nicht in aller Absolutheit festhalten. Trotz der scheinbar eindeutigen Technik des L.O. 1/1982 nehmen sie in der Praxis in manchen Konstellationen eine Interessenabwägung vor.

Ob der Weg der deutschen Rechtsprechung, die Persönlichkeit durch ein umfassendes allgemeines Persönlichkeitsrecht zu schützen und die Rechtswidrigkeit einer Handlung durch eine Abwägung festzustellen, mehr Vorteile verspricht als der spanische, soll vor allem im folgenden Abschnitt näher untersucht werden.

D. Einzelheiten zum zivilrechtlichen Schutz der Persönlichkeit im deutschen Recht

Wie oben angedeutet, erfolgt der zivilrechtliche Persönlichkeitsschutz gegen Medienveröffentlichungen in Deutschland mittels besonders normierter Persön-

[141] MünchKommBGB/*Rixecker*, § 12 Anh., Rn. 1.

lichkeitsrechte und daneben durch ein umfassendes allgemeines Persönlichkeitsrecht, das von Rechtsprechung und Literatur durch verschiedene Ausprägungen und Schutzbereiche näher konkretisiert wurde. Die Einteilung in Schutzbereiche geht im Wesentlichen auf die von *Hubmann* begründete so genannte „Sphären"- oder „Schutzkreistheorie" zurück.[142] Er unterscheidet drei Kreise, die sich wie ein dreifacher Schutzring um die Persönlichkeit legen: die Intim-, Privat- und Individualsphäre.[143] Das allgemeine Persönlichkeitsrecht ist danach umso eher verletzt, je näher eine Beeinträchtigung an die innerste Persönlichkeitssphäre, die Intimsphäre, heranrückt. In der neueren Literatur findet sich daneben noch eine Vielzahl anderer Systematisierungen und Ausprägungen des allgemeinen Persönlichkeitsrechts. Während Manche aus dem allgemeinen Persönlichkeitsrecht fünf[144] bzw. vier[145] Schutzbereiche unter Beibehaltung des Sphärengedankens ableiten, lösen sich Andere teilweise davon und beurteilen - wie zu zeigen sein wird - die Rechtswidrigkeit einer Medienhandlung, z.B. einer Veröffentlichung, allein nach der Verletzungshandlung, nicht nach der betroffenen Sphäre.[146] Schliesslich wird vertreten, das allgemeine Persönlichkeitsrecht bestehe aus zwei „Säulen", von denen die eine allgemeinmenschliche Interessen schütze, insbesondere die Privatsphäre, und die andere die Individualität des Menschen. Letztgenannte beinhalte Attribute, die sich von der Persönlichkeit ablösen lassen (sog. „Persönlichkeitsgüter"), z.B. Bild, Name und Stimme einer Person und solche, die untrennbar mit der Person verbunden seien (sog. „Persönlichkeitsinteressen"), z.B. die Ehre.[147]

Auch wenn diese verschiedenen Schutzbereichsbildungen auf den ersten Blick den Eindruck erwecken sollten, der Persönlichkeitsschutz sei je nach Auffassung der einzelnen Stimmen in der Literatur unterschiedlich und führe - je nach Betrachtungsweise - zu einem schwächeren bzw. stärkeren Schutz, täuscht dies. Die verschiedenen Ausformungen des allgemeinen Persönlichkeitsrechts weichen im Ergebnis nur unerheblich voneinander ab,[148] so dass das Niveau des Persönlichkeitsschutzes nicht davon abhängt, welcher der zahlreichen Schutzbereichsbildungen man folgt. Wie im Vergleich mit dem spanischen Recht noch zu zeigen sein wird, liegt in der Weite und Unbestimmtheit des allgemeinen Persönlichkeitsrechts gerade der große Vorteil des deutschen Persönlichkeitsschutzes: Die verschiedenen Ausprägungen und Erscheinungsformen des allgemeinen Persönlichkeitsrechts führen zu einem facettenreichen Schutz, da sich seine ver-

---

142 *Hubmann*, S. 269 ff.; vgl. auch: *Geis*, JZ 1991, S. 115 f.
143 *Hubmann*, S. 269 ff, S. 376.
144 *Wenzel*, Rn. 5.18 ff.
145 *Soehring*, Rn. 19.1 ff.
146 Ermann-*Ehmann*, BGB, § 12 Anh., Rn. 221 ff.; *Ehmann*, JuS 1997, S. 193 ff, *Larenz/Canaris*, S. 498 f.; MünchKommBGB/*Rixecker*, § 12 Anh., Rn. 30 ff.
147 *Peifer*, S. 132 ff., 322.
148 MünchKommBGB/*Rixecker*, § 12 Anh., Rn. 9.

schiedenen Ausprägungen in vielen Fällen überdecken. Es wird sich zeigen, dass das deutsche Recht somit flexibler und effizienter ist als das spanische, das im Gegensatz dazu nur drei besondere *derechos de la personalidad* kennt.
Die in Rechtsprechung und Literatur zahlreich geformten Ausprägungen lassen sich in Bezug auf Verletzungen durch die Medien grob nach folgenden Schutzrichtungen zusammenfassen: dem Schutz vor Herabsetzungen, dem Schutz des Privatlebens, dem Schutz des Rechts am eigenen Bild und dem Schutz vor kommerzieller Nutzung.

I. Schutz vor öffentlichen Herabsetzungen

Im Wettbewerb um Einschaltquoten, Anzeigen- und Werbeeinnahmen, schrecken die Medien oftmals nicht davor zurück, Personen - meist Prominente - in herabsetzender und reißerischer Weise darzustellen. In anderen Fällen werden sie mit angeblichen Äußerungen oder in erfundenen Interviews zitiert, um Interesse an dem Medienprodukt in der Öffentlichkeit hervorzurufen.
Als Schutz gegen solche Persönlichkeitsverletzungen stehen dem Betroffenen zwei Ausprägungen des allgemeinen Persönlichkeitsrechts zur Verfügung: der Schutz der Ehre[149] und der Schutz vor Verfälschungen des Lebens-, Charakter- und Persönlichkeitsbildes als weiterer selbständiger Ausprägung des allgemeinen Persönlichkeitsrechts.[150] Beide Ausprägungen sind sich sehr ähnlich, aber nicht zwingend deckungsgleich.[151] In den meisten praktischen Fällen wird der Betroffene jedoch nur gegen eine verfälschende Darstellung seiner Person vorgehen wollen, wenn sie ehrverletzend ist.[152]

1. Verletzungen der persönlichen Ehre

a) Schutzbereich

Der Schutzbereich der persönlichen Ehre ist wie im Strafrecht festzulegen, geschützt sind also innere und äußere Ehre.[153] Die innere Ehre beschreibt den Selbstachtungsanspruch, der jedem Menschen aufgrund seiner Würde zusteht. Mit der äußeren Ehre ist der so genannte „gute Ruf" eines Menschen in der Gemeinschaft gemeint.[154] Im Einzelnen ist der Ehrbegriff in der deutschen Literatur

---

[149] BVerfG NJW 1991, 95, 96 – „Zwangsdemokrat"; BVerfG NJW 1993, 1463 – „Poller"; BVerfG NJW 1987, 2661, 2662 – „Konkret-Karrikatur"; BVerfG NJW 1980, 2070, 2071 – „Eppler"; BGH NJW 1963, 902, – „Fernsehansagerin"; BGH NJW 1987, 1400 - „Oberfaschist"; *Prinz/Peters*, Rn. 89; *Wenzel*, Rn. 5.80.

[150] *Larenz/Canaris*, S. 499 f.; MünchKommBGB/*Rixecker*, § 12 Anh., Rn. 73 f. (Schutz vor Entstellung der Identität); Erman-*Ehmann*, BGB, Anh. § 12, Rn. 421 ff.; *Ehmann*, JuS 1997, S. 198.

[151] Erman-*Ehmann*, BGB, Anh. § 12, Rn. 421; *Ehmann*, JuS 1997, S. 198.

[152] Erman-*Ehmann*, BGB, Anh. § 12, Rn. 421.

[153] *Prinz/Peters*, Rn. 89.

[154] *Prinz/Peters*, Rn. 89.

aber umstritten.[155] Es werden neben der Einteilung in eine innere und äußere Ehre verschiedene Ansätze vertreten, die für die Behandlung an dieser Stelle aber keine Rolle spielen.[156]
Ehrverletzungen können durch die Äußerung ehrenrühriger Tatsachen oder durch Werturteile begangen werden, zwischen denen im Rahmen der Güter- und Interessenabwägung streng zu unterscheiden ist.[157] Medienrechtlich relevant ist hier, dass auch das Verbreiten ehrverletzender Äußerungen eines Dritten als Ehrverletzung des Verbreitenden, also beispielsweise der Medien, gilt, wenn sie sich die Äußerungen zu eigen machen.[158]
Bei der erforderlichen Güter- und Interessenabwägung ist hier auf Seiten der Medien besonders an die in Art. 5 Abs. 1 S. 2 GG garantierte Pressefreiheit zu denken. Die Pressefreiheit findet allerdings nach Art. 5 Abs. 2 GG ihre Grenze in den „allgemeinen Gesetzen, den gesetzlichen Bestimmungen zum Schutze der Jugend und in dem Recht der persönlichen Ehre". Die persönliche Ehre ist hier also in einen verfassungsmäßigen Rang erhoben, in dem sie der Meinungs- und Pressefreiheit gleichrangig gegenübersteht.[159]

b) Güter- und Interessenabwägung bei ehrenrührigen Werturteilen

Die in Art. 5 Abs. 1 GG geschützte Meinungs- und Pressefreiheit findet uneingeschränkt nur bei Werturteilen Anwendung.[160] Daher ist im Hinblick auf diese Vorschrift zwischen ehrenrührigen Tatsachenbehauptungen und Werturteilen zu unterscheiden. Die Abgrenzung zwischen Werturteilen und Tatsachenbehauptungen vollzieht sich am Merkmal der Beweisbarkeit der Behauptung, die nur bei Tatsachen gegeben ist.[161]
Werturteile unterfallen ohne Rücksicht auf Inhalt, Form, Wert und Begründung dem Schutz der Meinungsfreiheit des Art. 5 Abs. 1 GG.[162] Da Art. 5 Abs. 1 GG gerade der freien Meinungsäußerung einen besonders hohen Stellenwert einräumt, muss das allgemeine Persönlichkeitsrecht regelmäßig hinter diesem

---

155 *Lackner/Kühl*, StGB, vor § 185, Rn. 1.
156 Im Einzelnen dazu: *Lackner/Kühl*, StGB, vor § 185, Rn. 1.
157 Erman-*Ehmann*, BGB, Anh § 12, Rn. 241.
158 BGH NJW 1997, 1148 – „Chefarzt"; MünchKommBGB/*Rixecker*, § 12 Anh., Rn. 68; Erman-*Ehmann*, BGB, Anh § 12, Rn. 267.
159 Vgl. BVerfG NJW 1977, 799, 800 – „Politisches Flugblatt"; BGH NJW 1980, 2801, 2803 – „Medizin-Syndikat III"; *Larenz/Canaris*, S. 523.
160 BVerfG NJW 1993, 1462 – „Heinrich Böll"; BVerfG NJW 1992, 1439, 1440 – „Bayer"; BVerfG NJW 1958, 257 – „Lüth"; *Prinz/Peters*, Rn. 91.
161 BGH NJW 1997, 1148, 1149 – „Chefarzt" mit weiteren Nachweisen aus der Rspr.; *Soehring*, Rn. 14.3; *Wenzel*, Rn. 4.40.
162 BVerfG NJW 1993, 1462 – „Heinrich Böll"; BVerfG NJW 1992, 1439, 1440 – „Bayer"; BVerfG NJW 1958, 257 – „Lüth"; *Prinz/Peters*, Rn. 92.

Grundrecht zurückstehen.[163] Dies gilt selbst für starke Formulierungen[164] oder Äußerungen, die in scharfer, übersteigerter[165] und abwertender Kritik bestehen, mit übersteigerter Polemik vorgetragen werden oder in ironischer Weise formuliert sind.[166]

Da die persönliche Ehre (Art. 5 Abs. 2 GG) aber eine Grenze der Meinungsfreiheit ist, kann der Schutz der Persönlichkeit in einigen Fällen ausnahmsweise Vorrang vor der Ausübung der Meinungs- und Pressefreiheit haben. Dies ist bei so genannter „Schmähkritik" der Fall, wenn also bei einer Äußerung nicht mehr die Auseinandersetzung mit der Sache, sondern die Herabsetzung und Diffamierung der betroffenen Person im Vordergrund steht.[167] Beispielhaft für eine Bejahung der unzulässigen Schmähkritik ist die Bezeichnung eines Schriftstellers als „steindummer, kenntnisloser und talentfreier Autor"[168] oder die Titulierung einer Fernsehansagerin als „ausgemolkene Ziege", bei deren Anblick den Zuschauern die „Milch sauer werde".[169]

c) Güter- und Interessenabwägung bei ehrenrührigen Tatsachenbehauptungen

Bei Tatsachenbehauptungen ist im Rahmen der Güter- und Interessenabwägung zwischen wahren und unwahren Tatsachenbehauptungen zu unterscheiden.

Unwahre Tatsachenbehauptungen genießen den Schutz des Art. 5 Abs. 1 GG nur eingeschränkt. Grund dafür ist die Schutzrichtung dieses Grundrechts, nämlich die Gewährleistung der Meinungsäußerungsfreiheit und damit der freien Meinungsbildung.[170] Der grundrechtliche Schutz ist daher bei Tatsachenbehauptungen versagt, die wissentlich oder nachweisbar falsch sind, da diese Aussagen keinen Beitrag zur Meinungsbildung leisten.[171]

---

163 BVerfG NJW 1999, 1322, 1323 - „Helnwein"; OLG Hamm AfP 2002, 224, 225; *Larenz/Canaris*, S. 523.

164 BVerfG NJW 1969, 227, 228 – "GEMA/Tonjäger"; BGH NJW 1994, 124, 126 – "FCKW".

165 BVerfG NJW 1983, 1415 – „NPD von Europa".

166 BVerfG NJW 1994, 1779 – „Ausschwitzlüge"; BGH NJW 1987, 1398 – "Kampfanzug unter der Robe" mit weiteren Hinweisen; BGH NJW 1994, 124, 126 – "FCKW".

167 BVerfG NJW 1991, 95, 96 – „Zwangsdemokrat"; BVerfG NJW 1993, 1462 – „Heinrich Böll"; BVerfG NJW 1983, 1415, 1416 – „NPD von Europa"; BGH NJW 1994, 124, 126 – „FCKW"; BGH NJW 2000, 1036, 1038; *Prinz/Peters*, Rn. 91; MünchKommBGB/*Rixecker*, § 12 Anh., Rn. 127, 141; Erman-*Ehmann*, BGB, Anh § 12, Rn. 310; *Soehring*, Rn. 20.9 f.

168 BVerfG NJW 1993, 1462 – „Heinrich Böll".

169 BGH NJW 1963, 902 – „Fernsehansagerin".

170 BVerfG NJW 1991, 2339 – "Chefarztbrief".

171 BVerfG NJW 1991, 2339 – "Chefarztbrief"; BVerfG NJW 1983, 1415, 1416 – „NPD von Europa"; BVerfG NJW 1994, 1779 – „Ausschwitzlüge"; MünchKommBGB/*Rixecker*, § 12 Anh., Rn. 127, 129.

Auch unwahre Tatsachenbehauptungen, deren Unrichtigkeit der Äußernde bei Wahrung der gebotenen und zumutbaren Sorgfalt hätte erkennen können, fallen nicht unter den grundrechtlichen Schutz des Art. 5 Abs. 1 GG.[172] Daher ist der Konflikt zwischen dem allgemeinen Persönlichkeitsrecht auf der einen und dem Grundrecht der Meinungs- und Pressefreiheit auf der anderen Seite in den Fällen der unrichtigen Tatsachenbehauptungen in aller Regel zugunsten des Persönlichkeitsschutzes des Betroffenen zu lösen. Schützenswerte Interessen an der Verbreitung unrichtiger Tatsachenbehauptungen bestehen nicht.[173]
Wahre Tatsachenbehauptungen unterfallen im Gegensatz zu den unwahren grundsätzlich in vollem Umfang dem Schutz des Art. 5 Abs. 1 GG.[174] Allerdings kann im Rahmen der Güter- und Interessenabwägung auch bei wahren Tatsachenbehauptungen der Schutz der Persönlichkeit höher zu gewichten sein. In den Fällen der Formalbeleidigung (§ 192 StGB) geht der Schutz der Persönlichkeit der Meinungs- und Pressefreiheit vor.[175] Eine Formalbeleidigung kennzeichnet sich durch die Äußerung einer wahren Tatsache, deren beleidigender Charakter sich aus den Begleitumständen der Äußerung ergibt.[176] Beispielsweise stellt die Verbreitung eines in Steckbriefform aufgemachten Plakats, dass der Bundeskanzler wegen „Beihilfe zum organisierten Völkermord" gesucht werde, eine solche Formalbeleidigung dar.[177]

d) **Wahrnehmung berechtigter Interessen**

Häufig wird es vorkommen, dass die Medien ehrenrührige, vermeintlich wahre Tatsachen behaupten, deren Unwahrheit sich erst nach der Veröffentlichung herausstellt. Ob auch in diesen Fällen eine Verletzung des allgemeinen Persönlichkeitsrechts gegeben ist, beurteilt sich anhand der entsprechenden strafrechtlichen Vorschrift des § 193 StGB. Diese Regelung ist als einfachgesetzliche Vorschrift Ausdruck der grundrechtlich geschützten Pressefreiheit. Als Konkretisierung eines allgemeinen Grundsatzes wird sie auch im Zivilrecht angewendet.[178] Die Kollision der Meinungs- und Pressefreiheit des Art. 5 Abs. 1 GG mit dem Ehrenschutz kann damit direkt oder analog nach § 193 StGB aufgelöst

---

172 MünchKommBGB/*Rixecker*, § 12 Anh., Rn. 127.
173 BGH NJW 1987, 1398 f. – "Kampfanzug unter der Robe"; *Prinz/Peters*, Rn. 261; *Soehring*, Rn. 18.1.
174 BVerfG NJW 1983, 1415, 1416 – „NPD von Europa".
175 BVerfG AfP 1994, 126, 127 – „Judenverfolgung"; OLG Hamm AfP 2002, 224, 225; *Prinz/Peters*, Rn. 95.
176 *Lackner/Kühl*, StGB, § 192, Rn. 2.
177 LG Frankfurt, AfP 1968, 126, 127.
178 Vgl. BGH NJW 1993, 525, 527 – „Ketten-Mafia"; *Wenzel*, Rn. 6.26; *Soehring*, Rn. 15.1; *Prinz/Peters*, Rn. 254.

werden.[179] Die Anerkennung der Wahrnehmung berechtigter Interessen nimmt den Medien das Risiko ab, dass eine von ihnen aufgestellte Behauptung sich nachträglich als falsch erweist, obwohl sie die von ihnen zu beachtende journalistische Sorgfalt gewahrt haben.[180] In der Struktur des allgemeinen Persönlichkeitsrechts muss § 193 StGB im Rahmen der Güter- und Interessenabwägung auf Seiten des Verletzers berücksichtigt werden und bildet damit ein dem allgemeinen Persönlichkeitsrecht des Betroffenen gegenläufiges Interesse.[181]

Ob sich die Medien im Einzelfall auf die Wahrnehmung berechtigter Interessen berufen können, ist von mehreren Voraussetzungen abhängig. Zunächst muss es sich um unwahre, ehrenrührige Tatsachenbehauptungen handeln, deren Unwahrheit im Zeitpunkt der Veröffentlichung nicht feststand.[182] Voraussetzung ist ferner, dass die von den Medien veröffentlichten unwahren Tatsachen mit der erforderlichen journalistischen Sorgfalt recherchiert wurden und sich bei gehöriger Prüfung die Unrichtigkeit der Tatsachen nicht herausgestellt hat.[183] Dabei erhöht sich dieser Sorgfaltsmaßstab entsprechend der Schwere des veröffentlichten Vorwurfs.[184] Die Medien genügen einer sorgfältigen Recherche grundsätzlich dann, wenn sie dem Betroffenen die Gelegenheit zur Stellungnahme geben.[185]

Eine weitere Voraussetzung ist, dass die Medien ihr bestehendes Informationsinteresse mit dem Persönlichkeitsrecht des Betroffenen abgewogen haben.[186] Ein berechtigtes Informationsinteresse überwiegt regelmäßig bei wichtigen Themen aus Politik, Wirtschaft, Kultur und Zeitgeschehen.[187] An Belanglosigkeiten, Unterhaltung und Banalitäten besteht kein Informationsinteresse, auch bloße Neugier und Sensationslust sind nicht als schützwürdig anerkannt.[188] In diesen Fällen können sich die Medien daher niemals auf die Wahrnehmung berechtigter Interessen berufen.

---

179 BVerfG NJW 1961, 819, 820 f. – "Schmid/Spiegel"; BVerfG NJW 1969, 227 – "GEMA/Tonjäger"; BVerfG NJW 1976, 1677, 1678 – "DGB"; BGH NJW 1971, 1655, 1657 – „Sabotage"; *Larenz/Canaris*, S. 522 f.

180 BGH NJW 1985, 1621, 1622 - „Türkol I".

181 *Prinz/Peters*, Rn. 254; *Soehring*, Rn. 15.3.

182 *Soehring*, Rn. 15.3.

183 BGH NJW 1997, 1148, 1149 – „Chefarzt"; BGH NJW 1996, 1131, 1133 f. – „Lohnkiller"; MünchKommBGB/*Rixecker*, § 12 Anh., Rn. 127.

184 BGH NJW 1965, 685, 686 – „Soraya"; BGH 1977, 1288, 1289 – "Abgeordnetenbestechung".

185 BGH NJW 1996, 1131, 1134 – „Lohnkiller"; MünchKommBGB/*Rixecker*, § 12 Anh., Rn. 140.

186 *Prinz/Peters*, Rn. 255; *Soehring*, Rn. 15.8.

187 *Prinz/Peters*, Rn. 256; *Soehring*, Rn. 15.10.

188 BGH NJW 1996, 1128, 1130 – „Caroline von Monaco"; *Prinz/Peters*, Rn. 256.

e) Kunstfreiheit

Auch die Kunstfreiheit nach Art. 5 Abs. 3 GG kann im Rahmen der Güter- und Interessenabwägung zugunsten des Verletzers zu berücksichtigen sein. Dies wird beispielsweise bei den so genannten „Schlüsselromanen“ oder in dem in der Praxis häufigen Fall der Satire[189] zu beachten sein.
Zwar ist die Kunstfreiheit in Art. 5 Abs. 3 GG ohne einen Gesetzesvorbehalt ausgestattet. Sie ist aber nicht schrankenlos gewährleistet, sondern findet dort ihre Grenze, wo ihre Ausübung unmittelbar mit anderen durch das Grundgesetz gewährleisteten Grundwerten wie der Menschenwürde (Art. 1 Abs. 1 GG) oder der freien Entfaltung der Persönlichkeit (Art. 2 Abs. 1 GG) kollidiert.[190]

2. Verfälschung des eigenen Lebens-, Charakter- und Persönlichkeitsbildes

Der Schutz des Einzelnen vor „Entstellung seiner Identität“[191] oder vor „Verfälschungen des eigenen Lebens-, Charakter- und Persönlichkeitsbildes“ ist dem Schutz vor Angriffen auf die Ehre verwandt. Beides dient dem Schutz des Einzelnen vor öffentlicher Herabsetzung.

a) Schutzbereich

Der Schutz vor Verfälschung des eigenen Lebens-, Charakter- und Persönlichkeitsbildes richtet sich aber nicht nur gegen ehrenrührige Tatsachenbehauptungen, sondern in erster Linie gegen Äußerungen, die geeignet sind, den Betroffenen in ein falsches Licht zu rücken.[192] Dies geschieht regelmäßig durch das Verbreiten von Unwahrheiten über ihn oder das Verfälschen bzw. Unterdrücken bestimmter Gegebenheiten, womit ein falsches oder verzerrtes Bild der Person in der Öffentlichkeit erzeugt wird.[193] Die Fälle der verfälschenden Schlüsselromane,[194] in denen die dargestellte Person regelmäßig negativ verzerrend gezeichnet wird, sind also unter diese Ausprägung des allgemeinen Persönlichkeitsrechts einzuordnen.[195] Auch falsches öffentliches Zitieren von Personen fällt unter diesen Schutzbereich.[196]

---

189 Dazu näher: *Soehring*, Rn. 20.13 ff.; *Wenzel*, Rn. 3.27 ff.; *Gounalakis*, NJW 1995, S. 809 ff.

190 BVerfG NJW 1971, 1645, 1646 – „Mephisto“; *Soehring*, Rn. 20.15.

191 MünchKommBGB/*Rixecker*, § 12 Anh., Rn. 73 f.

192 BGH NJW 1965, 2395, 2396 – “Mörder unter uns”; Erman-*Ehmann*, BGB, Anh. § 12, Rn. 421; MünchKommBGB/*Rixecker*, § 12 Anh., Rn. 73; *Ehmann*, JuS 1997, S. 198.

193 BVerfG NJW 1999, 1322, 1323 - „Helnwein“; MünchKommBGB/*Rixecker*, § 12 Anh., Rn. 73.

194 Die wahrheitsgetreuen Schlüsselromane sind unter den Schutz über das Verfügungsrecht über die Darstellung der eigenen Person einzuordnen.

195 BGH NJW 1968, 1763 ff. - „Mephisto”; Erman-*Ehmann*, BGB, Anh. § 12, Rn. 425.

196 BVerfG NJW 1980, 2072 – „Böll/Walden“; MünchKommBGB/*Rixecker*, § 12 Anh., Rn. 74; *Larenz*/*Canaris*, S. 500.

b) Rechtfertigungsgrund

Nach traditioneller Ansicht ist die Frage der Rechtswidrigkeit einer Beeinträchtigung des allgemeinen Persönlichkeitsrechts stets durch eine Güter- und Interessenabwägung festzustellen. Die Rechtsprechung und weite Teile der Literatur bleiben auch in diesem Zusammenhang bei diesem Grundsatz.[197]

Es erscheint aber in der hier vorliegenden Konstellation angebracht, dem Vorschlag von *Canaris* zu folgen und unter Abweichung von diesem Grundsatz auf eine Interessenabwägung zu verzichten.[198] Die Tatbestandsmäßigkeit indiziert hier vielmehr die Rechtswidrigkeit, da bei Verfälschungen des Lebens-, Charakter- und Persönlichkeitsbildes eine Beeinträchtigung nur ausnahmsweise legitimiert werden kann.[199] Während Manche diese neue Sichtweise mit dem Hinweis unterstützen, dass schutzwürdige Interessen auf Seiten des Verletzers regelmäßig nicht erkennbar seien,[200] möchten Andere das Indiz der Rechtswidrigkeit noch durch eine Güter- und Interessenabwägung ergänzen.[201] Wie in Grundzügen oben bereits gezeigt wurde, hat der spanische Gesetzgeber eine ähnliche Lösung gewählt. Im spanischen Recht geht man ebenfalls vom grundsätzlichen Vorliegen der Rechtswidrigkeit einer bestimmten Verletzungshandlung bei Beeinträchtigungen der besonderen Persönlichkeitsrechte aus („*intromisión ilegítima*"). Nur ausnahmsweise wird dort die Rechtswidrigkeit der Handlung durch speziell normierte Tatbestände ausgeschlossen. Im Interesse eines wirksamen Persönlichkeitsschutzes erscheint diese Lösung in dieser Konstellation ebenfalls angemessen.[202]

Als medienrelevanter Rechtfertigungsgrund für eine Verfälschung des Lebens-, Charakter- und Persönlichkeitsbildes kommt die Wahrnehmung berechtigter Interessen in Betracht. Dies setzt aber ein Informationsinteresse der Öffentlichkeit an der verfälschenden Darstellung voraus.[203] An dieser Voraussetzung wird daher die Rechtfertigung einer Verfälschung des Lebens-, Charakter- und Persönlichkeitsbildes regelmäßig scheitern.

3. Kurzer Ausblick auf das spanische Recht

Im spanischen Recht übernimmt das besondere Persönlichkeitsrecht der Ehre („*honor*") den Schutz vor öffentlichen Herabsetzungen. Der dortige Ehrenschutz entspricht mittlerweile weitgehend dem hiesigen.[204] Auch der als weitere Ausprägung des allgemeinen Persönlichkeitsrechts gebildete Schutz vor Verfäl-

---

197 BGH NJW 1971, 1359 - „Haus auf Teneriffa".

198 *Larenz/Canaris*, S. 500.

199 *Larenz/Canaris*, S. 500.

200 MünchKommBGB/*Rixecker*, § 12 Anh., Rn. 73.

201 *Ehmann*, JuS 1997, S. 196.

202 *Larenz/Canaris*, S. 500.

203 *Prinz/Peters*, Rn. 256; *Soehring*, Rn. 15.7, 15.10 ff.; *Wenzel*, Rn. 6.60.

204 Dazu ausführlich: 1. Teil: E.I.

schungen des eigenen Lebens-, Charakter- und Persönlichkeitsbildes gilt in Spanien als Persönlichkeitsverletzung: Das Verfälschen des Erscheinungsbildes einer Person („*falsa apariencia*") stellt dort eine Ehrverletzung dar. Die *falsa apariencia* ist aber - anders als die Verfälschung des eigenen Lebens-, Charakter- und Persönlichkeitsbildes nach deutschem Recht - kein selbständiges Persönlichkeitsrecht.[205]

II. Schutz des Privatlebens

Die Berichterstattung - insbesondere die der Unterhaltungsmedien - lebt davon, persönliche Erlebnisse und Schicksale, aber auch alltägliche Sachverhalte bestimmter Personen, vorzugsweise Prominenter, aufzudecken, zu schildern und detailgetreu zu veröffentlichen. Dabei werden typischerweise so viele Angaben über die betroffene Person wie möglich in die Veröffentlichung einbezogen, um die vermittelten Informationen glaubhaft und damit für die Öffentlichkeit interessant zu machen. Dies soll schließlich dem Verkauf und der Vermarktung der Unterhaltungserzeugnisse dienen.
Im deutschen Recht haben Rechtsprechung und Literatur mittlerweile mehrere Ausprägungen des allgemeinen Persönlichkeitsrechts gebildet, die in erster Linie dem Schutz des Privatlebens dienen. In diesem Zusammenhang ist vor allem an die oben bereits kurz erwähnte Sphärentheorie zu erinnern. Daneben bestehen aber auch andere Ausprägungen des allgemeinen Persönlichkeitsrechts, die den Einzelnen davor schützen sollen, dass Persönliches an die Öffentlichkeit gebracht wird.

1. Verletzung der Intim-, Privat- oder Individualsphäre

Nach klassischer *Hubmann*'scher Betrachtungsweise unterscheidet man bestimmte Schutzsphären des Einzelnen, in die Andere, insbesondere Medien, eindringen können: die Intim-, Privat- und Individualsphäre.

a) Schutzbereiche

Unter ihnen stellt die Intimsphäre den engsten Persönlichkeitsbereich dar. Ihr Schutz ist absolut[206] und umfasst vor allem Vorgänge aus dem Bereich der Sexualität.[207] Ungenehmigte Veröffentlichungen aus dem Bereich der Intimsphäre stellen daher stets eine Verletzung des allgemeinen Persönlichkeitsrechts dar. Eine - ansonsten gebotene - Abwägung findet nicht statt.[208] Dabei ist die Art der

---

205 Dazu ausführlich: 1. Teil: E.I.5.

206 BVerfG NJW 1973, 891, 892 – „Tonbandaufnahme"; BGH NJW 1991, 1552, 1553 – „Notfalldienstarzt"; BGH NJW 1981, 1366 – „Der Aufmacher II"; BGH NJW 1979, 647, 648 – „Kohl/Biedenkopf"; OLG Hamburg AfP 1991, 533 – „Vater Graf"; *Prinz/Peters*, Rn. 54; *Wenzel*, Rn. 5.39.

207 BGH NJW 1974, 1947, 1949 – „Nacktbild"; LG Berlin AfP 2002, 249, 250.

208 BVerfG NJW 1973, 891, 892 – „Tonbandaufnahme".

Berichterstattung (Bild, Wort oder Ton) unerheblich.[209] Beispielsweise sind Verletzungen durch Veröffentlichungen intimer Bilder oder durch Äußerungen über das Sexualleben Dritter möglich.[210] Bei der Bildberichterstattung ist jedoch an die *leges speciales* der §§ 22 ff. KUG zu denken.[211] Der Rückgriff auf das allgemeine Persönlichkeitsrecht ist aber stets möglich, wenn diese spezial gesetzlichen Vorschriften tatbestandlich nicht eingreifen.[212] Da nach dem Regelungsgehalt der §§ 22 ff. KUG nur die ungenehmigte „Verbreitung und Zurschaustellung" untersagt ist und nicht die Herstellung,[213] kann das allgemeine Persönlichkeitsrecht hier ergänzend eingreifen. Es ist ferner dann einschlägig, wenn gar kein Bildnis i.S.d. §§ 22 ff. KUG vorliegt, weil der Abgebildete beispielsweise nicht erkennbar ist. Sein allgemeines Persönlichkeitsrecht kann aber trotzdem verletzt sein, z.B., wenn es sich um Nacktaufnahmen handelt.[214]
Der Mensch ist - wenn auch schwach - außerdem gegen ein Eindringen in seine Individualsphäre geschützt. In dieser Sphäre bewegt sich eine Person in der Öffentlichkeit, sein Handeln kann von jedermann wahrgenommen werden, er ist Teil der sozialen Gesellschaft.[215]

b) Insbesondere: Privatsphäre

Im Spektrum zwischen der Intim- und der Individualsphäre steht die Privatsphäre, die ebenfalls vom allgemeinen Persönlichkeitsrecht geschützt wird. Sie ist im Vergleich zur Intimsphäre in der Praxis mehr Angriffen ausgesetzt.[216] Ihr Schutz soll den Einzelnen davor bewahren, dass zutreffende Sachverhalte aus seinem Leben gegen seinen Willen öffentlich dargestellt werden.[217]
Der Schutz der Privatsphäre umfasst nach bisheriger höchstrichterlicher Rechtsprechung drei verschiedene Bereiche:[218] zum einen den räumlich-häuslichen Bereich, also die eigenen vier Wände.[219] Dazu zählen ferner private Gärten,[220] der eigene Pool oder die Terrasse.[221] Außerhalb dieses Bereichs, also selbst in der Öffentlichkeit, kann - zweitens - auch eine schützenswerte Privatsphäre be-

---

209 *Prinz/Peters*, Rn. 54.
210 BGH AfP 1988, 34, 35 – „Intime Beziehungen"; *Prinz/Peters*, Rn. 56.
211 Dazu sogleich ausführlich: 1. Teil: D.III.
212 BGH AfP 1995, 597, 598 – „Videoüberwachung"; *Prinz/Peters*, Rn. 782; *J. Helle*, S. 65.
213 BGH AfP 1995, 597, 598 – „Videoüberwachung"; *Prinz/Peters*, Rn. 782, 809 mit weiteren Nachweisen; *J. Helle*, S. 68; *Soehring*, Rn. 9.3.
214 BGH NJW 1974, 1947, 1949 – „Nacktbild".
215 *Prinz/Peters*, Rn. 76.
216 *Larenz/Canaris*, S. 503.
217 *Prinz/Peters*, Rn. 80.
218 *Prinz/Peters*, Rn. 62 ff.
219 BGH NJW 1996, 1128, 1129 – „Caroline von Monaco III".
220 LG Hamburg v. 15.03.1996 - 324 O 578/95; LG Hamburg v. 27.09.1996 - 324 O 292/96, beide nicht veröffentlicht, zit. nach: *Prinz/Peters*, Rn. 63.
221 *Prinz/Peters*, Rn. 63.

stehen, wenn sich eine Person in eine örtliche Abgeschiedenheit zurückgezogen hat, in der sie objektiv erkennbar für sich allein sein will und in der sie sich in der konkreten Situation im Vertrauen auf die Abgeschiedenheit so verhält, wie sie es in der breiten Öffentlichkeit nicht tun würde.[222] Diese Erweiterung des Bereichs der Privatsphäre über den häuslichen Bereich hinaus hat die Rechtsprechung erst Mitte der 1990-er Jahre mit der „*Caroline von Monaco III*"-Entscheidung vollzogen, in der es um Photographien der monegassischen Prinzessin ging, die sie in einem abgeschiedenen Teil eines Restaurants mit einem Begleiter zeigten. In diesen Schutzbereich greift - nach dem BGH - ein, wer Bilder veröffentlicht, die von dem Betroffenen in dieser Situation heimlich oder unter Ausnutzung einer Überrumpelung aufgenommen worden sind.[223] Diese Rechtsprechung ist mit Hinweis auf den erhöhten Schutz des Einzelnen vor Eingriffen in seine Privatsphäre überwiegend begrüßt worden, auch wenn Einige darin eine Aufweichung der bisher klaren Trennlinie zwischen Privatsphäre und Öffentlichkeit und einen Verlust an Rechtssicherheit sehen.[224]

Außerhalb des gerade dargestellten Schutzbereichs der Privatsphäre gewährt die bisherige deutsche höchstrichterliche Rechtsprechung Persönlichkeiten des öffentlichen Lebens grundsätzlich nur geringen Schutz vor ungenehmigten Bildnisveröffentlichungen.[225]

Um diese vermeintliche Schutzlücke zu schliessen, wandte sich *Caroline von Monaco* im Jahre 2000 an den EGMR.[226] Sie wehrte sich damit gegen die deutsche Rechtsprechung, die die ungenehmigte Veröffentlichung von Photographien nicht beanstandet hatte, die die Prinzessin beim Reiten, Einkaufen, im Skiurlaub, beim Tennisspiel, und beim Stolpern im Beach Club Monte Carlo zeigten. Es ging damit im Kern um die Frage, ob auch in der Öffentlichkeit eine schützenswerte Privatsphäre besteht, die über den bereits von der deutschen Rechtsprechung gewährten Schutz hinausgeht. *Caroline von Monaco* berief sich auf eine Verletzung von Art. 8 Abs. 1 EMRK. Dieser Artikel schützt das Recht auf Achtung des Privat- und Familienlebens und sei durch die gerade genannten Entscheidungen der deutschen Gerichte verletzt, in denen eine Verletzung ihres allgemeinen Persönlichkeitsrechts abgelehnt wurde. Sie werde fast rund um die Uhr von *Paparazzi* beobachtet und versuche seit zehn Jahren mit mäßigem Erfolg, vor deutschen Gerichten den Schutz ihrer Privatsphäre durchzusetzen. Die streitgegenständlichen Aufnahmen stammten größtenteils aus Frankreich, von wo sie nach Deutschland verkauft und dort veröffentlicht würden, was durch die deutschen Gerichte regelmäßig nicht beanstandet werde. Der in Frankreich gewährte hohe Schutz des Privatlebens werde durch diese Praxis unterlaufen. Die

---

222 BGH NJW 1996, 1128, 1129 – „Caroline von Monaco III".
223 BGH NJW 1996, 1128, 1129 – „Caroline von Monaco III".
224 *Gounalakis*, AfP 1998, S. 14.
225 *Soehring/Seelmann-Eggebert*, NJW 2005, S. 576.
226 EGMR NJW 2004, 2647 - „Caroline von Hannover".

Unterhaltungspresse befriedige in erster Linie die voyeuristische Neugier der Öffentlichkeit und erwirtschafte durch gezieltes Eindringen in ihr Privatleben Millionen.
Der EGMR gab ihr Recht. Art. 8 EMRK schütze das Privatleben und somit das Recht des Einzelnen, „seine Persönlichkeit in seinen Beziehungen zu seinen Mitmenschen ohne Einmischung von außen zu entwickeln".[227] Dieser Bereich könne „selbst dann zum Privatleben gehören, wenn die Wechselbeziehungen in den öffentlichen Raum" hineinreichten.[228] Mit dieser Begründung wies der EGMR die o.g. photographierten Situationen dem Privatleben der Prinzessin zu.
In der deutschen Rechtsprechung hat sich das KG Berlin Ende Oktober 2004 diesem Verständnis vom Schutzumfang des Privatlebens angeschlossen.[229] Das Recht Prominenter „auf Achtung ihres Privatlebens (könne) nach Abwägung im Einzelfall über Orte der Abgeschiedenheit hinaus" erstreckt werden.[230]
In der deutschen Literatur wird die Entscheidung des EGMR unterschiedlich beurteilt. Neben den Befürwortern,[231] die sie als „Meilenstein in dem so notwendigen Kampf gegen die kommerzielle Ausbeutung von Persönlichkeiten", feiern,[232] finden sich überwiegend kritische Stimmen.
Insbesondere die Presse selbst, die als „vierte Gewalt, die Politik, Justiz und Staatsgewalt kontrollieren solle, (sieht) sich immer fester in eine Zwangsjacke geschnürt".[233] Sie bemängelt die vermeintliche Einschränkung, nur noch über die schönen Seiten des Jet-Set berichten zu dürfen, obwohl die sich dort tummelnden Personen „Meinungen beeinflussen, Verhaltensmuster prägen, Lebensstile vermitteln" und „zu Idolen werden".[234] Das Urteil richte sich schließlich nicht nur gegen die Regenbogenpresse, sondern auch gegen Medien, die kritisch über Menschen berichten wollen und „sich auf der sicheren Seite und jenseits der Umtriebe des Boulevardjournalismus wähnen".[235] Damit bestimmten nicht mehr die Journalisten, was gedruckt und was gesendet werde, sondern diejenigen, über die berichtet werden solle.[236]
In der Tat erscheint die Ausweitung des Schutzes des Privatlebens auf öffentliche Situationen wegen der herausragenden Bedeutung der Pressefreiheit problematisch. Allerdings überschreitet dieser Ansatz des EGMR nur dann die Grenze einer ungerechtfertigten Beschneidung der Pressefreiheit, wenn sich nicht auf

[227] EGMR NJW 2004, 2647, 2648 - „Caroline von Hannover".
[228] EGMR NJW 2004, 2647, 2648 - „Caroline von Hannover".
[229] KG NJW 2005, 605 - „Begleiterin Herbert Grönemeyer II".
[230] KG NJW 2005, 605, 607 - „Begleiterin Herbert Grönemeyer II".
[231] *Kaboth*, ZUM 2004, S. 824.
[232] *Herrmann*, ZUM 2004, S. 665.
[233] Der Spiegel 35/2004, S. 140.
[234] Der Spiegel 35/2004, S. 141.
[235] Frankfurter Allgemeine Zeitung vom 02.09.2004, S. 38.
[236] Der Spiegel 35/2004, S. 142.

der Ebene der Güter- und Interessenabwägung ein Ausgleich findet. Anders formuliert: Die Ausweitung des Schutzes des Privatlebens auf die Öffentlichkeit durch den EGMR ist dann nicht zu beanstanden, wenn bei der Abwägung der widerstreitenden Interessen dem Umstand Rechnung getragen wird, dass die veröffentlichte Tatsache über die betroffene Person aus einem öffentlichen Zusammenhang stammt. Damit ist der Schwerpunkt der Auseinandersetzung nicht bei der Bildung des Schutzbereichs der Privatsphäre zu verorten, sondern bei der Abwägung mit der ebenfalls geschützten Pressefreiheit.

Drittens zählen schließlich Vorgänge und Lebensäußerungen innerhalb des familiären Bereichs zur Privatsphäre, z.B. familiäre Auseinandersetzungen,[237] Vorgänge innerhalb einer Ehe, z.B. Streitigkeiten, Untreue eines Ehepartners, Scheidungsabsichten und Eheprobleme.[238] Private Briefe,[239] die Zugehörigkeit zu einer bestimmten Religion,[240] die Einkommens- und Vermögensverhältnisse einer Person[241] sowie Äußerungen in privaten Gesprächen[242] unterfallen ebenfalls der geschützten Privatsphäre.

c) **Güter- und Interessenabwägung**

Während bei Beeinträchtigungen der Intimsphäre keine Güter- und Interessenabwägung stattfindet und ihr Schutz damit absolut ist, muss bei den anderen betroffenen Sphären eine umfassende Abwägung im Einzelfall über die Verletzung des allgemeinen Persönlichkeitsrechts entscheiden.[243] Auf Seiten des Betroffenen muss sein Interesse an Anonymität nach Art. 1 und 2 Abs. 1 GG in die Abwägung einfließen und auf Seiten der Medien die verfassungsmäßig gleichrangige Pressefreiheit nach Art. 5 Abs. 1 GG.[244]

Dabei ist das Veröffentlichungsinteresse der Medien umso stärker zu gewichten, je mehr sich eine Berichterstattung vom innersten geschützten Persönlichkeitskern, der Intimsphäre, entfernt. Während nach bisher herrschender Ansicht bei Beeinträchtigungen der Privatsphäre grundsätzlich noch ein Interessenübergewicht auf Seiten des Betroffenen besteht und sie somit regelmäßig als Verletzung des allgemeinen Persönlichkeitsrechts zu werten sind,[245] gilt für die Individualsphäre etwas anderes. Hier überwiegen regelmäßig die Interessen der Medien, da sich die Person bewusst in die Öffentlichkeit begibt und mit der Beo-

---

[237] BGH GRUR 1965, 256, 258 – „Gretna Green"; *Prinz/Peters*, Rn. 68.

[238] *Prinz/Peters*, Rn. 69 mit weiteren Nachweisen.

[239] BVerfG NJW 1991, 2339 – „Chefarztbrief".

[240] BVerG NJW 1997, 2669, 2670 – „Scientologen".

[241] OLG Hamburg AfP 1992, 376, 377.

[242] BGH NJW 1987, 2667, 2668 – „Langemann".

[243] BGH NJW 1996, 1128, 1129 f.- „Caroline von Monaco III" mit weiteren Nachweisen aus der Rspr.; *Soehring*, Rn. 19.12; Palandt/*Thomas*, BGB, § 823, Rn. 184.

[244] BGH NJW 1996, 1128, 1129 f.- „Caroline von Monaco III" mit weiteren Nachweisen.

[245] BVerfG NJW 1973, 1226, 1227 f. – „Lebach"; BGH NJW 1981, 1366, 1367 – „Der Aufmacher II"; BGH GRUR 1965, 256, 258 – „Gretna Green"; *Prinz/Peters*, Rn. 81.

bachtung durch andere rechnen muss.[246] Damit sind Personen in der Öffentlichkeit nur schwach vor Persönlichkeitsverletzungen geschützt.

d) **Das „Caroline von Monaco"-Urteil des EGMR**

Diese im deutschen Recht bislang herrschende Auffassung ist nach der Entscheidung des EGMR zu *Caroline von Monaco* in die Kritik geraten. Der EGMR kam nämlich in seiner Entscheidung zu einem hiervon abweichenden Abwägungsergebnis.

Bei der Frage, ob der Schutz des Privatlebens gegenüber der Presse- und Meinungsfreiheit überwiegt, spielt zwar auch nach Auffassung des EGMR insbesondere das öffentliche Interesse an der Berichterstattung die entscheidende Rolle.[247] Im Unterschied zu der bisher in der deutschen Rechtsprechung vertretenen Ansicht sei dabei aber die Position der abgebildeten Person in der Öffentlichkeit von herausragender Bedeutung. Es macht nach Ansicht des EGMR einen Unterschied, ob die jeweilige Person bei der Wahrnehmung ihrer Amtsgeschäfte oder bei rein privaten Gelegenheiten betroffen ist. Dies folge aus der „Wachhund"-Funktion der Presse, die in einer demokratischen Gesellschaft die Ausführung der Amtsgeschäfte zu überwachen habe.[248] Unter Beachtung dieses Grundsatzes könne die Öffentlichkeit zwar auch bei Politikern ein Interesse an einer Berichterstattung über ihr Privatleben haben. *Caroline von Monaco* übe aber weder politische Ämter aus, noch nehme sie offizielle Aufgaben wahr. Trotz ihrer allgemeinen Bekanntheit habe die Öffentlichkeit daher kein berechtigtes Interesse daran, am Privatleben der Prinzessin teilzuhaben. Die deutschen Gerichte hätten somit bei ihren Entscheidungen keinen gerechten Ausgleich zwischen den widerstreitenden Interessen hergestellt, so dass Art. 8 EMRK verletzt sei.[249]

Hier fällt zunächst auf, dass sich die Vorgehensweise des EGMR und die des BVerfG nicht unterscheiden.[250] Beide Gerichte nehmen eine Abwägung vor, bei der lediglich das Ergebnis unterschiedlich ausfällt. Dies unterstreicht eindrucksvoll die besonderen Schwierigkeiten, bei der gebotenen Einzelfallabwägung ein nachvollziehbares Ergebnis zu erzielen („nahezu unlösbare Aufgabe").[251]

Während die deutsche Rechtsprechung bislang nicht darauf abstellte, ob die betroffene Person während der Ausübung bestimmter offizieller Funktionen abgebildet wurde, ist dieses Kriterium nach Ansicht des EGMR entscheidend.

An diesem Punkt setzt die Kritik an dem Urteil überwiegend an. Die vom EGMR getroffene Entscheidung, Bildberichterstattung über Politiker und Amts-

---

[246] *Soehring*, Rn. 19.40.

[247] EGMR NJW 2004, 2647, 2649 - „Caroline von Hannover".

[248] EGMR NJW 2004, 2647, 2649 f. - „Caroline von Hannover".

[249] EGMR NJW 2004, 2647, 2651 - „Caroline von Hannover".

[250] *Heldrich*, NJW 2004, S. 2634.

[251] *Soehring/Seelmann-Eggebert*, NJW 2005, S. 576.

träger („staatstragende Berichterstattung")[252] und solche über andere in der Gesellschaft stehende Personen unterschiedlich zu bewerten, sei nicht nachvollziehbar. Diese verkenne, dass sich die öffentliche Meinungsbildung in den Medien nicht nur auf „staatstragende Fragen" beschränke, sondern sich auch auf Unternehmen, gesellschaftlichen Gruppen und Persönlichkeiten beziehe. Gerade letztere dienten der Gesellschaft als Vorbild und zögen aus ihrer Popularität Profit.[253] Außerdem sei für den Schutz der Menschenrechte wenig gewonnen, wenn ein Gericht seine Abwägung an die Abwägung eines anderen Gerichts setze, das die gleichen Aspekte berücksichtige, aber zu einem anderen vertretbaren Ergebnis gelange.[254] Der EGMR habe überdies nicht dargelegt, warum die deutschen Gerichte den von ihm zu berücksichtigenden Beurteilungsspielraum bei der Ausgestaltung des Persönlichkeitsschutzes überschritten hätten.[255]
Dieser Kritikpunkt wiegt schwer. Dies gilt umso mehr, da in den europäischen Ländern teilweise gravierende Unterschiede hinsichlich des Persönlichkeitsschutzes bestehen. Aufgrund dieser Verschiedenheit ist die fehlende Auseinandersetzung mit den unterschiedlichen Beurteilungsmöglichkeiten der verschiedenen Staaten in der Tat ein großes Versäumnis des Gerichtshofes.[256]

e) Exkurs: Bindung deutscher Gerichte an die Entscheidung des EGMR

Für die deutsche Praxis stellt sich nun die zentrale Frage, wie deutsche Gerichte unter dem Einfluss des Urteils des EGMR in Verfahren über angebliche Persönlichkeitsrechtsverletzungen durch vermeintliches Eindringen in die Privatsphäre zukünftig urteilen werden. Für die Beantwortung dieser Frage ist der Umfang der Bindung deutscher Gerichte an die Entscheidung des EGMR maßgeblich.
Grundsätzlich sieht Art. 46 Abs. 2 EMRK die Verpflichtung vor, endgültige Urteile des EGMR zu befolgen. Deutsche Gerichte haben demnach die materielle Rechtskraft eines endgültigen Urteils zu beachten.[257] Diese Bindung geht grundsätzlich jedoch nur so weit, wie die Rechtskraft eines Urteils des EGMR reicht. Diese ist in einem Individualbeschwerdeverfahren durch die personellen, sachlichen und zeitlichen Grenzen des Streitgegenstandes begrenzt.[258] Eine dem deutschen Art. 31 Abs. 1 GG vergleichbare Regel, wonach alle Verfassungsorgane des Bundes und der Länder sowie alle Gerichte und Behörden an die Entscheidungen des BVerfG gebunden sind, sieht die EMRK nicht vor. Auch hat ein Feststellungsurteil des EGMR keine kassatorische Wirkung hinsichtlich des an-

---

[252] *Soehring/Seelmann-Eggebert*, NJW 2005, S. 576.
[253] *Soehring/Seelmann-Eggebert*, NJW 2005, S. 576.
[254] *Soehring/Seelmann-Eggebert*, NJW 2005, S. 576.
[255] *Soehring/Seelmann-Eggebert*, NJW 2005, S. 576; *Halfmeier*, AfP 2004, S. 418.
[256] *Halfmeier*, AfP 2004, S. 418.
[257] *Heldrich*, NJW 2004, S. 2636.
[258] BVerfG NJW 2004, 3407, 3409.

gegriffenen Urteils. Eine direkte Bindung an dieses Urteil des EGMR entsteht daher für vergleichbare andere Streitigkeiten nicht.
Damit bleibt jedoch die Frage unbeantwortet, ob deutsche Gerichte an die Erwägungen des EGMR gebunden sind und beispielsweise seine Einschätzung zum Umfang der Privatsphäre teilen müssen. Diese Frage stellt deutsche Gerichte vor schwierige Probleme, da das BVerfG - für deutsche Gerichte nach Art. 31 GG bindend - die bisherige Rechtsprechung zum Umfang der Privatsphäre ausdrücklich mit ausgestaltet hat und die entsprechenden Klagen der *Caroline von Monaco* deshalb abgewiesen hatte. Diese Rechtsprechung des BVerfG wurde aber nun vom EGMR als Verstoß gegen Art. 8 EMRK gewertet.
Zeitlich nach dem Urteil des EGMR äußerte sich das BVerfG am 14. Oktober 2004 zur Frage der Bindungswirkung von EGMR-Entscheidungen. Danach gehöre zur Bindung an Recht und Gesetz (Art. 20 Abs. 3 GG) die Berücksichtigung der Gewährleistungen der EMRK und der Entscheidungen des EGMR im Rahmen methodisch vertretbarer Gesetzesauslegung. Die fehlende Auseinandersetzung mit einer Entscheidung des EGMR könne somit gegen Grundrechte in Verbindung mit dem Rechtsstaatsprinzip verstossen.[259] Bei der Berücksichtigung von Entscheidungen des EGMR haben die staatlichen Organe die Auswirkungen auf die nationale Rechtsordnung in ihre Rechtsanwendung einzubeziehen. Das gelte insbesondere dann, wenn es sich bei dem einschlägigen nationalen Recht um ein ausbalanciertes Teilsystem des innerstaatlichen Rechts handele, das verschiedene Grundrechtspositionen miteinander zum Ausgleich bringen wolle.[260] Den deutschen Gerichten komme danach die Aufgabe zu, eine Entscheidung des EGMR in den betroffenen Teilrechtsbereich der nationalen Rechtsordnung einzupassen. Es könne aber weder der völkervertraglichen Grundlage noch dem Willen des EGMR entsprechen, mit seinen Entscheidungen gegebenenfalls notwendige Anpassungen innerhalb einer nationalen Teilrechtsordnung unmittelbar selbst vorzunehmen.[261]
Deutsche Gerichte haben somit nach dem BVerfG die Auslegung der EMRK durch den EGMR in ihre Entscheidungsfindung einzubeziehen („Auslegungshilfe für die Bestimmung von Inhalt und Reichweite von Grundrechten")[262] und sich gebührend mit ihr auseinander zu setzen.
Diese Vorgaben hat - soweit ersichtlich - bisher lediglich das KG Berlin umgesetzt. Nach seinem Urteil vom 29.10.2004 hatte es die „Leitgedanken des Urteils des EGMR für seine Entscheidung maßgeblich zu berücksichtigen."[263] Danach sei der Konflikt zwischen der Bindungswirkung an Urteile des BVerfG nach Art. 31 Abs. 1 GG einerseits und der entgegenstehenden Entscheidung des

259 BVerfG NJW 2004, 3407, 3410.
260 BVerfG NJW 2004, 3407, 3411.
261 BVerfG NJW 2004, 3407, 3411.
262 BVerfG NJW 2004, 3407, 3408.
263 KG NJW 2005, 605, 606 - „Begleiterin Herbert Grönemeyer II".

EGMR andererseits so zu lösen, dass die Bindungswirkung der Entscheidung des BVerfG vom 15.12.1999 („Caroline von Monaco") im Hinblick auf die Völkerrechtsfreundlichkeit des GG „gelockert" sei.[264] Dies ergebe sich daraus, dass das GG so auszulegen sei, dass ein Verstoß der Bundesrepublik Deutschland gegen ihre völkervertraglichen Pflichten vermieden werden müsse. Das KG Berlin sah es daher mit der Meinungs- und Pressefreiheit (Art. 5 Abs. 1 S. 1 und S. 2 GG) vereinbar an, das Recht Prominenter „auf Achtung ihres Privatlebens nach Abwägung im Einzelfall über Orte der Abgeschiedenheit hinaus zu erstrecken und ihrem Recht am eigenen Bild Vorrang einzuräumen."[265]

Im Ergebnis folgte das KG Berlin damit insoweit der Entscheidung des EGMR.

In der Literatur ist der Umfang der Bindungswirkung von Urteilen der Strasbourger Richter umstritten.

Teilweise wird angenommen, dass für deutsche Gerichte wegen Art. 31 Abs. 1 GG nur die Rechtsprechung des BVerfG bindend sei, da eine vergleichbare Vorschrift in der EMRK fehle.[266] Nach dieser Ansicht ändert sich also im deutschen Recht nach dem Urteil des EGMR nichts.

Vertreter der Gegenmeinung argumentieren jedoch, deutsche Gerichte werden in Zukunft die vom EGMR entwickelten Maßstäbe als „Interpretationshilfe" heranziehen, so dass es zu einer Angleichung an den intensiveren Schutz der Privatsphäre im Sinne der Auslegung von Art. 8 EMRK kommen werde.[267] Deutsche Gerichte werden die Strasbourger Entscheidung zu beachten haben.[268] Sie werden daher bei zukünftigen Fällen im Sinne des EGMR darauf abzustellen haben, ob ein Artikel oder Bild einen Beitrag zur Debatte von öffentlichem Interesse leistet, also Informationen liefert, an denen die Öffentlichkeit legitimerweise interessiert ist.[269] Dabei wird es dann entscheidend auf die Stellung des Betroffenen in der Öffentlichkeit ankommen.

Obwohl damit ein Trend in bisheriger Rechtsprechung und Literatur dahin geht, das Urteil des EGMR ins deutsche Recht zu übernehmen, bleibt doch das Problem des Widerspruchs dieser Praxis mit der Bindung an deutsche Verfassungsgerichtsurteile nach Art. 31 Abs. 1 GG. Außerdem scheint es dem BVerfG nicht zu wiedersprechen, wenn ein Gericht von den Erwägungen des EGMR abweicht, dies aber unter Einbeziehung und Auseinandersetzung mit diesem Urteil extra begründet.

---

[264] KG NJW 2005, 605, 607 - „Begleiterin Herbert Grönemeyer II".
[265] KG NJW 2005, 605, 607 - „Begleiterin Herbert Grönemeyer II".
[266] *Mann*, NJW 2004, S. 3221.
[267] *Heldrich*, NJW 2004, S. 2636; *von Gerlach*, Frankfurter Allgemeine Zeitung vom 26.10.2004, S. 46.
[268] *Meyer-Ladewig/Petzold*, NJW 2005, S. 20.
[269] *Heldrich*, NJW 2004, S. 2636; *Kaboth*, ZUM 2004, S. 823.

Rechtsprechung und Literatur sind hier im Fluss, so dass endgültige Klärung wohl erst ein Urteil des BVerfG in dieser Sache bringen wird. *Caroline von Moanaco* wird die deutschen Gerichte wohl noch weiter beschäftigen.

f) Überbetonung des Sphärengedankens?

Auch bevor der EGMR die Reichweite der Privatsphäre neu auslegte und damit das Gefüge eines abgestuften Sphärenschutzes in Frage stellte, war die in der deutschen Rechtswissenschaft und -praxis vorgenommene Einteilung in bestimmte Persönlichkeitssphären bereits umstritten. Namentlich *Canaris* möchte sich davon lösen und das Vorliegen einer Persönlichkeitsverletzung nicht nach der betroffenen Sphäre beurteilen, sondern anhand der Verletzungshandlung.[270] Der Sphärengedanken, d.h. die Abstufung und Einteilung des Persönlichkeitsschutzes nach verschiedenen Persönlichkeitssphären, sei zu unbestimmt.[271] Es müsse vielmehr auf die Art der Informationserlangung der Medien, z.B. durch Zwang, Drohung, Täuschung oder heimlich, ankommen.[272] Ob ein Bild aus der Privatsphäre oder einer weniger geschützten Sphäre stamme, könne keinen Unterschied in der Bewertung rechtfertigen, da die Würde des Menschen nicht davon abhänge, in welcher Sphäre er sich bewege. Allein entscheidend sei die „Prangerwirkung" der Aufnahme, hinter der das Informationsinteresse der Allgemeinheit zurückzutreten habe.[273]

Dieser neue Ansatz, die Beurteilung des Vorliegens einer Persönlichkeitsverletzung an der Verletzerhandlung festzumachen, kann zwar Erleichterungen bei der schwierigen Güter- und Interessenabwägung bieten. Er begegnet aber praktischen Schwierigkeiten, so dass er die bisherige Praxis nicht ersetzen kann. Der Vorteil der Sphärenbildung liegt nämlich darin, dass unabhängig von der Art der Informationsgewinnung eine Verletzung des allgemeinen Persönlichkeitsrechts schon regelmäßig bei Beeinträchtigung der Privatsphäre angenommen werden kann. Nur wenn ausnahmsweise Interessen auf Seiten der Medien überwiegen, gilt etwas anderes. Da es für den Betroffenen nicht immer einfach ist, die Art der Informationsgewinnung durch die Medien nachzuvollziehen und im Streitfall z.B. die Täuschung oder Heimlichkeit zu beweisen, bringt dieser neue Ansatz in der Praxis wenig Vorteile. Einer Photographie ist beispielsweise nicht immer ohne Weiteres anzusehen, ob sie heimlich gemacht wurde.[274] Dass die Berichterstattung aus dem Bereich der Privatsphäre stammt, ist dem gegenüber anhand der o.g. Kriterien in der Regel ohne große Schwierigkeiten zu beurteilen. Im Rahmen der Güter- und Interessenabwägung kann bei einer Beeinträchtigung der Privatsphäre allerdings die Tatsache, dass die Information auf eine anstößige

---

270 *Larenz/Canaris*, S. 503; MünchKommBGB/*Rixecker*, § 12 Anh., Rn. 77.

271 MünchKommBGB/*Rixecker*, § 12 Anh., Rn. 77; *Larenz/Canaris*, S. 503.

272 *Larenz/Canaris*, S. 503 f.

273 *Larenz/Canaris*, S. 512.

274 BVerfG NJW 2000, 1021, 1026 - „Caroline von Monaco".

Art erlangt wurde (z.B. Bildniserschleichung) noch zusätzlich zu Lasten des Verletzers gewichtet werden.[275]
Damit kann das Vorliegen einer Persönlichkeitsverletzung nicht allein anhand des Verletzerverhaltens bestimmt werden.

2. Verletzung des Verfügungsrechts über die Darstellung der eigenen Person

Als weitere selbständige Ausprägung des allgemeinen Persönlichkeitsrechts ist der Schutz vor Verletzungen des Verfügungsrechts über die Darstellung der eigenen Person anerkannt.[276] Hier können sich Überschneidungen mit dem Schutz der Privatsphäre ergeben. Das Verfügungsrecht über die Darstellung der eigenen Person kann den Betroffenen aber darüber hinaus in dem Fall schützen, dass nach einem Eingriff in die Privatsphäre die Erlangung wahrer Informationen rechtmäßig war, nicht aber die unbefugte Verbreitung.[277] Ein Beispiel für eine solche Konstellation bietet die Berichterstattung über die Tochter einer berühmten Mutter, sie hätte bei Reitturnieren Preise gewonnen, sei auf Skiern ein „As", spreche zwei Fremdsprachen und werde von Bodyguards beschützt.[278] Außerdem beschränkt sich der Schutz des Verfügungsrechts über die Darstellung der eigenen Person nicht auf die Privatsphäre des Betroffenen, so dass hier zusätzlich eine Schutzlücke geschlossen wird.[279] Bei Bildnisveröffentlichungen ist wiederum zunächst an die speziellen Regelungen der §§ 22 ff. KUG zu denken.[280]

a) Schutzbereich

Das Verfügungsrecht über die Darstellung der eigenen Person schützt das Recht jedes Menschen, selbst und alleine bestimmen zu können, inwieweit andere sein Lebensbild im ganzen oder bestimmte Vorgänge aus seinem Leben öffentlich darstellen.[281] Damit ist von diesem Recht die ungenehmigte Darstellung von Personen in Filmen (z.B.: ZDF-Fernsehspiel über den Soldatenmord von Lebach) und anderen Medien umfasst.[282] Auch die wahrheitsgetreuen Schlüsselromane, also die richtige Darstellung des Lebens- und Charakterbildes bestimmter Personen, die in Romanen zwar unter anderem Namen auftreten, aber hinter de-

---

275 *Prinz/Peters*, Rn. 814.
276 BVerfG NJW 1973, 1226 – „Lebach".
277 *Larenz/Canaris*, S. 508; *Prinz/Peters*, Rn. 99.
278 LG Hamburg, 324 O 42/98, zit. nach: *Prinz/Peters*, Rn. 104, Fn. 299.
279 BGH NJW 1980, 2070, 2071 – „Eppler".
280 Dazu sogleich ausführlich: 1. Teil: D.III.
281 BVerfG NJW 1973, 1226, 1227 f. – „Lebach".
282 BVerfG NJW 1973, 1226, 1227 f. – „Lebach"; BVerG NJW 1980, 2070, 2071 – „Eppler"; *Prinz/Peters*, Rn. 102

nen leicht die wahre zeitgeschichtliche Person entdeckt werden kann, betreffen dieses Recht.[283]

Das Verfügungsrecht über die Darstellung der eigenen Person schützt allerdings nur gegen ungenehmigte wahrheitsgetreue Darstellungen. Schutz vor wissentlich unwahren Tatsachenbehauptungen bietet der oben dargestellte Schutz vor Verfälschungen des eigenen Lebens-, Charakter- und Persönlichkeitsbildes.

b) Güter- und Interessenabwägung

Ist das Verfügungsrecht über die Darstellung der eigenen Person berührt, entscheidet auch hier wiederum eine Güter- und Interessenabwägung über eine Verletzung dieses Rechts.[284] Auf Seite der Medien streitet die Pressefreiheit des Art. 5 Abs. 1 GG für eine Veröffentlichung. Zu Gunsten des Betroffenen fließt sein aus Art. 1 und 2 Abs. 1 GG abgeleitetes Persönlichkeitsrecht in die Abwägung ein. Abwägungskriterien sind auch hier das Informationsinteresse der Allgemeinheit an der Darstellung und die zu befürchtenden Nachteile für den Betroffenen.[285] Es ist allerdings zu berücksichtigen, dass grundsätzlich an der Darstellung der Wahrheit ein berechtigtes Interesse der Allgemeinheit angenommen werden kann und damit ein grundsätzliches Übergewicht auf dieser Seite.[286] Die Interessen des Betroffenen überwiegen erst ausnahmsweise in dem Fall der öffentlichen Anprangerung, da es in dieser Konstellation an einem öffentlichen Informationsinteresse fehlt.[287]

3. Verletzung des Rechts auf informationelle Selbstbestimmung

Die Rechtsprechung hat darüber hinaus in mehreren Entscheidungen das Recht auf informationelle Selbstbestimmung als eigene Ausformung des allgemeinen Persönlichkeitsrechts anerkannt.[288] Auch hier können sich Überschneidungen mit anderen Ausformungen des allgemeinen Persönlichkeitsrechts ergeben.

a) Schutzbereich

Das Recht auf informationelle Selbstbestimmung gibt dem Einzelnen die Möglichkeit, grundsätzlich selbst darüber zu entscheiden, ob, wann und innerhalb welcher Grenzen seine persönlichen Daten in die Öffentlichkeit gebracht werden.[289] Schutz soll vor allem gegen die - durch die moderne Informationstechno-

---

283 BGH NJW 1968, 1773 ff. – „Mephisto“; *Prinz/Peters*, Rn. 108.

284 BVerfG NJW 1973, 1226, 1228 – „Lebach“.

285 BVerfG NJW 1973, 1226, 1228, 1230 – „Lebach“.

286 BVerfG NJW 1973, 1226, 1230 – „Lebach“; MünchKommBGB/*Rixecker*, § 12 Anh., Rn. 95; *Larenz/Canaris*, S. 509.

287 MünchKommBGB/*Rixecker*, § 12 Anh., Rn. 143.

288 BVerfG NJW 1984, 419, 421 f. – „Volkszählung“; BGH GRUR 1994, 913, 914 – „IM-Liste“.

289 BGH NJW 1991, 1532, 1533 – „Notfalldienstarzt“; BVerfG NJW 1984, 419, 421 f. – „Volkszählung“.

logie und Datenverarbeitung mögliche - unbegrenzte Erhebung, Speicherung, Verwendung und Weitergabe persönlicher Daten gewährt werden.[290] Der Betroffene soll davor geschützt werden, gegen seinen Willen für die Öffentlichkeit verfügbar zu sein.[291] Diese Ausformung des allgemeinen Persönlichkeitsrechts ist vom Verfügungsrecht über die Darstellung der eigenen Person nicht klar abgrenzbar.[292] Handelt es sich um Veröffentlichungen von Daten, die bereits gespeichert und technisch erfasst sind, greift das Recht auf informationelle Selbstbestimmung ein.[293] Sind die veröffentlichten Daten nicht erfasst, kann das Verfügungsrecht über die Darstellung der eigenen Person gegen die Veröffentlichung sprechen, die Grenzen sind allerdings fließend.[294]

b) Güter- und Interessenabwägung

Das Recht auf informationelle Selbstbestimmung ist jedoch nicht schrankenlos gewährt.[295] Gegen das allgemeine Persönlichkeitsrecht des Betroffenen sind hinreichende Gründe des Gemeinwohls abzuwägen.[296] Eine Indikation der Rechtswidrigkeit kommt hier deswegen von vornherein nicht in Betracht.[297]
Auf Seiten des Betroffenen ist die Schwere des Eingriffs zu berücksichtigen. Hier können auch schon bekannte Abwägungskriterien, wie z.B. die Sphäre, aus der die Daten stammen, die Art der Datenerlangung oder das Alter der Daten herangezogen werden. Auf der anderen Seite kann sich das öffentliche Interesse an einer Veröffentlichung nicht in Sensations- und Neugier erschöpfen. Diese Interessen der Medien und der Öffentlichkeit sind nicht schutzwürdig.[298]

4. Kurzer Ausblick auf das spanische Recht

Ohne auf bestimmte Besonderheiten des spanischen Rechts detailliert einzugehen, sei hier Folgendes bemerkt: Das spanische Recht trifft eine dem deutschen Recht vergleichbare Unterscheidung zwischen einer Intim-, Privat- und Individualsphäre nur teilweise. Sämtliche der hier genannten Sphären werden dort vom Schutzbereich eines einzigen besonderen Persönlichkeitsrechts umfasst: der Privatheit („*intimidad*“).[299] Dieses besondere Persönlichkeitsrecht kann zwar

---

[290] BVerfG NJW 1984, 419, 421 f. – „Volkszählung“.
[291] BGH GRUR 1994, 913, 914 – „IM-Liste“.
[292] *Prinz/Peters*, Rn. 127.
[293] *Prinz/Peters*, Rn. 127.
[294] *Prinz/Peters*, Rn. 127.
[295] BGH GRUR 1994, 913, 914 f. – „IM-Liste“; BVerfG NJW 1984, 419, 422 – „Volkszählung“.
[296] BVerfG NJW 1984, 419, 422 – „Volkszählung“.
[297] *Larenz/Canaris*, S. 509.
[298] BGH NJW 1965, 685, 686 – „Soraya“; BVerfG NJW 1973, 1221, 1224 – „Soraya“; BGH NJW 1995, 861 – „Caroline von Monaco I“; BGH NJW 1996, 1129, 1130 – „Caroline von Monaco III“
[299] Dazu ausführlich: 1. Teil: E.II.

auch durch verschiedene Handlungen verletzt werden, die in den Art. 7.1-7.4 aufgezählt sind. Eine Unterteilung in bestimmte Facetten oder einzelne Ausprägungen dieses Rechts erfolgt in Spanien aber nicht. Beispielsweise gibt es in Spanien kein eigenständiges Recht, das den Einzelnen vor Verletzungen des Verfügungsrechts über die Darstellung der eigenen Person schützt. Ein gesondertes Recht auf informationelle Selbstbestimmung gibt es in Spanien - soweit ersichtlich - ebenfalls nicht.

III. Schutz des Rechts am eigenen Bild

Der Schutz des Rechts am eigenen Bild bildet eine weitere allgemein anerkannte Ausprägung des allgemeinen Persönlichkeitsrechts.[300] Dieses Recht soll den Einzelnen davor bewahren, dass Andere ohne seinen Willen Bildnisse von ihm herstellen, verbreiten oder veröffentlichen.

Dieses Recht ist heute vielfältigen Eingriffen ausgesetzt, da die Veröffentlichung von Bildnissen von Personen für die Berichterstattung der Medien unverzichtbar ist. Sie sind darauf angewiesen, die Wortberichterstattung über Personen und Persönlichkeiten mit Bildern der Betroffenen zu verbinden, um das Interesse der Konsumenten an bildlicher Darstellung zu befriedigen.[301] Anders wäre eine Berichterstattung beispielsweise über Prominentenhochzeiten, Galaveranstaltungen oder Eröffnungsfeiern, etc., langweilig und daher wenig nachgefragt. Ein beachtlicher Teil medienrechtlicher Prozesse entfällt daher auf Sachverhalte, in denen es um ungenehmigte bildliche Darstellungen geht, wobei sich insbesondere Prominente dagegen wehren.[302]

In diesem Zusammenhang erregten in jüngster Zeit die verschiedenen Entscheidungen des BGH, des BVerfG und des EGMR zu *Caroline von Monaco* und zu *Marlene Dietrich* besonderes Aufsehen. In den Fällen der monegassischen Prinzessin wehrte sie sich wiederholt gegen die ungenehmigte Veröffentlichung von Photographien in Illustrierten, die entweder sie oder ihre Kinder zeigten.[303] Die Urteile zu *Marlene Dietrich* hatten die von ihren Erben nicht genehmigte Werbung mit ihrem Bildnis zum Gegenstand.

Im Zusammenhang mit dem Schutz des Rechts am eigenen Bilds stößt man im deutschen Recht auf eine Besonderheit: Im Gegensatz zu den sonstigen, auf der Rechtsprechung beruhenden Ausprägungen des allgemeinen Persönlichkeits-

---

300 BVerfG NJW 2000, 1021 - „Caroline von Monaco"; BGH NJW 1996, 593, 594 – „Abschiedsmedaille"; BGH NJW 1996, 1128, 1129 – "Caroline von Monaco III"; *J. Helle*, S. 46; *Prinz/Peters*, Rn. 53.

301 *Soehring*, Rn. 9.2.

302 Dies sollen an der Pressekammer des LG Hamburg 40% der Pressestreitigkeiten sein, *Sedelmeier*, AfP 1999, S. 452.

303 EGMR NJW 2004, 2647 - „Caroline von Hannover"; BVerfG NJW 2000, 1021 - „Caroline von Monaco"; BGH NJW 1996, 1128, 1129 – "Caroline von Monaco III"; LG Berlin 27. Zivilkammer v. 11. Dezember 2001 - Az: 27 O 461/01.

rechts findet sich hier in den §§ 22 ff. KUG eine detaillierte gesetzliche Regelung.

1. Struktur und Regelungsgehalt der §§ 22 ff. KUG

Schutz vor „Verbreitung und Zurschaustellung“[304] von Bildnissen einer Person bieten die §§ 22 ff. KUG. Sie sollen einerseits das Selbstbestimmungsrecht des Abgebildeten bezüglich der Verbreitung seines Bildnisses schützen,[305] also ein ideelles Recht. Andererseits ist aber nicht zu verkennen, dass auch wirtschaftliche Interessen des Abgebildeten hier eine Rolle spielen,[306] was die Streitigkeiten über die Nutzung von Bildnissen zu Werbezwecken und die in der Praxis üblichen Exklusivverträge über die wirtschaftliche Nutzung von Bildnissen belegen. Die Struktur der §§ 22 ff. KUG ist durch ein Regel-Ausnahme-Ausnahme-Schema geprägt. Dies erklärt sich damit, dass in diesen Vorschriften die entgegengesetzten Interessen der Beteiligten unmittelbar aufeinander treffen und zu einem gerechten Ausgleich gebracht werden müssen. Der Abgebildete möchte sein Interesse an Anonymität und am Schutz seiner Privatangelegenheiten beachtet wissen. Die Öffentlichkeit dagegen hat regelmäßig ein Bedürfnis an der bildlichen Darstellung von Personen in den Medien, die ihr auf irgendeine Art und Weise interessant erscheinen. Das Recht am eigenen Bild ist nach dem Schema der §§ 22 ff. KUG verletzt, wenn ein Bildnis einer Person ohne ihre Einwilligung veröffentlicht wird und keine Ausnahme vom Einwilligungserfordernis eingreift.

a) Bildnis

Nach § 22 S. 1 KUG dürfen „Bildnisse nur mit Einwilligung des Abgebildeten verbreitet oder öffentlich zur Schau gestellt werden“. Unter Bildnis im Sinne dieser Vorschriften ist die Abbildung eines Menschen zu verstehen, also die Darstellung einer Person „in ihrer dem Leben nachgebildeten äußeren Erscheinung“.[307] Damit fallen nicht nur Photographien, sondern auch Zeichnungen,[308] Gemälde, Karikaturen und sogar dreidimensionale Darstellungen wie Puppen oder Statuen unter den Begriff des Bildnisses im Sinne der §§ 22 ff. KUG.[309]
Ein Bildnis liegt aber nur dann vor, wenn der Abgebildete erkennbar ist. Dies setzt regelmäßig die Möglichkeit der Identifizierung anhand der Gesichtszüge oder anderer Körpermerkmale voraus.[310] Der Versuch der Medien, bei der Bildberichterstattung durch Retuschieren des Gesichtes oder durch Verwendung von Augenbalken den Bildnisschutz des Abgebildeten nach §§ 22 ff. KUG zu umge-

[304] Im Folgenden: veröffentlichen.
[305] *J. Helle*, S. 47.
[306] *Schricker/Gerstenberg/Götting*, UrhR, § 60, Anh. § 22 KUG, Rn. 2.
[307] RGZ 103, 319, 320; MünchKommBGB/*Rixecker*, § 12 Anh., Rn. 31.
[308] LG München AfP 1997, 559, 560.
[309] MünchKommBGB/*Rixecker*, § 12 Anh., Rn. 33; *Schertz*, AfP 2000, S. 497.
[310] BGH NJW 1979, 2205 – „Fussballtorwart“.

hen,[311] kann damit nur gelingen, wenn der Abgebildete nicht anhand anderer äußerer Erscheinungen zu identifizieren ist, z.B. anhand unveränderlicher körperlicher Merkmale[312] oder durch eine Betitelung der Abbildung.[313] Nach neuerer Rechtsprechung liegt ein Bildnis einer bestimmten Person auch bei einer Abbildung eines Doppelgängers vor, der das äußere Erscheinungsbild der Person nachahmt.[314]

Die Unzulässigkeit der Bildnisveröffentlichung ohne die Einwilligung des Abgebildeten stellt nach § 22 KUG die Regel dar.

b) **Einwilligung**

Das Recht am eigenen Bild ist nach § 22 S. 1 KUG nicht verletzt, wenn der Abgebildete in die Veröffentlichung einwilligt. Im Zusammenhang mit der Anfertigung von Photo- oder Filmaufnahmen von Personen ist in der Praxis oft streitig, ob eine Einwilligung vorliegt und wie weit diese reicht.[315] Grundsätzliche Voraussetzung dafür ist, dass der Erklärung eindeutig und unmissverständlich die Erlaubnis zu einer bestimmten Aufnahme oder einer bestimmten Publikation des Bildnisses entnommen werden kann.[316] Sie kann unter dieser Voraussetzung auch konkludent erfolgen.[317] Ist eine Entlohnung bezahlt worden, so wird nach § 22 S. 2 KUG widerlegbar vermutet, dass eine Einwilligung zur Veröffentlichung vorliegt.

Die Einwilligung zur Veröffentlichung ist zweckgebunden. Der Abgebildete kann beispielsweise in die Veröffentlichung seines Bildnisses zur Werbung für ganz bestimmte Produkte einwilligen, so dass die Werbung für andere Produkte nicht von der Einwilligung gedeckt ist,[318] oder er kann sich nur mit der redaktionellen Nutzung einverstanden erklären, aber nicht mit der werbemäßigen.[319]

---

311 OLG Hamburg AfP 1993, 590, 591; LG Berlin AfP 1997, 732, 733 f. - „Schalk".

312 BGH GRUR 1962, 211 – „Hochzeitsbild"; *Schricker/Gerstenberg/Götting*, UrhR, § 60 Anh. § 22 KUG, Rn. 5; MünchKommBGB/*Rixecker*, § 12 Anh., Rn. 32.

313 BGH NJW 1965, 2148 – „Spielgefährtin".

314 BGH NJW 2000, 2201, 2202 - „Der blaue Engel"; LG Düsseldorf AfP 2002, 64, 65.

315 *Soehring*, Rn. 19.46a; *Beuthien/Hieke*, AfP 2001, S. 356; *Engels/Schulz*, AfP 1998, S. 575.

316 BGH NJW 1956, 1554 – „Paul Dahlke"; *J. Helle*, S. 106; MünchKommBGB/*Rixecker*, § 12 Anh., Rn. 36.

317 BGH NJW 1996, 593, 594 – „Abschiedsmedaille"; MünchKommBGB/*Rixecker*, § 12 Anh., Rn. 36; *Beuthien/Hieke*, AfP 2001, S. 356. Hier liegt ein Unterschied zum spanischen Recht. Dort kann die Einwilligung nach herrschender Meinung nicht konkludent erteilt werden, dazu unten ausführlich: 1. Teil: E.I.4.c)(1).

318 BGH NJW 1971, 700 – „Pariser Liebestropfen".

319 BGH NJW 1992, 2084 – „Joachim Fuchsberger"; BGH NJW-RR 1995, 789 – „Chris Revue"; BGH NJW 1979, 2203 – „Fußballkalender"; BGH NJW 1956, 1554 – „Paul Dahlke"; OLG Köln, AfP 1999, 377; MünchKommBGB/*Rixecker*, § 12 Anh., Rn. 37.

Die Rechtsnatur der Einwilligung nach § 22 S. 1 KUG ist umstritten.[320] Einige sehen sie als Realakt,[321] Andere als rechtsgeschäftsähnliche Handlung[322] und wieder Andere betrachten sie als Willenserklärung nach §§ 104 ff. BGB.[323] Diese Frage spielt im Zusammenhang mit der Einwilligung Minderjähriger, der Anfechtung einer Einwilligung und dem Problem eine Rolle, inwieweit die Einwilligung bindend oder widerruflich ist.[324] Die Rechtsprechung - gefolgt von der herrschen Meinung in der Literatur[325] - nimmt an, es handele sich bei der Einwilligung um eine rechtsgeschäftliche, mindestens rechtsgeschäftsähnliche Erklärung.[326] Der Widerruf einer vertraglich erteilten Einwilligung hat in Analogie zu § 42 UrhG im deutschen Recht nur dann rechtliche Wirkungen, wenn „veränderte Umstände" vorliegen, die auf einer „gewandelten inneren Einstellung" basieren.[327] Somit geht man grundsätzlich von der Unwiderrufbarkeit einer solchen Einwilligung aus.[328] Da das Interesse des Erklärungsempfängers an dem Fortbestand der erteilten Einwilligung jedoch nicht unberücksichtigt bleiben darf, ist es zu kompensieren. Sein Anspruch auf angemessene Entschädigung folgt nach einer Ansicht aus § 42 Abs. 3 UrhG analog,[329] was teilweise vor dem Hintergrund eines im Vergleich zum Urheberrecht stärkeren Grundrechtsschutzes der Persönlichkeit kritisiert wird.[330] Andere leiten den Ersatz seines Vertrauensschadens aus § 122 Abs. 1 BGB analog ab.[331] Auch die einseitig - also nicht vertraglich - erklärte Einwilligung bindet den Erklärenden.[332] Hier sollen ebenfalls die genannten Grundsätze gelten.[333]

---

320 Dazu ausführlich: *J. Helle*, AfP 1985; *Frömming/Peters*, NJW 1996, S. 958; *Ohly*, S. 55 ff., 159 ff..

321 *Deutsch*, Rn. 282.

322 Palandt/*Heinrichs*, BGB, vor § 104, Rn. 8.

323 *Prinz/Peters*, Rn. 832 mit weiteren Nachweisen.

324 *J. Helle*, AfP 1985, S. 93; *J. Helle*, AfP 1990, S. 259.

325 *J. Helle*, S. 102 f.

326 OLG München AfP 2001, 400.

327 *Prinz/Peters*, Rn. 838 f.

328 *Schricker/Gerstenberg/Götting*, UrhR, § 60 Anh. § 22 KUG, Rn. 14; *Ohly*, S. 353 f.

329 *Prinz/Peters*, Rn. 840 mit weiteren Nachweisen.

330 AG Charlottenburg AfP 2002, 172.

331 *Götting*, S. 151; *Ohly*, S. 354; *J. Helle*, AfP 1985, S. 101.

332 OLG München AfP 1989, 570, 571.

333 Das deutsche Recht trifft zu diesen Fragen damit keine ausdrückliche Regelung und überlässt ihre Lösung der Rechtsprechung, die sich vor allem auf Analogien stützt. Im Gegensatz dazu finden sich im spanischen Recht spezielle Vorschriften, die - wie oben gesehen - explizit den Fall der Einwilligung Minderjähriger zum Gegenstand haben. Auch die im deutschen Recht nicht eigens geregelten Fragen des Widerrufes der Einwilligung und einer anschließenden Schadensersatzpflicht des Widerrufenden sind im spanischen Recht ebenfalls detailliert beantwortet, wie noch zu zeigen sein wird. Dazu ausführlich: 1. Teil: E.I.4.c)(1).

c) Ausnahme: Abbildungsfreiheit ohne Einwilligung

Die Ausnahmen von der Regel, dass eine Bildnisveröffentlichung nur mit Einwilligung des Abgebildeten zulässig ist, sind in § 23 Abs. 1 KUG normiert. Nach § 23 Abs. 1 Nr. 2 KUG ist eine Veröffentlichung ohne die erforderliche Einwilligung zulässig, wenn es sich um Bilder handelt, „auf denen Personen nur als Beiwerk neben einer Landschaft oder sonstigen Örtlichkeit erscheinen". „Bilder von Versammlungen, Aufzügen oder ähnlichen Vorgängen" dürfen nach § 23 Abs. 1 Nr. 3 KUG ebenfalls ohne die Einwilligung der Personen, die daran teilgenommen haben, veröffentlicht werden.[334] Ohne Einwilligung dürfen außerdem Bildnisse veröffentlicht werden, die „nicht auf Bestellung angefertigt wurden, sofern die Veröffentlichung einem höheren Interesse der Kunst dient" (§ 23 Abs. 1 Nr. 4 KUG).

(1) Personen der Zeitgeschichte, § 23 Abs. 1 Nr. 1 KUG

Die in der Praxis wichtigste Ausnahme von der Regel des Einwilligungserfordernisses findet sich in § 23 Abs. 1 Nr. 1 KUG. Nach dieser Vorschrift ist eine Veröffentlichung auch ohne Einwilligung des Abgebildeten möglich, wenn es sich um ein „Bildnis aus dem Bereich der Zeitgeschichte" handelt. Mit dieser Regelung möchte man den berechtigten Informationsinteressen der Allgemeinheit an bildlicher Darstellung des öffentlichen Lebens Vorrang vor dem Persönlichkeitsrecht des Abgebildeten verschaffen.[335]

Das Gesetz enthält keine näheren Ausführungen dazu, was unter einem „Bildnis aus dem Bereich der Zeitgeschichte" zu verstehen ist. Rechtsprechung und Literatur haben in diesem Zusammenhang größtenteils den Ansatz von *Neumann-Duesberg* übernommen, nach dem ein Bildnis aus dem Bereich der Zeitgeschichte immer dann vorliegen soll, wenn eine „absolute oder relative Person der Zeitgeschichte"[336] abgebildet wurde.[337]

Absolute Personen der Zeitgeschichte sind nach seiner Definition solche, die die Zeitgeschichte derart repräsentieren, dass an ihrer bildlichen Darstellung ein öffentliches Interesse besteht. Sie ragen aus der Masse ihrer Mitmenschen heraus und stehen deswegen als Person an sich unabhängig von bestimmten Ereignissen oder bestimmten Einzelleistungen dauerhaft im Blickpunkt der Öffentlichkeit.[338] Sie sind aufgrund ihrer Stellung, Funktion oder Leistungen für die Allgemein-

[334] Hier fällt die Terminologie des „Bildes" im Unterschied zum „Bildnis" auf, das stets die Abbildung eines Menschen zum Gegenstand haben muss.

[335] BGH NJW 1956, 1554 – „Paul Dahlke"; BGH NJW 1968, 1091 – „Ligaspieler"; BGH NJW 1997, 1152 – „Bob Dylan"; *J. Helle*, S. 143; MünchKommBGB/*Rixecker*, § 12 Anh., Rn. 45; *Prinz/Peters*, Rn. 846; *Engels/Schulz*, AfP 1998, S. 576

[336] *Neumann-Duesberg*, JZ 1960, S. 114.

[337] *von Gerlach*, JZ 2003, S. 41.

[338] *Neumann-Duesberg*, JZ 1960, S. 116.

heit besonders betrachtenswert.[339] Der Begriff der Zeitgeschichte ist dabei weit zu verstehen, es zählt zu ihr alles, was in der Öffentlichkeit beachtet wird, also nicht nur Ereignisse der internationalen oder deutschen Politik, sondern insbesondere auch Ereignisse des Kulturlebens und des Sports.[340] Beispiele aus der Rechtsprechung für absolute Personen der Zeitgeschichte sind Politiker (z.B. Willy Brandt[341] oder Franz Josef Strauß[342]), Sportler (z.B. Franz Beckenbauer,[343] Boris Becker,[344] Katharina Witt[345]), Schauspieler (z.B. Joachim Fuchsberger,[346] Uschi Glas[347]), Musiker (z.B. Nena,[348] Bob Dylan[349]), Angehörige von Fürstenhäusern (z.B. Caroline von Monaco[350]) und Wissenschaftler (z.B. Julius Hackethal[351]). Sie haben - vorbehaltlich der Regelung in § 23 Abs. 2 KUG - die Veröffentlichung ihrer Bildnisse auch ohne Einwilligung zu dulden. Dabei kommt es nach bisheriger deutscher höchstrichterlicher Rechtsprechung nicht auf einen Zusammenhang zwischen der Position der Person im öffentlichen Leben und ihrem bildlich festgehaltenen Auftreten in der Öffentlichkeit an.[352] Eine Bildnisveröffentlichung ist daher nicht allein deshalb unzulässig, weil der Abgebildete nicht in seiner öffentlichen Funktion, sondern als Privatmann gezeigt wird.[353]
Relative Personen der Zeitgeschichte sind nach *Neumann-Duesberg* solche, die nur durch ein bestimmtes Geschehen und vorübergehend in das Blickfeld der Allgemeinheit gelangt sind. Das Informationsinteresse der Allgemeinheit bezieht sich bei diesem Personenkreis lediglich auf das Geschehnis, welches die Person zur Person der Zeitgeschichte macht.[354] Typische Beispiele für relative Personen der Zeitgeschichte sind Täter und Opfer eines Verbrechens oder Betroffene einer Naturkatastrophe.[355] Da das allgemeine Informationsinteresse der Öffentlichkeit hier in erster Linie dem Ereignis gilt, das durch die Abbildung der

---

339 BGH NJW 1996, 1128 – „Caroline von Monaco III".
340 OLG Frankfurt NJW 2000, 594 - „Katharina Witt".
341 BGH NJW 1996, 593, 594 – „Abschiedsmedaille".
342 OLG München NJW-RR 1990, 1327, 1328.
343 BGH NJW 1979, 2203, 2204 – "Fussballkalender".
344 OLG Frankfurt AfP 1988, 62.
345 OLG Frankfurt NJW 2000, 594 - „Katharina Witt".
346 BGH NJW 1992, 2084 – "Joachim Fuchsberger".
347 OLG München AfP 1998, 409.
348 BGH MDR 1987, 305 - „Nena I".
349 BGH NJW 1997, 1152 – „Bob Dylan".
350 BGH NJW 1996, 985, 986 – „Caroline von Monaco II"; BGH NJW 1996, 1128, 1129 – "Caroline von Monaco III".
351 BGH NJW 1987, 2297.
352 BVerfG NJW 2000, 1021, 1025 - „Caroline von Monaco".
353 Wie sich später zeigen wird, ist das spanische Recht an dieser Stelle tendenziell strenger und lässt nicht alle Bildnisveröffentlichungen von *personas públicas* ohne deren Einwilligung zu, dazu ausführlich: 1. Teil: E.III.3.b)(3)(b).
354 *Neumann-Duesberg*, JZ 1960, S. 115.
355 MünchKommBGB/*Rixecker*, § 12 Anh., Rn. 47.

beteiligten Personen anschaulich gemacht werden soll, darf die bildliche Darstellung nur in sachlichem Zusammenhang mit diesem Geschehen erfolgen.[356] Relative Personen der Zeitgeschichte haben daher - vorbehaltlich § 23 Abs. 2 KUG - nur Bildnisveröffentlichungen ohne ihre Einwilligung zu dulden, die im Zusammenhang mit dem Geschehen stehen, durch das sie bekannt geworden sind.[357]

(a) **Das „Caroline von Monaco"-Urteil des EGMR**

Diese Rechtsprechung ist durch die oben bereits mehrfach zitierte Entscheidung des EGMR aus dem Jahre 2004 vermehrt in die Kritik geraten.
Neben der Frage der Reichweite der Privatsphäre setzte sich der EGMR in diesem Zusammenhang auch mit dem im deutschen Recht zu § 23 KUG entwickelten Begriff der „absoluten Person der Zeitgeschichte" kritisch auseinander. Dieser Auslegung könne er „nur schwer folgen".[358] Sie könne höchstens bei Personen des politischen Lebens in Frage kommen, die amtliche Funktionen wahrnehmen. Die Einordnung der monegassischen Prinzessin als absolute Person der Zeitgeschichte sei aber nicht gerechtfertigt, da das öffentliche Interesse an ihr nur aufgrund ihrer Zugehörigkeit zu einem regierenden Haus beruhe, sie jedoch keine amtlichen Funktionen wahrnehme.[359] Schliesslich begegne die Unterscheidung zwischen absoluten und relativen Personen der Zeitgeschichte auch wegen der unklaren und uneindeutigen Abgrenzung dieser Gruppen Schwierigkeiten. Der Einzelne wisse gar nicht, wo er sich in einem geschützten Raum bewege und wo er mit dem Eindringen Dritter, insbesondere der Sensationspresse, rechnen müsse.[360] Die von den deutschen Gerichten angewandten Kriterien reichten daher nicht aus, das Privatleben von *Caroline von Monaco* wirksam zu schützen. Nach deutschem Verständnis der absoluten Person der Zeitgeschichte geniesse sie als solche nur Schutz, wenn sie sich unter Ausschluss der Öffentlichkeit bewege, wobei sie dies außerdem stets nachzuweisen habe. In allen übrigen Situationen müsse sie die ständige Beobachtung durch die Presse hinnehmen, selbst wenn sie in Zusammenhängen gezeigt werde, die sich ausschliesslich auf Einzelheiten ihres Privatlebens beziehen. Das vom BGH entwickelte Kriterium der örtlichen Abgeschiedenheit sei zu theoretisch, „in der Praxis zu unbestimmt und für den Betroffenen schwer zu handhaben".[361] Schließlich genüge es nicht, die monegassische Prinzessin als absolute Person der Zeitgeschichte einzustufen, um ein Eindringen in ihr Privatleben zu rechtfertigen.[362]

---

356 MünchKommBGB/*Rixecker*, § 12 Anh., Rn. 47.
357 MünchKommBGB/*Rixecker*, § 12 Anh., Rn. 47.
358 EGMR NJW 2004, 2647, 2650 - „Caroline von Hannover".
359 EGMR NJW 2004, 2647, 2650 - „Caroline von Hannover".
360 EGMR NJW 2004, 2647, 2650 - „Caroline von Hannover".
361 EGMR NJW 2004, 2647, 2650 - „Caroline von Hannover".
362 EGMR NJW 2004, 2647, 2650 f. - „Caroline von Hannover".

Auch dieser Teil des Urteils des EGMR findet Befürworter und Gegner. Teilweise verbindet man mit dem Strasbourger Richterspruch die Hoffnung, die Praxis mancher Medien werde in Zukunft erschwert, jemanden durch intensive Berichterstattung zu einer Person der Zeitgeschichte zu machen, um dann immer intensiver bildlich und ohne Einwilligung über ihr Privatleben berichten zu können.[363] Auf der anderen Seite wird dem EGMR entgegengehalten, dass die Unterscheidung zwischen absoluten und relativen Personen der Zeitgeschichte durch die deutsche Rechtsprechung über Jahre hinweg detailliert und eindeutig herausgearbeitet worden sei. Entgegen der Annahme des EGMR wisse der Einzelne daher sehr genau, wann er sich in einem geschützten Bereich aufhalte, und wann Bildnisse seiner Person nur mit seiner Einwilligung veröffentlicht werden dürfen.[364] In Deutschland gebe es immerhin eine „differenzierte Rechtsprechung", die ohne weitere Auseinandersetzung durch den EGMR als zu unklar eingestuft werde.[365] Die Sichtweise des EGMR drohe den Begriff der absoluten Person der Zeitgeschichte auszuhöhlen, bzw. ihren Sinn zu entleeren.[366] Schließlich sei es „realitätsfremd", *Caroline von Monaco* die Eigenschaft als Person der Zeitgeschichte zu versagen.[367] Nach der Resolution Nr. 1165 der Parlamentarischen Versammlung des Europarates[368] seien außer Politikern, auf die die Entscheidung des EGMR in erster Linie abstelle, noch weitere *public figures* anerkannt. Dazu gehörten nämlich auch „all jene, die im öffentlichen Leben eine Rolle spielen, sei es in der Politik, in der Wirtschaft, in der Kunst, im gesellschaftlichen Bereich, im Sport oder in jedem anderen Bereich". *Caroline von Monaco* sei daher als eine *public figure* im letztgenannten Bereich zu betrachten, auch wenn sie keine Politikerin sei.[369]

Neben diesem offensichtlichen Widerspruch des Urteils zu Texten des Europarates ist dieser Teil der Entscheidung des EGMR auch noch aus einem anderen Grunde zu kritisieren.

Es ist nämlich zu bedenken, dass es auch Fälle gibt, in denen ein berechtigtes öffentliches Interesse an der bildlichen Darstellung einer Person der Zeitge-

---

363 *Kaboth*, ZUM 2004, S. 824.

364 *Kaboth*, ZUM 2004, S. 823.

365 *Grabenwarter*, AfP 2004, S. 312.

366 *Kaboth*, ZUM 2004, S. 823.

367 *Grabenwarter*, AfP 2004, S. 310.

368 Resolution 1165 (1998) of the Parliamentary Assembly of the Council of Europe on the right to privacy:
„(...)
7. Public figures are persons holding public office and/or using public resources and, more broadly speaking, all those who play a role in public life, whether in politics, the economy, the arts, the social sphere, sport or in any other domain."

369 *Grabenwarter*, AfP 2004, S. 310; Sondervotum des EGMR-Richters Barreto, EGMR NJW 2004, 2647, 2651.

schichte besteht, in der sie losgelöst von der Ausübung eines bestimmten Amtes oder offiziellen Funktion handelt.[370]
Ereignisse aus dem Privatleben und die Stellung einer Person in der Öffentlichkeit stehen ja schließlich in enger Wechselwirkung und sind in der jeweiligen Person untrennbar miteinander verbunden. Man denke nur an ein prominentes Ehepaar, das seine Ehe in der Öffentlichkeit stets als perfekt dargestellt und auf diese Weise vermarket hat, wie z.B. *David* und *Victoria Beckham*. Eine Bildnisveröffentlichung, die dann das Gegenteil dieser in der Öffentlichkeit erzeugten Meinung beweist, z.B. durch eine Photographie eines Ehepartners mit einem bzw. einer Fremden in inniger Pose, wäre nach der Entscheidung aus Strasbourg selbst dann unzulässig, wenn sich diese Situation in aller Öffentlichkeit zutrüge. Aufgrund der großen Rolle dieses beispielhaft genannten Ehepaars in der öffentlichen Meinung besteht aber ein überwiegendes Interesse der Allgemeinheit an der Veröffentlichung. An diesem Beispiel wird deutlich, dass die Rechtsprechung des EGMR zu eng ist, nach der allein die Berichterstattung über das in der Öffentlichkeit stattfindende Privatleben von Amtsträgern zulässig sein soll. Auch jenseits der „staatstragenden Berichterstattung“ findet damit eine schützenswerte öffentliche Meinungsbildung in den Medien statt.[371]
Das Urteil des EGMR kann daher auch in dieser Beziehung nicht überzeugen. Das KG Berlin hat daher keinen Anlass gesehen, den Begriff der „absoluten Person der Zeitgeschichte“ gänzlich fallen zu lassen.[372]

(b) **Uneinheitliche Rechtsprechung?**

Auch vor der Entscheidung des EGMR stand die in der Rechtsprechung und großen Teilen der Literatur getroffene Unterscheidung zwischen absoluten und relativen Personen der Zeitgeschichte schon seit geraumer Zeit in der Kritik. Spätestens nach diesem Urteil könne sie nicht mehr aufrecht erhalten werden.[373] Es komme - auch im Hinblick auf den Gesetzeswortlaut - vielmehr darauf an, ob ein Bildnis „aus dem Bereich der Zeitgeschichte“ stamme.[374] Einwände dieser Art wurden bereits vor dem Urteil des EGMR insbesondere von *Prinz* und *Soehring* erhoben.[375] Die Kritik gründet sich auf die uneinheitliche Rechtsprechung zu dieser Frage, die - vorbehaltlich der Regelung des § 23 Abs. 2 KUG - darüber entscheidet, ob der Abgebildete in die Veröffentlichung einwilligen muss oder nicht.[376] Daher solle man auf die Einteilung in absolute und relative Personen

[370] *Kaboth*, ZUM 2004, S. 823.
[371] *Soehring/Seelmann-Eggebert*, NJW 2005, S. 576.
[372] KG NJW 2005, 605, 606 - „Begleiterin Herbert Grönemeyer II“.
[373] *Halfmeier*, AfP 2004, S. 421.
[374] *Halfmeier*, AfP 2004, S. 421.
[375] *Soehring*, Rn. 21.2b f; *Prinz/Peters*, Rn. 859; *Soehring*, AfP 2000, S. 232; *Prinz*, NJW 1995, S. 820 f.
[376] *Soehring*, Rn. 21.2b.

der Zeitgeschichte verzichten. Die Frage nach dem Einwilligungserfordernis solle sich - so *Soehring* - stattdessen danach beurteilen, ob es sich bei dem Betroffenen um eine Persönlichkeit handele, die zum Zeitpunkt der Veröffentlichung „im öffentlichen Leben“ oder aufgrund bestimmter Ereignisse „im Blickpunkt der Öffentlichkeit“ stehe.[377] Im Ergebnis unterscheidet er damit ebenfalls zwei Kategorien.[378] Im Unterschied zur jetzigen gerichtlichen Praxis möchte er aber die Stellung der Person in der Öffentlichkeit zur Zeit der Bildnisveröffentlichung stärker berücksichtigen. Danach sei für die Zulässigkeit ungenehmigter Bildnisveröffentlichungen das öffentliche Interesse an der bildlichen Darstellung der abgebildeten Person zum Zeitpunkt der Veröffentlichung entscheidend. Folgt man diesem Ansatz, sind beispielsweise ungenehmigte Bildnisveröffentlichungen von Personen unzulässig, die nur in der Vergangenheit das öffentliche Interesse auf sich gezogen haben. Dieser Vorschlag erscheint tatsächlich geeignet, dem legitimen Interesse des Abgebildeten gerecht zu werden, in Vergessenheit zu geraten, wenn er dies möchte.[379]

(c) **Vernachlässigung der Einzelfallabwägung?**

Auch *Prinz* ist der Auffassung, die „Erfindung” der absoluten Person der Zeitgeschichte trübe „den Blick auf den Gesetzeswortlaut“ und fragt, ob man sich von dieser Figur „verabschieden“ muss.[380] Die Anwendung dieser Kategorien habe sich zu einem Automatismus entwickelt, so dass eine an sich gebotene Interessenabwägung im Einzelfall zu kurz käme.[381] Die Anwendung der Lehre der absoluten und relativen Person der Zeitgeschichte führe dazu, dass ein berechtigtes Informationsinteresse der Allgemeinheit automatisch unterstellt werde, wenn jemand auf einem Bildnis zu sehen sei, der einmal als absolute Person der Zeitgeschichte eingeordnet worden sei. Die notwendige Prüfung, ob im konkreten Einzelfall ein Informationsinteresse der Öffentlichkeit an der Veröffentlichung gegeben ist, werde dann überhaupt nicht mehr vorgenommen.[382]

Diese Kritik erscheint berechtigt, soweit tatsächlich keine gerichtliche Interessenabwägung mehr stattfände. Das BVerfG stellt aber den großen Wert der Abwägung z.B. in der „*Caroline von Monaco*“-Entscheidung[383] heraus: Die Begriffe der absoluten und relativen Person der Zeitgeschichte ergäben sich danach

---

377 *Soehring*, Rn. 21.2c.

378 *Soehring*, Rn. 21.2b f.

379 Ohne bestimmte Besonderheiten des spanischen Rechts vorwegnehmen zu wollen, ist dieser Vorschlag aus rechtsvergleichender Sicht zu begrüßen. In Spanien stellt man bei der Frage der Rechtmäßigkeit ungenehmigter Bildnisveröffentlichungen von *personas públicas* ebenfalls darauf ab, ob das Bildnis den Abgebildeten im dem Zeitpunkt zeigt, in dem er eine solche *persona pública* ist. Dazu ausführlich: 1. Teil: E.III.3.b)(3)(b).

380 *Prinz*, NJW 1995, S. 820 f.

381 *Prinz/Peters*, Rn. 859.

382 *Prinz/Peters*, Rn. 859.

383 BVerfG NJW 2000, 1021ff. - „Caroline von Monaco“.

zwar nicht zwingend aus Gesetz oder Verfassung. Sie könnten aber als abgekürzte Ausdrucksweise für Personen verstanden werden, deren Bild der Öffentlichkeit um der dargestellten Personen willen beachtenswert ist.[384] Im Einzelfall seien die Begriffe aber nur tragfähig, sofern die Abwägung zwischen dem Informationsinteresse der Öffentlichkeit und den berechtigten Interessen des Abgebildeten bei der Rechtsanwendung nicht unterbleibe.[385]
Diesem einleuchtenden und nachvollziehbaren Verständnis des BVerfG zum Begriff der absoluten Person der Zeitgeschichte wird der EGMR in seinem Urteil zu *Caroline von Monaco* nicht gerecht. Er missversteht darin nämlich die gerade angeführte Betrachtungsweise, indem er dem BVerfG vorwirft, es lasse allein die Tatsache, dass *Caroline von Monaco* eine absolute Person der Zeitgeschichte sei, für einen Eingriff in ihre Privatsphäre stets ausreichen.[386] Mit dieser Aussage teilt er doch gerade die Sichtweise des BVerfG, das immer eine Interessenabwägung fordert.
Es spricht im Ergebnis daher auch nach der Entscheidung des EGMR nichts dagegen, die Begriffe der absoluten und der relativen Person der Zeitgeschichte im deutschen Recht weiterhin zumindest als „Faustformel"[387] oder als „vereinfachende Kürzel"[388] zu gebrauchen. Als Hilfskonstruktion liefern sie wertvolle Anhaltspunkte bei der schwierigen - aber entscheidenden - Frage, ob ein allgemeines Informationsinteresse gegeben ist.[389] Jedoch ist ebenfalls anzuerkennen, dass es oftmals auch Personen gibt, die zwischen den Gruppen der absoluten und relativen Person der Zeitgeschichte stehen.[390] Dabei wird es sich um Personen handeln, die noch nicht als absolute Personen der Zeitgeschichte bezeichnet werden können, aber trotzdem über einen gewissen Bekanntheitsgrad verfügen.[391] Hier muss dann das Vorhandensein eines öffentlichen Informationsinteresses genau geprüft werden.
Die hier vertretene Ansicht kann jedoch nicht darüber hinwegtäuschen, dass nach dem Urteil des EGMR und der bereits vorher geäußerten vielfältigen Kritik an dem Begriff der „absoluten Person der Zeitgeschichte" zu vermuten ist, dass die deutschen Gerichte diesen Begriff zukünftig nicht mehr verwenden.[392]

---

[384] BVerfG NJW 2000, 1021, 1025 - „Caroline von Monaco"; BVerfG NJW 2001, 1921, 1922 - „Ernst August von Hannover".
[385] BVerfG NJW 2000, 1021, 1025 - „Caroline von Monaco"; BVerfG NJW 2001, 1921, 1922 - „Ernst August von Hannover".
[386] *Grabenwarter*, AfP 2004, S. 313; *Mann*, NJW 2004, S. 3222.
[387] *Sedelmeier*, AfP 1999, S. 452 f.
[388] BVerfG NJW 2001, 1921, 1923 - „Ernst August von Hannover".
[389] *Wenzel*, Verhandlungen des 58. DJT 1990, Bd. II, S. K 62; *von Gerlach*, JZ 2003, S. 43.
[390] BVerfG NJW 2001, 1921, 1922 - „Ernst August von Hannover"; *von Gerlach*, JZ 2003, S. 42.
[391] *von Gerlach*, JZ 2003, S. 42.
[392] *Kaboth*, ZUM 2004, S. 823.

(2) Ausnahmen im öffentlichen Interesse, § 24 KUG

Neben den gerade genannten Ausnahmen vom Einwilligungserfordernis nach § 23 KUG, ist auch gem. § 24 KUG eine Bildnisveröffentlichung ausnahmsweise ohne die Einwilligung des Abgebildeten möglich. Danach dürfen „zum Zwecke der Rechtspflege und der öffentlichen Sicherheit" von den Behörden Bildnisse vervielfältigt, verbreitet und veröffentlicht werden. Bei dieser Ausnahme stehen nicht das Informationsinteresse der Allgemeinheit und die Freiheit der Berichterstattung - wie bei § 23 KUG - im Vordergrund. Es geht vielmehr um ein überwiegendes öffentlich-rechtliches Interesse, nämlich nach gesuchten Verbrechern zu fahnden.[393]

d) Schranken der erlaubten ungenehmigten Bildnisveröffentlichung

Personen der Zeitgeschichte müssen ungenehmigte Bildnisveröffentlichungen aber nicht grenzenlos hinnehmen.[394] Es bestehen vielmehr Ausnahmen von der ausnahmsweisen Zulässigkeit solcher Veröffentlichungen nach § 23 Abs. 1 KUG, die allerdings nicht für den Fall des § 24 KUG gelten.

(1) Ungeschriebenes Tatbestandsmerkmal: Öffentliches Interesse

Zum Einen fügt man dem § 23 Abs. 1 Nr. 1 KUG ein ungeschriebenes Tatbestandsmerkmal hinzu: das öffentliche Interesse. Das allgemeine Bedürfnis nach bildlichen Informationen über Persönlichkeiten des öffentlichen Lebens sei der alleinige Grund für die Schaffung des § 23 Abs. 1 Nr. 1 KUG. Bildnisveröffentlichungen müssten damit der öffentlichen Information dienen. Ist dies nicht der Fall, soll die Ausnahmeregelung des § 23 Abs. 1 Nr. 1 KUG nicht eingreifen. Personen der Zeitgeschichte dürfen somit nicht ohne ihre Einwilligung abgebildet werden, wenn kein Informationsinteresse der Allgemeinheit an der Veröffentlichung besteht.[395] Dies ist bei Abbildungen der Fall, bei denen das Interesse der Medien, die Öffentlichkeit über das Leben von Personen der Zeitgeschichte zu informieren, völlig hinter andere Beweggründe der Veröffentlichung zurücktritt, z.B. hinter kommerzielle Interessen bei der Abbildung zu Werbezwecken.[396] Auf eine Anwendung des § 23 Abs. 2 KUG kommt es dann schon nicht mehr an.

---

393 *Prinz/Peters*, Rn. 883.

394 BGH NJW 1979, 2203 – „Fußballkalender"; BGH NJW 1996, 593, 594 – „Abschiedsmedaille"; *Beuthien/Hieke*, AfP 2001, S. 357.

395 BGH NJW 1956, 1554, 1555 – „Paul Dahlke"; BGH NJW 1979, 2203, 2204 – „Fußballkalender"; BGH NJW 1996, 593, 594 – „Abschiedsmedaille"; BGH NJW 1997, 1152 – „Bob Dylan"; *Prinz/Peters*, Rn. 845; MünchKommBGB/*Rixecker*, § 12 Anh., Rn. 45; *Engels/Schulz*, AfP 1998, S. 583.*Schertz*, AfP 2000, S. 498.

396 BGH NJW 1956, 1554, 1555 – „Paul Dahlke"; BGH NJW 1992, 2084 – "Joachim Fuchsberger"; BGH NJW 1996, 593, 594 – „Abschiedsmedaille"; BGH NJW 1997, 1152 – „Bob Dylan".

(2) **Verletzung eines berechtigten Interesses, § 23 Abs. 2 KUG**

Auch wenn der Abgebildete die Veröffentlichung seines Bildnisses nach § 23 Abs. 1 KUG ohne Einwilligung zu dulden hat, kann eine Veröffentlichung nach § 23 Abs. 2 KUG doch noch unzulässig sein. Diese Vorschrift stellt damit eine zweite Schranke der erlaubten Veröffentlichung ohne die Einwilligung des Abgebildeten dar. Sie ist unzulässig, wenn sie ein „berechtigtes Interesse des Abgebildeten" (§ 23 Abs. 2 KUG) verletzt. Dadurch soll verhindert werden, dass Vorgänge des persönlichen, häuslichen und familiären Lebens an die Öffentlichkeit gelangen oder das Bildnis den Anspruch des Abgebildeten auf Achtung verletzt.[397] Im Rahmen des § 23 Abs. 2 KUG hat eine umfassende Güter- und Interessenabwägung zwischen dem Interesse des Abgebildeten an Anonymität einerseits und dem Interesse der Medien und der Allgemeinheit an der Veröffentlichung des Bildnisses andererseits zu erfolgen.[398]

In der Praxis haben sich hier Fallgruppen gebildet, in denen die deutschen Gerichte ein überwiegendes Interesse auf Seiten des Abgebildeten annehmen.[399] Dies ist zum einen bei der Verletzung der Intimsphäre der Fall.[400] Eine Person der Zeitgeschichte muss daher die Veröffentlichung von Bildnissen aus ihrer Intimsphäre nicht dulden. Eine zweite Fallgruppe betrifft den Bereich der Privatsphäre.[401] Bei Bildnissen aus diesem Bereich überwiegt regelmäßig das Interesse des Abgebildeten. Das berechtigte Interesse der Allgemeinheit an einer Bildberichterstattung endet somit in jedem Fall dort, wo die verschlossenen Räumlichkeiten des eigenen Hauses beginnen, also der häusliche Bereich.[402] Außerhalb des häuslichen Bereichs kann ebenfalls eine schützenswerte Privatsphäre bestehen, wenn sich eine Person in eine örtliche Abgeschiedenheit zurückgezogen hat, in der sie objektiv erkennbar für sich allein sein will und in der sie sich in der konkreten Situation im Vertrauen auf die Abgeschiedenheit so verhält, wie sie es in der breiten Öffentlichkeit nicht tun würde.[403] Ob die deutsche Rechtsprechung dem EGMR dahin folgt, auch in der Öffentlichkeit eine schützenswerte Privatsphäre anzuerkennen, wenn die betroffene Person nicht in ihrer Amtsfunktion auftritt, bleibt abzuwarten. In der dritten Fallgruppe, in der das Interesse des Abgebildeten nach § 23 Abs. 2 KUG überwiegt, geht es um die

---

[397] MünchKommBGB/*Rixecker*, § 12 Anh., Rn. 56; *J. Helle*, S. 180.

[398] BGH NJW 1996, 1128, 1129 – „Caroline von Monaco III"; MünchKommBGB/*Rixecker*, § 12 Anh., Rn. 56.

[399] *Prinz/Peters*, Rn. 860.

[400] BGH NJW 1985, 1617, 1619 – „Nacktaufnahme"; LG Berlin AfP 2002, 249, 250; LG Berlin AfP 2001, 246, 247 – Nina Hagen.; *Schricker/Gerstenberg/Götting*, UrhR, § 60 Anh. § 22 KUG, Rn. 36.

[401] BGH NJW 1996, 1128, 1129 – „Caroline von Monaco III".

[402] BGH NJW 1996, 1128, 1129 – „Caroline von Monaco III".; MünchKommBGB/*Rixecker*, § 12 Anh., Rn. 58.

[403] BGH NJW 1996, 1128, 1129 – „Caroline von Monaco III".

Verfolgung rein geschäftlicher Interessen Dritter.[404] Sie ist beispielweise dann einschlägig, wenn das Bildnis einer Person der Zeitgeschichte für Werbezwecke eingespannt wird. Hier ist kein schützenswertes Informationsinteresse der Allgemeinheit erkennbar.[405] Teilweise wird diese Fallgruppe in der Rechtsprechung auch schon auf der ersten Stufe bei § 23 Abs. 1 Nr. 1 KUG oder an beiden Stellen, also bei § 23 Abs. 1 Nr. 1 KUG und § 23 Abs. 2 KUG geprüft.[406] Im Hinblick auf die verfassungsrechtlich gebotene Interessenabwägung spielt der Prüfungsort aber eine unwesentliche Rolle.[407]
Die Rechtsprechung nimmt eine Verletzung berechtigter Interessen des Abgebildeten ferner bei entstellenden Aufnahmen,[408] bei Aufnahmen, die den Abgebildeten beim Betrachter in ein falsches Licht rücken,[409] bei starker sozialer Prangerwirkung der Veröffentlichung[410] und in dem Fall der heimlichen Aufnahmen unter der Ausnutzung einer Überrumpelung (Bildniserschleichung)[411] an.

e) Rechtsfolgen

Die zivilrechtlichen Rechtsfolgen einer Verletzung des Rechts am eigenen Bild sind explizit in den §§ 37, 38 KUG geregelt. Danach kann der Betroffene die Vernichtung oder die Übernahme der Bildnisse verlangen. Die Rechtsfolgen der §§ 37, 38 KUG sind aber nicht abschließend.[412] Da das Recht am eigenen Bild als Teil des allgemeinen Persönlichkeitsrechts nach § 823 Abs. 1 BGB anerkannt ist, kann der Betroffene auch die Vorschriften der §§ 823 ff. BGB heranziehen und die dortigen Rechtsfolgen wählen, z.B. Schadensersatz oder Unterlassung.

---

404 BGH NJW 1997, 1152, 1153 – „Bob Dylan".

405 BGH NJW 1956, 1554 – „Paul Dahlke"; BGH NJW 1997, 1152, 1153 – "Bob Dylan"; *Prinz/Peters*, Rn. 866.

406 BGH NJW 1996, 593, 595 – „Abschiedsmedaille"; ausführlich zu diesem Problem: *J. Helle*, S. 144 ff, 173 ff; *Prinz/Peters*, Rn. 860, Fn. 348.

407 BVerfG NJW 1973, 1226, 1229 – „Lebach"; BGH NJW 1979, 2203, 2204 – „Fußballkalender"; BGH NJW 1985, 1617, 1618 – „Nacktaufnahme"; OLG Frankfurt NJW 2000, 594 - „Katharina Witt"; *Götting*, S. 34 f.; *Engels/Schulz*, AfP 1998, S. 576.

408 BGH NJW 1968, 1091 – „Ligaspieler"; BGH NJW 1996, 593, 595 – „Abschiedsmedaille"; *Prinz/Peters*, Rn. 877.

409 *Prinz/Peters*, Rn. 878.

410 BGH NJW 1966, 2353, 2355 – „Vor unserer eigenen Tür"; *Prinz/Peters*, Rn. 879.

411 BGH NJW 1996, 1128, 1130 – „Caroline von Monaco"; BGH NJW 1957, 1315, 1316 – „Spätheimkehrer"; *Prinz/Peters*, Rn. 881.

412 BGH NJW 1958, 827, 830 - „Herrenreiter".

2. Schutz durch das allgemeine Persönlichkeitsrecht

Da die §§ 22 ff. KUG nur die ungenehmigte „Verbreitung und Zurschaustellung" von Bildnissen untersagen, nicht aber ihre Herstellung,[413] kann das allgemeine Persönlichkeitsrecht hier zum Schutz des Betroffenen ergänzend eingreifen. Auch wenn gar kein Bildnis i.S.d. §§ 22 ff. KUG vorliegt, weil der Abgebildete beispielsweise nicht erkennbar ist, kann sein allgemeines Persönlichkeitsrecht aber trotzdem verletzt sein, z.B. bei Nacktaufnahmen.[414] In diesen Konstellationen ist an den Schutz der Intim- und der Privatsphäre zu denken.

3. Kurzer Ausblick auf das spanische Recht

Das Recht am eigenen Bild ist in Spanien ähnlich wie in Deutschland geschützt. Dort schützt das *derecho a la propia imagen* (Recht am eigenen Bild) den Einzelnen vor ungenehmigter Aufnahme, Wiedergabe oder Veröffentlichung von Bildnissen. Das spanische Recht kennt ebenfalls eine besondere Behandlung von Prominenten. Jedoch unterscheidet es bei den so genannten *personas públicas* nicht zwischen absoluten und relativen Personen der Zeitgeschichte. In Spanien ist weiterhin die Frage umstritten, ob das Privatleben von Personen auch außerhalb des häuslichen Bereichs geschützt ist.[415]

IV. Schutz vor Beeinträchtigungen des Namensrechts

Das Namensrecht nach § 12 BGB ist neben dem Recht am eigenen Bild ein weiteres seltenes Beispiel für die gesetzliche Normierung des Persönlichkeitsschutzes in Deutschland.

Wegen seiner Schutzrichtung sind Verletzungen des Namensrechts nach § 12 BGB im Zusammenhang mit Medienberichterstattung in der Praxis aber selten. Der Namensschutz des § 12 BGB dient nämlich in erster Linie dem Identitätsschutz, was die Fälle der Namensbestreitung und der Namensanmaßung umfasst.[416] Da § 12 BGB dem Namensberechtigten somit allein seine äußere Identität im Sinne eines äußeren Kennzeichens bewahren soll, schützt er nicht gegen Beeinträchtigungen des durch den Namen repräsentierten Eigenwerts einer Person.[417] Es kann damit in dieser Fallgestaltung allein das allgemeine Persönlichkeitsrecht zur Anwendung kommen.[418] Auch die in den Medien übliche Nennung des Namens einer Person, über die berichtet wird, bedeutet keinen Eingriff in das von § 12 BGB geschützte Namensrecht. In dieser Konstellation kommt auch wieder nur eine Beeinträchtigung des allgemeinen Persönlichkeitsrechts in

---

413 BGH AfP 1995, 597, 598 – „Videoüberwachung"; *Prinz/Peters*, Rn. 782, 809 mit weiteren Nachweisen; *J. Helle*, S. 68; *Soehring*, Rn. 9.3.

414 BGH NJW 1974, 1947, 1949 – „Nacktbild".

415 Dazu ausführlich: 1. Teil: E.III.3.b)(3)(b)(iii).

416 MünchKommBGB/*Schwerdtner*, § 12, Rn. 2.

417 MünchKommBGB/*Schwerdtner*, § 12, Rn. 2, Rn. 195.

418 MünchKommBGB/*Schwerdtner*, § 12, Rn. 2.

Frage.[419] Das Gleiche gilt für den Fall der Werbung mit dem Namen einer Person.[420]

Im spanischen Recht findet sich - im Gegensatz zur deutschen Lösung durch das allgemeine Persönlichkeitsrecht - mit Art. 7.6 wieder eine spezielle zivilrechtliche Vorschrift, die sich eigens und ausdrücklich mit der kommerziellen Ausnutzung des Namens einer Person beschäftigt.[421]

V. Schutz vor kommerzieller Nutzung

Nach den verschiedenen Entscheidungen zu *Caroline von Monaco* beschäftigte man sich Mitte bis Ende der 1990-er Jahre hinsichtlich des Persönlichkeitsschutzes mit der Frage, unter welchen Voraussetzungen Personen auch in der Öffentlichkeit vor *Paparazzi* geschützt sind und wann der Betroffene einen Ersatz seiner immateriellen Schäden in Geld verlangen kann. Seit den Urteilen zu *Marlene Dietrich* ist ein neuer Gesichtspunkt in die Diskussion um den Persönlichkeitsschutz getreten: der vermögensrechtliche Aspekt des allgemeinen Persönlichkeitsrechts.[422]

Bis vor einigen Jahren herrschte Konsens, dass Persönlichkeitsverletzungen lediglich immaterielle bzw. ideelle Schäden darstellten und das allgemeine Persönlichkeitsrecht ein Schutzinstrument für allein ideelle Interessen sei.[423] Dem entspricht die Wirklichkeit aber schon lange nicht mehr: Mit einer Persönlichkeit können auch Vorstellungen und Merkmale verbunden sein, die vor allem zum Zwecke der Werbung genutzt werden können („Imagetransfer“[424]). Es ist nicht außergewöhnlich, dass Prominente ihren Namen, ihre Stimme, ihr Bildnis oder andere Persönlichkeitsmerkmale gegen hohe Honorare zu Werbezwecken zur Verfügung stellen.[425] Typische Beispiele dafür sind Sportler, die oftmals mehr Geld durch die kommerzielle Vermarktung ihrer Persönlichkeit verdienen als durch rein sportliche Erfolge, bei denen Siege oder Platzierungen nur vergleichsweise gering dotiert sind.[426] In der heutigen Realität kann damit eine Persönlichkeitsverletzung, z.B. durch eine unbefugte Bildnisveröffentlichung, somit

---

[419] MünchKommBGB/*Schwerdtner*, § 12, Rn. 197.

[420] BGH NJW 1959, 1269 f. - „Caterina Valente“ beendet mit diesem Urteil die weit verbreitete gegenteilige Ansicht; BGH NJW 1981, 2402 – „Rennsportgemeinschaft“; MünchKommBGB/*Schwerdtner*, § 12, Rn. 197.

[421] Dazu ausführlich: 1. Teil: E.III.3.a)(3).

[422] *Kläver*, ZUM 2002, S. 205.

[423] *Götting*, S. 1; *Brehmer/Voegeli*, JA 1978, S. 377.

[424] BGH NJW 2000, 2195, 2198 - „Marlene Dietrich”.

[425] Vgl. OLG München AfP 2001, 244 - „Boris Becker” mit weiteren Nachweisen; *Schertz*, AfP 2000, S. 495.

[426] *Boris Becker* soll Ende der 1980-er Jahre jährlich 22 Millionen DM für den Einsatz seines Bildnisses und seines Namens erhalten haben, *Paul Schockemöhle* 10 Millionen, *Bernhard Langer* 4,5 Millionen und *Steffi Graf* 3 Millionen DM, *Pietzko*, AfP 1988, S. 210, Fn. 13.

nicht nur einen ideellen, sondern auch einen wirtschaftlichen Schaden für den Betroffenen nach sich ziehen.

1. Eigenständige „Persönlichkeitsgüterrechte"

Bei der Frage nach der Reichweite des Schutzes vor einer Kommerzialisierung der Persönlichkeit besteht in der deutschen Literatur allerdings Uneinigkeit. Während teilweise vertreten wird, dass die Möglichkeit der kommerziellen Vermarktung der Persönlichkeit und ihrer Merkmale lediglich ein Aspekt des allgemeinen Persönlichkeitsrechts unter vielen anderen sei,[427] nehmen Andere ein eigenständiges, vom allgemeinen Persönlichkeitsrecht unabhängiges Vermögensrecht an.[428] Nachdem bereits in den 1960-er Jahren Bemühungen in der deutschen Literatur bestanden, den Schutz wirtschaftlicher Aspekte der Persönlichkeit unabhängig vom allgemeinen Persönlichkeitsrecht und eigenständig mittels eines „Persönlichkeitsnutzungsrechts" zu gewährleisten,[429] möchte man diesen Schutz seit einigen Jahren erneut vermehrt durch eigenständige „Persönlichkeitsgüterrechte" sichern.[430] Manche wollen sogar ein *property right*, ein vermögenswertes „Recht auf Prominenz" anerkennen, dessen Verletzung einen Schadensersatzanspruch aus § 97 Abs. 1 UrhG zur Folge haben könne.[431]

Die Verletzung eines vermögenswerten Persönlichkeitsgüterrechts sei - so die Befürworter einer dualistischen Sichtweise - scharf von einer Verletzung des ideellen allgemeinen Persönlichkeitsrechts zu unterscheiden. Zwar könnten in der Praxis beide Rechte gleichzeitig nebeneinander verletzt sein, es handele sich aber um zwei eigenständige Rechte: Bei der kommerziellen Ausnutzung von Persönlichkeitsmerkmalen sei zum einen das ideelle Selbstbestimmungsrecht einer Person betroffen, frei darüber entscheiden zu können, ob man sich für kommerzielle Interessen Anderer zur Verfügung stellt, also das allgemeine Persönlichkeitsrecht. Zum anderen könne daneben aber in bestimmten Konstellationen ein Persönlichkeitsgüterrecht betroffen sein. Name, Bildnis, Film- und Tonaufnahmen einer Person sowie „Daten mit nahem Persönlichkeitsbezug" stünden außerhalb des aus Art. 1 Abs. 1, 2 Abs. 1 GG hergeleiteten Persönlichkeitsrechts und seien Ausdruck eines durch eine bestimmte Person geprägten Persönlichkeitsbildes („persönlichkeitsgeprägte Gegenstände außerhalb der Person").[432] Nutze ein Anderer das vermögenswerte Herrschaftsrecht des Betroffenen, ihm zustehende geldwerte Persönlichkeitsmerkmale allein zu verwerten,

---

427 Statt aller: *Götting*, S. 138; dazu sogleich.
428 Z.B.: *Beuthien/Schmölz*, S. 26; dazu sogleich.
429 *Heitmann*, S. 76 ff., 81.
430 *Beuthien/Schmölz*, S. 26.
431 *Ladeur*, ZUM 2000, S. 890.
432 *Beuthien/Schmölz*, S. 17 f., 24, 27.

verletze er ein materielles Herrschaftsrecht an eigenpersönlichen Gegenständen.[433]

2. Kommerzieller Aspekt des allgemeinen Persönlichkeitsrechts

Entgegen diesen Stimmen verneint die deutsche Literatur überwiegend in überzeugender Weise eine solche dualistische Sichtweise.[434] Zwar findet der vermögensrechtliche Aspekt der Persönlichkeit zu Recht größtenteils Anerkennung. Angesichts der heute üblichen Vermarktung der Prominenz bestimmter Personen müsste sich auch jede andere abweichende Auffassung den Vorwurf gefallen lassen, die Augen vor der Realität zu verschließen.[435] Dieser vermögensrechtliche Aspekt stellt aber lediglich einen Teil des allgemeinen Persönlichkeitsrechts dar. Das allgemeine Persönlichkeitsrecht schützt damit sowohl ideelle als auch kommerzielle Interessen gleichzeitig und zusammen.[436] Diese Interessen sind so eng miteinander verknüpft und stehen in so enger Wechselwirkung, dass eine Aufteilung in zwei verschiedene Rechte - ein ideelles und ein vermögensrechtliches - die „künstliche Trennung eines einheitlichen Komplexes" bedeutete.[437] Dies kann durch das Beispiel untermauert werden, dass sich durch das Ansehen und den guten Ruf eines prominenten Sportlers - also ideelle Werte - auch sein Wert für die kommerzielle Nutzung von Persönlichkeitsmerkmalen bestimmt.[438] Aufgrund des umfassenden Schutzes kommerzieller Interessen duch das allgemeine Persönlichkeitsrecht besteht außerdem für die Schaffung eines eigenständigen „Persönlichkeits-Verwertungsrechts" kein Bedürfnis.[439]

Die Rechtsprechung erkennt ebenfalls „vermögenswerte Interessen" der Persönlichkeit als „Bestandteil des allgemeinen Persönlichkeitsrechts" an, denen ein „beträchtlicher Wert" zukommen könne: „Durch die unerlaubte Verwertung ihrer Persönlichkeitsmerkmale etwa für Werbezwecke werden daher häufig weniger ideelle als kommerzielle Interessen der Betroffenen beeinträchtigt".[440] Das allgemeine Persönlichkeitsrecht habe danach „vermögenswerte Bestandteile",[441]

---

433 *Beuthien/Schmölz*, S. 33 f., 37 f.

434 Statt aller: *Götting*, S. 138; *Kläver*, ZUM 2002, S. 208 mit weiteren Nachweisen. Dies kann jedoch nur für die Tatbestandsseite gelten. Hinsichtlich der Rechtsfolgen wird dann wieder unterschieden, ob das allgemeine Persönlichkeitsrecht in ideeller oder kommerzieller Hinsicht verletzt wurde; dazu später: 2. Teil: D.I.5.a

435 *C. Ahrens*, S. 95: „Verwertung als Faktum".

436 *Götting*, S. 138; *J. Helle*, RabelsZ 1996, S. 469; *Kläver*, ZUM 2002, S. 208 mit weiteren Nachweisen.

437 *Kläver*, ZUM 2002, S. 209 f.

438 *Götting*, S. 138; mit gleicher Begründung: *von Holleben*, S. 92.

439 *C. Ahrens*, S. 172 f.

440 BGH NJW 2000, 2195, 2197 - „Marlene Dietrich"; BGH NJW 2000, 2201 f. - „Der blaue Engel".

441 BGH NJW 2002, 2317, 2318 - „Marlene Dietrich II".

die allein der Berechtigte wirtschaftlich verwerten könne.[442] Als „vermögenswert“ erkennt der BGH aber nur das Recht am eigenen Bild, das Namensrecht und die Stimme an.[443] Nach neuester Rechtsprechung sind die vermögenswerten Bestandteile des allgemeinen Persönlichkeitsrechts sogar vererblich.[444] Der Schutz vermögenswerter Bestandteile des allgemeinen Persönlichkeitsrechts reicht in entsprechender Anwendung von § 22 S. 3 KUG noch zehn Jahre ab dem Tod des Inhabers.[445] Im zweiten Teil der Arbeit wird auf den vermögenswerten Aspekt des allgemeinen Persönlichkeitsrechts bei Fragen des Schadensersatzes noch zurückzukommen sein.[446]

3. Schutzbereich

Der „Schutz vor wirtschaftlicher Nutzung“[447] bzw. der „Schutz vor unbefugter Nutzung der Persönlichkeit“[448] stellt somit - entgegen den Stimmen, die zwei eigenständige Rechte etablieren möchten - eine Ausformung des allgemeinen Persönlichkeitsrechts dar. Die Rechtsprechung fasst die Fälle, in denen Persönlichkeitsverletzungen in Gewinnerzielungsabsicht unter vorsätzlichem Rechtsbruch erfolgen, unter dem Punkt der „Zwangskommerzialisierung“ zusammen.[449] Eine solche liegt danach vor, wenn die alleinige Befugnis einer Person, über die wirtschaftliche Nutzung ihrer Persönlichkeitsmerkmale zu entscheiden, unbefugt von jemand anderem wahrgenommen wird.[450] Dies ist beispielsweise der Fall, wenn mit dem Bild einer Person ohne ihre Einwilligung geworben wird[451] oder wenn die Popularität einer Person unbefugt auf ein umworbenes Produkt übertragen werden soll.[452] Auch die ungenehmigte Nutzung der Stimme

---

442 BGH NJW 2000, 2195, 2197 - „Marlene Dietrich”; BGH NJW 2000, 2201 f. - „Der blaue Engel“; BGH NJW 1992, 2084, 2085 - „Joachim Fuchsberger“ mit weiteren Hinweisen auf die st. Rspr.

443 BGH NJW 2000, 2195, 2197 - „Marlene Dietrich”; BGH NJW 2000, 2201 f. - „Der blaue Engel“; Dieser *numerus clausus* der Rechtsprechung ist im Ergebnis jedoch zu eng und muss um andere Persönlichkeitselemente erweitert werden, was später noch zu zeigen sein wird, dazu unten ausführlich: 2. Teil: D.I.5.a.

444 BGH NJW 2000, 2195, 2197 - „Marlene Dietrich”; BGH NJW 2000, 2201 f. - „Der blaue Engel“.

445 BGH NJW 2000, 2195, 2199 - „Marlene Dietrich”; BGH NJW 2000, 2201 f. - „Der blaue Engel“.

446 Dazu ausführlich: 2. Teil: D.I.5. Außerdem ist noch auf den bereits kurz erwähnten kommerziellen Charakter einiger *derechos de la personalidad* in Spanien einzugehen. Dazu ausführlich: 1. Teil: E.III.3.a)(3) und 1. Teil: E.V.

447 *Larenz/Canaris*, S. 502.

448 MünchKommBGB/*Rixecker*, § 12 Anh., Rn. 113.

449 OLG Hamburg NJW 1996, 2870 - „Caroline von Monaco“.

450 BGH NJW 1956, 1554, 1555 – „Paul Dahlke“; BGH NJW 1981, 2402, 2403 – „Rennsportgemeinschaft“; *Larenz/Canaris*, S. 502.

451 BGH NJW 1992, 2084 – „Joachim Fuchsberger“.

452 BGH NJW 1956, 1554, 1555 – „Paul Dahlke“.

oder des Namens einer Person unterfällt dem Schutz vor kommerzieller Ausnutzung.[453] Sogar die Verwendung eines Imitators einer bestimmten Person zu Werbezwecken verletzt nach der Rechtsprechung deren allgemeines Persönlichkeitsrecht in der hier geschilderten Ausformung.[454]

Zwar hat das BVerfG in einer neueren Entscheidung die Aussage, das allgemeine Persönlichkeitsrecht sei „nicht im Interesse einer Kommerzialisierung der eigenen Person" gewährleistet, zum Leitsatz erhoben[455] und damit in der deutschen Literatur Verwirrung hervorgerufen.[456] Bei dieser verfassungsgerichtlichen Entscheidung ist allerdings nur das verfassungsrechtliche allgemeine Persönlichkeitsrecht betroffen.[457] Dieses ist selbständig und vom zivilrechtlichen allgemeinen Persönlichkeitsrecht zu unterscheiden. Das Urteil bedeutet damit keine Abkehr von der bisherigen Auffassung, das zivilrechtliche allgemeine Persönlichkeitsrecht schütze auch kommerzielle Interessen des Betroffenen.[458] Wie oben bereits gezeigt, unterscheidet sich die spanische Beurteilung des verfassungsrechtlichen Schutzes kommerzieller Aspekte bestimmter Persönlichkeitsrechte nicht von der deutschen. Zwar genießen bestimmte Persönlichkeitsrechte in Spanien ausdrücklichen verfassungsrechtlichen Schutz (Art. 18.1 C.E.). Ihre zivilrechtlich geschützten kommerziellen Aspekte, z.B. beim Recht am eigenen Bild, haben aber keinen Grundrechtscharakter. Die spanische Verfassung schützt z.B. das Recht am eigenen Bild nur in ideeller, nicht in kommerzieller Hinsicht.[459]

Im Schutzbereich vor kommerzieller Ausnutzung sind wieder Überschneidungen zu anderen Ausprägungen des allgemeinen Persönlichkeitsrechts denkbar, z.B. zum Schutz der persönlichen Ehre, Verfälschung des Persönlichkeitsbildes oder zu den §§ 22 ff. KUG.[460]

4. Rechtfertigungsgrund

Die traditionelle Sichtweise, die Rechtswidrigkeit eines Eingriffs in das allgemeine Persönlichkeitsrecht immer erst durch eine Güter- und Interessenabwägung festzustellen,[461] erscheint hier zu umständlich. Übereinstimmend mit *Canaris* ist hier eine solche Abwägung vielmehr entbehrlich.[462] Die Tatbestandsmäßigkeit indiziert somit die Rechtswidrigkeit, da berechtigte Interessen auf

---

[453] BGH NJW 1981, 2402 - „Rennsportgemeinschaft"; OLG München NJW 1959, 388, 389.

[454] OLG Karlsruhe, AfP 1996, 282, 283 – „Ivan Rebroff"; *Peifer* (S. 165 f.) möchte ein Abwehrrecht des Betroffenen aus § 22 KUG analog ableiten.

[455] BVerfG NJW 2000, 1021 - „Caroline von Monaco".

[456] *Kläver*, ZUM 2002, S. 205.

[457] *Seitz*, NJW 2000, S. 2168; *Kläver*, ZUM 2002, S. 205 f.

[458] *Kläver*, ZUM 2002, S. 206.

[459] Dazu ausführlich bereits oben: 1. Teil: B.II.2.

[460] MünchKommBGB/*Rixecker*, § 12 Anh., Rn. 113.

[461] Jüngst: BGH NJW 2002, 2317 - „Marlene Dietrich II".

[462] *Larenz/Canaris*, S. 502.

Seiten der Medien in diesen Fällen nur schwer - wenn überhaupt - denkbar sind. Damit hat eine unbefugte kommerzielle Ausnutzung von Persönlichkeitsmerkmalen grundsätzlich die Rechtswidrigkeit der Handlung zur Folge.[463]

5. Kurzer Ausblick auf das spanische Recht

In Spanien stellt die kommerzielle Ausnutzung bestimmter Persönlichkeitsmerkmale ebenfalls eine Persönlichkeitsverletzung dar: Das L.O. 1/1982 schützt danach in seinem Art. 7.6 das Bildnis, die Stimme und den Namen einer Person ausdrücklich gegen ihre ungenehmigte kommerzielle Verwendung.[464]

VI. Zusammenfassung

Das deutsche Recht schützt verschiedene Aspekte der Persönlichkeit. Als grobe Schutzrichtungen lassen sich daraus der Schutz vor öffentlichen Herabsetzungen, der Schutz des Privatlebens, der Schutz des Rechts am eigenen Bild und der Schutz vor kommerzieller Nutzung ableiten. Während lediglich das Recht am eigenen Bild und das Namensrecht gesetzlich kodifiziert sind, erfolgt der Persönlichkeitsschutz hauptsächlich durch das allgemeine Persönlichkeitsrecht, das den gesetzlich geregelten Schutz als „Notbehelf“ ergänzt.[465] Es nimmt daher mittlerweile den in der heutigen Praxis am wichtigsten und am weitesten verbreiteten Persönlichkeitsschutz wahr und spielt somit die zentrale Rolle. Seit der Anerkennung des allgemeinen Persönlichkeitsrechts im Jahre 1954 hat sich der Schutz der Persönlichkeit durch diese Rechtsfigur stetig verbessert. Während bei der erstmaligen Anerkennung des allgemeinen Persönlichkeitsrechts Mitte der 1950-er Jahre noch vieles „Neuland“ war,[466] hat sich seine Struktur mittlerweile in Rechtsprechung und Literatur weitestgehend gefestigt: Es ist fallbezogen Schritt für Schritt entstanden.[467] Sein Verständnis und die praktische Handhabung leidet jedoch an seiner Konturenlosigkeit. Sowohl Rechtsprechung als auch Literatur sind daher bemüht, bestimmte Ausprägungen und Fallgruppen zu bilden, die eine Einordnung typischer Konstellationen unter das allgemeine Persönlichkeitsrecht erleichtern sollen. Dadurch ist praktisch eine Annäherung an besondere Persönlichkeitsrechte erfolgt. Der Vorteil der Kategorisierungen des allgemeinen Persönlichkeitsrechts liegt klar auf der Hand: Bestimmte Verletzungshandlungen können einer von Literatur und Rechtsprechung erarbeiteten Fallgruppe zugeordnet werden, die regelmäßig mit festen Umrissen versehen ist. Dem Betroffenen stehen oftmals mehrere Schutzbereiche und viele sich überschneidende Facetten dieses umfassenden Rechts zur Verfügung. Damit besteht

---

463 Das spanische Recht, auf das detailliert weiter unten einzugehen sein wird, verfährt hier übrigens genauso, dazu unten ausführlich: 1. Teil: E.III.3.a)(3).

464 Dazu unten ausführlich: 1. Teil: E.III.3.a)(3).

465 *Beuthien*, NJW 2003, S. 1221.

466 *Wenzel*, S. VI.

467 *Grimm*, Karlsruher Forum, S. 4.

mittlerweile ein umfassender zivilrechtlicher Schutz vor Persönlichkeitsverletzungen. Dieser kann noch weiter erhöht werden, wenn man der teilweise vertretenen Auffassung folgt, in manchen Ausprägungen des allgemeinen Persönlichkeitsrechts auf eine umfassende Güter- und Interessenabwägung im Einzelfall verzichten zu können. In diesen Konstellationen entfiele dadurch die Rechtsunsicherheit bei der Abwägung, was zu einer Stärkung des Persönlichkeitsschutzes führte.

Da der spanische Gesetzgeber - im Gegensatz zum deutschen - den Persönlichkeitsschutz seit 1978 in der Verfassung und seit 1982 in einem speziellen zivilrechtlichen Gesetz explizit ausgestaltet hat, dürfte ein detaillierter Blick nach Spanien interessant sein. Es wird allerdings zu untersuchen sein, ob diese Art des Persönlichkeitsschutzes mehr Vorteile bringt, als der in Deutschland gewählte Weg der Rechtsprechung.

E. Einzelheiten zum zivilrechtlichen Schutz der Persönlichkeit im spanischen Recht

Die Grundzüge des spanischen Persönlichkeitsschutzes, nämlich eine Ausgestaltung in zwei Richtungen,[468] sind bereits bekannt: Der Schutz besonderer Persönlichkeitsrechte ist zum einen seit 1978 grundrechtlich in Art. 18.1 C.E. anerkannt. Zum anderen schlägt sich die große Bedeutung, die man einem wirksamen Persönlichkeitsschutz in Spanien zumisst, in einem speziellen zivilrechtlichen Gesetz nieder: dem „L.O. 1/1982 über den Schutz der Ehre, der persönlichen und familiären Privatheit und dem Recht am eigenen Bild". Neben diesem Kern des zivilrechtlichen Persönlichkeitsschutzes existieren in Spanien aber noch andere Gesetze, die den Schutz vor Eingriffen in den persönlichen Bereich zum Gegenstand haben, z.B. das speziell für den Persönlichkeitsschutz Minderjähriger ausgestaltete L.O. 1/1996.[469]

Nach dem Schema des L.O. 1/1982 tritt die zivilrechtliche Haftung des Verletzers ein, wenn der Schutzbereich eines der drei Persönlichkeitsrechte betroffen ist, ein Tatbestand einer *intromisión ilegítima* verwirklicht ist und die Widerrechtlichkeit nicht ausnahmsweise entfällt, z.B. durch die Einwilligung des Betroffenen. Auf den ersten Blick ist der Persönlichkeitsschutz - im Vergleich zur „generalklauseligen Weite"[470] des deutschen allgemeinen Persönlichkeitsrechts - in Spanien damit einfacher und übersichtlicher. Insbesondere scheinen die Schwierigkeiten, die mit der für das deutsche Recht typischen Güter- und Interessenabwägung verbunden sind, wegen der Indikation der Rechtswidrigkeit in Spanien nicht zu bestehen. Die genaue Untersuchung der Ausgestaltung des spanischen Persönlichkeitsschutzes wird aber zeigen, dass auch dort in der Pra-

---

468 *Serrano Alonso*: Vorwort zu: *Concepción Rodríguez*, S. 8.

469 Dazu und zu anderen Gesetzen ausführlich: 1. Teil: E.II.7.

470 BGH NJW 1957, 1146, 1147 – „Krankenkassenpapiere".

xis teilweise nicht auf eine Abwägung verzichtet werden kann. Ferner wird bei detaillierter Betrachtung deutlich, dass trotz der vermeintlichen Klarheit des Gesetzes Schutzlücken bestehen.

I. Honor - Schutz der Ehre

Die persönliche Ehre des Einzelnen spielt traditionell eine überragende Rolle in Spanien.[471] Dies wird u.a. dadurch deutlich, dass zeitgenössische Dramen aus früheren Jahrhunderten nahezu ausschließlich von Verwicklungen und den Folgen handelten, die Ehrverletzungen hervorriefen.[472] Der Mensch hat nach spanischem Verständnis zwar die Herrschaft über seine Ehre und seinen Ruf, er kann diese aber nicht wie Geld behandeln, weil ihr Wert höher sei. Das spanische Sprichwort „*Al Rex la hacienda y la vida se le han de dar pero el honor es patrimonio del alma y el alma sólo es de Dios*", dass also Landgut und Geld für den König hergegeben werden müssten, die Ehre aber ein Schatz der Seele sei und nur dem Allmächtigen gehöre,[473] zeugt eindrucksvoll von dieser Ehrauffassung. Der hohe Stellenwert der Ehre rührt daher, dass sie in früheren, vorkonstitutionellen Zeiten nur dem Adel, Offizieren und später zusätzlich dem gehobenen Bürgertum zustand.[474] Sie diente damit als Zeichen der Zugehörigkeit zu einem bestimmten Stand und als Mittel, sich vom einfachen Volk abzusetzen.[475] Diese Herleitung und frühere Bedeutung der Ehre muss auch der *Tribunal Constitucional* im Blick gehabt haben, als er in einem Urteil aus dem Jahre 1987 (!) ausdrücklich klar stellte, die Ehre sei nicht mehr „ausschließliches Gut einer bestimmten sozialen Klasse", sondern stehe allen Menschen zu.[476]

1. Ursprünglicher Schutz der Ehre

Der spanische *Código Civil* von 1889 enthält - wie das deutsche BGB - keine ausdrückliche Bestimmung, die den Schutz der persönlichen Ehre zum Gegenstand hat.[477] Die *Fueros de los Españoles* vom 17.07.1945 erwähnten zum ersten Mal in einem Gesetz das „Recht auf Respekt der familiären und persönlichen Ehre" (Art. 4). Die *Fueros* waren aber keine unmittelbar anwendbaren Gesetze, sondern stellten lediglich Rechtsprinzipien dar, so dass dieser Schutz nicht sehr effizient war.[478] Erst das *Ley de Prensa e Imprenta* (Gesetz über Presse und Druckerzeugnisse) von 1966 begrenzte die Meinungs- und Pressefreiheit durch den Schutz der Privatheit und der persönlichen und familiären Ehre.

---

471 *Concepción Rodríguez*, S. 15.
472 *Crevillén Sánchez*, S. 27; *Concepción Rodríguez*, S. 17.
473 Zit. nach: *Crevillén Sánchez*, S. 28.
474 *Crevillén Sánchez*, S. 27.
475 *Pérez Royo*, S. 390.
476 STC 120/1987de 10 de Julio 1987.
477 *Concepción Rodríguez*, S. 17.
478 *Herrero-Tejedor*, Honor, Intimidad e Imagen, S. 143.

Ansonsten übernahm hauptsächlich die Rechtsprechung den zivilrechtlichen Ehrenschutz unter Anwendung der schadensersatzrechtlichen Generalklausel des Art. 1902 C.C. („*alterum non laedere*"), im Übrigen aber vor allem das Strafrecht. Die Tatsache, dass das Rechtsgut der Ehre im Strafrecht bekannt war, erleichterte es dabei den Zivilgerichten, bei Ehrverletzungen einen Schadensersatz nach Art. 1902 CC anzunehmen, indem sie Ehrverletzungen unter den dort vorausgesetzten „Schaden" subsumierten.

Der erste Fall, in dem sich der *Tribunal Supremo* mit einer Ehrverletzung in den Medien auseinander setzen musste, stammt aus dem Jahre 1912.[479] Dieser Präzedenzfall schrieb im spanischen Recht Geschichte und bildete für die nachfolgende Rechtswissenschaft in Literatur und Rechtsprechung in zweierlei Hinsicht die Basis: Es wurde nicht nur zum ersten Mal das Recht auf Ehre zivilrechtlich anerkannt, sondern auch die Existenz immaterieller Schäden, des *daño moral*:[480] In der Zeitung „*El Liberal*" in *Murcia* erschien am 21.09.1910 eine Nachricht unter der Titelzeile „Mönch, Entführer und Selbstmörder".[481] In diesem Artikel wurde über den stellvertretenden Abt eines Kapuzinerklosters berichtet, er sei mit einer minderjährigen Frau aus dem Kloster geflohen, nachdem er drei Monate zuvor mit ihr „skandalösen" Nachwuchs hatte. Er sei von ihrem Onkel mit ihr aufgegriffen worden und habe sich dann selbst getötet. Kurze Zeit später erschien in derselben Zeitung unter der Überschrift: „*Una falsedad*" - also: „Falschmeldung" - die Nachricht, dass die verbreiteten Informationen nicht stimmten. Der Vater der Minderjährigen forderte schließlich als ihr gesetzlicher Vertreter von der Zeitung Schadensersatz in Höhe von 150.000 Peseten wegen der Verletzung der Ehre seiner Tochter. Der *Tribunal Supremo* entschied hier, dass „das Ansehen, die Ehre und der gute Ruf soziale Güter sind, deren Beschädigung, gerade bei einer jungen Frau, einer der größten vorstellbaren Schäden ist, wenn er die völlige Beraubung der persönlichen, familiären und sozialen Würde bedeutet". Mit diesem Urteil wurde eine Ehrverletzung als Schaden im Sinne des Art. 1902 C.C. angesehen und damit die zivilrechtliche Haftung nach dieser Vorschrift bejaht.

In weiteren Entscheidungen folgte der *Tribunal Supremo* dieser Rechtsprechung zum zivilrechtlichen Ehrenschutz aus Art. 1902 C.C. Es finden sich beispielsweise Entscheidungen zur Verletzung der Berufsehre eines Arztes[482] und der Geschäftsehre von Kaufleuten.[483] Danach seien „Kredit und die Entwicklung

---

479 STS de 06 de Diciembre 1912; Sachverhalt nach: *Herrero-Tejedor*, Honor, Intimidad e Imagen, S. 144 und *Concepción Rodríguez*, S. 18.

480 *O'Callaghan*, AC 1990, S. 1.

481 „*Fraile, raptor y suicida*", zit. nach: *Herrero-Tejedor*, Honor, Intimidad e Imagen, S. 144.

482 STS de 14 de Diciembre 1917.

483 STS de 31 de Marzo 1930; STS de 19 de Mayo 1934.

seines Geschäfts für einen Geschäftsmann ebenso wichtig für sein Leben wie für den Menschen die Ehre".[484]

Die Ehre wurde schließlich im Jahre 1978 in Art. 18.1 der *Constitución Española* als Grundrecht aufgenommen.

2. Erscheinungsformen, Konzept und Schutzbereich

Die Ehre des Menschen stellt ein *derecho de la personalidad* dar, was der *Tribunal Supremo* bereits im Jahre 1962 lange vor In-Kraft-Treten der *Constitución Española* klar stellte.[485] Die Erscheinungsformen der Ehre und ihr Umfang sind zunächst schwer zu bestimmen. Dies liegt auf der Hand, da die Ehre sich nicht wie materielle Gegenstände an bestimmten Äußerlichkeiten festlegen lässt. Nach der Rechtsprechung des *Tribunal Supremo* tritt sie in Form von bürgerlicher („*honor civil*"), geschäftlicher („*honor comercial*"), wissenschaftlicher („*honor científico*"), literarischer („*honor literario*"), künstlerischer („*honor artístico*") und beruflicher Ehre („*honor profesional*") auf, wobei diese Aufzählung nicht abschließend sein soll.[486] Der weite Erscheinungsbereich der Ehre hängt - so die Rechtsprechung - damit zusammen, dass sie in „sämtlichen Äußerungen über die Einschätzung einer Person berührt wird". Als *derecho de la personalidad* besitze jeder Mensch ein Recht auf persönliche Ehre, die sich aus „ethischen Prinzipien und sozialen Einschätzungen" zusammensetze.[487] Sie sei bei einer Beeinträchtigung dieser Respektssphäre verletzt, ohne dass es auf ein legitimes Interesse des Verletzers ankomme. Am Rande sei bemerkt, dass juristische Personen nach der Rechtsprechung des *Tribunal Supremo* ebenfalls ein Recht auf Ehre haben können.[488]

Nicht ganz eindeutig ist neben der Frage, in welchen Erscheinungsformen sich die Ehre äußert, auch, wie sie zu definieren ist. Wegen ihrer Natur als immateriellem Gut fällt eine Definition typischerweise schwer. Die spanische Rechtswissenschaft unternimmt viele Versuche, dieses Persönlichkeitsrecht näher zu charakterisieren. Dies führt aber teilweise auch zur Resignation: Ein Autor sieht die juristische oder soziologische Konstruktion der Ehre in einem „Chaos falscher oder undurchsichtiger Vorstellungen" verloren.[489] Es werden in der spanischen Literatur insbesondere zwei verschiedene Ansätze bemüht, die sich allerdings nur im Detail unterscheiden.

Einerseits wird die Ehre als Ausdruck und Kennzeichen der verschiedenen Charaktereigenschaften und Fähigkeiten des Menschen verstanden, die ihn selbst und den Rest der Gemeinschaft betreffen. Die Ehre hat danach zwei Seiten: eine

---

484 STS de 31 de Marzo 1930; STS de 19 de Mayo 1934.

485 STS de 07 de Febrero 1962; STS de 17 de Enero 1977; *Concepción Rodríguez*, S. 32.

486 STS de 07 de Febrero 1962.

487 STS de 17 de Enero 1977.

488 STS de 09 de Octubre 1997.

489 *Concepción Rodríguez*, S. 30.

objektive und eine subjektive. Die objektive Seite der Ehre besteht in dem guten Ruf einer Person, in ihrem guten Name oder in dem Ansehen, das sie genießt. Die subjektive Seite der Ehre meint das Gefühl der Person, das sie sich selbst gegenüber bezüglich ihrer Wertschätzung hat, also ihr Selbstwertgefühl.[490] Dem scheint sich die Rechtsprechung in einigen Urteilen anzuschließen, indem von der „Ehre als persönlicher Würde, die in der Meinung Anderer und im eigenen Bewusstsein wiedergespiegelt werde",[491] die Rede ist. Auch in neueren Entscheidungen hat sich der *Tribunal Supremo* wiederholt unter Hinweis auf seine bisherige „stetige" Rechtsprechung diesem Konzept angeschlossen.[492] Im deutschen Recht ist dies ebenfalls unter den Begriffen der inneren und äußeren Ehre bekannt. Diesem Definitionsansatz kann man vorwerfen, dass danach in manchen praktischen Fällen eine Ehrverletzung verneint werden muss, obwohl die Würde einer Person verletzt ist. Dies erklärt sich damit, dass das Ansehen einer Person in den Augen Anderer ungerechtfertigt hoch oder niedrig sein kann. Danach können bestimmte Schichten der Bevölkerung, die in der Öffentlichkeit wenig Ansehen genießen, überhaupt nicht in ihrer Ehre verletzt werden, da sie in den Augen der Allgemeinheit keine Ehre besitzen. Dies führt aber zu dem problematischen Ergebnis, dass ihnen die Ehre generell aberkannt wird.

Um dieses Ergebnis zu vermeiden, stellen Andere daher verstärkt auf die Menschenwürde ab, als dessen Teil sie die Ehre ansehen. Diese beinhalte das Recht, von den anderen Menschen respektiert und nicht vor sich selbst und anderen verspottet oder gedemütigt zu werden.[493] Im Unterschied zur zuvor genannten Definition legt diese Ansicht mehr Wert auf die Betonung der Menschenwürde als Ursprung der Ehre. Auch dieser Ansicht neigt der *Tribunal Supremo* in einigen Entscheidungen Ende der 1980-er Jahre zu. Er definiert die Ehre darin - ebenso wie die eben zitierte Literatur - als „von der Menschenwürde abgeleitetes Recht, nicht vor sich selbst oder anderen verspottet oder gedemütigt zu werden".[494]

Die Rechtsprechung des *Tribunal Supremo* scheint hier keine klare Linie zu verfolgen, da sie in verschiedenen Urteilen verschiedene Konzepte der Ehre bemüht. Letztlich kann eine genaue Festlegung auf ein bestimmtes Konzept oder eine bestimmte Definition der Ehre dahin stehen. In beiden Definitionen spielt der Gedanke eines objektiven und eines subjektiven Aspekts eine Rolle. Die Befürchtungen, Personen werde der Ehrenschutz versagt, weil sie einer gesell-

---

[490] *Estrada Alonso*, S. 25 f; *Concepción Rodríguez*, S. 28, S. 31.

[491] STS vom23 de Marzo 1987.

[492] STS de 18 de Noviembre 1992; STS de 27 de Enero 1993; STS de 04 de Febrero 1993; STS de 23 de Marzo 1993; STS de 12 de Mayo 2000.

[493] *Bajo Fernández*, S. 98, zit. nach: *Concepción Rodríguez*, S. 31 und nach *Estrada Alonso*, S. 27.

[494] STS de 23 de Febrero 1989; STS de 24 de Abril 1989; STS de 12 de Marzo 1989; STS de 11 de Junio 1989:

schaftlich schlecht angesehenen Schicht angehören, sind wohl nur theoretischer Natur.

Der Schutzbereich der Ehre wurde seit In-Kraft-Treten der *Constitución Española* im Jahre 1978 von den Gerichten in einer weiten Kasuistik festgelegt, auf die im Folgenden einzugehen sein wird. Es bestand dazu reichlich Gelegenheit, da Prozesse, die Ehrverletzungen zum Gegenstand haben, im Vergleich zu den anderen besonderen Persönlichkeitsrechten in Spanien den größten Raum einnehmen. Dabei geht es sowohl um zivilrechtliche Streitigkeiten im Zusammenhang mit dem L.O. 1/1982 als auch um verfassungsrechtliche Klagen. Bei letzteren spielt regelmäßig der auch im deutschen Recht bekannte Grundrechtskonflikt zwischen der Ehre einerseits und der Meinungs- bzw. Pressefreiheit andererseits die entscheidende Rolle. In der Anzahl verfassungsgerichtlicher Streitigkeiten folgen dann Prozesse um das besondere Persönlichkeitsrecht der Privatheit. Verfassungsrechtliche Entscheidungen zum Recht am eigenen Bild finden sich nur vereinzelt.[495]

3. Verfassungsrechtlicher Konflikt zwischen Informations-/ Meinungsfreiheit und Ehre

In der spanischen Verfassung ist die Ehre in Art. 18.1 C.E. grundrechtlich garantiert. Gleichzeitig bestimmt Art. 20.4 C.E. sie als Grenze der Meinungsfreiheit und der „Freiheit, andere zu informieren" - also der Pressefreiheit. Meinungs- und Informationsfreiheit sind ihrerseits in Art. 20.1 C.E. mit verfassungsrechtlichen Garantien versehen.[496]

Der hier entstehende Grundrechtskonflikt zwischen der Informations- und Meinungsfreiheit aus Art. 20.1 C.E. und der in Art. 18.1 C.E. geschützten Ehre wurde vom höchsten spanischen Verfassungsgericht, dem *Tribunal Constitucional*, in der Vergangenheit unterschiedlich gelöst.[497] Seine Entscheidungen sind in drei Phasen einzuteilen:[498]

a) Frühere Rechtsprechung: Ausschließlichkeitsgrundsatz („régimen de exclusión")

In seiner früheren Rechtsprechung sah der *Tribunal Constitucional* stets einen Vorrang der Ehre gegenüber dem Grundrecht auf Informations- und Meinungsfreiheit.[499] Er folgte damit einem Ausschließlichkeitsgrundsatz („*régimen de exclusión*"): Sobald die Ehre einer Person betroffen war, war die Berufung auf

---

[495] Dies hängt wohl damit zusammen, dass das *derecho a la propia imagen* in Spanien nur in ideeller Hinsicht verfassungsrechtlich geschützt ist. Der kommerzielle Aspekt dieses Persönlichkeitsrechts unterfällt nicht dem Schutzbereich des Art. 18.1 C.E, dazu bereits oben: 1. Teil: B.II.2.

[496] Dazu siehe oben: 1. Teil: B.II.

[497] Prüfungsschema: siehe: *Herrero-Tejedor*, Honor, Intimidad e Imagen, S. 130 f.

[498] *Herrero-Tejedor*, Honor, Intimidad e Imagen, S. 111 ff.

[499] *Concepción Rodríguez*, S. 215.

die Ausübung der Informations- und Meinungsfreiheit ausgeschlossen. Dieses Übergewicht auf Seiten der in Art. 18.1 C.E. geschützten Grundrechte wurde mit dem Wortlaut des Art. 20.4 C.E. begründet.[500] In dieser Vorschrift sind die drei Persönlichkeitsrechte als Grenze der Freiheitsgrundrechte angeführt und nicht umgekehrt: „Die Freiheitsgrundrechte (Anm.: Meinungs- und Informationsfreiheit, Art. 20.1 C.E.) sind insbesondere durch das Recht auf Ehre, auf Privatheit und das Recht am eigenen Bild beschränkt“. Aus dieser Formulierung der Verfassung wurde der Schluss gezogen, die Ehre sei den Freiheitsrechten stets vorrangig. Man wählte zunächst also eine strenge Auslegung anhand des Wortlautes.[501] Ein weiterer Grund für diese Rechtsprechung wird auch in der mangelnden Rezeption der damals noch neuen und unbekannten Verfassung gesehen. Die Rechtsprechung habe einfach die vorherige Rechtslage angewendet, die bei strafrechtlichen Auseinandersetzungen um Ehrverletzungen stets ein Übergewicht auf Seiten der Ehre annahm.[502]

b) **Rechtsprechungsänderung: Abwägung im Einzelfall („necesaria ponderación“)**

Die Rechtsprechung des *Tribunal Constitucional* zum beschriebenen Grundrechtskonflikt änderte sich mit der Entscheidung STC 104/1986, wodurch mit dem bis dahin herrschenden *régimen de exclusión* gebrochen wurde:

„Kritik als Ausdruck von Meinungs- und Informationsfreiheit bedeutet nicht immer eine rechtswidrige Beeinträchtigung der Ehre des Kritisierten, auch wenn sie schwer erträgliche („*agrias*“), harsche („*desabridas*“) oder anstößige Ausdrucksweisen beinhaltet.“ Der *Tribunal Constitucional* führt aus, der „Konflikt zwischen Meinungsfreiheit und Ehre (sei) ein Konflikt zwischen Grundrechten, bei dem nicht immer der Ehrenschutz Vorrang“ habe, sondern „beide Rechte im Einzelfall gegeneinander abgewogen“ werden müssen. „Das Recht auf Informations- und Meinungsfreiheit ist nicht nur ein individuelles Grundrecht, sondern bedeutet auch die Garantie einer politischen Grundfunktion, nämlich der freien öffentlichen Meinung. Diese ist ein Grundwert und für einen demokratischen Staat unerlässlich“. Durch die Vorgabe, kollidierende Grundrechte im Einzelfall gegeneinander abzuwägen, wird in diesem Urteil das deutsche Grundrechtsverständnis zu Art. 5 Abs. 1 GG (Lüth) deutlich und kann als Hintergrund der Rechtsprechungsänderung angesehen werden. Das aus dem amerikanischen Recht bekannte *balancing*, also eine Abwägung zwischen widerstreitenden Interessen, spielte hier ebenfalls eine große Rolle.[503]

In diesem Einzelfall musste in die Abwägung der „eigentliche Inhalt des betreffenden Zeitungsartikels, die größere oder geringere Intensität der Sätze, der hu-

---

[500] STS de 22 de Diciembre 1984.

[501] *Herrero-Tejedor*, Honor, Intimidad e Imagen, S. 112.

[502] *Herrero-Tejedor*, Honor, Intimidad e Imagen, S. 112.

[503] *Herrero-Tejedor*, Honor, Intimidad e Imagen, S. 117 f.

moristische Ton und die Tatsache, ob mehr in intime oder private Angelegenheiten eingegriffen wird oder mehr in einen Bereich, der mit der Stellung des Betroffenen in der Öffentlichkeit zusammenhängt", einfließen. Außerdem müsse von den Gerichten bei der Abwägung die Auswirkung der Kritik auf die Bildung der öffentlichen Meinung sowie das Vorhandensein eines Beleidigungsvorsatzes („*animus iniurandi*") bedacht werden.[504] Nach dieser Rechtsprechung stehen die widerstreitenden Interessen damit gleichrangig auf einer Stufe, ohne dass sie einem Recht ein grundsätzliches Übergewicht einräumt.

c) **Heutige Rechtsprechung: Vorrang der Informations- und Meinungsfreiheit („régimen de concurrencia normativa")**

Kurz nach diesem Urteil ist die Rechtsprechung des *Tribunal Constitucional* in eine dritte Phase getreten, die - soweit ersichtlich - bis heute gilt. Sie modifiziert die im Einzelfall gebotene Abwägung zwischen gleichwertigen Grundrechten darin zugunsten eines grundsätzlichen Übergewichtes der Meinungs- und Informationsfreiheit („*régimen de concurrencia normativa*").[505]
Im Einzelnen ist danach bei der verfassungsrechtlichen Beurteilung des bezeichneten Grundrechtskonflikts zwischen Beeinträchtigungen der persönlichen Ehre aufgrund von Tatsachenbehauptungen (Art. 20.1d C.E.) und solchen durch Meinungsäußerungen (Art. 20.1a C.E.) zu unterscheiden. Der Unterschied liegt in der Beweisbarkeit, die nur bei Tatsachenbehauptungen, also im Bereich der grundrechtlich geschützten Informationsfreiheit, gegeben ist. Meinungen, Überzeugungen oder Werturteile können nicht Gegenstand eines Beweises sein und sind im Konflikt mit der persönlichen Ehre damit anders als Tatsachenbehauptungen zu beurteilen.[506] Diese Abgrenzung vollzieht sich damit nach den gleichen Kriterien wie im deutschen Recht.

(1) **Informationsfreiheit/Tatsachenbehauptungen**

Nach dieser Rechtsprechung liegt ein grundsätzliches Übergewicht der Informationsfreiheit bei Ehrbeeinträchtigungen durch Tatsachenbehauptungen unter folgenden Voraussetzungen vor: Zunächst muss die Informationsfreiheit „im Rahmen der Verfassung ausgeübt" werden.[507] Dies bedeutet, dass die Behauptung falscher Tatsachen schon gar nicht unter den Schutz des Art. 20.1d C.E. fällt und dieses Grundrecht somit überhaupt nicht zugunsten des Verletzers eingreifen kann. Selbst wenn sich nachträglich die Unwahrheit der verbreiteten Informationen herausstellt, ist die Veröffentlichung rechtmäßig, wenn sie nach den Regeln journalistischer Kunst überprüft worden sind. Ansonsten liefe es darauf hinaus, dass die Medien gar nichts verbreiten dürften, um sicherzugehen, keine Un-

[504] STC 104/1986 de 17 de Julio 1986.
[505] STC 159/1986 de 12 de Diciembre 1986.
[506] STC 107/1988 de 08 de Junio 1988.
[507] STC 159/1986 de 12 de Diciembre 1986.

wahrheiten zu veröffentlichen. Die erforderliche journalistische Sorgfalt schließt natürlich das Erfinden von „Geschichten, Gerüchte und Hinterlistigkeiten" aus.[508] Die Anforderungen an die Überprüfung der Information auf ihren Wahrheitsgehalt wachsen mit der Intensität der drohenden Verletzung der *derechos de la personalidad*.[509] Auch hier ist eine Parallele zur im deutschen Recht bekannten „Wahrnehmung berechtigter Interessen" eindeutig zu erkennen.
Erst wenn von der Informationsfreiheit verfassungsmäßig Gebrauch gemacht wurde, kann es zu einer Abwägung im Einzelfall kommen. Dabei überwiegt die Informationsfreiheit grundsätzlich gegenüber den *derechos de la personalidad*, also auch gegenüber der Ehre, wenn an der wahrhaftigen Information („*veracidad*") ein allgemeines Interesse besteht.[510]
Auf das Grundrecht der Informationsfreiheit kann sich nicht berufen, wer Tatsachen aus dem privaten Bereich einer Person verbreitet: „Da die Informationsfreiheit allein dazu dient, die öffentliche Meinung zu bilden, die Bürger mit notwendigen Informationen zu versorgen und die Ausübung öffentlicher Ämter zu kontrollieren, kann dieses Ziel bei der Verbreitung privater Angelegenheiten nicht erreicht werden."[511] Ferner darf die Ausübung der Informationsfreiheit nicht zur Verletzung des Kerns eines anderen Grundrechts führen: „Die Freiheitsrechte - Anm.: hier also die Informationsfreiheit - müssen restriktiv und im Sinne der eingeschränkten Norm ausgelegt werden, so dass dieser immer ein fester Kern erhalten bleibt."[512] Hier wird erneut eine Parallele zum deutschen Verfassungsrecht, insbesondere zur Wechselwirkungslehre deutlich.
Auch in anderen Ausnahmefällen kann selbst bei wahren Tatsachenbehauptungen der Schutz der Ehre höher zu gewichten sein, als der der Informationsfreiheit. Dies betrifft die Konstellation, in der die Informationen nicht zur Meinungsbildung beitragen, sondern lediglich beleidigend sind.[513] Diese Lösung des Konflikts zwischen den beiden kollidierenden Grundrechten entspricht damit weitestgehend der Praxis des BVerfG im deutschen Recht. Auch hier genießen falsche Tatsachenbehauptungen und Formalbeleidigungen nicht den grundrechtlichen Schutz der Meinungsfreiheit.
Im Ergebnis ergeben sich daher im Grundrechtskonflikt zwischen Tatsachenbehauptungen und der persönlichen Ehre keine Unterschiede zwischen dem spanischen und dem deutschen Recht.

---

508 STC 105/1990 de 06 de Junio 1990.
509 STC 240/1992 de 21 de Diciembre 1992.
510 STC 171/1990 de 12 de Noviembre 1990.
511 STC 159/1986 de 12 de Diciembre 1986.
512 STC 159/1986 de 12 de Diciembre 1986.
513 STC 104/1986 de 17 de Julio 1986.

(2) **Meinungsfreiheit/Meinungsäußerungen**

Von Tatsachenbehauptungen sind Meinungsäußerungen zu unterscheiden, da letztere nicht am Kriterium der Beweisbarkeit gemessen werden und damit nicht in die Kategorien wahr und unwahr unterteilt werden können. Im Konflikt zwischen der Meinungsfreiheit und der Ehre überwiegt in der Regel die Meinungsfreiheit. Hier kommt es aber auch wieder auf den Beitrag der Meinungsäußerung zur öffentlichen Meinungsbildung an. Die Ehre überwiegt gegenüber der Meinungsfreiheit damit ausnahmsweise in den Fällen, in denen die Äußerungen nur zum Zwecke der Diffamierung oder der Beleidigung gemacht werden, da sie ohne allgemeines Interesse sind und nichts zur Meinungsbildung beitragen, somit überflüssig sind.[514] Diese Lösung des Grundrechtskonflikts entspricht ebenfalls der im deutschen Recht, wo die persönliche Ehre bei Schmähkritik gegenüber der Meinungsfreiheit ebenfalls Vorrang hat.

(3) **Personas públicas**

Darüber hinaus ist zu beachten, dass im spanischen Recht Unterschiede hinsichtlich der verletzten Person gemacht werden. In seiner Rechtsprechung unterscheidet der *Tribunal Constitucional* zwischen Personen, die in der Öffentlichkeit stehen („*personas públicas*") und privaten Personen („*personas privadas*"). *Personas públicas* müssen danach mehr Kritik dulden als Privatpersonen, da sie - durch ihr öffentliches Amt bedingt - in der politischen Diskussion stehen. Sie tragen damit aufgrund eines allgemeinen Informationsinteresses das Risiko stärkerer Ehrbeeinträchtigungen. Der eingeschränkte Schutz begründet sich aus der Überlegung, dass *personas públicas* freiwillig besagtes Risiko auf sich genommen haben.[515] Da sie dieses Risiko aber nur im Interesse des politischen Pluralismus und der Funktionsfähigkeit der Demokratie zu tragen haben, ist auch hier ein öffentliches Interesse an den verbreiteten Informationen und Meinungen notwendig.[516] Auf die *personas públicas* wird später vor allem im Bereich des Rechts am eigenen Bild wieder zurück zukommen sein, da sich in Art. 8.2 eine spezielle Regelung für sie findet.[517]

4. **Schutz der Ehre nach dem L.O. 1/1982**

Das L.O. 1/1982 schützt die Ehre zivilrechtlich. Eine Verletzung dieses Persönlichkeitsrechts liegt danach vor, wenn der Schutzbereich der Ehre betroffen ist, der Tatbestand einer *intromisión ilegítima* nach Art. 7.7 erfüllt ist und die Widerrechtlichkeit einer Beeinträchtigung nicht ausnahmsweise entfällt, z.B. durch die Einwilligung des Betroffenen oder einen anderen im L.O. 1/1982 vorgesehe-

---

514 STC 107/1988 de 08 de Junio 1988; STC de 22 de Mayo 1995.

515 St. Rechtprechung seit: STC 165/87 de 27 de Octubre 1987; STC 107/1988 de 08 de Junio 1988.

516 STC 107/1988 de 08 de Junio 1988.

517 Dazu ausführlich: 1. Teil: E.III.3.b)(3)(a).

nen Grund. Allerdings ist festzustellen, dass die Gerichte in der Praxis oftmals von dieser Struktur der vermeintlichen Indizierung der Rechtswidrigkeit abweichen.

a) Schutzbereich, Art. 2.1 L.O. 1/1982

Wie oben gezeigt, bestehen große Schwierigkeiten, den Schutzbereich der Ehre zu definieren und festzulegen. Im Rahmen des Ehrenschutzes durch das L.O. 1/1982 ist eine solche Festlegung von den Gerichten aber vorzunehmen, wenn sie beurteilen müssen, ob eine *intromisión ilegítima* vorliegt oder nicht.
Art. 2.1 beinhaltet zunächst eine generelle Regelung für den Schutz der betroffenen Rechte, die für alle *derechos de la personalidad* gelten, nicht nur für die Ehre:

1. Der zivilrechtliche Schutz der Ehre, des Rechts auf persönliche und familiäre Privatheit, sowie der Schutz des Rechts am eigenen Bild wird durch die Gesetze und gesellschaftlich üblichen Gebräuche bestimmt. Auch findet der Bereich Berücksichtigung, den sich jede Person durch ihre eigenen Handlungen für sich selbst oder ihre Familie als zurückgezogen vorbehält.	*1. La protección civil del honor, de la intimidad y de la propia imagen quedará delimitada por las Leyes y por los usos sociales atendiendo al ámbito que, por sus propios actos, mantenga cada persona reservado para sí misma o su familia.*

Nach Art. 2.1 ist somit im Einzelfall zu bestimmen, ob der Schutzbereich eines der *derechos de la personalidad* betroffen ist. Dies entspricht dem Willen des Gesetzgebers, der in den Motiven des Gesetzes ausdrücklich festlegt, dass sich außer den gesetzlich vorgesehenen („*Leyes*") noch andere Beschränkungen der Persönlichkeitsrechte ergeben können. Der Gesetzgeber hält es für vernünftig („*razonable*"), dass sich der Schutzbereich der drei Persönlichkeitsrechte durch die in der jeweiligen Zeit herrschenden Ansichten bestimmt. Daneben soll die Auffassung, die jede Person selbst hinsichtlich ihrer Persönlichkeitsrechte hat und die sich in ihrem Verhalten äußert, in die Bestimmung der Reichweite des Schutzbereiches dieser Rechte herangezogen werden. Die Gerichte sollen diese Kriterien also dazu benutzen, den Schutzbereich der Persönlichkeitsrechte je nach Zeit und Person zu bestimmen.[518] Diese Beschränkungen der Schutzberei-

[518] Motive zum L.O. 1/1982: „*En el artículo segundo se regula el ámbito de protección de los derechos a que se refiere. Además de la delimitación que pueda resultar de las leyes, se estima razonable admitir que en lo no previsto por ellas la esfera del Honor, de la*

che der *derechos de la personalidad* - also Gesetze, Gebräuche und das eigene Verhalten - gelten für alle drei Persönlichkeitsrechte, nicht nur für die Ehre.
Die Beschränkungen sind unter verschiedenen Gesichtspunkten zu beanstanden, wie im Folgenden zu zeigen sein wird. Die in der Literatur vertretene Aussage, Art. 2.1 sei ein „klares Beispiel dafür, wie man kein Gesetz machen sollte",[519] führt allerdings trotz der zahlreichen Mängel zu weit.

(1) **Gesetze, Art. 2.1 L.O. 1/1982 („Leyes")**

Zunächst kann durch „*Leyes*", also Gesetze, eine Beschränkung des Schutzbereichs der Persönlichkeitsrechte - hier: der persönlichen Ehre - gerechtfertigt sein. Als ein solches Gesetz wird in erster Linie das L.O. 1/1982 selbst und insbesondere seine Art. 7 und 8 verstanden, nach denen gewisse Persönlichkeitsrechtsbeeinträchtigungen vom Betroffenen hinzunehmen sind.
Allerdings ist die Formulierung des Art. 2.1 in dieser Beziehung zu ungenau. Der Begriff der *Leyes* ist zu unbestimmt.[520] Richtigerweise muss sich diese Formulierung in Art. 2.1 ausschließlich auf *Leyes orgánicas* im Unterschied zu *Leyes ordinarias* beziehen, da nach Art. 81.1 C.E. nur durch erst genannte Gesetze Grundrechte eingeschränkt werden dürfen. Bezüglich der in Art. 2.1 genannten *Leyes* ist daher eine restriktive Auslegung angebracht, so dass nur durch *Leyes orgánicas* die grundrechtlich geschützten Persönlichkeitsrechte aus Art. 18.1 C.E. beschränkt werden können. Es treten bereits an dieser Stelle Ungenauigkeiten in der Formulierung des L.O. 1/1982 auf, die im gesamten Gesetz zu beobachten sein werden.

(2) **Gesetzliche Ermächtigung, Art. 2.2 L.O. 1/1982 ("expresamente autorizada por Ley")**

Der Schutzbereich der drei besonderen Persönlichkeitsrechte kann weiterhin durch eine ausdrückliche gesetzliche Ermächtigung nach Art. 2.2 („*expresamente autorizada por ley*") eingeschränkt werden. Ein Beispiel für einen gesetzlich gerechtfertigten Fall können z.B. die Tatbestände des Art. 8 bieten, die bestimmte Ausnahmen von der Widerrechtlichkeit einer *intromisión ilegítima* beinhalten. Ein weiteres von vielen Beispielen ist Art. 578 L.E.C. (Zivilprozessordnung), der den Gebrauch privater Aufzeichnungen als Beweismittel erlaubt und damit in das besondere Persönlichkeitsrecht der Privatheit eingreift.[521] Darüber hinaus

---

Intimidad Personal y Familiar y del uso de la Imagen esté determinada de manera decisiva por las ideas que prevalezcan en cada momento en la Sociedad y por el propio concepto que cada persona según sus actos propios mantenga al respecto y determine sus pautas de comportamiento. De esta forma la cuestión se resuelve en la Ley en términos que permiten al juzgador la prudente determinación de la esfera de protección en función de datos variables según los tiempos y las personas."

519 *Clavería Gosálbez*, ADC 1983, S. 1250.

520 *Azurmendi Adarraga*, S. 200.

521 Zu weiteren gesetzlichen Einschränkungen der Privatheit siehe: 1. Teil: E.II.7.

stellt Art. 2.2 dem Gesetzgeber die Möglichkeit zur Verfügung, jederzeit Rechtsgrundlagen zu schaffen, um in die Persönlichkeitsrechte einzugreifen, ohne die Vorschriften des L.O. 1/1982 zu verletzen. Allerdings ist hier eine größere Relevanz im Zusammenhang mit Ehrverletzungen nicht zu erkennen.

(3) Gesellschaftlich übliche Gebräuche, Art. 2.1 L.O. 1/1982 („usos sociales")

Eine weitere Beschränkung des Schutzbereichs der *derechos de la personalidad* - insbesondere der Ehre - bilden nach Art. 2.1 die „gesellschaftlich üblichen Gebräuche" („*usos sociales*"), also die Verkehrssitte. Nach den oben zitierten Motiven zu dem Gesetz äußern sich die *usos sociales* in den „jeweiligen Vorstellungen, die in der Gesellschaft zu der jeweiligen Zeit vorherrschen". Gerade im Bereich des Ehrenschutzes muss sich die Rechtsprechung häufig mit den *usos sociales* auseinander setzen. Der *Tribunal Supremo* hatte beispielsweise mehrmals die Frage zu klären, ob sich bestimmte Kritik noch innerhalb der gesellschaftlich üblichen Verhältnisse bewegte oder ob sie die Grenze zur Ehrverletzung überschritten hatte.[522] Die Relevanz der *usos sociales* ist damit im Bereich des Ehrenschutzes besonders hoch. Bei den anderen Persönlichkeitsrechten spielen sie dagegen in der Praxis lediglich eine eher untergeordnete Rolle.
In der spanischen Literatur fällt das Echo auf die Beschränkung der Persönlichkeitsrechte durch die *usos sociales* unterschiedlich aus:

(a) Rechtsunsicherheit und Aushöhlung des Persönlichkeitsschutzes als Folge?

Die Bezugnahme auf die *usos sociales* wird unter mehreren Gesichtspunkten beanstandet. Der Kritikpunkt, diese Formulierung sei zu unbestimmt und führe deshalb zu Rechtsunsicherheit, da sich die gesellschaftlich üblichen Gebräuche immer ändern,[523] erscheint aber wenig überzeugend: Zwar kann man sich im Vorhinein nicht sicher sein, was die Gerichte als *usos sociales* ansehen. Diese Schwierigkeit besteht aber bei allen abstrakten Regelungen. Die von den Kritikern befürchteten Folgen in Form von Ungerechtigkeiten aufgrund unterschiedlicher Auslegung dieses Begriffs und damit von Fall zu Fall abweichendem Schutz,[524] sind nicht nur für das vorliegende Gesetz, sondern für alle abstrakten Regelungen zutreffend. Diese Kritik überzeugt daher nicht.
Berechtigterweise ist aber kritisch darauf hinzuweisen, dass der Gesetzgeber durch diese Bestimmung die Gebräuche als Rechtsquelle in die spanische Rechtsordnung einführt, was unter verfassungsrechtlichen Grundsätzen proble-

---

[522] STS de 04 de Noviembre 1986; STS de 23 de Julio 1990.

[523] *Gitrama González*, S. 212 f.; *Carrillo*, CDJ 1993, S. 81, beide zit. nach: *Rovira Sueiro*, Responsabilidad civil, S. 130.

[524] *Clavería Gosálbez*, ADC 1983, S. 1250 f.

matisch ist.[525] Nach Art. 81.1 C.E. kann nämlich in Grundrechte nur aufgrund von *Leyes orgánicas* eingegriffen werden. An dieser Stelle lässt das L.O. 1/1982 aber einen Eingriff aufgrund schlichter Gebräuche zu. Ob dies schon zur Verfassungswidrigkeit dieser Bestimmung führt - wie teilweise angenommen wird[526] - ist aber vorsichtig zu beurteilen. Ein verfassungskonformer restriktiver Gebrauch der Einschränkung des Persönlichkeitsschutzes durch die *usos sociales* erscheint hier aber in jedem Fall angebracht.
Ein weiteres Problem der Einbeziehung der *usos sociales* wird darin gesehen, dass *intromisiones ilegítimas* gerechtfertigt sein können, wenn Beobachtungen des Privatlebens und andere Verletzungen von Persönlichkeitsrechten irgendwann üblich werden und somit zu den *usos sociales* zählen.[527] Zum Beispiel ließe sich die mittlerweile übliche kommerzielle Ausnutzung der *derechos de la personalidad* auf diese Weise rechtfertigen, so dass der Schutz der Persönlichkeitsrechte ausgehöhlt werde.
Die Rechtsprechung hat mehrere der angesprochenen Probleme ebenfalls erkannt. Sie hat bereits in einem der ersten Urteile zum L.O. 1/1982 den Grundsatz aufgestellt, die Berufung auf die *usos sociales* könne niemals dazu führen, dass die in Art. 18.1 C.E. geschützten Rechte in ihrem Kern verletzt werden.[528] Dem Einwand der Aushöhlung eines wirksamen Persönlichkeitsschutzes tritt die Rechtsprechung damit überzeugend entgegen.

(b) **Ausdruck eines allgemeinen Grundsatzes?**

Andere hingegen verteidigen die Bezugnahme des Gesetzes auf die *usos sociales* gegen die eben zitierte Kritik:
Teilweise sehen sie darin lediglich eine Konkretisierung und Weiterentwicklung des in Art. 3.1 C.C. niedergelegten allgemeinen Grundsatzes, Gesetze u.a. „unter Berücksichtigung der sozialen Wirklichkeit zur Zeit ihrer Anwendung“ auszulegen.[529] Bei genauerer Betrachtung überzeugt diese Sichtweise jedoch nicht. Würde man ihr folgen, bliebe die Frage unbeantwortet, warum der Gesetzgeber diesen allgemeinen Grundsatz ausdrücklich in Art. 2.1 hätte festlegen sollen. Ein einfacher Hinweis auf Art. 3.1 C.C. hätte doch gereicht, wäre aber wahrscheinlich sogar wegen seines generellen Charakters überflüssig gewesen. Auch aus einem anderen Grund kann die Bezugnahme auf die *usos sociales* nicht bloß als Aufforderung an den Gesetzesanwender gesehen werden, Gesetze im Lichte der Zeit auszulegen, wie es Art. 3.1 C.C. fordert. Eine solche Sicht verkennt die Aussage des Art. 2.1. Es geht dabei nämlich nicht - wie irrig angenommen - um die reine Auslegung der bestehenden Vorschriften des L.O. 1/1982 im Geiste

---

525 *Royo Jara*, S. 93.
526 *Cabezuelo Arenas*, S. 29.
527 *Azurmendi Adarraga*, S. 201.
528 STS de 28 de Noviembre 1986.
529 *Herrero-Tejedor*, Honor, Intimidad e Imagen, S. 183.

der Zeit nach Art. 3.1 C.C. Vielmehr soll der ungeschriebene Schutzbereich der Persönlichkeitsrechte durch die jeweils herrschenden Gebräuche beschränkt werden. Die Vorschriften des L.O. 1/1982 sollen also überhaupt nicht ausgelegt werden, sondern es sollen die *usos sociales* neben den Regelungen des L.O. 1/1982 als weitere Beschränkung herangezogen werden. Somit kann die Bezugnahme auf die *usos sociales* nicht lediglich eine Konkretisierung von Art. 3.1 C.C. darstellen, der eine Auslegung bereits bestehender Vorschriften zum Gegenstand hat.
Aufgrund der verfassungsrechtlichen Schwierigkeiten, die die Bezugnahme auf die *usos sociales* mit sich bringt und in Übereinstimmung mit der Rechtsprechung erscheint es daher im Interesse eines wirksamen Persönlichkeitsschutzes angemessen, die Möglichkeit der Berufung auf die *usos sociales* äußerst restriktiv zu handhaben. Sie sind nur dann heranzuziehen, wenn sie nicht mit einem gesunden Anstandsgefühl, der öffentlichen Ordnung und Gesetzen in Widerspruch stehen[530] und die Persönlichkeitsrechte nicht in ihrem Kern verletzen.[531]

(4) **Eigenes Verhalten, Art. 2.1 L.O. 1/1982 („propios actos")**

Der Schutzbereich der drei genannten Persönlichkeitsrechte wird ferner durch das „eigene Verhalten" („*propios actos*") des Betroffenen selbst beschränkt (Art. 2.1).[532] Die Rechtsprechung versteht diese Grenze dahingehend, dass die geschützten Persönlichkeitsrechte durch „die Auffassung begrenzt werden, die jede Person diesbezüglich hat und die sich in ihrem Verhalten äußert. Das heißt, dass derjenige, der seine Rechte verschwendet oder sie nicht sorgfältig bewahrt, sich nicht auf gerichtlichen Schutz berufen kann".[533] Jeder Einzelne kann danach durch sein Verhalten zum Ausdruck bringen, ob er das hohe Schutzniveau, das ihm das L.O. 1/1982 zur Verfügung stellt, nutzt oder ob er es freiwillig durch bestimmte Verhaltensweisen aufgibt.

530 *Rovira Sueiro*, Responsabilidad civil, S. 134.
531 STS de 28 de Noviembre 1986.
532 Auch in der deutschen Literatur wird gelegentlich die Frage diskutiert, ob sich der Betroffene an seinem bisherigen Verhalten gegenüber den Medien festhalten lassen muss. Einige möchten dies vor allem in den Fällen bejahen, in denen der Betroffene die Medien dafür benutzt, um für sich Werbung zu machen oder um durch Medienpräsenz gezielt sein Image zu verbessern (*Wulf*, zit. nach: *Wallraf*, AfP 1998, S. 48). Die oben zum spanischen Recht geäußerte Lösung, nämlich die Möglichkeit, Persönlichkeitsverletzungen aufgrund des bisherigen Verhaltens des Betroffenen zu rechtfertigen, restriktiv zu handhaben, wird ebenfalls mehrheitlich in der deutschen Literatur geteilt. Auch einer „mediensüchtigen Persönlichkeit" dürfe die persönlichkeitsrechtliche Selbstbestimmung nicht genommen werden (*Stürner*, zit. nach: *Wallraf*, AfP 1998, S. 49). Die freizügige Selbstdarstellung des Betroffenen in den Medien fließt lediglich auf Rechtsfolgenseite in die Beurteilung ein, wenn es um die Bemessung seines Geldersatzes geht (LG Hamburg ZUM 2002, 68, 70 - „Hera Lind"). Zwischen der herrschenden Meinung der Literatur in Deutschland und Spanien besteht damit in dieser Frage Einigkeit.
533 STS de 18 de Abril 1989.

Mit der Bezugnahme des L.O. 1/1982 auf das eigene Verhalten des Betroffenen sind ebenfalls ernsthafte Probleme verbunden. Diese können beispielsweise entstehen, wenn jemand sein eigenes Verhalten plötzlich ändert. Die berechtigte Forderung, dass jedem Menschen ein „Recht auf Vergessenwerden" („*derecho al olvido*") zustehen muss, nach dem frühere Handlungen nicht erneut zu seiner Beurteilung in der Öffentlichkeit führen dürfen und er ein neues Leben beginnen können muss, wird vom spanischen Gesetz ignoriert.[534] Nach seinem Wortlaut gibt es die unhaltbare Prämisse aus, dass derjenige, der einmal eine Persönlichkeitsverletzung klaglos hingenommen hat, auch weitere Verletzungen zu dulden habe. Dies kann aber nicht im Sinne eines effektiven Persönlichkeitsschutzes sein.
Außerdem erscheint die Vereinbarkeit dieses Kriteriums mit der garantierten Unverzichtbarkeit der Rechte (Art. 1.3) ebenfalls fraglich.[535] Wenn das eigene Verhalten des Betroffenen zu stark in die Beurteilung der Grenzen seines Persönlichkeitsschutzes einbezogen wird, läuft man Gefahr, dem Sinn des L.O. 1/1982, nämlich einen wirksamen Persönlichkeitsschutz zu gewährleisten, nicht gerecht zu werden.[536] Der verfassungsrechtliche Auftrag aus Art. 18.1 C.E., die *derechos de la personalidad* zivilrechtlich effektiv zu schützen, gerät durch die Berücksichtigung des Verhaltens des Betroffenen stark in den Hintergrund.[537] Dieses Problem kann insbesondere im Schutzbereich der Ehre eine große Bedeutung erlangen. Man stelle sich nur den Fall vor, dass eine bestimmte Person in einer Weise handelt, die allgemein als wenig ehrenvoll angesehen wird. Wird diese Person nun ihrerseits in ehrenrühriger Art angegangen, stellt sich die Frage, ob sich aus dem bisherigen Verhalten des Betroffenen eine Minderung des Schutzbereichs seiner Ehre ergibt. Dies kann sogar so weit führen, dass dem Betroffenen überhaupt kein Ehrenschutz mehr verbleibt. Die Konsequenz wäre, dass er durch sein Verhalten sich im Ergebnis seiner Ehre entledigt, bzw. auf sie verzichtet hätte. Dies widerspräche aber ihrem Charakter als Persönlichkeitsrecht. Außerdem müsste man dann zu dem Schluss kommen, dass jeder Person eine unterschiedliche Ehre zustehe, was aber gerade nicht gewollt ist und gegen den Gleichheitssatz nach Art. 14 C.E. verstieße.[538]
Darüber hinaus stellt sich in diesen Zusammenhang das Problem der Rechtssicherheit. Es ist für Außenstehende nicht immer eindeutig zu erkennen, im welchem Bereich der Betroffene zurückgezogen leben möchte. Bei der Beurteilung dieser Frage kann man sich nur schwer auf gesicherte Erkenntnisse verlassen, so dass ihre Beantwortung willkürlich ist. Problematisch erscheint auch die Berufung des Gesetzes auf den Bereich, in dem die Familie zurückgezogen leben

---

[534] *Romero Coloma*, S. 36 f.; *Cabezuelo Arenas*, S. 24.
[535] *Cabezuelo Arenas*, S. 26.
[536] *Clavería Gosálbez*, ADC 1983, S. 1251.
[537] *Clavería Gosálbez*, ADC 1994, S. 38.
[538] *Estrada Alonso*, S. 73.

möchte. Ein Familienmitglied mag Außenstehenden weite Einblicke in das Familienleben gewähren, ein anderes dagegen schweigt sich über diese Angelegenheiten aus. Es ist also unklar, auf wen abzustellen ist, wenn Familienmitglieder in unterschiedlicher Weise in die Öffentlichkeit gehen.[539]

Da - wie gesehen - mit der Beschränkung des Persönlichkeitsschutzes durch das eigene Verhalten des Betroffenen zahlreiche Probleme verbunden sind, erscheint eine restriktive Auslegung vernünftig und im Interesse eines wirksamen Persönlichkeitsschutzes unbedingt angezeigt.[540]

Diese Grenze des Art. 2.1 passt in vielen Fällen übrigens nur auf das Recht auf Privatheit. Gerade in diesem Schutzbereich kann der Einzelne durch sein Verhalten viel von seiner Persönlichkeit preisgeben, beispielsweise durch Erzählungen aus seinem Intimleben oder durch die Herausgabe persönlicher Photographien, etc. Diese Tatsache zeigt, dass die im L.O. 1/1982 geschützten drei Persönlichkeitsrechte nur schwer in einem allgemeinen Gesetz gleich zu behandeln sind, da einzelne Tatbestände vielfach nur auf ein geschütztes Persönlichkeitsrecht anwendbar sind. Im Bereich der Ehre sind wegen der oben vorgenommenen restriktiven Einschränkung beispielsweise kaum Fälle vorstellbar, in denen das eigene Verhalten des Betroffenen von Bedeutung sein kann. Die praktische Relevanz des eigenen Verhaltens des Betroffenen ist daher im Zusammenhang mit Ehrverletzungen gering. Die oben problematisierten Fälle, in denen sich der Betroffene aufgrund des eigenen Verhaltens seines Ehrenschutzes begibt, sind wegen der restriktiven Möglichkeit, sich auf die *propios actos* zu berufen, nur theoretischer Natur.

Es ist hier außerdem klar zu stellen, dass die Frage der Reichweite des Persönlichkeitsschutzes, die sich nach dem eigenen Verhalten bestimmt, nichts mit dem Problem einer etwaigen Einwilligung in die Beeinträchtigung der Persönlichkeitsrechte zu tun hat. Ob eine Einwilligung vorliegt, muss erst dann entschieden werden, wenn feststeht, dass der geschützte Persönlichkeitsbereich betroffen ist. Das Kriterium des eigenen Verhaltens soll erst den Schutzbereich der Persönlichkeitsrechte festlegen.

b) Verletzungshandlung, Art. 7.7 L.O. 1/1982 („intromisión ilegítima")

Mit dem zivilrechtlichen Schutz der Ehre setzt sich im L.O. 1/1982 nur ein Artikel (Art. 7.7) auseinander. Was unter Ehre zu verstehen ist, ist nicht ausdrücklich im L.O. 1/1982 definiert. Es findet sich in Art. 7.7 lediglich die Kodifizierung einer Verhaltensweise („*intromisión ilegítima*"), die als Ehrverletzung nach diesem Gesetz zu werten ist. Als eine der wenigen Vorschriften des L.O. 1/1982 wurde Art. 7.7 im Jahre 1995 geändert. Die bisherige Fassung ist damit nicht mehr in Kraft, kann aber Aufschluss über die in der spanischen Rechtswissenschaft verbreiteten Ansichten zum Ehrenschutz bieten.

---

539 *Herrero-Tejedor*, Honor, Intimidad e Imagen, S. 172.

540 *Cabezuelo Arenas*, S. 26; *Herrero-Tejedor*, Honor, Intimidad e Imagen, S. 175.

(1) Alte Fassung bis 1995

Nach der bis zur Änderung des Art. 7.7 im Jahre 1995 geltenden Fassung war eine Ehrverletzung:

Die Verbreitung von Äußerungen oder Tatsachen über eine Person, wenn diese sie diffamieren oder sie im Ansehen Anderer herabwürdigen.	*La divulgación de expresiones o hechos concernientes a una person, cuando la difame o la haga desmerecer en la consideración ajena.*

In dieser alten Fassung - wie übrigens auch in der neuen - fehlten Angaben darüber, ob der Verletzer schuldhaft oder in doloser Absicht gehandelt haben musste, oder ob eine Ehrverletzung auch bei der Äußerung wahrer ehrverletzender Tatsachen oder privilegierter Äußerungen gegeben war.[541] Diese offenen Fragen hatten erst Rechtsprechung und Literatur zu klären.

(a) Wahre Tatsachenbehauptungen („exceptio veritatis")

Es stellte sich somit die im Gesetz nicht beantwortete Frage, ob die Ehre einer Person auch durch wahre Tatsachenäußerungen verletzt werden konnte oder nur durch ehrenrührige unwahre Äußerungen.

Einige verneinten eine Ehrverletzung bei der Verbreitung wahrer Informationen über den Betroffenen, selbst wenn ihn dies in seinem Ruf und Ansehen verletze.[542] Nach Art. 20.1 C.E. genießen wahre Informationen den Schutz der Verfassung, so dass der Ehrenschutz nur bei den nicht grundrechtlich geschützten unwahren Tatsachenbehauptungen höher zu gewichten sei.[543]

Dies widerspricht aber der oben bereits zitierten Rechtsprechung des *Tribunal Constitucional.* Bei ehrbeeinträchtigenden wahren Tatsachenbehauptungen muss vielmehr zwischen dem Recht auf Ehre und der Informationsfreiheit abgewogen werden, bei dem es entscheidend auf das öffentliche Interesse an der Information ankommt. Dabei besteht grundsätzlich ein Übergewicht auf Seiten der Informationsfreiheit. Ausnahmsweise konnte aber auch bei ehrverletzenden wahren Tatsachenäußerungen in den Fällen der Formalbeleidigung der Tatbestand des früheren Art. 7.7 erfüllt sein.

Eine weitere Grenze der nahezu freien Verbreitungsmöglichkeit wahrer Informationen hat die Rechtsprechung mit dem *derecho al olvido* aufgestellt, dem „Recht auf Vergessenwerden".

---

[541] *Concepción Rodríguez*, S. 33.
[542] *Crevillén Sánchez*, S. 40.
[543] *Crevillén Sánchez*, S. 40.

Dieses Recht schützt den Einzelnen davor, dass ehrverletzende wahre Tatsachen aus der Vergangenheit einer Person in die Öffentlichkeit gezerrt werden.[544] Somit schließt die Wahrheit der verbreiteten Information die Annahme einer Ehrverletzung nicht von Beginn an aus. Bei der Abwägung zwischen den beteiligten Interessen war allerdings grundsätzlich ein Übergewicht zugunsten der Informationsfreiheit gegeben, so dass die Äußerung ehrverletzender wahrer Tatsachen im Zweifel keine Ehrverletzung war.

(b) **Verbreitung („divulgación")**

Nach der alten Version des Art. 7.7 lag eine Ehrverletzung nur vor, wenn die ehrenrührigen Äußerungen oder Tatsachen „verbreitet" wurden. Dazu ließ man teilweise die bloße Kenntnis Dritter von einem Angriff auf die Ehre einer bestimmten Person ausreichen, ohne auf Art und Weise der Kenntnisnahme abzustellen.[545] Allgemein verstand man unter „*divulgación*" aber den Vorgang, dass eine Tatsache oder Meinung einer dritten beliebigen Person unter Überschreitung des Kreises der normalen Empfänger zur Kenntnisnahme gebracht wurde.[546] Nach dieser herrschenden Meinung lag damit keine Verbreitung vor, wenn ein Dritter von einer Ehrverletzung bloß irgendwie oder zufällig Kenntnis erlangte. Die Verbreitung konnte in der Praxis auch gleichzeitig mit der ehrverletzenden Äußerung stattfinden, was im Zusammenhang mit Medienberichterstattungen bei Fernsehübertragungen oder bei Zeitungsberichten regelmäßig der Fall war.

(2) **Neue Fassung seit 1995**

Das L.O. 10/1995, das in erster Linie Änderungen des *Código Penal* zum Gegenstand hatte, veränderte auch den zivilrechtlichen Ehrenschutz in Art. 7.7. Nach der neuen Fassung gilt als *intromisión ilegítima* Folgendes:

Die Beschuldigung durch Tatsachen oder die Kundgabe von Werturteilen mittels Handlungen oder Äußerungen, die irgendwie die Würde einer anderen Person verletzen, indem sie seinen Ruf mindern oder seine Selbstachtung angreifen.

La imputación de hechos o la manifestación de juicios de valor a través de acciones o expresiones que de cualquier modo lesionen la dignidad de otra persona, menoscabando su fama o atentando contra su propia estimación.

---

[544] Sentencia de Juzgado de Primera Instancia N°. 15 de Madrid de 23 de Septiembre 1986, zit. nach: *Herrero-Tejedor*, Honor, Intimidad e Imagen, S. 217.

[545] *O'Callaghan*, Jornadas, S. 553-566, zit nach: *Concepción Rodríguez*, S. 37.

[546] *Herrero-Tejedor*, Honor, Intimidad e Imagen, S. 208.

Mit dieser Änderung verfolgte der spanische Gesetzgeber eine Synchronisierung der strafrechtlichen mit den zivilrechtlichen Ehrenschutzvorschriften.[547] Verzichtet wird in der neuen Fassung auf das vormals so entscheidende Kriterium der *divulgación*, also der Verbreitung. Erforderlich ist aber nach dem Merkmal der *„manifestación*", dass sich eine bestimmte Meinung in irgendeiner Weise äußert. Damit sind Ehrverletzungen im Sinne des L.O. 1/1982 aber auch im Gespräch unter vier Augen möglich. Selbst wenn das Geäußerte zwischen beiden beteiligten Personen geheim bleibt, kann es auch dann zu einer zivilrechtlichen Haftung kommen. Eine Ehrverletzung in dieser Form muss allerdings für den Verletzer bei der Rechtsfolge, z.B. bei der Bemessung des Schadensersatzes günstig berücksichtigt werden.[548]
Auch die neue Fassung des Art. 7.7 trifft keine genauen Aussagen, ob der Verletzer mit doloser Absicht gehandelt haben muss. Zwar wird - im Unterschied zur ersten Fassung - zwischen Tatsachenbehauptungen und Meinungsäußerungen unterschieden. Es fehlt aber eine Regelung, die dem Umstand Rechnung trägt, dass nach der Verfassung Meinungsäußerungen einen größeren Schutz genießen. Im Gesetzestext findet sich auch kein Hinweis auf eine *exceptio veritatis*, dass also Ehrverletzungen bei der Verbreitung wahrer Tatsachen ausscheiden oder zumindest anderen Grenzen unterworfen sind. Die weite Formulierung des Art. 7.7 überlässt wiederum den Gerichten die Entscheidung dieser offenen Fragen. Damit sieht man bereits hier, dass die scheinbare Eindeutigkeit der spanischen Regelung, nämlich allein das Vorliegen einer *intromisión ilegítima* grundsätzlich zur zivilrechtlichen Haftung ausreichen zu lassen, nur vordergründig ist. Das Gesetz lässt den Gerichten an dieser Stelle viel Spielraum. Es wird sich darüber hinaus zeigen, dass das auf den ersten Blick einfache System des Verzichts auf eine Güter- und Interessenabwägung im spanischen Recht in der Praxis nicht durchgehalten wird.

(a) **Meinungsäußerungen**

Der neu eingeführte Art. 7.7 unterscheidet zwischen Meinungsäußerungen (*„manifestación de juicios de valor*") und Tatsachenbehauptungen (*„hechos*"), wobei die Meinungsäußerungen Meinungen, Gedanken und Werturteile umfassen. Damit nahm der Gesetzgeber die Unterscheidung aus Art. 20 C.E. auf, in dem ebenfalls zwischen Meinungsäußerungen und Tatsachenbehauptungen differenziert wird. Die vom *Tribunal Constitucional* dort eingeführte Interessenabwägung bei Grundrechtskonflikten findet sich auch hier auf zivilrechtlicher Ebene wieder. Danach gilt die Meinungsfreiheit nicht unbegrenzt, sondern endet dort, wo sie nicht der öffentlichen Meinungsbildung dient. Dies ist in den Fällen gegeben, in denen die Meinungsäußerung rein zur Diffamierung oder Beleidi-

---

547 *Herrero-Tejedor*, Honor, Intimidad e Imagen, S. 210.
548 *Bustos Pueche*, S. 141.

gung benutzt wird.[549] Im Ergebnis bedeutet das, dass die Gerichte trotz der scheinbaren Eindeutigkeit des L.O. 1/1982 eine Güter- und Interessenabwägung vornehmen. Der scheinbare Vorteil des L.O. 1/1982, die Indizierung der Rechtswidrigkeit bei Vorliegen einer *intromisión ilegítima* grundsätzlich anzunehmen und auf eine umständliche und mit Problemen der Rechtssicherheit verbundene Güter- und Interessenabwägung zu verzichten, erweist sich hier als praktisch nicht umsetzbar.

(b) **Tatsachenbehauptungen**

Der Grundrechtskonflikt zwischen Informationsfreiheit und Ehre ist anders als der zwischen Meinungsfreiheit und Ehre zu lösen. Der *Tribunal Supremo* orientiert sich bei der Lösung an der Rechtsprechung des *Tribunal Constitucional.* Er stellt dazu folgende Kriterien auf: „Die Beschränkung des einen durch das andere Grundrecht muss in jedem Einzelfall neu und ohne vorherige Festlegung der Grenzen entschieden werden. Grundsätzlich überwiegt das Recht auf Informationsfreiheit über die Ehre, was bei jeder Abwägung berücksichtigt werden muss. In den Fällen, in denen die Informationsfreiheit die Ehre beeinträchtigt, ist ein öffentliches Interesse erforderlich. Dieses öffentliche Interesse, das sich nicht in reiner Neugier erschöpfen darf, ist der einzige Grund, in die Ehre einzugreifen."[550] Diese Rechtsprechung wurde in der Folgezeit wiederholt und kann als gefestigt gelten.[551]
Bei Tatsachenbehauptungen stellt sich die Frage, ob hier ehrverletzende wahre Behauptungen anders als unwahre zu behandeln sind („*exceptio veritatis*"). Der Gesetzestext enthält dazu keine Lösung. Hier ist wiederum die Rechtsprechung des *Tribunal Constitucional* zu den oben angesprochenen Fragen der Kollision zwischen Grundrechten heranzuziehen. Wahre Tatsachenbehauptungen stehen danach unter dem Schutz der Verfassung. Wenn also wahre ehrverletzende Tatsachen geäußert werden, an deren Verbreitung ein öffentliches Interesse besteht, liegt keine Ehrverletzung im Sinne des L.O. 1/1982 vor. Die Wahrheit der Information wirkt demnach wie ein Rechtfertigungsgrund für eine Ehrverletzung.[552] Es bestehen aber auch für wahre Tatsachenbehauptungen die oben aufgestellten Grenzen, die insbesondere bei Formalbeleidigungen überschritten sein dürften.

(c) **Personas públicas**

Bezüglich des Ehrenschutzes trifft das L.O. 1/1982 keine ausdrückliche Unterscheidung zwischen *personas públicas* und normalen Personen („*personas pri-*

---

[549] *Romero Coloma*, S. 79.
[550] STS de 06 de Marzo 1995.
[551] STS de 17 de Diciembre 1997.
[552] St. Rspr.: STC 6/1988 de 21 de Enero 1988; STS de 25 de Octubre 2000 mit weiteren Nachweisen.

vadas"). Diese Unterscheidung findet sich in diesem Gesetz ausdrücklich nur im Bereich des Rechts am eigenen Bild in Art. 8.2. Dies wirft ernsthafte Probleme auf, da kritische Meinungsäußerungen im öffentlichen und politischen Alltag beispielsweise unter konkurrierenden Politikern und Parteien nach strenger Anwendung dieses Gesetzes eine Persönlichkeitsverletzung darstellen und somit zu zivilrechtlicher Haftung führen können. Das L.O. 1/1982 hat diese Konstellation offensichtlich nicht bedacht, so dass an dieser Stelle Nachbesserungsbedarf bestand. Dies haben Rechtsprechung und Literatur besorgt, indem sie das L.O. 1/1982 bei *personas públicas* restriktiv auslegen.[553] Da diese Personen öffentliche Ämter bekleiden, im politischen und sozialen Leben der Gesellschaft eine große Rolle spielen und damit der Kontrolle der Allgemeinheit unterworfen sind, müssen sie wegen des öffentlichen Informationsinteresses stärkere Beeinträchtigungen ihrer Ehre hinnehmen als normale Personen.[554]

c) **Ausnahmen**

Die Tatbestandsmäßigkeit einer Handlung führt nach der Struktur des L.O. 1/1982 automatisch auch zu ihrer Rechtswidrigkeit („*intromisión ilegítima*"). Ausnahmsweise sieht das L.O. 1/1982 aber vor allem im Allgemeinen Teil ausdrücklich genannte Gründe vor, bei deren Vorliegen die Widerrechtlichkeit einer Handlung entfallen soll.

(1) **Einwilligung, Art. 2.2 L.O. 1/1982 („consentimiento")**

Die Einwilligung („*consentimiento*") in eine Persönlichkeitsverletzung bildet eine Ausnahme von der Widerrechtlichkeit einer bestimmten Handlung. Sie ist in Art. 2.2 des Allgemeinen Teils des Gesetzes geregelt:

Keine intromisión ilegítima *liegt vor, wenn sie ausdrücklich durch ein Gesetz erlaubt ist oder wenn der Inhaber des betroffenen Rechts ausdrücklich einwilligt.*	*No se apreciará la existencia de intromisión ilegítima en el ámbito protegido cuando estuviere expresamente autorizada por Ley o cuando el titular del derecho hubiese otorgado al efecto su consentimiento expreso.*

Es ist im Einzelnen umstritten, ob die Einwilligung auch konkludent erfolgen kann. In jedem Fall ist sie an keine Form gebunden, kann also auch mündlich erteilt werden.[555] Soweit ersichtlich scheint sich in der spanischen Literatur eher

553 *López Díaz*, S. 67 f.
554 *López Díaz*, S. 67.
555 Ausführlich dazu: *Concepción Rodríguez*, S. 123 f.

die Meinung durchzusetzen, die eine konkludente Einwilligung nicht genügen lassen möchte.[556] Diese Ansicht liegt im Interesse eines wirksamen Persönlichkeitsschutzes und kann die Rechtsprechung für sich zitieren, die der Einwilligung als „einer ausnahmsweise erteilten Bewilligung“[557] einen hohen Stellenwert zumisst. Außerdem kommt diese Auslegung dem Wortlaut des Art. 2.2 am nächsten, der eine „ausdrückliche Einwilligung“ erfordert. Hätte der Gesetzgeber auch eine konkludente Einwilligung genügen lassen wollen, wäre diese Konkretisierung in Richtung der Ausdrücklichkeit überflüssig gewesen.[558]
Die Einwilligung hat gem. Art. 2.2 zur Folge, dass „die Widerrechtlichkeit der Handlung ausgeschlossen ist“. Die Rechtsnatur dieses „Ausschlusses der Widerrechtlichkeit“ ist umstritten. Während sie überwiegend als Rechtfertigungsgrund für die Verletzung der im Gesetz geschützten Rechte gesehen wird,[559] interpretieren andere sie als rechtsgeschäftliche Ermächtigung („*negocio de autorización*“), in die Rechte einzugreifen.[560] Für die Praxis ist dieser Streit jedoch ohne Bedeutung.
Die im Allgemeinen Teil geregelte Möglichkeit der Einwilligung in Persönlichkeitsverletzungen gilt für alle *derechos de la personalidad*, also auch für die Ehre. Liegt eine Einwilligung vor, sind Ehrverletzungen nicht widerrechtlich. Beispiele dafür sind aber nur theoretisch denkbar und in der Praxis nur schwer vorstellbar. Einzig erdenklicher Fall der Einwilligung in eine Ehrverletzung scheint die aggressive Beleidigung einer Person und damit die indirekte Einwilligung in die ihrerseits beleidigende Gegenrede des ersten zu sein.[561] Ob der Gesetzgeber diese Konstellation im Auge hatte, ist allerdings zweifelhaft. Diese Lösung ist daher wohl nur ein theoretisches Konstrukt. Die gesetzlich vorgesehene Möglichkeit der Einwilligung mag im Bereich der Privatheit und des Rechts am eigenen Bild sinnvoll und in der Praxis verbreitet sein, im Schutzbereich der Ehre ist sie jedoch fehl am Platze und sogar „unsinnig“.[562] An dieser Stelle tritt einer der zentralen Fehler des Gesetzgebers wieder deutlich zu Tage: Er wollte den Schutz verschiedener Persönlichkeitsrechte in einem Gesetz einheitlich regeln. Dies ist aber bei der Verschieden- und Eigentümlichkeit der drei geschützten Rechte nur schwer zu schaffen und führt - wie gesehen - zu zweifelhaften Ergebnissen.

---

556 Vgl. *Azurmendi Adarraga*, S. 207; a.A.: *Rovira Sueiro*, Responsabilidad civil, S. 163.
557 STC 117/1994 de 25 de Abril 1994 - „Ana Obregón".
558 Im Unterschied dazu ist nach deutschem Recht auch eine konkludente Einwilligung in Persönlichkeitsbeeinträchtigungen möglich, so dass der Persönlichkeitsschutz nach spanischem Recht im Zweifel eher zugunsten des Betroffenen ausgestaltet ist, was auch an anderen Stellen zu sehen sein wird.
559 *Herrero-Tejedor*, Honor, Intimidad e Imagen, S. 239; *Azurmendi Adarraga*, S. 205; *Concepción Rodríguez*, S. 123.
560 *Rovira Sueiro*, Derecho a la Imagen, S. 69.
561 *Crevillén Sánchez*, S. 43.
562 *Higueras*, S. 188.

(2) **Widerruf, Art. 2.3 L.O. 1/1982 („revocación")**

Ein Widerruf der Einwilligung ist gem. Art. 2.3 nach spanischem Recht jederzeit möglich:

Die Einwilligung, auf die sich der vorige Absatz bezieht, kann jederzeit widerrufen werden. Jedoch ist der Widerrufende in diesem Fall zum Ersatz des dadurch entstandenen Schadens verpflichtet, der den entgangenen Gewinn einschließt.	*El consentimiento a que se refiere el párrafo anterior será revocable en cualquier momento, pero habrán de indemnizarse, en su caso, los daños y perjuicios causados, incluyendo en ellos las expectativas justificadas.*

Durch die Möglichkeit des jederzeitigen Widerrufs einer gegebenen Einwilligung kommt der ideelle Charakter der geschützten Rechte deutlich zum Ausdruck. Das Gesetz knüpft an den Widerruf keine Form oder sonstige Erfordernisse, z.B. eine Erklärungsfrist. Er kann auch stillschweigend erfolgen, da ein Erfordernis vergleichbar mit der Ausdrücklichkeit der Einwilligung (Art. 2.2) hier fehlt. Im Interesse der Rechtssicherheit sollte er der Widerruf aber ausdrücklich geäußert werden.[563]
Den Interessen desjenigen, dem die zunächst erklärte Einwilligung gegenüber widerrufen wurde, werden ebenfalls geschützt: Die Ausübung des Widerrufsrechts kann einen gesetzlich vorgesehenen Schadensersatzanspruch nach sich ziehen, der den entgangenen Gewinn umfasst.[564]
In dieser Frage hat der spanische Gesetzgeber also eine ausdrückliche Regelung getroffen. Während in Deutschland sowohl bezüglich der Einwilligung und der Möglichkeit eines Widerrufs Uneinigkeit besteht, existiert dazu in Spanien eine gesetzliche Regelung. Dass auch diese Regelung Probleme aufwirft, zeigt der Blick auf die Konstellation vertraglicher Einwilligungen und ihrer Widerrufbarkeit, der weiter unten erfolgt.[565]

(3) **Art. 8.1 L.O. 1/1982**

Eine weitere Ausnahme von der grundsätzlichen Widerrechtlichkeit einer *intromisión ilegítima* stellt die Vorschrift des Art. 8.1 mit ihren zwei Alternativen dar:

---

563 *Romero Coloma*, S. 51; vgl. den Fall STS de 27 de Junio 1996, in dem eine Einwilligung zu einer Veröffentlichung auch noch für eine erneute Veröffentlichung nach fünf Jahren gilt, wenn sie nicht widerrufen wird.
564 *Azurmendi Adarraga*, S. 210.
565 Dazu ausführlich: 1. Teil: E.V.1.

Im Allgemeinen liegt keine intromisión ilegítima *vor, wenn es sich um eine von der zuständigen Behörde genehmigte Handlung in Übereinstimmung mit dem Gesetz handelt oder wenn ein relevantes historisches, wissenschaftliches oder kulturelles Interesse überwiegt.*	*No se reputerán, con carácter general, intromisiones ilegítimas las actuaciones autorizadas o acordadas por la Autoridad compentente de acuerdo con la Ley, ni cuando predomine un interés histórico, científico o cultural relevante.*

Hier stellt sich zunächst die Frage nach der Bedeutung dieser Ausnahme im Zusammenhang mit Ehrverletzungen. Fälle, in denen eine Behörde Ehrverletzungen genehmigt oder in denen ein relevantes Interesse an einer Ehrverletzung vorliegt, erscheinen praktisch schwer vorstellbar. Diese Variante hat der Gesetzgeber wohl wieder eher auf Verletzungen der Privatheit und des Rechts am eigenen Bild zugeschnitten. Dies sieht auch der *Tribunal Supremo* so, der eine behördliche Genehmigung einer Ehrverletzung eines Menschen als „faktisch unvorstellbar" ausschließt.[566] Art. 8.1 spielt damit im Zusammenhang mit Ehrverletzungen somit keine Rolle.

Vor diesem Hintergrund wird damit zum wiederholten Male die Schwäche des Gesetzes deutlich, verschiedene Persönlichkeitsrechte in einem einheitlichen Gesetz zu regeln. Das L.O. 1/1982 kann auch hier dem Umstand, dass die verschiedenen Persönlichkeitsrechte in der Praxis unterschiedlichen Beeinträchtigungen und Gefahren ausgesetzt sind und damit unterschiedlichen Schutz benötigen, nicht gerecht werden.

5. Verfälschung des Lebens-, Charakter- und Persönlichkeitsbildes („falsa apariencia/ falsa luz„)

Schließlich fallen auch Verfälschungen des Persönlichkeitsbildes unter den Schutzbereich der Ehre. Beispiele dafür sind Fälle aus der spanischen Rechtsprechung, in denen es um die Betitelung von Photographien ging, durch die die Betroffenen in ein falsches Licht gerückt wurden.[567]

Im Gegensatz dazu fassen die deutschen Gerichte solche Konstellationen unter den Schutz vor Verfälschungen des Lebens-, Charakter- und Persönlichkeitsbildes als eigener Ausprägung des allgemeinen Persönlichkeitsrechts.[568]

---

566 STS de 27 de Febrero 1990.

567 STS de 15 de Diciembre 1998.

568 BGH NJW 1965, 2395, 2396 – "Mörder unter uns"; Erman-*Ehmann*, BGB, Anh. § 12, Rn. 421; MünchKommBGB/*Rixecker*, § 12 Anh., Rn. 73; *Ehmann*, JuS 1997, S. 198.

An dieser Stelle zeigen sich die Unterschiede, die zwischen der Ausgestaltung des Persönlichkeitsschutzes durch besondere *derechos de la personalidad* und durch ein allgemeines Persönlichkeitsrecht bestehen. Im deutschen Recht fällt es den Gerichten leicht, neue Verletzungsformen und Ausprägungen des allgemeinen Persönlichkeitsrechts zu bilden und damit als Persönlichkeitsverletzung zu charakterisieren. Sie sind also nicht an bestimmte feststehende Ausformungen gebunden. Im spanischen Recht hingegen sind die besonderen Persönlichkeitsrechte gesetzlich festgeschrieben und damit wenig flexibel. Neuartige Persönlichkeitsverletzungen - wie die *falsa apariencia* - werden unter die bekannten *derechos de la personalidad* subsumiert. Trotz dieser unterschiedlichen Technik wird es im Ergebnis aber im Zweifel keine großen Unterschiede zwischen der Lösung in Spanien und Deutschland geben.

6. Spezieller Minderjährigenschutz: L.O. 1/1996

Neben dem L.O. 1/1982 bietet das L.O. 1/1996 speziell für Minderjährige ein hohes Schutzniveau vor Persönlichkeitsverletzungen, das für alle Jugendlichen unter 18 Jahren gilt (Art. 1 L.O. 1/1996[569]). In Art. 4 dieses Gesetzes sind wie im L.O. 1/1982 das Recht auf Ehre, persönliche und familiäre Privatheit und das Recht am eigenen Bild nebeneinander geschützt:

1. Minderjährige haben ein Recht auf Ehre, persönliche und familiäre Privatheit und am eigenen Bild. Dieses Recht umfasst auch die Unverletzlichkeit der Familienwohnung und der Korrespondenz sowie das Kommunikationsgeheimnis.	*1. Los menores tienen derecho al honor, a la intimidad personal y familiar y a la propia imagen. Este derecho comprende también la inviolabilidad del domicilio familiar y de la correspondencia, así como del secreto de las comunicaciones.*

[569] Art. 1 L.O. 1/1996: „*La presente Ley y sus disposiciones de desarrollo son de aplicación a los menores de dieciocho años que se encuentren en territorio español, salvo que en virtud de la ley que les sea aplicable hayan alcanzado anteriormente la mayoría de edad.*"

2. Die Verbreitung von Informationen oder der Gebrauch von Bildnissen oder des Namens Minderjähriger in den Medien, die ihre Privatheit, ihren Ruf oder Ansehen beeinträchtigen können oder sonst gegen ihre Interessen gerichtet sind, haben das Eingreifen des Ministerio Fiscal *zur Folge. Es hat unverzüglich vorläufige Maßnahmen und den in diesem Gesetz vorgesehenen Schutz zu ergreifen und den entsprechenden Schadensersatz für die entstandenen Schäden zu fordern.*

2. La difusión de información o la utilización de imágenes o nombre de los menores en los medios de comunicación que puedan implicar una intromisión ilegítima en su Intimidad, honra o reputación, o que sea contraria a sus intereses determinará la intervención del Ministerio Fiscal, que instará de inmediato las medidas cautelares y de protección previstas en la Ley y solicitará las indemnizaciones que correspondan por los perjuicios causados.

Der spanische Gesetzgeber hat die zentrale Stellung der *intromisión ilegítima* aus dem L.O. 1/1982 hier ebenfalls übernommen. In Art. 4.3 L.O. 1/1996 heißt es:

Als intromisión ilegítima *des Rechts auf Ehre, der persönlichen und familiären Privatheit und des Rechts am eigenen Bild des Minderjährigen gilt jeder Gebrauch von Bildnissen oder Namen des Minderjährigen in den Medien, der einen Schaden in seinem Ruf oder Ansehen mit sich bringen kann oder die gegen seine Interessen gerichtet ist, selbst wenn der Minderjährige oder sein gesetzlicher Vertreter zuvor eingewilligt hat.*

Se considera intromisión ilegítima en el derecho al honor, a la Intimidad personal y familiar y a la propia imagen del menor, cualquier utilización de su imagen o su nombre en los medios de comunicación que pueda implicar menoscabo de su honra o reputación, o que sea contraria a sus intereses incluso si consta el consentimiento del menor o de sus representantes legales.

Die Besonderheit dieser Regelung liegt hier jedoch darin, dass eine *intromisión ilegítima* trotz erteilter Einwilligung vorliegen kann. Damit findet sich in diesem Gesetz eine Abweichung von dem Grundsatz, dass eine Einwilligung stets die

Widerrechtlichkeit einer *intromisión ilegítima* ausschließt. Es liegt auf der Hand, dass mit dieser Vorschrift einige Probleme hinsichtlich der Rechtssicherheit auftreten können. Dies gilt umso mehr, da selbst die Einwilligung des gesetzlichen Vertreters des Minderjährigen eine Persönlichkeitsverletzung nicht ausschließen kann.

7. Zusammenfassung

Die Ehre stellt nach spanischem Recht ein besonderes Persönlichkeitsrecht dar. Sie wurde als solches bereits zu Beginn des 20. Jahrhunderts anerkannt, allerdings zunächst nur in der Rechtsprechung. Seit 1978 wird die Ehre verfassungsrechtlich in Art. 18.1 C.E. und seit 1982 zivilrechtlich im L.O. 1/1982 geschützt. Als Grundrecht kollidiert sie mit der ebenfalls grundrechtlich garantierten Meinungs- und Informationsfreiheit. Bei diesem Grundrechtskonflikt ist eine Abwägung zwischen den betroffenen Interessen vorzunehmen, wobei auf Seiten der Meinungs- und Informationsfreiheit stets ein Übergewicht anzunehmen ist. Es ist dabei zwischen Tatsachenbehauptungen und Meinungsäußerungen zu unterschieden.
Der zivilrechtliche Schutz der Ehre regelt sich nach dem L.O. 1/1982. Eine Ehrverletzung ist nach dem Schema des L.O. 1/1982 gegeben, wenn der Schutzbereich der Ehre betroffen ist, eine *intromisión ilegítima* im Sinne des Art. 7.7 vorliegt und keine Ausnahmen von der grundsätzlichen Widerrechtlichkeit zugunsten des Verletzers eingreifen. Danach stellt die „Beschuldigung durch Tatsachen oder die Kundgabe von Werturteilen mittels Handlungen oder Äußerungen, die irgendwie die Würde einer anderen Person verletzen, seinen Ruf mindern oder seine Selbstachtung angreifen, eine widerrechtliche Verletzung der Ehre“ dar (Art. 7.7). Ehrverletzungen sind dann nicht widerrechtlich, wenn die Meinungs- oder Informationsfreiheit gegenüber der Ehre überwiegt. Die sonstigen zahlreichen Ausschlussgründe der Widerrechtlichkeit, die im L.O. 1/1982 vorgesehen sind, spielen bei diesem Persönlichkeitsrecht kaum eine Rolle. Es kommt hier allein die Bezugnahme auf die „üblichen Gebräuche“ („*usos sociales*“) in Frage, nach denen sich bestimmen soll, ob sich eine bestimmte Kritik noch im Rahmen der Üblichkeit bewegt. In der Praxis ist festzustellen, dass die Gerichte bei Beeinträchtigungen dieses Schutzbereiches auf eine Güter- und Interessenabwägung abstellen. Dies erklärt sich aus der besonderen Konflikt- und Kollisionslage der Ehre mit den Freiheitsgrundrechten aus Art. 20 C.E. Im Ergebnis wird dadurch mit dem Grundsatz der Indizierung der Rechtswidrigkeit bei Vorliegen einer *intromisión ilegítima* gebrochen. Somit erleichtert die im spanischen L.O. 1/1982 vorgenommene Kodifizierung von Verhaltensunrecht nur scheinbar die Behandlung von Ehrverletzungen.

II. Intimidad - Schutz der Privatheit

Das Recht auf Privatheit bzw. das Recht auf Privatleben ist nach spanischem Verständnis dem der Ehre verwandt.[570] Diese enge Beziehung der beiden Persönlichkeitsrechte erklärt sich aus ihrem Ursprung, der in der Menschenwürde und der freien Entfaltung der Persönlichkeit gesehen wird.[571] Im spanischen Recht ist man sich des hohen Stellenwerts, den der Schutz der Privatheit („*intimidad*") einnimmt, voll bewusst. Das Mithören von Gesprächen, das Ausspähen persönlicher Daten und das ungenehmigte Photographieren mit Minikameras ist Bestandteil der täglichen Nachrichten.[572] In letzter Zeit hatte die spanische Rechtsprechung sich beispielsweise mit dem Fall zu beschäftigen, dass Photographien einer prominenten Dame in einer Illustrierten veröffentlicht wurden, die sie beim Anprobieren eines Bikinis in der Umkleidekabine eines Geschäftes zeigten.[573] Aufgrund der täglichen Bedrohungen sieht man in Spanien die Privatheit als das heutzutage bedrohteste Persönlichkeitsrecht an und begegnet dieser Gefahr durch viele spezielle Gesetze.[574] Der hohe Stellenwert und die Aktualität von Verletzungen der Privatheit ist ferner durch das spanische Verständnis ihrer Reichweite begründet. Beispielsweise wird bei Veröffentlichungen intimer Bildnisse eine Verletzung der Privatheit angenommen und keine des Rechts am eigenen Bild. Hier liegt ein zentraler Unterschied zum deutschen Recht.

Auf dem Gebiet des Schutzes der Privatheit ist die spanische Rechtswissenschaft vor allem durch die erste moderne Abhandlung von *Warren* und *Brandeis* aus dem Jahre 1890[575] geprägt, die im amerikanischen Recht die *privacy* einführten.[576] Auch die weitere Entwicklung in Spanien im Bereich der *intimidad* - dieser Begriff setzte sich im Spanischen als Übersetzung für *privacy* durch[577] - wird von ausländischen Rechtsordnungen bestimmt. So hatte beispielsweise Art. 9 des französischen *Code civil* großen Einfluss auf das spanische Recht, der durch das Gesetz zum Schutz des Privatlebens vom 17.07.1970 in Frankreich eingeführt wurde.[578] In den 1960-er Jahren wurde von *William Prosser* die von *Warren* und *Brandeis* eingeführte *privacy* weiterentwickelt und in vier Kategorien bzw. Verletzungsformen unterteilt,[579] die in Spanien bis heute großes Gewicht haben: 1. Der Schutz des Einzelnen vor Eingriffen in seinen Rückzugsraum, seine Einsamkeit und seine privaten Angelegenheiten, 2. das Verbot, private Ange-

---

570 *Concepción Rodríguez*, S. 19.
571 STS de 19 de Enero 1995; STS de 11 de Julio 1996.
572 *Concepción Rodríguez*, S. 43.
573 STS de 22 de Marzo 2001.
574 Dazu ausführlich: 1. Teil: E.II.7.
575 *Warren/Brandeis*, S. 193-219.
576 *Cremades*, S. 157.
577 *Pérez Royo*, S. 394.
578 *Concepción Rodríguez*, S. 22.
579 *Prosser*, S. 829, zit. nach: *Herrero-Tejedor*, Honor, Intimidad e Imagen, S. 198.

legenheiten öffentlich zu machen, 3. das Verbot, durch Veröffentlichungen in ein falsches Licht gerückt zu werden und 4. der Schutz vor wirtschaftlicher Ausnutzung der Persönlichkeit.
Zwar finden sich Teile dieser Kategorien in der spanischen gesetzlichen Ausgestaltung des Schutzes der Privatheit in Art. 7 wieder. Allerdings sind sie - wie zu zeigen sein wird - teilweise verfremdet und bieten daher zunächst einen eher wirkungslosen Persönlichkeitsschutz.
In Spanien hat das Recht auf Privatheit somit keine eigene Entwicklung in Rechtsprechung und Literatur durchlaufen. Während der Schutz der Ehre im Gegensatz dazu seit jeher ein Thema der spanischen Rechtswissenschaft war, existiert ein ausdrücklicher Schutz von Privatheit und dem Recht am eigenen Bild erst seit In-Kraft-Treten der Verfassung 1978, so dass sich in diesem Bereich keine Tradition bilden konnte.[580] Als Folge davon ist man sich häufig unsicher und versucht, die Mehrzahl der in Art. 7 geregelten Verletzungen der Privatheit mit Beispielen von Verletzungen der *privacy* aus dem amerikanischen Recht zu erklären und zu begründen. Auch der *Tribunal Supremo* zog in einem Fall Argumentationen der nordamerikanischen Rechtsprechung heran, um seine Entscheidung mit Argumenten zu belegen.[581]

1. Ursprünglicher Schutz der Privatheit

Bis zum In-Kraft-Treten der *Constitución Española* war das Recht auf Privatheit in Spanien nur am Rande anerkannt. Es wurde lediglich durch das Strafrecht und das *Ley de Prensa e Imprenta* geschützt.[582] In Art. 2 dieses Gesetzes ist die Bewahrung der Privatheit und der persönlichen und familiären Ehre als Grenze des Rechts auf freie Meinungsäußerung und auf Verbreitung von Informationen ausgestaltet. Ein gewisser Schutz bestand darüber hinaus in dem Grundrecht auf Unverletzlichkeit der Wohnung, die in den verschiedenen Verfassungen Spaniens seit 1812 regelmäßig garantiert war.[583] Soweit ersichtlich, wurde der Begriff der *intimidad* zum ersten Mal in einer Entscheidung des *Tribunal Supremo* im Jahre 1974 gebraucht.[584]
Mittlerweile werden persönliche und familiäre Privatheit hauptsächlich durch Art. 18.1 C.E. und besonders durch das L.O. 1/1982 geschützt. Daneben existieren noch zahlreiche andere, meist öffentlich-rechtliche Vorschriften, die sich mit ihrem Schutz befassen, z.B. das Datenschutzgesetz L.O. 15/1999.[585]

---

[580] *Azurmendi Adarraga*, S. 187.
[581] STS de 31 de Diciembre 1996 - „Isabel Preysler I".
[582] *Concepción Rodríguez*, S. 23.
[583] *Pérez Royo*, S. 389.
[584] STS de 08 de Marzo 1974; *Romero Coloma*, S. 19.
[585] Dazu ausführlich: 1. Teil: E.II.7.

2. Umfang und Schutzbereich

Eine Definition der Privatheit ist - wie eine Definition der Ehre - weder in der *Constitución Española* noch im L.O. 1/1982 zu finden. Ein spanischer Autor kommentiert dies ironisch mit den Worten, das Gesetz gehe so respektvoll mit der Geheimhaltung des Privatlebens um, dass es auch seine Definition geheim hält.[586] Man hätte sich eine Hilfestellung des Gesetzgebers in Form einer gesetzlichen Definition gewünscht. Die Bestimmung der Reichweite des Schutzes der Privatheit liegt aber damit mangels eindeutiger gesetzlicher Vorgaben bei den Gerichten.

Wegen des Fehlens einer gesetzlichen Regelung existiert in Spanien eine Vielzahl entsprechender Definitionsversuche. Im Lexikon der *Real Academia Española* wird *intimidad* als „Recht auf Bewahrung der geistigen, intimen und zurückgezogenen *Sphäre* einer Einzelperson, einer Gruppe oder besonders der Familie" verstanden.[587] Hier fällt die Bezugnahme auf den Sphärengedanken aus dem deutschen Recht auf. Dieser Gedanke findet sich später auch bei den *intromisiones ilegítimas* wieder, die Verletzungen der Privatheit ebenfalls zum Teil nach dem Sphärengedanken beurteilen. Daneben wird teilweise die Definition der *privacy* herangezogen und auf die Privatheit im spanischen Recht angewendet. Daneben existieren noch weitere Definitionen spanischer Autoren, bei denen ebenfalls vielfach die *privacy* eine große Rolle spielt und an die ihre Definitionen angelehnt sind. Allen Definitionen ist gemein, dass sie ein Konzept der Unabhängigkeit des Einzelnen verfolgen und das Recht, allein und in Ruhe gelassen zu werden und anonym zu bleiben sowie Andere aus seinem privaten und familiären Bereich auszuschließen. Damit erscheint die Achtung des Privatlebens als Kern der *intimidad*.

Vor In-Kraft-Treten der *Constitución Española* definierte der *Tribunal Supremo* die Privatheit als „Recht, den intimen, familiären oder zurückgezogenen Bereich des Menschen unberührt, unbekannt, unbeschmutzt und unverletzt zu bewahren. Sie ist ein *derecho de la personalidad*, ein angeborenes, individuelles und allgemein anerkanntes Recht."[588]

Nach 1978 hat der *Tribunal Supremo* - soweit ersichtlich - davon abgesehen, eine allgemein gültige Definition der Privatheit zu geben: „Die Bestimmung der Reichweite der Privatheit ist Sache der Gerichte in jedem Einzelfall."[589] Der Inhalt des Rechts auf Privatheit könne nicht im Vorhinein und allgemein definiert werden. Es sei ein Recht, „das Eindringen in das Privatleben einer Person zu verhindern".[590] In einer Entscheidung führt er aus, „die Privatheit, wörtlich ver-

---

586 *Concepción Rodríguez*, S. 90.
587 Zit. nach: *Concepción Rodríguez*, S. 39 f.
588 STS de 08 de Marzo 1974.
589 STS de 04 de Noviembre 1986.
590 STS de 31 de Diciembre 1996.

standen als die sich selbst vorbehaltene Zone einer Person und ihres Geistes, hat einen sehr weiten und verschiedenartigen Inhalt, so dass man allgemeine Regeln nicht aufstellen kann". Sie betreffe „alle biologischen, geistigen und charakterlichen Eigenschaften, die das Sein eines Menschen bestimmen".[591] Durch zahlreiche Einzelfallentscheidungen hat sich mittlerweile eine Kasuistik gebildet.[592] In der Rechtsprechung wurde beispielsweise bisher unter anderem die wahrheitsgemäße Veröffentlichung in einer Tageszeitung, ein bestimmter Mann habe AIDS und unterhalte eine homosexuelle Beziehung zu seinem Mitbewohner[593] und die Nennung von Namen und gesundheitlichen Details von Teilnehmern einer Selbsthilfegruppe[594] als Verletzung der Privatheit gewertet. Keine Verletzung der Privatheit stellt z.B. die Einsicht in die laufenden Bankkonten durch die Steuerbehörden[595] dar.

So wie der *Tribunal Supremo* lässt auch der *Tribunal Constitucional* eine eindeutige Definition der *intimidad* vermissen. Nach seiner Rechtsprechung bewahrt die Privatheit „einen intimen und persönlichen Raum, der fremden Eingriffen entzogen ist".[596] Nach einer neueren Entscheidung komme der Privatheit die Aufgabe zu, „dem Einzelnen einen geschützten Lebensbereich gegenüber Einwirkung und Kenntnisnahme Anderer zu garantieren, egal ob öffentlicher Hoheitsträger oder einfacher Bürger. Dieser Schutzbereich ist mit dem Respekt seiner Würde als Person (Art. 10.1 C.E.) eng verbunden".[597]

3. Verfassungsrechtlicher Konflikt zwischen Informations-/ Meinungsfreiheit und der Privatheit

Auch im Bereich des Schutzes der Privatheit kann es zu verfassungsrechtlichen Konflikten mit der Meinungs- und der Informationsfreiheit kommen.

Eine Verletzung der Privatheit ist nach der Rechtsprechung durch die Wahrnehmung der Informationsfreiheit gerechtfertigt, wenn die Information wahr ist und ein allgemeines Interesse daran besteht.[598] Zu beachten ist auch, dass *personas públicas* stärkere Beeinträchtigungen ihrer Privatheit hinzunehmen haben, da sie in der politischen Diskussion stehen und freiwillig dieses Risiko auf sich genommen haben.[599] Allerdings ist auch hier ein öffentliches Interesse an den Informationen und Meinungen notwendig, welches bei Informationen aus dem privaten Bereich häufig fehlen wird.

---

591 STS de 13 de Marzo 1989.

592 *Concepción Rodríguez*, S. 45.

593 STS de 18 de Julio 1989.

594 STS de 19 de Junio 1990.

595 STS de 29 de Julio 1983.

596 STC 170/1987 de 30 de Octubre 1987.

597 STC 185/2002 de 14 de Octubre 2002.

598 STC 172/1990 de 12 de Noviembre 1990.

599 St. Rechtspr. seit: STC de 165/87 de 27 de Octubre 1987; STC 107/1988 de 08 de Junio 1988.

4. Schutz der Privatheit nach dem L.O. 1/1982

Das L.O. 1/1982 schützt die Privatheit zivilrechtlich. Sie ist verletzt, wenn ihr Schutzbereich betroffen ist, eine *intromisión ilegítima* i.S.d. Art. 7 vorliegt und nicht ausnahmsweise die Widerrechtlichkeit der Handlung entfällt, z.B. durch die Einwilligung des Betroffenen nach Art. 2.2.

a) Schutzbereich, Art. 2.1 L.O. 1/1982

Auch im Bereich der Privatheit muss zunächst geklärt werden, ob ihr Schutzbereich durch eine bestimmte Handlung betroffen ist. Wie bei allen Persönlichkeitsrechten ergibt sich auch hier wieder das oben gezeigte Problem einer Schutzbereichsbestimmung.

Große praktische Relevanz im Zusammenhang mit dem Schutz der Privatheit kommt auch hier dem eigenen Verhalten des Betroffenen („*propios actos*") zu. Nach Art. 2.1 soll er durch sein eigenes Verhalten den Rahmen und die Reichweite seines Persönlichkeitsschutzes bestimmen können. Die Grenzen der Privatheit einer extrovertierten Schauspielerin oder einer zurückgezogen lebenden Hausfrau sollen beispielsweise - nach Ansicht der Literatur - unterschiedlich zu bewerten sein.[600] Wenn jemand wiederholt Details aus seinem Intim- oder Privatleben offenbart, soll es den Medien gestattet sein, ohne Einwilligung des Betroffenen ähnliche Angelegenheiten zu veröffentlichen, von denen sie Kenntnis erhalten, da der Betroffene durch sein bisheriges Verhalten die weiten Grenzen des Bereichs, in dem er zurückgezogen leben möchte, festgelegt hat. Gleiches gilt für das Beispiel, dass jemand, dessen Nacktphotographien einmal unwidersprochen veröffentlicht wurden, dies auch in Zukunft dulden müsse.[601] Durch die Analyse des bisherigen Verhaltens einer Person werde ein Vertrauen in das jeweilige Verständnis der Reichweite der Persönlichkeitsrechte geschaffen, auf das sich z.B. ein Journalist berufen können muss, wenn er Photographien aus einem Bereich macht, in dem der Abgebildete sich bisher sehr freizügig gegeben hat.

Soweit ersichtlich, benutzte der *Tribunal Supremo* dieses Kriterium bisher nicht in dem gerade geschilderten Sinne, sondern allein zu Gunsten des Betroffenen. In dem Fall *Silvia Munt*, in dem es um „oben-ohne"-Photographien dieser spanischen Schauspielerin an einem einsamen Strand ging, zog er ihr eigenes Verhalten heran, um eine Verletzung ihrer *intimidad* zu begründen: Sie habe hier gerade die Einsamkeit gesucht. Ihrem eigenen Verhalten könne damit entnommen werden, dass sie sich damit ihrer geschützten Privatheit nicht entledigt habe.[602]

Wie oben im Zusammenhang mit Ehrverletzungen bereits dargelegt, können in diesem Zusammenhang Probleme hinsichtlich eines effektiven Persönlichkeits-

---

[600] *Crevillén Sánchez*, S. 87.

[601] *Clavería Gosálbez*, ADC 1983, S. 1251.

[602] STS de 29 de Marzo 1988 - „Silvia Munt".

schutzes auftreten, wenn der Betroffene sein Verhalten plötzlich ändert. Daher muss die Möglichkeit des Verletzers, sich auf das bisherige Verhalten des Betroffenen zu berufen, restriktiv gehandhabt werden.[603]

b) Verletzungshandlungen, Art. 7.1 - 7.4 L.O. 1/1982 („intromisiónes ilegítimas“)

In Art. 7 befassen sich gleich vier Absätze mit dem Schutz der Privatheit (Art. 7.1 - 7.4). Wie zu zeigen sein wird, haben dabei sowohl die Lehre *Prossers* als auch die deutsche Sphärentheorie Einfluss darauf gehabt. Allerdings ist die gesetzgeberische Umsetzung der von *Prosser* kategorisierten Verletzungen des *right of privacy* nur bedingt gelungen, wie die nähere Untersuchung zeigen wird. Allen Verletzungstatbeständen ist gemein, dass es sich bei den verbreiteten Informationen stets um wahre Tatsachen handeln muss.[604] Bei der Enthüllung unwahrer oder erfundener Tatsachen kommt nach spanischem Recht nur eine Verletzung der Ehre in Betracht.
Der Schutz der Privatheit lässt sich nach den Regelungen der Art. 7.1-7.3 aus drei Perspektiven betrachten.[605]

(1) Verletzung des Intimlebens und Erlangung intimer Informationen

Aus der ersten Perspektive ist der Blick auf die Erlangung von Informationen aus dem Intimleben gerichtet. Diesen Schutz übernehmen Art. 7.1 und 7.2, die als *intromisión ilegítima* erklären:

1. Das Aufstellen von Abhör-, Film-, optischen oder anderen Geräten an einem beliebigen Ort, wenn sie geeignet sind, das Intimleben von Personen aufzunehmen oder wiederzugeben.	*1. El emplazamiento en cualquier lugar de aparatos de escucha, de filmación, de dispositivos ópticos o de cualquier otro medio apto para grabar o reproducir la vida íntima de las personas.*

Nach Art. 7.1 genügt also schon allein das Aufstellen besagter Geräte für die Annahme einer Verletzung. Eine Aufnahme oder gar eine Verbreitung sind nicht erforderlich.[606] Eine Verletzung der Privatheit kann nach der Regelung „an einem beliebigen Ort“ damit auch vorliegen, wenn sich die betroffene Person nicht in ihrem häuslichen Bereich, sondern in der Öffentlichkeit aufhält. Somit ist das Intimleben auch in der Öffentlichkeit geschützt, was das Beispiel der

603 Dazu bereits oben: 1. Teil: E.I.4.a)(4).
604 STC 197/1991, F.J. 2.
605 *Pérez Royo*, S. 396 f.
606 *Royo Jara*, S. 140; *Vidal Martínez*, S. 115.

Photographien, die beim Anprobieren eines Bikinis in der Umkleidekabine eines Geschäftes aufgenommen wurden,[607] belegt. Mit dieser Regelung hat der spanische Gesetzgeber somit ein hohes Schutzniveau vor ungenehmigten Beeinträchtigungen des Intimlebens geschaffen.
Mit dem Schutz des Intimlebens befasst sich ebenfalls Art. 7.2. Als *intromisión ilegítima* gilt :

Der Gebrauch von Abhör-, optischen oder sonstigen Geräten, um Intimleben, Äußerungen oder Privatbriefe, die nicht an denjenigen gerichtet sind, der diese Geräte benutzt sowie ihre Aufnahme, Speicherung oder Wiedergabe.	*La utilización de aparatos de escucha, dispositivos ópticos, o de cualquier otro medio para el conocimiento de la vida íntima de las personas o de manifestaciones o cartas privadas no destinadas a quien haga uso de tales medios, así como su grabación, registro o reproducción.*

Im Unterschied zum ersten Absatz ist hier ein Gebrauch der genannten Geräte erforderlich. Beiden Absätzen ist aber gemein, dass die Erhebung von Informationen aus dem Intimleben anderer Personen zivilrechtlich verboten wird.
Auffällig ist, dass das Gesetz an dieser Stelle ausdrücklich vom Intimleben („*vida íntima*“) spricht. Im Unterschied dazu ist in den folgenden Absätzen des Art. 7 nur noch vom Privatleben („*vida privada*“) die Rede. Diese Unterscheidung zwischen Intim- und Privatbereich ist im deutschen Recht in Form der Sphärentheorie bekannt, die hier ihre Spuren im spanischen Recht hinterlassen hat. Mit der Formulierung, dass auch mit nicht ausdrücklich genannten „Geräten, die geeignet sind, das Intimleben aufzunehmen“, die Privatheit verletzt werden kann, möchte man dem technischen Fortschritt gerecht werden. Dem Gesetzgeber ist es nicht möglich, im Vorhinein alle technischen Entwicklungen vorherzusehen und den Einzelnen vor Persönlichkeitsverletzungen mit neuen Techniken zu schützen. Diese abstrakte Fassung ist daher gut überlegt und erlaubt, zukünftige technische Entwicklungen darunter zu subsumieren.[608] Als intime Informationen werden in der Rechtsprechung solche aus dem Bereich der Sexualität angesehen.[609] Allgemein fasst man darunter den Bereich, in dem der Mensch sich ohne die Einmischung Dritter frei entfalten kann und zu Recht Dinge vor Dritten verbergen kann.[610]

---

[607] STS de 22 de Marzo 2001.
[608] *Rovira Sueiro*, Responsabilidad civil, S. 86.
[609] STC 89/1987.
[610] *Cabezuelo Arenas*, S. 40.

Der Schutz der Privatheit in den Varianten der Art. 7.1 und 7.2 entspricht damit weitestgehend dem Schutz der Intimsphäre im deutschen Recht.

(2) Verletzung des privaten Bereichs und Verbreitung privater Informationen

Während sich die beiden ersten Absätze des Art. 7 allein mit dem Eindringen in den geschützten Bereich der Privatheit befassen, also mit der Informationserlangung, zielt die zweite Schutzrichtung des Schutzes der Privatheit auf die Verbreitung privater Informationen. Diesen Schutz nimmt Art. 7.3 wahr, in dem als *intromisión ilegítima* gilt:

Die Verbreitung von Tatsachen aus dem Privatleben einer Person oder Familie, die ihren Ruf oder guten Namen beeinträchtigen, jedenfalls die Enthüllung oder Veröffentlichung des Inhalts von Briefen, Erinnerungen oder anderen persönlichen Schriften mit intimem Charakter.	*La divulgación de hechos relativos a la vida privada de una persona o familia que afecten a su reputación y buen nombre, así como la revelación o publicación del contenido de cartas, memorias u otros escritos personales de carácter íntimo.*

Die Erlangung der Informationen braucht damit nicht rechtswidrig zu sein, verboten ist lediglich ihre Verbreitung. Auch rechtmäßig erlangte Informationen können nach dieser Vorschrift rechtswidrig verbreitet werden, wie z.B. in dem Fall, in dem eine Zeitung die Tatsache enthüllte, dass ein in Spanien bekannter Mann AIDS habe.[611]

Auffällig ist die Unterscheidung zwischen der Erlangung von Informationen aus dem Intimleben (Art. 7.1) und der hier verbotenen Verbreitung privater Informationen. Darin wird die vom Gesetzgeber beabsichtigte Unterscheidung zwischen diesen beiden geschützten Bereichen deutlich. Differenzierung kann wiederum auf die Sphärentheorie zurückgeführt werden, die damit auch zum Teil in Spanien Anerkennung gefunden hat.[612] Der *Tribunal Supremo* benutzt sogar ausdrücklich den Begriff „*esfera privada*“, womit sich wieder ein Hinweis auf die deutsche Sphärentheorie findet. Er versteht darunter den „Bereich einer Person, der weder geheim, noch intim ist, aber der den Respekt aller Menschen verdient, weil er für die Garantie einer normalen Entwicklung und Ruhe nötig ist“.[613] Die Literatur fasst unter dem Ausdruck „*vida privada*“ alle Äußerungen des Einzel-

611 STS de 18 de Julio 1988.
612 *Cabezuelo Arenas*, S. 32 ff.
613 STS de 20 de Febrero 1989.

nen zusammen, die außerhalb der öffentlichen Beobachtung und der Rolle in der Öffentlichkeit gemacht werden.[614]

Die in diesem Absatz deutlich zum Ausdruck kommende sachfremde und verwirrende Vermischung und Verwechselung von Privatheit und Ehre ist oft kritisiert worden:[615] Geht man allein nach dem Wortlaut des Art. 7.3, liegt eine Persönlichkeitsverletzung nur dann vor, wenn die Enthüllung der privaten Tatsachen den Betroffenen gleichzeitig auch in seiner Ehre beeinträchtigt. Bei fehlender Rufbeeinträchtigung stellt nach Art. 7.3 nur die Offenlegung bestimmter Schriftstücke eine Verletzung der Privatheit dar. Der Gesetzgeber scheint also von der Überzeugung geleitet gewesen zu sein, dass eine Veröffentlichung von Informationen aus dem Privatleben immer auch eine Ehrverletzung mit sich bringe. Dies entspricht aber nicht der praktischen Wirklichkeit. Ob der Ruf des Betroffenen bei einer Verbreitung von Privatangelegenheiten leidet oder nicht, darf vielmehr für die hier interessierende Frage, ob ein Eingriff in seinen Privatbereich gegeben ist, nicht von Bedeutung sein. Beim Schutz der *intimidad* muss es allein um die Frage gehen, ob ein Eingriff in den geschützten privaten Bereich vorliegt. Es darf nicht Gegenstand der Privatheit sein, die Frage zu entscheiden, ob gleichzeitig auch die Ehre der betroffenen Person verletzt ist, da man ansonsten die streng voneinander zu trennenden *derechos de la personalidad* vermischt. Der spanische Gesetzgeber wollte hier die Enthüllung privater Informationen regeln, die bei *Prosser* als *disclosure of private facts* kategorisiert ist und was grundsätzlich vernünftig erscheint. Nicht zu erklären ist aber, warum nur die Verbreitung bestimmter schriftlicher Tatsachen eine Verletzung der Privatheit darstellt, wenn es an der Ehrenrührigkeit der verbreiteten Informationen fehlt.[616] Die gesetzgeberische Umsetzung ist daher an dieser Stelle verfehlt und kann nur zur Verminderung des Schutzes des Privatlebens führen.[617] Nach dem Wortlaut des Gesetzes wäre zum Beispiel die Veröffentlichung der Adresse und Telefonnummer eines Prominenten, der beides immer geheim gehalten hatte, keine Verletzung der Privatheit, da es hier an der erforderlichen Rufbeeinträchtigung fehlt. Der Schutz der Privatheit ist somit nach der spanischen Gesetzeslage lückenhaft. Die gewählte Fassung des Gesetzestextes legt den Eindruck nahe, dass der spanische Gesetzgeber damit die im amerikanischen Recht bekannte Figur der *placing a person in false light* ebenfalls hier umsetzen wollte, indem er auf die Rufbeeinträchtigung abstellte. Dabei hat er aber zwei nach spanischem Recht streng von einander zu trennende Persönlichkeitsrechte vermischt und den zivilrechtlichen Persönlichkeitsschutz damit geschmälert.

---

614 *Cabezuelo Arenas*, S. 40.

615 *Bustos Pueche*, S. 142; *Fayos Gordó*, S. 368; *Herrero-Tejedor*, Honor, Intimidad e Imagen, S. 200.

616 *Fayos Gordó*, S. 368.

617 *Fayos Gordó*, S. 370; *Herrero-Tejedor*, Honor, Intimidad e Imagen, S. 65.

Um trotz dieser Schutzlücken den Schutz der Privatheit angemessen gewährleisten zu können, hat sich die Rechtsprechung im Einzelfall auf die offene Ausgestaltung des Art. 7 besonnen und daher weitere Verletzungstatbestände - außer den ausdrücklich genannten - anerkennt. Hängt man - wie *Herrero-Tejedor* - der gegenteiligen Auffassung an, nämlich dass die Tatbestände des Art. 7 eine abschließende Regelung bilden,[618] muss man zur Verfassungswidrigkeit des L.O. 1/1982 in dieser Hinsicht kommen, da der lückenhafte Schutz der Privatheit gegen Art. 18.1 C.E. verstößt. Dann kann nur eine dringende Reform des Gesetzes die Verfassungswidrigkeit ausschließen.[619]

Die Rechtsprechung legt Art. 7.3 daher zu Recht in dem Sinne aus, dass auf das Erfordernis der Rufbeeinträchtigung bei der Offenlegung privater Tatsachen verzichtet wird.[620] Der zu enge und somit für den Betroffenen nachteilige Wortlaut des Art. 7.3 wird damit von der Rechtsprechung erweitert. Nur dadurch kann dem Betroffenen ein angemessener Schutz seines geschützten Privatlebens gewährt werden. Nach diesem von der Rechtsprechung geprägten Ergebnis entspricht der Schutz der *intimidad* nach Art. 7.3 damit dem Schutz der Privatsphäre im deutschen Recht. Nochmals muss aber darauf hingewiesen werden, dass dieser Schutz im spanischen Recht nur der Rechtsprechung zu verdanken ist, da nach dem reinen Gesetzeswortlaut beträchtliche Schutzlücken bestehen.

Diese unglückliche und zu enge Regelung des Schutzes des Privatlebens im spanischen Recht unterstreicht übrigens die in der deutschen Diskussion über die Kodifizierung des zivilrechtlichen Persönlichkeitsschutzes oft geäußerte Befürchtung, der Beurteilungsspielraum der Gerichte werde bei einer positiven Kodifizierung zu Lasten des Persönlichkeitsschutzes eingeschränkt.[621] Wenn eine gesetzliche Regelung zu enge Tatbestände und damit bestimmte, zu enge Voraussetzungen vorgibt, bei deren Vorliegen eine Persönlichkeitsverletzung gegeben ist, kann es zu Schutzlücken kommen, da die Gerichte regelmäßig nicht von der gesetzlichen Vorgabe abweichen können. Nur bei weiten Regelungen, unter die alle denkbaren Fälle von Persönlichkeitsverletzungen subsumiert werden können, kann daher ein wirksamer Persönlichkeitsschutz garantiert werden.

(3) **Berufsgeheimnis und Vertrauensbruch**

Schließlich lässt sich der Schutz der Privatheit noch unter einer dritten Perspektive betrachten: dem Vertrauensbruch. Diese Konstellation meint Art. 7.4, in dem als *intromisión ilegítima* gilt:

---

618 *Herrero-Tejedor*, Honor, Intimidad e Imagen, S. 188 f.
619 *Herrero-Tejedor*, Honor, Intimidad e Imagen, S. 202.
620 *López Díaz*, S. 274 f.
621 *Macke*, Verhandlungen des 58. DJT, 1990, S. K 112.

Die Enthüllung privater Daten einer Person oder Familie, die dem Verletzer durch seine berufliche oder amtliche Tätigkeit bekannt sind.

La revelación de datos privados de una persona o familia conocidos a través de la actividad profesional u oficial de quien los revela.

In dieser Vorschrift wird dem Betroffenen Schutz gewährt, wenn er freiwillig Informationen aus seinem privaten Bereich preisgegeben hat. Die Verletzung besteht dann in der Enthüllung dieser freiwillig herausgegeben Informationen. Literatur und Rechtsprechung folgen bei der Anwendung dieses Absatzes einer wortlautgetreuen Auslegung. Es muss sich bei den verbreiteten Informationen somit nicht notwendig um Geheimnisse handeln.[622] Im Zusammenhang mit Medienberichterstattungen stellt sich die Frage nach der Rechtmäßigkeit von Veröffentlichungen von Tatsachen, von denen Reporter und Journalisten im Rahmen ihrer Tätigkeit Kenntnis erlangen. Nach dem Wortlaut des Art. 7.4 könnte man zu dem Schluss kommen, dass ihnen dies untersagt sei. Jedoch wenden die Gerichte Art. 7.4 nicht auf diese Personen an.[623] Als berufliche Tätigkeit im Sinne des Art. 7.4 gilt nur diejenige, bei der man Tatsachen erfährt, die man aufgrund des Berufsgeheimnisses nicht weitergeben darf. Bei Reportern und Journalisten besteht die berufliche Tätigkeit aber gerade darin, die Allgemeinheit über bestimmte Vorgänge zu informieren.

c) Ausnahmen

Es bestehen auch beim Schutz der Privatheit gesetzlich vorgesehene Ausnahmen vom Grundsatz der Widerrechtlichkeit einer *intromisión ilegítima*.

(1) Einwilligung, Art. 2 L.O. 1/1982

Zunächst gelten hier die Tatbestände des Allgemeinen Teils des Gesetzes.
Bei Vorliegen einer Einwilligung oder einer gesetzlichen Ermächtigungsgrundlage ist ein Eingriff in die Privatheit danach nicht widerrechtlich (Art. 2). Die Einwilligung spielt bei Eingriffen in die Privatheit eine große praktische Rolle. Im täglichen Geschäft der so genannten „Herzenspresse" („*prensa de corazón*") wird sie oftmals vertraglich gegen Geldzahlungen gewährt, was zu Problemen hinsichtlich ihrer freien Widerrufbarkeit führen kann.[624] Ansonsten bestehen auch hier die oben im Zusammenhang mit Ehrverletzungen dargestellten Grundsätze: Die Einwilligung muss danach ausdrücklich erteilt werden ist und jederzeit frei widerruflich (Art. 2.2, 2.3).

---

[622] STS de 30 de Octubre 1997; *Rovira Sueiro*, Responsabilidad civil, S. 94.
[623] STS de 23 de Febrero 1998.
[624] Dazu ausführlich: 1. Teil: E.V.

Bezüglich der zweiten Ausnahme, der gesetzlichen Ermächtigungsgrundlage, bestehen viele einzelne Regelungen, die es gestatten, in die Privatheit des Einzelnen einzugreifen. Ein praxisrelevantes Beispiel dafür kann das Datenschutzgesetz L.O. 15/1999 bieten, auf das unten näher einzugehen sein wird.[625]

(2) **Personas públicas**

Wie bei der Ehre haben *personas públicas* auch im Bereich des Schutzes ihrer Privatheit mehr zu erdulden als Privatpersonen. Dies ergibt sich wiederum aus dem öffentlichen Interesse an der Berichterstattung über diese Personen und wird aus Art. 20.1 C.E. hergeleitet. Das Intimleben stellt allerdings auch bei diesen Personen die absolute Grenze der Informationsfreiheit dar, die nicht überschritten werden darf. Ferner muss die Information wahr sein, da nur an der Verbreitung dieser Informationen ein öffentliches Interesse bestehen kann und nur wahre Informationen unter dem Schutz von Art. 20.1 C.E. stehen.[626]

(3) **Art. 8.1 L.O. 1/1982**

Auch im Schutzbereich der Privatheit bildet Art. 8.1 eine weitere gesetzliche Ausnahme vom Grundsatz der Widerrechtlichkeit einer Verletzung nach den Art. 7.1 - 7.4. In den Fällen, in denen Eingriffe durch die „zuständige Behörde in Übereinstimmung mit dem Gesetz genehmigt werden oder in denen ein historisches, wissenschaftliches oder kulturelles Interesse überwiegt“ (Art. 8.1), ist keine Verletzung der Privatheit gegeben. Ein historisches Interesse wurde beispielsweise in dem Fall der Berichterstattung über das Leben der letzten in Spanien hingerichteten Frau bejaht.[627]

Im Gegensatz zum oben behandelten besonderen Persönlichkeitsrecht der Ehre haben die zwei Alternativen dieser Ausnahme hier eine große praktische Bedeutung. Die Rechtsprechung des *Tribunal Constitucional* und des *Tribunal Supremo* legt die zweite Alternative der Ausnahme, das Vorliegen eines historischen, wissenschaftlichen oder kulturellen Interesses, über den reinen - und zu engen - Wortlaut hinaus weit aus. Die genau bezeichneten schützenswerten Interessen werden von der Rechtsprechung weiter abstrahiert, um Schützlücken des zu engen Gesetzeswortlautes zu vermeiden. Danach muss ein „zwingendes öffentliches Interesse“ („*imperativo de interés público*“) vorliegen, um Eingriffe in die Privatheit zu rechtfertigen.[628] Reine Neugier reicht dafür nicht aus.[629] Damit nimmt die Rechtsprechung indirekt einen Verbesserungsvorschlag aus den Verhandlungen zu dem Gesetz auf. Darin wurde seinerzeit vorgeschlagen, als weitere Ausnahme in Art. 8.1 solche Informationen aufzunehmen, die dazu dienen,

---

[625] Dazu ausführlich: 1. Teil: E.II.7.

[626] *Romero Coloma*, S. 40.

[627] STS von 30 de Diciembre 1989

[628] STC 110/1984 de 26 de Noviembre 1984; STS de 21 de Febrero 2000.

[629] *Crevillén Sánchez*, S. 88.

das „legitime allgemeine Interesse“ zu befriedigen.[630] Dieser Vorschlag wurde nicht in das Gesetz aufgenommen, so dass es an der Rechtsprechung lag, dem unvollständigen Gesetz zu seiner Wirkung zu verhelfen. Diese Variante wird in der Praxis vielfach im Zusammenhang mit dem Recht am eigenen Bild vorkommen, wie noch zu zeigen sein wird.[631]

5. Beispielsfall: Isabel Preysler und die „duelos de patio de colegio“

Einen Beispielsfall aus der jüngsten spanischen Rechtsprechung, der dort die Gemüter bis in die Gegenwart erregt, bilden die Umstände um *Isabel Preysler*. Dieses Beispiel ist nicht nur für das Verständnis des Schutzes der Privatheit im spanischen Recht interessant, sondern fällt vor allem wegen des offenen Streites zwischen dem *Tribunal Supremo* und dem *Tribunal Constitucional* in dieser Frage auf, der in der Literatur als „Schulhof-Duell“ („*duelos de patio de colegio*“) eingegangen ist.[632] Auch wenn eine detaillierte Auseinandersetzung mit Problemen des Geldersatzes nach spanischem Recht noch folgen wird, erscheint ein Blick auf diesen Beispielsfall auch unter diesem Aspekt eindrucksvoll:
Eine frühere Hausangestellte von *Isabel Preysler*, der Ex-Frau des bekannten spanischen Sängers *Julio Iglesias*, hatte einer Illustrierten Informationen aus dem privaten Bereich ihrer ehemaligen Arbeitgeberin zur Verfügung gestellt, die von dieser veröffentlicht wurden. Es ging im Einzelnen um bestimmte - teilweise unwichtige - private Gewohnheiten von *Isabel Preysler*, dass sie „Pickel habe“ und eine Krokodilledermappe besitze. Ferner waren ihr familiärer Alltag und der Inhalt ihrer Kleiderschränke Gegenstand der Veröffentlichung sowie ihr Verhältnis zu ihren Töchtern und ihren Ex-Ehemännern. Während die erste Instanz der Betroffenen wegen der Persönlichkeitsverletzung einen Schadensersatz in Höhe von 5 Millionen Peseten (ca. 30.000 EUR) gewährte[633] und die zweite diesen verdoppelte,[634] hob der *Tribunal Supremo* dieses Urteil auf und setzte die Schadensersatzsumme auf 25.000 Peseten (ca. 150 EUR) fest.[635]
Der *Tribunal Constitucional* hob wiederum mit Urteil vom 05.05.2000 das Urteil des *Tribunal Supremo* auf: Die Illustrierte habe von dem Vertrauensbruch der ehemaligen Hausangestellten gewusst und die veröffentlichten Informationen hätten keine öffentliche Relevanz. Damit bediene die Illustrierte nur die öffentliche Neugier, die keinen grundrechtlichen Schutz genieße.[636] Die Sache

[630] *Herrero-Tejedor*, Honor, Intimidad e Imagen, S. 162.
[631] Dazu ausführlich: 1. Teil: E.III.3.b)(2).
[632] *Vila Lozano*, Diario La Ley 17/2001, Nr. 5699.
[633] Juzgado de Primera Instancia núm. 32 de Barcelona de 23 de Mayo 1991.
[634] SAT de Barcelona de 12 de Enero 1993.
[635] STS de 31 de Diciembre 1996 - „Isabel Preysler I”.
[636] STC 115/2000 de 05 de Mayo 2000 - „Isabel Preysler I”.

wurde erneut an den *Tribunal Supremo* verwiesen. Dieser bestimmte zum zweiten Mal eine Schadensersatzsumme von 25.000 Peseten.[637]
Die Betroffene erhob erneut Klage vor dem *Tribunal Constitucional*, der schließlich das Urteil des *Tribunal Supremo* aufhob und direkt das ursprüngliche Urteil der *Audiencia Provincial de Barcelona* wieder herstellte, ohne die Sache wieder an den Tribunal Supremo zu verweisen. Dies wurde u.a. wegen der fehlenden Auseinandersetzung der des *Tribunal Supremo* mit den Bemessungskriterien über die Schadensersatzhöhe begründet.[638] Außerdem solle der Betroffenen „schnell geholfen" werden, so dass eine Verweisung an den *Tribunal Supremo* unterblieb.
Der *Tribunal Constitucional* bestimmte damit selber die Schadensersatzhöhe anstelle des *Tribunal Supremo*. Er setzte in diesem einzigartigen Fall seine eigenen Erwägungen an die Stelle des zuständigen Zivilgerichts und handelte somit *de facto* als weitere Instanz. Dabei ist zu beachten, dass eine tatbestandliche Verletzung der Privatheit von keiner Seite jemals in Zweifel gezogen wurde. Es ging allein um die Höhe des Schadensersatzes, die der *Tribunal Constitucional* in extrem weiter Auslegung seiner Kompetenz selbst bestimmte, womit er eigentlich als weitere Instanz über dem *Tribunal Supremo* handelte.

6. Recht auf Vergessenwerden („Derecho al olvido")

An mehreren Stellen wurde das *derecho al olvido* - das Recht auf Vergessenwerden - bereits angesprochen. Dieses Recht wurde zum ersten Mal 1931 in der amerikanischen Rechtsprechung in dem Fall *Melvin v. Reid* anerkannt, in dem es um einen Film über das Leben einer ehemaligen Prostituierten ging, die mittlerweile ein anständiges und sittsames Leben führte. Die Rechtsprechung gestand der Betroffenen damals ein Recht auf Vergessenwerden zu, in das durch die Berichterstattung eingegriffen wurde.
Der starke Einfluss ausländischer - besonders der amerikanischen - Rechtsordnungen auf das spanische Recht im Bereich des Schutzes der Privatheit macht sich auch hier bemerkbar. Das *derecho al olvido* wurde in das spanische Recht rezipiert und findet sich dort als Aspekt des Schutzes der Privatheit wieder. Es bildet aber kein eigenständiges *derecho de la personalidad.*[639] Es besteht in dem Selbstbestimmungsrecht des Einzelnen über die Entscheidung, ob schon lange zurückliegende Vorgänge über ihn an die Öffentlichkeit gebracht und damit aus der Vergessenheit geholt werden.[640] Ein Beispiel aus der spanischen Rechtsprechung dafür ist die Klage gegen die TV-Sendung „*La huella del crimen*".[641] In dieser Sendung ging es um die Taten einer Frau, die Ende der 1950-er Jahre

---

637 STS de 20 de Julio 2000 - „Isabel Preysler II".
638 STC 186/2001 de 17 de Septiembre 2001 - „Isabel Preysler II".
639 *López Díaz*, S. 284.
640 *López Díaz*, S. 284 f.
641 Juzgado de Primera Instancia Num. 15 de Madrid de 23 de Septiembre 1986.

hingerichtet wurde und als „Vergifterin von Valencia" („*La envenenadora de Valencia*") bekannt wurde. Das Gericht sah das „Wiedererleben ihrer traurigen Geschichte im Jahre 1985" als Verletzung der Erinnerung an sie an. Darin liege eine Verletzung der Privatheit ihrer Familienangehörigen.[642] Der *Tribunal Supremo* hob dieses Urteil jedoch unter Hinweis auf das geschichtliche Interesse an einer solchen Berichterstattung (Art. 8.1) auf.[643]
Damit entspricht dieser Aspekt der Privatheit im spanischen Recht dem Verfügungsrecht über die Darstellung der eigenen Person als Ausprägung des allgemeinen Persönlichkeitsrechts im deutschen Recht.

7. Weitere Vorschriften

Neben dem L.O. 1/1982 existiert noch eine Vielzahl weiterer Vorschriften, die sich mit der Privatheit befassen. Zum Teil bilden sie Ermächtigungsgrundlagen, um in dieses Recht einzugreifen, sind also *Leyes orgánicas* nach Art. 2.1. Teilweise handelt es sich aber auch um Gesetze, die den Schutz der Privatheit weiter festigen und müssen damit nicht zwingend *Leyes orgánicas* sein.
Die wichtigsten Vorschriften sind im Folgenden genannt.

a) Gesundheitswesen: Ley 14/1986

Ein Schutz der Privatheit ist neben dem L.O. 1/1982 auch in dem *Ley 14/1986 de General de Sanidad* (Gesetz über das Gesundheitswesen) vorgesehen. In seinem Art. 10.1 wird allen Personen im Zusammenhang mit der Verwaltung im öffentlichen Gesundheitswesen das Recht auf Achtung der Persönlichkeit, Menschenwürde und Privatheit („*respeto a su personalidad, dignidad humana e intimidad*") gewährt.[644]

b) Öffentliche Statistiken: Ley 12/1989

Das Sammeln von Daten zu statistischen Zwecken richtet sich nach Art. 4.1 *Ley de la función estadística pública* (Gesetz über öffentliche Statistiken) nach den Geheimnisgrundsätzen, dem Grundsatz der Transparenz, dem Grundsatz der Verhältnismäßigkeit und der Spezialität.[645]
Nach Art. 13.3 dieses Gesetzes stehen persönliche Daten, die Statistikbehörden verarbeiten, unter einem besonderen Schutz. Das Statistikgeheimnis verbietet es

---

642 Juzgado de Primera Instancia Num. 15 de Madrid de 23 de Septiembre 1986.
643 STS de 30 de Diciembre 1989.
644 Art. 10.1 Ley 14/1986: „*1. Todos tienen los siguientes derechos con respecto a las distintas administraciones públicas sanitarias:*
Al respeto a su personalidad, dignidad humana e intimidad, sin que pueda ser discriminado por razones de raza, de tipo social, de sexo, moral, económico, ideológico, político o sindical."
645 Art. 4.1 Ley 12/1989: „*1. La recogida de datos con fines estadísticos se ajustará a los principios de secreto, transparencia, especialidad y proporcionalidad.*"

der Statistikbehörde, persönliche Daten weiterzuverbreiten.[646] Die Behörde hat die notwendigen technischen und organisatorischen Maßnahmen zu treffen, um diese Informationen zu schützen (Art. 4.2).[647] Der Verhältnismäßigkeitsgrundsatz besagt in diesem Zusammenhang, dass ein ausgewogenes Verhältnis zwischen der Menge der gesuchten Informationen und dem Ergebnis aus diesen Informationen bestehen muss (Art. 4.5).[648] Die Erhebung von Daten mit Bezug zum ethnischen Ursprung („*origen étnico*"), politischen Meinungen, religiösen oder weltanschaulichen Überzeugungen ist nur auf freiwilliger Basis des Betroffenen und nur mit seiner zuvor erteilten ausdrücklichen Zustimmung möglich. Allgemein gilt dies für alle Umstände, die die persönliche und familiäre Privatheit beeinträchtigen können.[649]

c) **Verwaltungsverfahren: Ley 30/1992**

Das *Ley 30/1992 de Régimen Jurídico de las Administraciones Públicas y del Procedimiento Administrativo Común* regelt das Verwaltungsverfahren. Art. 37.1 dieses Gesetzes erlaubt den Bürgern Akteneinsicht in Verwaltungsarchive. Dieser Zugang ist aber ausgeschlossen, wenn die Akten Informationen über die Privatheit Anderer enthalten.[650]

---

[646] Art. 13.3 Ley 12/1989: „*3. El secreto estadístico obliga a los servicios estadísticos a no difundir, en ningún caso, los datos personales cualquiera que sea su origen.*"

[647] Art. 4.2 Ley 12/1989: „*2. A fin de garantizar el secreto estadístico, además de observarse las prescripciones contenidas en el Capítulo III del presente Título, los servicios estadísticos estarán obligados a adoptar las medidas organizativas y técnicas necesarias para proteger la información.*"

[648] Art 4.5 Ley 12/1989: „*5. En virtud del principio de proporcionalidad, se observará el criterio de correspondencia entre la cuantía de la información que se solicita y los resultados que de su tratamiento se pretende obtener.*"

[649] Art. 11.2 Ley 12/1989: „*2. En todo caso, serán de aportación estrictamente voluntaria y, en consecuencia, sólo podrán recogerse previo consentimiento expreso de los interesados los datos susceptibles de revelar el origen étnico, las opiniones políticas, las convicciones religiosas o ideológicas y, en general, cuantas circunstancias puedan afectar a la intimidad personal o familiar.*"

[650] Art. 37 Ley 30/1992: „*1. Los ciudadanos tienen derecho a acceder a los registros y a los documentos que, formando parte de un expediente, obren en los archivos administrativos, cualquiera que sea la forma de expresión, gráfica, sonora o en imagen o el tipo de soporte material en que figuren, siempre que tales expedientes correspondan a procedimientos terminados en la fecha de la solicitud.*

2. El acceso a los documentos que contengan datos referentes a la intimidad de las personas estará reservado a éstas, que, en el supuesto de observar que tales datos figuran incompletos o inexactos, podrán exigir que sean rectificados o completados, salvo que figuren en expedientes caducados por el transcurso del tiempo, conforme a los plazos máximos que determinen los diferentes procedimientos, de los que no pueda derivarse efecto sustantivo alguno.

3. El acceso a los documentos de carácter nominativo que sin incluir otros datos pertenecientes a la intimidad de las personas figuren en los procedimientos de aplicación

d) **Datenschutz: L.O. 15/1999**

Das L.O. 15/1999 *de Protección de Datos de Carácter Personal* (Gesetz über den Schutz persönlicher Daten) löste 1999 das bisher geltende L.O. 5/1992 *de Regulación del tratamiento automatizado de los datos de carácter personal* (Gesetz über die automatische Verarbeitung persönlicher Daten) ab.[651] Nach seinem Art. 1 hat das Gesetz die ausdrückliche Aufgabe, den Einzelnen „vor Eingriffen in seine persönliche und familiäre Privatheit und in seiner Ehre zu schützen".[652] In diesem Gesetz geht es um die „Sammlung, Erhebung, Speicherung, Bearbeitung, Sperrung oder Löschung aller Informationen über eine bestimmte oder identifizierbare natürliche Person".[653] Ausgenommen vom Schutzbereich dieses Gesetzes sind „Daten für den persönlichen Gebrauch" (Art. 2.2a L.O. 15/1999).[654] Die Erhebung persönlicher Daten „auf betrügerische, treuwidrige oder rechtswidrige Weise" ist nach Art. 4.7 L.O. 15/1999 verboten.[655] Unter dem besonderen Schutz dieses Gesetzes stehen „Daten über den Glauben, die Religion und die Ideologie" (Art. 7.1 L.O. 15/1999).[656] Auch die Erhebung, Behandlung und Weitergabe von Informationen, die mit der „rassischen oder ethnischen Herkunft („*origen racial o étnico*"), der Gesundheit oder dem Sexualleben" im Zusammenhang stehen, ist nur aus Gründen eines allgemeinen Interes-

---

del derecho, salvo los de carácter sancionador o disciplinario, y que, en consideración a su contenido, puedan hacerse valer para el ejercicio de los derechos de los ciudadanos, podrá ser ejercido, además de por sus titulares, por terceros que acrediten un interés legítimo y directo."

651 *Koch* übersieht dies. Die von ihm mehrfach genannte „*privacidad*" (*Koch*, S. 18 f.) im L.O. 5/1992 ist im L.O. 15/1999 mittlerweile nicht mehr zu finden.

652 Art. 1 L.O. 15/1999: „*La presente Ley Orgánica tiene por objeto garantizar y proteger, en lo que concierne al tratamiento de los datos personales, las libertades públicas y los derechos fundamentales de las personas físicas, y especialmente de su honor e intimidad personal y familiar.*"

653 Art. 3 L.O. 15/1999: „*3. A los efectos de la presente Ley Orgánica se entenderá por: a) Datos de carácter personal: cualquier información concerniente a personas físicas identificadas o identificables. (...) c) Tratamiento de datos: operaciones y procedimientos técnicos de carácter automatizado o no, que permitan la recogida, grabación, conservación, elaboración, modificación, bloqueo y cancelación, así como las cesiones de datos que resulten de comunicaciones, consultas, interconexiones y transferencias.*".

654 Art. 2.2 L.O. 15/1999: „*2. El régimen de protección de los datos de carácter personal que se establece en la presente Ley Orgánica no será de aplicación: a) A los ficheros mantenidos por personas físicas en el ejercicio de actividades exclusivamente personales o domésticas.*".

655 Art. 4.7 L.O. 15/1999: „*7. Se prohíbe la recogida de datos por medios fraudulentos, desleales o ilícitos.*".

656 Art. 7.1 L.O. 15/1999: „*1. De acuerdo con lo establecido en el apartado 2 del artículo 16 de la Constitución, nadie podrá ser obligado a declarar sobre su ideología, religión o creencias.*".

ses gestattet, wenn ein Gesetz dies vorsieht oder der Betroffene ausdrücklich einwilligt.[657]

e) Spezieller Minderjährigenschutz: L.O. 1/1996

Wie im Bereich des Ehrenschutzes stellt das L.O. 1/1996 einen speziellen Schutz der Privatheit Minderjähriger auf. Nach diesem Gesetz haben Minderjährige ein „Recht auf (...) persönliche und familiäre Privatheit", was nach Art. 4.1 L.O. 1/1996 auch die „Unverletzlichkeit der Wohnung („*domicilio familiar*"), des Briefverkehrs („*correspondencia*") und das Fernmeldegeheimnis („*secreto de las comunicaciones*") umfasst".[658]

Im Übrigen ist der Schutz der Privatheit im L.O. 1/1996 ebenso ausgestaltet wie der oben bereits behandelte Ehrenschutz. Verletzungen sind also auch trotz gegebener Einwilligung des Minderjährigen oder seiner gesetzlichen Vertreter möglich.

8. Zusammenfassung

Das besondere Persönlichkeitsrecht der Privatheit wird in Spanien in verfassungsrechtlicher Hinsicht in Art. 18.1 C.E. und in zivilrechtlicher Hinsicht vor allem im L.O. 1/1982 (Art. 7.1 - 7.4) geschützt. Daneben existieren noch viele andere, meist öffentlich-rechtliche Gesetze, die sich mit dem Schutz der *intimidad* auseinander setzen. Im Gegensatz zum besonderen Persönlichkeitsrecht der Ehre stellt das der Privatheit ein in Spanien bis weit in die zweite Hälfte des 20. Jahrhunderts unbekanntes Recht dar. Erst durch den Einfluss ausländischer Rechtsordnungen, z.B. der französischen, vor allem aber der amerikanischen, wurde dieses Persönlichkeitsrecht mit Konturen im spanischen Recht versehen und 1978 gesetzlich anerkannt. Nach dem L.O. 1/1982 ist die Privatheit bei der Erlangung intimer Informationen (Art. 7.1, 7.2), der Verbreitung privater Informationen (Art. 7.3) oder bei einem Vertrauensbruch im Zusammenhang mit der Verletzung des Berufsgeheimnisses (Art. 7.4) verletzt. Die gesetzgeberische Redaktion dieser Vorschriften ist zum Teil stark missglückt, so dass ein wirksamer Schutz der Privatheit erst durch die Rechtsprechung der spanischen Gerichte erreicht werden konnte. Dies gilt insbesondere für die Regelung des Art. 7.3, in dem der Schutz der Privatheit mit Elementen des Ehrenschutzes unzulässig vermischt ist. Beeinträchtigungen der Privatheit sind in der Praxis in erster Linie dann vom Betroffenen zu dulden, wenn sich der Verletzer darauf berufen kann, ein allgemeines öffentliches Informationsinteresse zu befriedigen. Die reine

---

[657] Art. 7.3 L.O. 15/1999: „*3. Los datos de carácter personal que hagan referencia al origen racial, a la salud y a la vida sexual sólo podrán ser recabados, tratados y cedidos cuando, por razones de interés general, así lo disponga una ley o el afectado consienta expresamente.*".

[658] Art. 4.1 L.O. 1/1996: „*1. Los menores tienen derecho al honor, a la Intimidad personal y familiar y a la propia imagen. Este derecho comprende también la inviolabilidad del domicilio familiar y de la correspondencia, así como del secreto de las comunicaciones.*".

Neugier der Öffentlichkeit reicht allerdings nicht aus, Eingriffe in die Privatheit des Einzelnen zu rechtfertigen.

III. Derecho a la propia imagen - Recht am eigenen Bild

Neben der Ehre und der persönlichen und familiären Privatheit ist sowohl in Art. 18.1 C.E. als auch im L.O. 1/1982 das Recht am eigenen Bild („*derecho a la propia imagen*") als weiteres *derecho de la personalidad* anerkannt.[659] In Spanien hat man - wie in Deutschland - die steigende Bedeutung und die Notwendigkeit eines wirksamen Schutzes dieses Persönlichkeitsrechts erkannt. Man ist sich dort ebenfalls der Gefahr für den Einzelnen bewusst, dass sein Bild ungewollt festgehalten und veröffentlicht wird. Diese Gefahr erhöht sich ständig durch fortschreitende Kameratechnik.[660] Streitigkeiten, in denen sich insbesondere Prominente gegen ihre ungenehmigte bildliche Darstellung wehren, nehmen in diesem Zusammenhang - wie in Deutschland - einen besonders großen Raum ein. Die Bilder Prominenter zieren nicht nur in großem Umfang die Seiten der Zeitungen und Zeitschriften, sie finden sich auch in Werbeanzeigen und anderen Veröffentlichungen wieder.[661] Es besteht die Gefahr, dass sich „Prominente teilweise kaum noch vor die Tür trauen" können, wo sie von Reportern bereits erwartet werden, die nicht davor zurückschrecken, sie selbst in intimen Momenten zu photografieren oder zu filmen.[662] Die aus vielen Ländern bekannten Probleme mit *Paparazzi* existieren auch in Spanien. Kürzlich hatte der *Tribunal Supremo* beispielsweise über die Veröffentlichung von Photographien spanischer Prominenter in einer Illustrierten zu befinden, die sie in ihrem Ferienhaus zeigten und die von außerhalb des Grundstücks mit Teleobjektiven aufgenommen wurden.[663] Aufsehen erregt hat auch der Fall, in dem ein bekannter spanischer Geschäftsmann mit seiner weiblichen Begleitung in Kenia von seinen eigenen Familienangehörigen photografiert wurde und sich diese Photographien später in einer Illustrierten wiederfanden.[664]

Wie im Schutzbereich der Privatheit fällt auch beim *derecho a la propia imagen* der Einfluss ausländischer Rechtsordnungen in Spanien auf. Die spanische Literatur wird im Bereich des Rechts am eigenen Bild stark von ausländischen Rechtsordnungen, besonders der nordamerikanischen, aber auch der italienischen, beeinflusst. So wird z.B. der erste bekannte Fall, in dem das Recht am eigenen Bild aus kommerziellen Gründen beeinträchtigt wurde (*Robertson v.*

---

[659] Das Recht am eigenen Bild nach spanischem Recht ist in Deutschland bisher kaum Gegenstand der Untersuchung gewesen. *Koch* läßt es beinahe völlig aus. Lediglich bei *Klang-Neumann* und *Trebes* finden sich kurze Hinweise darauf.

[660] *Bustos Pueche*, S. 130.

[661] *Concepción Rodríguez*, S. 23 f.

[662] *Concepción Rodríguez*, S. 26.

[663] STS de 12 de Julio 2002.

[664] STS de 21 de Octubre 1997 - „Alberto Cortina/Marta Chávarri".

Rochester Box Co.) in vielen Abhandlungen zitiert und in seinen Entwicklungen nachgezeichnet.[665] Die deutsche Lehre von einem allgemeinen Persönlichkeitsrecht hat zwar im Ergebnis keinen Einfluss auf das spanische Verständnis der *derechos de la personalidad* gehabt. Die in Deutschland zum Recht am eigenen Bild vertretenen Ansichten aus der Zeit der Jahrhundertwende haben jedoch ihre Spuren in Spanien hinterlassen. Sie werden regelmäßig in der spanischen Literatur zitiert. In ihren Augen ist der Deutsche *Keyßner* als Vater dieses Rechts zu betrachten.[666]

1. Ursprünglicher Schutz des Rechts am eigenen Bild

Das Recht am eigenen Bild ist eine „Frucht der heutigen Zeit", welches sich - in Spanien wie in Deutschland - erst mit dem Fortschritt der Photo- und Filmtechnik entwickelt hat.[667]

In der Zeit vor 1978 bestand in Spanien kein expliziter gesetzlicher Schutz des Rechts am eigenen Bild, er wurde lediglich von der Rechtsprechung durch Anwendung der schadensersatzrechtlichen Generalklausel (Art. 1902 C.C.) als Form oder Ausfluss der persönlichen Ehre wahrgenommen.[668] Die Rechtsprechung erwähnte das *derecho a la propia imagen* zum ersten Mal in dem Urteil der *Audiencia Territorial de Zaragoza* vom 09.06.1967 im Fall des *pregonero de Zaragoza*: Der Betroffene hatte sich als historischer öffentlicher Ausrufer („*pregonero*") verkleidet und wurde für ein Plakat photografiert, mit dem die Stadt für die Teilnahme an einem folkloristischen Fest in *Zaragoza* warb. Später wurde dieses Bild ohne die Einwilligung des Abgebildeten für einen Touristenführer der Stadt verwendet, den eine Bank herausgab. Das Gericht entschied in diesem Fall, dass das *derecho a la propia imagen* ein von Ehre und Privatheit zu trennendes eigenständiges *derecho de la personalidad* sei und definierte *imagen* (Bildnis) als „äußere Erscheinung jeder Person, wenn sie die körperliche Identität dieser Person wiedergibt". Ausschließlich der Betroffene habe die Möglichkeit, sein Bildnis zu vervielfältigen. Jedoch sei dieses Ausschließlichkeitsrecht des *derecho a la propia imagen* durch folgende Kriterien beschränkt: Zum einen kann durch den öffentlichen Charakter der abgebildeten Person eine Verbreitung gerechtfertigt sein. Ferner führt die ausdrückliche Einwilligung des Abgebildeten ebenfalls nicht zur Verletzung dieses Rechts. Ist die abgebildete Person nicht erkennbar, liegt keine Verletzung des *derecho a la propia imagen* vor. Als letztes Kriterium wird der Bereich, aus dem das Bildnis stammt, in die Bewertung einbezogen. Nur wenn das Bildnis nicht aus dem privaten Bereich stamme, kön-

---

[665] Vgl. *Concepción Rodríguez*, S. 25.

[666] Vgl. *Azurmendi Adarraga*, S. 62, Fn. 27.

[667] *Gitrama González*, NEJ, S. 302, zit. nach: *Concepción Rodríguez*, S. 23.

[668] *Azurmendi Adarraga*, S. 150; *Rovira Sueiro*, Derecho a la Imagen, S. 1; *Crevillén Sánchez*, S. 94; *Concepción Rodríguez*, S. 24.

ne keine Verletzung dieses Rechts angenommen werden.[669] Diese von dem Gericht aufgestellten Kriterien für eine Verletzung waren im vorliegenden Fall nicht erfüllt, so dass der Klage des Betroffenen nicht stattgegeben wurde.
In den Regelungen des L.O. 1/1982 über den Bildnisschutz finden sich viele dieser vom Gericht aufgestellten Kriterien wieder.
Seit 1978 ist das Recht am eigenen Bild in Art. 18.1 C.E. als Grundrecht anerkannt, so dass sein Schutz seit Bestehen der spanischen Verfassung in besonderem Maße und auf hohem Niveau ausgestaltet ist.[670] In den Entwürfen zur spanischen Verfassung war dieses Persönlichkeitsrecht zunächst nicht erwähnt worden, da man der Meinung war, es sei schon im Schutzbereich der Privatheit und Ehre enthalten.[671] Erst nach diversen Verhandlungen fand das *derecho a la propia imagen* dann Eingang in den Verfassungstext.[672] Damit wurde das Recht am eigenen Bild in Spanien zum ersten Mal in einem Gesetz erwähnt. Bei der Schaffung des L.O. 1/1982 hatten die Regelungen des deutschen KUG, insbesondere der §§ 22 ff., einen gewissen Einfluss auf die Formulierung des Gesetzes und wurden zum Teil nachgeahmt.[673] Außer im L.O. 1/1982 finden sich in einer Vielzahl anderer Gesetze Vorschriften über den Bildnisschutz im spanischem Recht, z.B. im *Código Penal* oder im bereits mehrfach erwähnten L.O.1/1996 zum Minderjährigenschutz. Am umfangreichsten ist der Schutz des Rechts am eigenen Bild allerdings im L.O. 1/1982 geregelt.[674]

2. Inhalt und Schutzbereich

Das *derecho a la propia imagen* hat nach herrschender Meinung in Literatur und Rechtsprechung eine negative und eine positive Seite. Die positive Seite beschreibt die ausschließliche Möglichkeit des Betroffenen, sein eigenes Bild zu verbreiten oder zu veröffentlichen, die negative hingegen verbietet genau dies einem Dritten.[675] Der Einzelne kann entscheiden, wann, durch wen und in welcher Form ein Bildnis von ihm aufgenommen, vervielfältigt oder veröffentlicht werden soll.[676] Insoweit bestehen keine Unterschiede zum deutschen Recht, das ebenfalls in erster Linie das Selbstbestimmungsrecht des Abgebildeten bezüglich der Verbreitung seines Bildnisses schützen möchte.[677]

---

669 SAT Zaragoza de 09 de Junio 1967.
670 *Rovira Sueiro*, Derecho a la Imagen, S. 1.
671 *Herrero-Tejedor*, Honor, Intimidad e Imagen, S. 50.
672 *Herrero-Tejedor*, Honor, Intimidad e Imagen, S. 49; *Concepción Rodríguez*, S. 81.
673 *Azurmendi Adarraga*, S. 69.
674 *Rovira Sueiro*, Derecho a la Imagen, S. 5; *Bustos Pueche*, S. 136: „*Su importncia es grande*."
675 STS de 11 de Abril 1987; STS de 29 de Marzo 1988 - „Silvia Munt"; STS 09 de Mayo 1988; STS de 19 de Octubre 1992; STS de 07 de Octubre 1996; *Rovira Sueiro*, Derecho a la Imagen, S. 33, S. 52; *Crevillén Sánchez*, S. 93.
676 *Crevillén Sánchez*, S. 93.
677 *J. Helle*, S. 47.

Nach der Rechtsprechung des *Tribunal Constitucional* ist das *derecho a la propia imagen* allerdings nicht grenzenlos, sondern bestimmt sich nach zwei Faktoren: Zum einen durch die geschützte Sphäre des Einzelnen nach dem gesellschaftlich üblichen Verständnis („*conforme a los usos sociales*") und zum anderen durch das öffentliche Interesse an Bildnissen von Personen oder an Ereignissen, an denen diese Personen teilgenommen haben.[678] Es besteht also - in Spanien wie in Deutschland - ein Spannungsverhältnis zwischen dem Recht am eigenen Bild und anderen Grundrechten, insbesondere der Informationsfreiheit.
Das Recht am eigenen Bild hat nach spanischer Sichtweise zwei verschiedene Aspekte: einen ideellen und einen kommerziellen. Im Einzelnen ist das Verhältnis zwischen ihnen jedoch umstritten. Manche wollen das ideelle Recht am eigenen Bild streng von einem eigenständigen kommerziellen Recht trennen. Bei der wirtschaftlichen Ausnutzung eines Bildnisses einer Person sei danach kein ideelles Recht verletzt, sondern nur ein eigentumsrechtliches.[679] Dieser Aspekt des Rechts am eigenen Bild beinhalte - im Gegensatz zu einem ideellen - die ausschließliche Möglichkeit, seine Persönlichkeitsmerkmale („*signos característicos de la personalidad*") zu kommerziellen Zwecken auszunutzen.[680] Das *derecho a la propia imagen* habe in seinem kommerziellen Aspekt nicht die Aufgabe, das Privatleben des Abgebildeten zu schützen, sondern vielmehr seine wirtschaftlichen Interessen, was in der Regelung des Art. 7.6 zum Ausdruck komme. Es mehren sich somit die Versuche der spanischen Literatur, das *derecho a la propia imagen* in seinem kommerziellen Aspekt dem *right of publicity* anzunähern, das nach US-amerikanischem Recht strikt vom *right of privacy* zu trennen ist. In einer jüngeren Entscheidung erwähnt auch der *Tribunal Supremo* ausdrücklich ein „vermögenswertes Recht am eigenen Bild" („*derecho patrimonial de la imagen*"), das in Art. 7.6 geschützt werde.[681] Dieser vermögensrechtliche Aspekt des Rechts am eigenen Bild steht nach dieser Rechtsprechung allerdings nicht unter dem verfassungsrechtlichen Schutz des Art. 18.1 C.E.[682] Hier treten Parallelen zu der in der deutschen Literatur ebenfalls vermehrt vertretenen Ansicht auf, in den Fällen der Zwangskommerzialisierung von Persönlichkeitsrechten eine Verletzung eines eigenständigen „Persönlichkeitsgüterrechts" anzunehmen.[683]
Zusammengefasst hat das *derecho a la propia imagen* nach spanischer Auffassung damit folgende Aufgaben: Es soll die Privatsphäre des Abgebildeten schüt-

---

678 STC 99/1994 de 11 de Abril 1994.
679 *Pérez Royo*, S. 401.
680 *Igartua Arregui*, Comentario a la STS de 28 de Octubre 1986, S. 4095, zit. nach: *Clavería Gosálbez*, ADC 1994, S. 48, Fn. 31.
681 STS de 24 de Abril 2000.
682 STC 231/1988 de 02 de Diciembre 1988 - „Paquirri".
683 Dazu bereits oben: 1. Teil: D.V.1.

zen und sein Interesse daran, dass sein Bildnis ohne seine Einwilligung nicht kommerziell genutzt wird.

a) Bildnis („imagen")

Eine genaue gesetzliche Definition, was unter einem Bildnis einer Person zu verstehen ist, findet sich weder in Art. 18.1 C.E. noch im L.O. 1/1982. Das L.O. 1/1982 beschreibt lediglich bestimmte Verhaltensweisen, die Verletzungen des Rechts am eigenen Bild darstellen: die *intromisiones ilegítimas.*[684] Die ständige Rechtsprechung des *Tribunal Supremo* definiert *imagen* als die „graphische Darstellung der menschlichen Gestalt durch ein technisches oder mechanisches Wiedergabeverfahren".[685] Ähnlich lautet die Definition des *Tribunal Constitucional*, der „die Aufnahme körperlicher Gesichtszüge („*rasgos físicos*") oder äußerlicher Merkmale („*características externas*")" als Bildnis beschreibt.[686] Zwar versteht man im allgemeinen spanischen Sprachgebrauch unter der Bezeichnung *imagen* auch das Erscheinungs- oder Charakterbild einer Person. Dies ist aber nicht Gegenstand des „*imagen*" i.S.d. L.O. 1/1982, sondern fällt vielmehr in den Schutzbereich der Ehre.[687]
Da in Art. 7.5 auch „alle anderen Verfahren der bildlichen Wiedergabe einer Person neben Photographie und Film" genannt sind, versteht man auch andere Formen der bildlichen Darstellung einer Person als Bildnis,[688] z.B. Gemälde, Skulpturen oder Karikaturen.[689] Einige wollen sogar Röntgenbilder einer Person unter *imagen* subsumieren,[690] was freilich mit der Voraussetzung kollidiert, dass ein *imagen* lediglich das Äußere einer Person abbildet.

b) Erkennbarkeit

Ein Bildnis einer Person liegt aber - wie im deutschen Recht - nur dann vor, wenn sie erkennbar ist.[691] Die Erkennbarkeit ist nicht nur bei der Identifizierung anhand der Gesichtszüge zu bejahen, sondern auch anhand aller Merkmale einer Person, z.B. durch Gesten oder typische Kleidung.[692] Nach einer jüngeren Ent-

---

684 *Crevillén Sánchez*, S. 95; *Concepción Rodríguez*, S. 53.

685 STS de 11 de Abril 1987; STS de 29 de Marzo 1988 - „Silvia Munt"; 09 de Mayo 1988; 09 de Febrero 1989; STS de 21 de Octubre 1997 - „Alberto Cortina/Marta Chávarri": „*la representación gráfica de la figura humana mediante un procedimiento mecánico o técnico de reproducción*".

686 STC 99/1994 de 11 de Abril 1994.

687 STS de 13 de Octubre 1986; STS de 13 de Noviembre 1989; STS de 17 de Noviembre 1992; *Bustos Pueche*, S. 132 f.; *Crevillén Sánchez*, S. 94.

688 Die Behandlung von Karrikaturen von „*personas públicas*" ist in Art. 8.2b L.O. 1/1982 expilzit geregelt.

689 *Rovira Sueiro*, Derecho a la Imagen, S. 7.

690 *Alegre Martínez*, S. 92

691 *Rovira Sueiro*, Derecho a la Imagen, S. 7; *Romero Coloma*, S. 49.

692 *Calderon Ramos*, La Constitución y la practica del Derecho, Bd. II, S. 874.

scheidung des *Tribunal Supremo* über eine werbemäßige Bildnisnutzung ist die Erkennbarkeit auch in dem Fall gegeben, wenn es sich „um andere Darstellungen der Person handelt, die ihre Erkennbarkeit auf eine eindeutige und unzweifelhafte Art oder durch Annäherungen („*aproximaciones o predisposiciones*") erleichtern".[693] Auf das Erfordernis der eindeutigen und tatsächlichen Identifizierung wird danach verzichtet. Allerdings stellt der *Tribunal Supremo* an die eindeutige und unzweifelhafte Erleichterung der Erkennbarkeit in der Praxis hohe Anforderungen. In dem zugrunde liegenden Fall verneinte das Gericht dies. Diesem umstrittenen Urteil lag folgender Sachverhalt zugrunde: Die durch einen Computer hergestellte Werbeanzeige für ein Fußdeodorant zeigte lediglich gekreuzte Beine in schwarzen Hosen mit weißen Sportschuhen und war untertitelt mit dem Spruch: „Die populärste Person Spaniens hat aufgehört zu sagen, Dir riechen die Füße." Zu dieser Zeit wurde diese abgebildete Mode nicht nur durch den berühmten Schauspieler *Emilio Aragón* populär, sondern der Untertitel der Anzeige erinnerte auch an ein Lied („*Te huelen los pies*"), das von eben diesem Schauspieler stammte. Trotzdem lehnte der *Tribunal Supremo* hier die Erkennbarkeit ab: Das Bild in der Werbeanzeige selbst lasse die Person nicht erkennen. Auch der Name des Betroffenen erscheine weder ausdrücklich noch angedeutet in der Anzeige. Ferner könne ebenso wenig aufgrund des bekannten Liedes des Betroffenen auf seine Person geschlossen werden, da diese Aussage allgemeiner Sprachgebrauch sei.[694]

Die Frage der eindeutigen Identifizierung der abgebildeten Person wird im deutschen Recht nach neuerer Rechtsprechung des BGH ähnlich beurteilt. Er nimmt ein Bildnis einer bestimmten Person auch bei der Abbildung eines Doppelgängers an, der das äußere Erscheinungsbild der Person nachahmt.[695]

Im Ergebnis entspricht die Definition des *imagen* damit der Definition des Bildnisses im deutschen Recht. Insoweit bestehen keine Unterschiede.

3. Schutz des Rechts am eigenen Bild nach dem L.O. 1/1982

Das bereits bekannte Schema einer Verletzung der im L.O. 1/1982 geschützten Persönlichkeitsrechte gilt auch hier: Ist der Tatbestand einer in Art. 7 genannten *intromisión ilegítima* verwirklicht, liegt grundsätzlich eine Persönlichkeitsverletzung vor. Ihre Widerrechtlichkeit kann ausnahmsweise entfallen, z.B. durch die Einwilligung des Abgebildeten oder einen in Art. 8 genannten Rechtfertigungsgrund.

[693] STS de 30 de Enero 1998 - „Emilio Aragón".
[694] STS de 30 de Enero 1998 - „Emilio Aragón".
[695] BGH NJW 2000, 2201, 2202 - „Der blaue Engel".

a) Verletzungshandlungen, Art. 7 L.O. 1/1982 („intromisiones ilegítimas")

Ausgangsnorm für die Verletzung des Rechts am eigenen Bild ist Art. 7, in dem sich zwei Absätze mit dem Bildnisschutz auseinander setzen. In Art. 7.5 wird das *derecho a la propia imagen* vor allem in ideeller Hinsicht geschützt und in Art. 7.6 in kommerzieller.[696] Dadurch kommt die Trennung zwischen diesen beiden Aspekten des Rechts am eigenen Bild im spanischen Recht deutlich zum Ausdruck. Ob dies gleichzeitig auch ein Anzeichen dafür ist, dass der spanische Gesetzgeber nicht nur zwei verschiedene Aspekte eines einheitlichen Rechts ausgestalten wollte, sondern vielmehr zwei einständige Rechte geschaffen hat, wird noch zu zeigen sein.[697]

(1) Bildnisse aus dem Intimleben, Art. 7.1 L.O. 1/1982

Im spanischen Recht fallen Veröffentlichungen von Bildnissen aus dem Intimleben nicht unter den Schutz des Rechts am eigenen Bild. Der Einzelne wird davor vielmehr durch das oben behandelte besondere Persönlichkeitsrecht der Privatheit nach Art. 7.1 geschützt.[698] Das Recht am eigenen Bild spielt nach spanischem Verständnis erst bei Bildnisveröffentlichungen aus dem Privatbereich eine Rolle. Als Verletzung der Privatheit durch eine Bildnisveröffentlichung wurde in der Rechtsprechung beispielsweise der Fall gewertet, in dem Photographien einer Frau am Strand ohne Oberteil ohne ihre Einwilligung veröffentlicht wurden.[699]
Hier liegt ein wesentlicher Unterschied zum deutschen Recht, in dem Bildnisse aus der Intimsphäre nach dem Recht am eigenen Bild gem. §§ 22, 23 Abs. 2 KUG zu beurteilen sind.[700]

(2) Bildnisse aus dem Privatleben, Art. 7.5 L.O. 1/1982

Die rechtliche Behandlung von Bildnissen aus dem Privatleben regelt Art. 7.5. In dieser Vorschrift ist ein ganzer Strauß von Verhaltensweisen genannt, die allesamt eine *intromisión ilegítima* darstellen können. In der Praxis wird es sich aber in der Regel um Persönlichkeitsverletzungen durch Bildnisveröffentlichungen handeln.[701] Als *intromisión ilegítima* gilt:

---

696 *Azurmendi Adarraga*, S. 183.
697 Dazu ausführlich: 1. Teil: E.V.
698 *Rovira Sueiro*, Derecho a la Imagen, S. 17, Fn. 7.
699 STS de 29 de Marzo 1988 - „Silvia Munt".
700 BGH NJW 1985, 1617, 1619 – „Nacktaufnahme"; LG Berlin AfP 2002, 249, 250; *Schricker/Gerstenberg/Götting*, UrhR, § 60 Anh. § 22 KUG, Rn. 36.
701 Wenn im Folgenden von „veröffentlichen" oder „Veröffentlichungen" die Rede ist, sind damit auch die anderen Verletzungsformen gemeint. Es handelt sich aber bei den in Art. 7.5 aufgezählten Handlungsweisen nicht um Synomyme für Veröffentlichungen.

Die Aufnahme, Wiedergabe oder Veröffentlichung eines Bildnisses einer Person durch Photographie, Film oder jedes andere Verfahren an Orten oder in Momenten ihres Privatlebens oder außerhalb davon, außer, es handelt sich um einen nach Art. 8.2 vorgesehenen Fall.	*La captación, reproducción o publicacción por fotografía, filme, o cualquier otro procedimiento, de la imagen de una persona en lugares o momentos de su vida privada o fuera de ellos, salvo los casos previstos en el artículo octavo, dos.*

An dieser Formulierung erscheint auf den ersten Blick seltsam, dass das Gesetz die Personen sowohl innerhalb als auch außerhalb des Privatlebens schützt. Vereinfacht hätte der Gesetzgeber dies auch direkt mit der Formulierung „überall" ausdrücken können, da eine dritte Variante hier nicht denkbar ist (*tertium non datur*).[702] Allerdings liegt der Sinn dieser Unterscheidung darin, dass nach Art. 8.2 Beeinträchtigungen hinzunehmen sind, wenn Bildnisse von *personas públicas* in der Öffentlichkeit hergestellt werden.[703] An privaten Orten gilt die Ausnahme des Art. 8.2 nicht, weshalb schon in Art. 7.5 eine Unterscheidung zwischen Privatleben und Öffentlichkeit getroffen wurde. Für Privatpersonen, die keine *personas públicas* sind und für die Art. 8.2 somit nicht gilt, besteht nach dieser Regelung keine Beschränkung ihres Bildnisschutzes auf den privaten Bereich. Sie sind - wie in der entsprechenden Regelung des deutschen § 22 Abs. 1 KUG - an allen Orten geschützt, also auch in der Öffentlichkeit. Damit besteht zumindest für sie in Spanien ein hohes Schutzniveau vor Verletzungen ihres Rechts am eigenen Bild.

(3) **Bildnisse zu kommerziellen Zwecken, Art. 7.6 L.O. 1/1982**

Die Vorschrift des Art. 7.6 hat ebenfalls einen für die Praxis wichtigen Regelungsinhalt.[704] Die Reichweite des Persönlichkeitsschutzes wird in diesem Absatz auch auf Stimme und Namen erweitert, womit diese Vorschrift in die Richtung eines umfassenden Identitätsschutzes geht, der über den Schutz des Rechts am eigenen Bild hinausgeht.[705] Eine *intromisión ilegítima* ist:

702 *Gitrama González*, S. 214 f., zit. nach: *Rovira Sueiro*, Responsabilidad civil, S. 105.
703 *Rovira Sueiro*, Derecho a la Imagen, S. 56 f.
704 Dazu ausführlich: *Igartua Arregui*.
705 *Rovira Sueiro*, Responsabilidad civil, S. 106.

Die Verwendung des Namens, der Stimme oder des Bildnisses einer Person zu Werbe-, kommerziellen oder ähnlichen Zwecken.	*La utilización del nombre, de la voz o de la imagen de una persona para fines publicitarios, comerciales o de nataraleza análoga.*

Diese Vorschrift kennt keine ausdrücklich vorgesehene Ausnahme wie z.B. Art. 7.5, so dass Art. 8.2 hier keine Anwendung finden kann.[706] Es wird auch keine Unterscheidung zwischen *personas públicas* und Privatpersonen getroffen. Der Schutz vor kommerzieller Ausbeutung steht somit allen Personen in gleichem Umfang zu. In der Praxis wird es sich aber in der Mehrzahl der Fälle um bekannte Personen und Prominente handeln, deren Bildnisse zu kommerziellen Zwecken benutzt werden.

Ein typisches Beispiel für einen Verstoß gegen Art. 7.6 bildet der Fall, in dem in einem Werbekalender für eine Biermarke siegreiche Teilnehmer einer Olympiade ohne deren Einwilligung abgebildet wurden.[707] Neben der Ausnutzung eines Bildnisses zu Werbezwecken fasst die Rechtsprechung des *Tribunal Supremo* auch die Benutzung von Bildnissen Prominenter zur Auflagensteigerung z.B. von Illustrierten unter Art. 7.6.[708] Einen Beispielsfall aus der Rechtsprechung für eine Verletzung des Rechts am Namen nach Art. 7.6 bietet der Sachverhalt, in dem für eine Whiskeymarke mit dem Namen des Tänzers *Antonio Gades* geworben wurde.[709] In dieser Werbeanzeige wurde das Bild einer Tänzerin und Schauspielerin gezeigt, mit der der Betroffene in einem Film mitgespielt hatte und das mit dem Text versehen war: „*Ultimo trabajo realizado: Carmen junto a Antonio Gades, pélicula nominada para el Óscar de Holliwood 1984*“.[710] Dieser Text wurde als Verletzung des Rechts am Namen von *Antonio Gades* gewertet. Die hohe Bedeutung, die dem Schutz dieses Rechts zugemessen wird, wird vor dem Hintergrund noch deutlicher, dass *Antonio Gades* nur der Künstlername des Tänzers ist, unter dem er auftritt.

Das Vorbild der Regelung des Art. 7.6 ist das im amerikanischen Recht bekannte *right of publicity*.[711] Durch den Schutz vor kommerzieller Nutzung bestimmter Persönlichkeitsmerkmale in Art. 7.6 kommt ihr vermögensrechtlicher Aspekt im spanischen Recht deutlich zum Ausdruck. Einige Stimmen in der spanischen

---

706 *Rovira Sueiro*, Derecho a la Imagen, S. 64.

707 STS de 03 de Octubre 1996 - „Luis Doreste“.

708 STS de 22 de Marzo 2001.

709 STS de 21 de Enero 1987 - „Antonio Gades“.

710 „Die letzte Arbeit ist volbracht: Carmen mit Antonio Gades, ihr Film nominiert für den Oscar.“

711 *Fayos Gordó*, S. 369; *Higueras*, S. 184.

Literatur begründen mit dieser Vorschrift ihre Ansicht, ein eigenes vermögenswertes *derecho patrimonial a la propia imagen* bestehe streng zu unterscheiden vom in Art. 7.5 geschützten ideellen *derecho a la propia imagen.*[712] Auch wenn sich die Stimmen in der Literatur mehren, die diese Unterscheidung treffen wollen, geben weder das L.O. 1/1982, noch Art. 18.1 C.E. einen Hinweis auf den Willen des Gesetzgebers, zwei eigenständige Rechte schaffen zu wollen.[713] Dies wird vor allem durch die Regelung des Art. 2.1 deutlich, der die Persönlichkeitsrechte als „unveräußerlich" bzw. „unübertragbar" („*inalienable*") bezeichnet. Diese Vorschrift steht der Anerkennung eines eigenständigen Vermögensrechts an Persönlichkeitsmerkmalen innerhalb des L.O. 1/1982 im Wege, da ein solches Vermögensrecht in der Praxis gerade übertragbar und handelbar sein muss. Außerdem hat der spanische Gesetzgeber durch die Möglichkeit des „jederzeitigen" Widerrufs einer erteilten Einwilligung deutlich gemacht, dass er den ideellen Schutz des Rechts am eigenen Bild nach wie vor im Vordergrund sieht.[714] Hätte er ein eigenständiges vermögenswertes Recht schaffen wollen, wäre es nicht zu dieser Regelung gekommen. Einige Befürworter eines eigenständigen wirtschaftlichen Rechts am eigenen Bild haben diesen Widerspruch erkannt und fordern aus diesem Grund ein eigenes Gesetz, das sich speziell mit dem kommerziellen *derecho patrimonial a la propia imagen* im Sinne eines *right of publicity* auseinander setzen soll.[715]

Auch Art. 7.6 ist unter mehreren Gesichtspunkten zu kritisieren.

Manche bemängeln bereits, das L.O. 1/1982 schieße mit dieser Vorschrift über das selbst erklärte Ziel hinaus, lediglich die drei abschließend in Art. 18.1 C.E. garantierten *derechos de la personalidad* zivilrechtlich zu schützen.[716] Weder das Recht an der eigenen Stimme noch das am eigenen Namen seien in der Verfassung zu finden und sollen nach Art. 1.1 überhaupt nicht Gegenstand des Gesetzes sein, sondern nur Ehre, Privatheit und das Recht am eigenen Bild. Auch wenn es zunächst tatsächlich nicht ausdrücklich im Gesetz vorgesehen war, neben dem Bildnis einer Person auch ihre Stimme und Namen zu schützen, erscheint dieser Vorwurf an den spanischen Gesetzgeber unter Berücksichtigung eines wirksamen Persönlichkeitsschutzes ungerechtfertigt.

Um einiges schwerer wiegt im Gegensatz dazu der Hauptkritikpunkt an dieser Vorschrift: die unglückliche Vermischung des Schutzes ideeller Interessen mit dem Schutz kommerzieller in einem Gesetz. Während alle übrigen Tatbestände des Art. 7 - so wie das L.O. 1/1982 als ganzes - nur ideellen Persönlichkeitsschutz gewährleisten, hat Art. 7.6 ausschließlich die Wahrung wirtschaftlicher und kommerzieller Interessen des Betroffenen zum Gegenstand. Da das L.O.

---

712 *Igartua Arregui*, in: *Salvador Coderch*, Mercado, S. 322 f.

713 *Azurmendi Adarraga*, S. 192.

714 *Azurmendi Adarraga*, S. 194 f.

715 *Amat Llari*, S. 9, S. 66.

716 *Higueras*, S. 184.

1/1982 die zivilrechtliche Umsetzung der in Art. 18.1 C.E. garantierten Grundrechte sein soll (Art. 1.1) und diese Grundrechte einen rein ideellen Persönlichkeitsschutz beinhalten, stellt sich tatsächlich die Frage, ob Art. 7.6 nicht ein Fremdkörper im L.O. 1/1982 ist. Schließlich betont die spanische Rechtsprechung ausdrücklich, kommerzielle Interessen seien von Art. 18.1 C.E. nicht umfasst.[717] Auch vor dem Hintergrund, dass das L.O. 1/1982 nach dem Grundgedanken des Art. 2.1 den Schutz ideeller Belange zum Ziel hat, erscheint die Bezugnahme auf kommerzielle Interessen problematisch. Die Einführung des im US-amerikanischen Recht bekannten *right of publicity* in das spanische Recht begegnet daher einigen Schwierigkeiten. Es handelt sich dabei schließlich um ein vermögenswertes Recht, das in einem Gesetz zum ideellen Persönlichkeitsschutz wie dem L.O. 1/1982 fehl am Platze ist.[718] Zu diesem nachvollziehbaren Schluss kommt man aus einer Gesamtschau seiner Regelungen. Die Vorschriften des Allgemeinen Teils des L.O. 1/1982 lassen erkennen, dass der spanische Gesetzgeber zunächst ausschließlich den Schutz ideeller Interessen im Blick hatte. Beispielsweise hat er in Art. 1.3 die Unveräußerlichkeit der geschützten Persönlichkeitsrechte festgelegt. Ein kommerzielles *derecho a la propia imagen*, das denjenigen schützen soll, der mit seinem Bildnis Geld verdienen und sein Recht am eigenen Bild gegen Geld veräußern möchte, ist mit dieser Vorschrift nicht in Einklang zu bringen.
Der Vorwurf, der gleichzeitige Schutz ideeller und kommerzieller Interessen sei hier nicht fehlerlos umgesetzt, lässt sich auch an einigen anderen Stellen des Gesetzes anbringen. Der spanische Gesetzgeber muss sich diese Kritik damit zu Recht gefallen lassen.[719]

(4) **Verfälschung des Lebens-, Charakter- und Persönlichkeitsbildes durch Bildnisveröffentlichungen**

Das L.O. 1/1982 regelt in Art. 7.5 und 7.6 ausdrücklich nur zwei Konstellationen einer Verletzung des Rechts am eigenen Bild. Darüber hinaus erkennt es keine weiteren Verletzungsmöglichkeiten an.
Teile der spanischen Literatur kritisieren daran, der gesetzliche Schutz des *derecho a la propia imagen* sei allein durch diese zwei Vorschriften nicht ausreichend und es verblieben somit Schutzlücken. In der Aufzählung des Gesetzestextes fehle die „Verfremdung“, „Veränderung“ oder „Modifizierung“ des Bildnisses einer Person. Durch solche Handlungen könne es beim heutigen Stand der Technik ebenfalls leicht zu Persönlichkeitsverletzungen kommen.[720] Dieser Fall wird insbesondere dann gegeben sein, wenn der Abgebildete in die Veröffentli-

[717] STC 231/1988 de 02 de Diciembre 1988 - „Paquirri“; STC 81/2001 de 26 de Marzo 2001 - „Emilio Aragón”.
[718] *Higueras*, S. 184.
[719] Zu den praktischen Problemen, siehe auch ausführlich: 1. Teil: E.V.
[720] *Azurmendi Adarraga*, S. 185 f.

chung einwilligt, das Bild ihn aber dann ohne seine Einwilligung in ein falsches Licht rückt („*falsa apariencia*"),[721] z.B. durch eine irreführende Betitelung. Ein Beispiel für einen solchen Fall bietet der Sachverhalt, in dem das Bild eines Vaters, das ihn in einer Unterhaltung mit seinem Sohn auf der Straße zeigt, in einer Tageszeitung veröffentlicht wurde und dessen Betitelung den Eindruck erweckte, es handele sich um ein Anbahnungsgespräch zwischen einem männlichen Prostituierten und einem Freier.[722] Der *Tribunal Supremo* nahm in diesem speziellen Fall eine Verletzung des *derecho a la propia imagen* an, da der Veröffentlichung nicht zugestimmt wurde und damit eine *intromisión ilegítima* nach Art. 7.5 gegeben war. Über den Umstand, dass das Bild einen falschen Eindruck erweckte, musste damit nicht entschieden werden. Liegt allerdings eine Einwilligung zur Veröffentlichung vor, wäre eine Verletzung des *derecho a la propia imagen* dann zunächst weder nach Art. 7.5 noch nach Art. 7.6 gegeben. Das französische und auch das nordamerikanische Recht kennen den Tatbestand der Verfremdung, so dass die Aussage des spanischen Gesetzgebers in den Motiven zum L.O. 1/1982, er habe den Stand anderer Rechtsordnungen bezüglich des Bildnisschutzes berücksichtigt, seltsam erscheint.[723] In der Literatur wird daher teilweise gefordert, diese Fälle der Abänderung oder Verfälschung des Aussagegehaltes eines Bildnisses als weiteres Element einer Verletzung des Rechts am eigenen Bild gesetzlich anzuerkennen.[724]

Diese Kritik übersieht aber, dass der Betroffene trotz der fehlenden gesetzlichen Regelung der genannten Konstellationen nicht völlig schutzlos ist. Die Fälle der *falsa apariencia* werden in der Rechtsprechung und teilweise in der Literatur schließlich unter den Schutzbereich der Ehre gefasst.[725] In diesem Sinne entschied der *Tribunal Supremo* den Fall der beiden Schwarzen, die in der Betitelung des Bildes fälschlicherweise als illegale Einwanderer bezeichnet wurden.[726] Das L.O. 1/1982 kann also auch in den Fällen, in denen der Abgebildete durch die genehmigte Veröffentlichung eines Bildnisses in ein falsches Licht gerückt wird, Persönlichkeitsschutz durch den Schutz der Ehre gewähren. Auch wenn eine Ehrverletzung im Ergebnis nicht vorliegt, weil z.B. die Darstellung zwar

---

[721] *Koch* (S. 52) problematisiert diese Fälle der *falsa apariencia* unter der Überschrift „Recht auf Identität (*Derecho a la identidad*)", als „Recht, man selbst zu sein". Dies ist zwar grundsätzlich möglich. Verfehlt erscheint aber, in diesem Zusammenhang die Rechtsprechung des *Tribunal Supremo* STS de 30 de Enero 1998 - „Emilio Aragón" zu zitieren. Darin geht es um die kommerzielle Ausnutzung von Identitäts*merkmalen*. Mit einer vermeintlichen Identitätsverletzung im Sinne der *falsa apariencia* hat diese Entscheidung nichts zu tun.

[722] STS de 22 de Abril 1992.

[723] *Azurmendi Adarraga*, S. 186.

[724] *Azurmendi Adarraga*, S. 187.

[725] STS de 22 de Abril 1992; STS de 02 de Diciembre 1993; STS de 15 de Diciembre 1998; STS de 30 de Marzo 2001; *Amat Llari*, S. 4.

[726] STS de 15 de Diciembre 1998.

das Persönlichkeitsbild des Abgebildeten verfälscht, aber nicht ehrenrührig ist, kann dem Betroffenen u.U. durch das Recht am eigenen Bild nach Art. 7.5 geholfen werden. Danach ist eine Bildnisveröffentlichung nur mit der Einwilligung des Betroffenen zulässig. Liegt eine solche Einwilligung in die Veröffentlichung des Bildnisses vor, aber nicht in die Verzerrung seines Aussagegehalts, könnte man daran denken, die gegebene Einwilligungserklärung zu Gunsten des Abgebildeten restriktiv auszulegen. Die spanische Rechtsprechung geht mit der Bestimmung der Reichweite von Einwilligungserklärungen sehr zurückhaltend um, so dass man hier nur eine Einwilligung in die Veröffentlichung des Bildnisses ohne Persönlichkeitsverzerrung annehmen könnte. Nach dieser Lösung erstreckt sich dann die Einwilligung nicht auf die Verzerrung oder Verfälschung des Persönlichkeits- oder Charakterbildes, so dass eine *intromisión ilegítima* nach Art. 7.5 gegeben wäre.
Die von Manchen geäußerte Befürchtung, der Betroffene bleibe in diesen Fällen schutzlos, kann daher nicht bestätigt werden. Eine Erweiterung der Verletzungstatbestände des Rechts am eigenen Bild um die ungenehmigte „Verzerrung“ oder „Abänderung“ eines Bildnisses ist damit nicht zwingend nötig, um einen effektiven Persönlichkeitsschutz zu gewährleisten.
An dieser Stelle zeigt sich wiederum deutlich der Unterschied zwischen einem Rechtssystem, das den Persönlichkeitsschutz durch die Rechtsprechung mit einem allgemeinen Persönlichkeitsrecht sicherstellt - Deutschland - und einem, das - wie Spanien - verschiedene besondere *derechos de la personalidad* kennt und diese ausdrücklich kodifiziert hat. Im Fall Spaniens werden neue Verletzungsformen, an die der Gesetzgeber zunächst nicht gedacht hat, unter die bereits bekannten *derechos de la personalidad* subsumiert. Überschneiden sich die Schutzbereiche verschiedener Persönlichkeitsrechte, ist es in der Praxis der spanischen Gerichte üblich, den Schutzbereich heranzuziehen, der am stärksten betroffen ist. In den Fällen der *falsa apariencia* wird damit die Ehre als einschlägiges Persönlichkeitsrecht auf eine Verletzung überprüft.[727]
Nach deutschem Recht hingegen haben die Gerichte die Möglichkeit, neue Verletzungsformen als Ausfluss des allgemeinen Persönlichkeitsrechts anzuerkennen, wie sie es bei der Verfälschung des Lebens-, Erscheinungs- und Charakterbildes getan haben. Hier ist man wegen der Struktur eines allgemeinen Persönlichkeitsrechts nicht darauf angewiesen, neuartige Persönlichkeitsverletzungen unter die drei kodifizierten besonderen Persönlichkeitsrechte zu fassen. Außerdem fehlt es im deutschen Recht an einem gesetzlichen Rahmen, der die Gerichte u.U. zusätzlich in ihrem Ermessens- und Entscheidungsspielraum einengt. Den Gerichten bleibt die Erweiterung der Verletzungstatbestände und Ausformungen des allgemeinen Persönlichkeitsrechts aber nur unbeschränkt möglich, wenn der deutsche Gesetzgeber ihnen hier keine Grenzen setzt. Nach den bishe-

[727] Vgl. STS de 30 de Marzo 2001.

rigen Erfahrungen und den vergeblichen Reformbemühungen ist ein Tätigwerden des Gesetzgebers allerdings nicht zu erwarten.
Jedoch hat die Möglichkeit der deutschen Gerichte, neue Ausformungen des allgemeinen Persönlichkeitsrechts zu bilden, nur auf den ersten Blick einen höheren Persönlichkeitsschutz zur Folge. Wie gesehen, kommt die spanische Rechtsprechung auf anderen Wegen zu ähnlichen Ergebnissen. Damit bestehen zwar bei der Herleitung, nicht aber in den praktischen Auswirkungen Unterschiede zwischen der verschiedenen Ausgestaltung des Persönlichkeitsschutzes in Deutschland und Spanien. Der Weg über ein umfassendes allgemeines Persönlichkeitsrecht in Deutschland und der über drei besondere in Spanien führt damit zum gleichen Ziel.

b) **Ausnahmen**

Auch im Bereich des Rechts am eigenen Bild bestehen Ausnahmen von der grundsätzlichen Widerrechtlichkeit einer *intromisión ilegítima.* Neben der Einwilligung nach Art. 2.2 sind in Art. 8 noch andere Fälle vorgesehen, in denen das *derecho a la propia imagen* hinter andere Interessen zurücktreten muss. Es ist damit kein absolut geschütztes Recht, was vor allem in der Regelung des Art. 8.2 zum Ausdruck kommt.[728] Die in Art. 8.1 vorgesehenen Ausnahmen gelten für jedermann, während sich Art. 8.2 besonders den *personas públicas* zuwendet.

(1) **Einwilligung, Art. 2.2 L.O. 1/1982**

Der im Allgemeinen Teil des L.O. 1/1982 vorgesehenen Einwilligung des Betroffenen (Art. 2.2) kommt im Bereich des Rechts am eigenen Bild eine besondere praktische Bedeutung zu. Sie muss sich bei einer möglichen Verletzung nach Art. 7.5 auf jede dort genannte Verletzungsform beziehen, also auf „Aufnahme, Vervielfältigung und Veröffentlichung".[729] Vor diesem Hintergrund erklärt sich auch, dass die dort genannten Verletzungsformen keine Synonyme für ein und denselben Vorgang sind. Die genaue gesetzliche Unterscheidung zwischen den verschiedenen Verletzungsmöglichkeiten erlaubt es dem Betroffenen vielmehr, seine Einwilligung auf bestimmte Verletzungsformen zu beschränken. Bei nur einer Verletzungsvariante oder der Annahme, es handele sich hier um Synonyme, bestünde diese Möglichkeit nicht.[730] Die Einwilligung zu einer Aufnahme oder Vervielfältigung beinhaltet somit noch nicht automatisch die Einwilligung zu einer Veröffentlichung, sondern diese muss zusätzlich erteilt werden.[731] Jedoch ist demgegenüber aber unstreitig und nachvollziehbar, dass eine

[728] STS de 29 de Marzo 1988 - „Silvia Munt".
[729] *Rovira Sueiro*, Derecho a la Imagen, S. 55.
[730] *Rovira Sueiro*, Derecho a la Imagen, S. 55.
[731] Vgl. STS de 03 de Noviembre 1988 - „Mallorquinerin"; STS de 22 de Junio 1988; STS de 24 de Abril 2000; *Romero Coloma*, S. 49; *Crevillén Sánchez*, S. 101.

Einwilligung in eine Veröffentlichung die Einwilligung in die vorherige Aufnahme umfasst.[732] Ob eine umfassende Einwilligung, d.h. sowohl zur Aufnahme als auch zur Veröffentlichung, vorliegt oder nicht, ist aus Gründen eines effektiven Persönlichkeitsschutzes restriktiv zu beurteilen und im Zweifel abzulehnen:[733] Der *Tribunal Supremo* sieht beispielsweise allein im Posieren vor der Kamera keine Einwilligung in die Veröffentlichung, sondern nur in die Aufnahme.[734] Dem Betroffenen ist es nach der Rechtsprechung auch möglich, die Einwilligung zu einer Veröffentlichung zeitlich zu begrenzen oder auf eine bestimmte Veröffentlichung, sogar auf ein bestimmtes Medium zu beschränken.[735] Er kann ebenfalls mit seiner Einwilligung den Zweck bestimmen, zu dem das Bildnis benutzt wird. Da das Gesetz von der grundsätzlichen Unzulässigkeit von Bildnisveröffentlichungen ausgeht und zusammen mit der Rechtsprechung hohe Anforderungen an das Vorliegen einer rechtfertigenden Einwilligung stellt, besteht in Spanien hier ein hohes Schutzniveau vor Verletzungen. Dies wird durch die im Gesetz vorgesehenen verschiedenen Einwilligungsmöglichkeiten und die restriktive Auslegung einer Einwilligungserklärung durch die Rechtsprechung unterstrichen.
Der Widerruf einer Einwilligung ist auch hier gem. Art. 2.3 „jederzeit" möglich.[736] Durch die Möglichkeit des Widerrufs einer gegebenen Einwilligung kommt deutlich zum Ausdruck, dass der Abgebildete stets Herr seines Rechts am eigenen Bild bleibt und damit der ideelle Charakter dieses Rechts. In der Praxis bestehen zahlreiche Schwierigkeiten im Zusammenhang mit der vertraglichen Einwilligung und ihrem etwaigen Widerruf, worauf im Einzelnen noch zurückzukommen sein wird.[737]

(2) **Art. 8.1 L.O. 1/1982**

Wie im Bereich der Ehre und der Privatheit bildet Art. 8.1 auch hier eine weitere Ausnahme von der grundsätzlichen Widerrechtlichkeit einer *intromisión ilegítima*. Das Recht am eigenen Bild ist nach den zwei Alternativen des Art. 8.1 nicht verletzt, wenn es sich „um von der zuständigen Behörde genehmigte Veröffentlichungen handelt oder wenn ein relevantes historisches, wissenschaftliches oder kulturelles Interesse überwiegt".[738] Die erste Alternative wird beispielsweise bei Veröffentlichungen von Bildnissen gesuchter Verbrecher und Straftäter, sowie

---

[732] *Rovira Sueiro*, Derecho a la Imagen, S. 55.
[733] *Igartua Arregui*, S. 161.
[734] STS de 03 de Noviembre 1988 - „Mallorquinerin".
[735] STS de 24 de Abril 2000; *Crevillén Sánchez*, S. 103.
[736] Art. 2.3 L.O. 1/1982: *„El consentimiento a que se refiere el párrafo anterior será revocable en cualquier momento, pero..."*.
[737] Dazu ausführlich: 1. Teil: E.V.1.
[738] Art. 8.1 L.O. 1/1982: *„No se reputerán, con carácter general, intromisiones ilegítimas las actuaciones autorizadas o acordadas por la Autoridad compentente de acuerdo con la ley, ni cuando predomine un interés histórico, científico o cultural relevante."*

bei Verschwundenen und Vermissten eingreifen[739] und entspricht damit der Regelung des deutschen § 24 KUG.

Die zweite Alternative wird von der Rechtsprechung des *Tribunal Constitucional* über den reinen Wortlaut („relevantes historisches, wissenschaftliches oder kulturelles Interesse") hinaus in dem Sinne ausgelegt, nur bei einem „zwingenden öffentlichen Interesse" müsse eine Beeinträchtigung des Rechts am eigenen Bild hingenommen werden.[740] Die Rechtsprechung verneint ein solches zwingendes öffentliches Interesse an einer Bildnisveröffentlichung, wenn der Zweck der Veröffentlichung ausschließlich darin liegt, einen wirtschaftlichen Gewinn zu erzielen oder das Bildnis zu Werbe- oder kommerziellen Interessen auszunutzen und ihm damit kein Informationswert zukommt.[741] Gleiches gilt für den Fall, dass die Bildnisveröffentlichung nur die reine Neugier der Öffentlichkeit befriedigen soll.[742]

Die Formulierung dieser zweiten Variante des Art. 8.1 ist jedoch zu eng,[743] was sich vor allem im Zusammenhang mit dem Schutz des Rechts am eigenen Bild bemerkbar macht: Legt man die abschließende gesetzliche Aufzählung der relevanten Interessen („historisches, wissenschaftliches oder kulturelles") in der Praxis streng zugrunde, kann eine Beeinträchtigung des Rechts am eigenen Bild beispielsweise durch die Wahrnehmung politischer Interessen nicht gerechtfertigt sein. Hier wird erneut die bessere Variante deutlich: Durch die bei den parlamentarischen Gesetzesverhandlungen geforderte Aufnahme eines „öffentlichen" oder „allgemeinen Interesses" in den Gesetzestext hätte man einen höheren Abstrahierungsgrad erreichen und auf diese Art den zu engen Wortlaut erweitern können.[744] Angesichts dieser vorteilhafteren Lösung ist erstaunlich, dass die Motive des Gesetzes ausdrücklich davon sprechen, es gebe „Fälle, in denen Verletzungen und Beeinträchtigungen aus Gründen eines öffentlichen Interesses („*interés público*") nicht als rechtswidrig gelten können".[745] Der spanische Gesetzgeber hatte also die richtigen Überlegungen angestellt, welchen Grenzen das Recht am eigenen Bild unterworfen sein müsse. Es ist daher umso unverständlicher, dass er bewusst eine fehlerhafte - sprich: zu enge - Formulierung des L.O. 1/1982 gewählt hat, indem er sich auf bestimmte, besonders benannte Interessen festgelegt hat.

---

739 *Crevillén Sánchez*, S. 98; *Rovira Sueiro*, Derecho a la Imagen, S. 90.

740 STC 110/1984 de 26 de Noviembre 1984.

741 STC 110/1984 de 26 de Noviembre 1984.

742 STS de 19 de Octubre 1992.

743 Dazu bereits oben: 1. Teil: E.I.4.c)(3).

744 *Rovira Sueiro*, Derecho a la Imagen, S. 94.

745 *„No obstante, existen casos en que tales injerencias o intromisiones no pueden considerarse ilegítimas en virtud de razones de interés público que imponen una limitación de los derechos individuales, como son los indicados en el artículo octavo de la Ley."*

Dieses Beispiel verdeutlicht die Gefahr, dass ein Gesetz zum Persönlichkeitsschutz - wie hier - den Gerichten einen zu engen Rahmen vorgibt. Da dem Gesetzgeber hier offensichtlich ein Fehler unterlaufen ist, hat allein die umsichtige Rechtsprechung die Voraussetzungen des Art. 8.1 auf das erforderliche abstrakte Maß gehoben: auf das öffentliche Interesse. An dem zu engen Wortlaut des Gesetzes wird somit diesbezüglich zu Recht nicht festgehalten.

(3) **Art. 8.2 L.O. 1/1982**

Einige weitere Ausnahmen vom Grundsatz der *intromisión ilegítima* bei Bildnisveröffentlichungen regelt der in der Praxis Bedeutsame Art. 8.2. Sie beziehen sich ausschließlich auf Verletzungen des besonderen Persönlichkeitsrechts des *derecho a la propia imagen* nach Art. 7.5. Die Ausnahmen des Art. 8.2 gelten damit weder für die Ehre noch für die Privatheit noch für Verletzungen des Rechts am eigenen Bild durch kommerzielle Nutzung nach Art. 7.6:

Insbesondere hindert das Recht am eigenen Bild nicht:	*En particular, el derecho a la propia imagen no impedirá:*
a. Seine Aufnahme, Wiedergabe oder Veröffentlichung durch ein beliebiges Medium, wenn es sich um Personen handelt, die ein öffentliches Amt oder eine Tätigkeit ausüben, die mit einer besonderen Bekanntheit verbunden ist oder sonst öffentlich bekannt sind und das Bildnis während einer öffentlichen Handlung oder an öffentlich zugänglichen Orten aufgenommen wurde.	*a. Su captación, reproducción o publicación por cualquier medio, cuando se trate de personas que ejerzan un cargo público o una profesión de notoriedad o proyección pública y la imagen se capte durante un acto público o en lugares abiertos al público.*
b. Den Gebrauch von Karikaturen dieser Personen, wenn er sich im Rahmen der üblichen Gebräuche bewegt.	*b. La utilización de la caricatura de dichas personas, de acuerdo con el uso social.*

c. Die bildliche Information über öffentliche Ereignisse oder Begebenheiten, wenn das Bildnis einer bestimmten Person nur als reines Beiwerk erscheint.

c. La información gráfica sobre un suceso o acaecimiento público cuando la imagen de una persona determinada aparezca como meramente accesoria.

Die Personen, von denen insbesondere Art. 8.2a spricht, bezeichnet man allgemein abgekürzt als *personas públicas*.[746] Die Ausnahmen des Art. 8.2 gelten - bis auf Art. 8.2c - nicht für Privatpersonen, so dass die Veröffentlichung ihrer Bildnisse stets eine Verletzung ihres Rechts am eigenen Bild darstellt. Selbst die Aufnahme von Privatpersonen in der Öffentlichkeit ist eine Persönlichkeitsverletzung, da nach der zweiten Variante des Art. 7.5 ihr Bildnisschutz auch „außerhalb privater Orte" besteht, der dort nur für *personas públicas* eingeschränkt ist, nicht für Privatpersonen.

Diese Regelungen des Art. 8.2 beschränken das Recht am eigenen Bild und stellen somit eine „gesetzliche Ausgestaltung" des Bildnisschutzes i.S.d. Art. 2.2 („*expresamente autorizada por ley*") dar.

(a) **Personas públicas, Art. 8.2a L.O. 1/1982**

In der Praxis spielt Art. 8.2a unter den genannten Ausnahmen wegen der Bezugnahme auf die *personas públicas* die größte Rolle. Ihr negatives Recht am eigenen Bild, nämlich Anderen die Aufnahme, Vervielfältigung und Veröffentlichung von Bildnissen zu verbieten, ist durch ihren öffentlichen Charakter eingeschränkt.[747]

Was unter einer *persona pública* zu verstehen ist, ist im Gesetz nicht ausdrücklich geregelt, wird aber aus Art. 2.1, den „gesellschaftlich üblichen Gebräuchen", hergeleitet. In der spanischen Literatur ist umstritten, ob Art. 8.2a diesbezüglich eine abschließende Aufzählung bestimmter Personen enthält. Manche Stimmen verneinen dies und wählen eine extensive Gesetzesauslegung. Sie betrachten die Aufzählung von „Personen, die ein öffentliches Amt oder eine Tätigkeit ausüben, die mit einer besonderen Bekanntheit verbunden ist" (Art. 8.2a) nur als beispielhaft.[748] Art. 8.2a sei ein offener Tatbestand, so dass auch andere bekannte Menschen, die nicht unbedingt wegen eines öffentlichen Amtes oder eines bestimmten Berufs in den Augen der Öffentlichkeit stehen, *personas públicas* sein könnten. Die Bekanntheit dieser Personen könne beispielsweise

[746] Vgl. *Concepción Rodríguez*, S. 165.
[747] *Crevillén Sánchez*, S. 97.
[748] *O'Callaghan*, S. 149.

von amourösen Beziehungen, ihrer Schönheit, ihrem Ehepartner oder ihrer adeligen Abstammung herrühren.[749]

Andere orientieren sich an der Lehre *Prossers*, welche stark an die im deutschen Recht bekannte Beschreibung für eine „absolute Person der Zeitgeschichte" nach der Definition von *Neumann-Duesberg* erinnert. Eine *persona pública* ist nach dieser restriktiven Ansicht jemand, der „durch seine Handlungen, Ruhm oder Lebensweise oder seinen Beruf das legitime Interesse der Öffentlichkeit an seinen Aktivitäten auf sich gezogen hat".[750]

Schließlich finden sich Stimmen, die eine *persona pública* als eine „der Mehrheit eines bestimmten Umfeldes bekannte Person" definieren, wobei das Umfeld international, national, regional oder lokal sein könne.[751]

Allgemein anerkannte Beispiele für *personas públicas* sind Schauspieler, Künstler, Politiker, usw. Aber auch Personen, die nicht zu dieser Personengruppe zählen, können zu einer *persona pública* werden, wenn sie - freiwillig oder nicht - in ein Aufsehen erregendes Ereignis verwickelt werden.[752] Einigkeit besteht auch dahingehend, dass das Bildnis die betreffende Person in dem Zeitpunkt zeigen muss, in dem sie eine *persona pública* ist. Dies mache das Gesetz durch die Formulierung des Ausnahmetatbestandes im Präsens klar („*ejerzan*").

Die spanische Rechtsprechung ist wenig zurückhaltend, wenn es um die Frage geht, ob eine bestimmte Person als *persona pública* zu qualifizieren ist. Während es sich bei den absoluten Personen der Zeitgeschichte im deutschen Recht meist um namhafte allgemein bekannte Prominente handelt, werden in Spanien auch Träger öffentlicher Ämter, die nicht oder kaum in der landesweiten Öffentlichkeit stehen, zu den *personas públicas* gezählt, z.B. der Direktor einer regionalen Sparkasse.[753] Dieser Unterschied wird aber dadurch relativiert, dass es in Deutschland neben den absoluten noch die relativen Personen der Zeitgeschichte gibt. Unter die letztgenannte Gruppe fällt die große Masse der Bevölkerung, also der sprichwörtliche „Otto Normalverbraucher". Da in Spanien diese genaue Unterscheidung nicht getroffen wird, ist die Gruppe der *personas públicas* dort größer als die der absoluten Person der Zeitgeschichte.

(b) **Schutz der personas públicas**

Die *personas públicas* stehen nach spanischem Recht allerdings nicht gänzlich schutzlos den Augen der Öffentlichkeit gegenüber. Einen gewissen Schutz gewähren hier zum einen der Schutz der Privatheit und der Schutz der Ehre, für die Art. 8.2a jeweils nicht gilt.

---

749 *O'Callaghan*, S. 149.

750 *Prosser*, ohne Seitenangabe, zit. nach: *Herrero-Tejedor*, Honor, Intimidad e Imagen, S. 227; *O'Callaghan*, S. 67.

751 Nachweise bei: *Rovira Sueiro*, Responsabilidad civil, S. 178.

752 *Rovira Sueiro*, Responsabilidad civil, S. 178.

753 STS de 26 de Febrero 2000.

Eine gesetzlich geregelte Ausnahme von Art. 8.2a, 2b bietet Art. 8.2 a.E.:

Die in den Absätzen a) und b) behandelten Ausnahmen sind auf Amtsträger oder Personen nicht anwendbar, die eine Funktion ausfüllen, bei der typischerweise eine gewisse Anonymität der Personen erforderlich ist.	*Las excepciones contempladas en los párrafos a) y b) no serán de aplicación respecto de las autoridades o personas que desempeñen funciones que por su naturaleza necesiten el anonimato de la persona que las ejerza.*

In der Praxis wird es sich hierbei um Personen handeln, deren Bildnis aus Sicherheitsgründen nicht in Veröffentlichungen oder Reportagen erscheinen darf.[754]
Die Rechtsprechung des *Tribunal Supremo* und die Literatur haben über diese gesetzliche Einschränkung hinaus den Schutz der *personas públicas* weiter erhöht. Der in Art. 8.2a vorgesehene Automatismus, dass Veröffentlichungen von Bildnissen einer *persona pública*, die an öffentlichen Orten aufgenommen wurden, keine Verletzung ihres *derecho a la propia imagen* darstellen, kann daher in dieser Form nicht gelten.

(i) Personas públicas und kommerzielle Interessen

Der *Tribunal Supremo* verlangt in ständiger Rechtsprechung, dass die in Art. 8.2 aufgezählten erlaubten Beeinträchtigungen des Rechts am eigenen Bild nur dann rechtfertigende Wirkung entfalten, wenn sie durch ein öffentliches Informationsinteresse motiviert sind. Die Ausnutzung von Bildnissen zu Werbe- oder kommerziellen Zwecken kann eine Beeinträchtigung des in seinem *derecho a la propia imagen* Betroffenen damit nicht rechtfertigen.[755] Der *Tribunal Supremo* argumentiert, „das Grundrecht auf Schutz des Rechts am eigenen Bild (Art. 18.1 C.E.) (könne) nur durch ein gleichrangiges Grundrecht eingeschränkt werden, was nur das der öffentlichen Information sein kann, aber niemals reines Gewinnstreben".[756] Auch in Art. 8.1 komme zum Ausdruck, dass nur ein zwingendes öffentliches Interesse eine Beeinträchtigung des Rechts am eigenen Bild rechtfertigen könne.[757]
Einen typischen Beispielsfall für eine Verletzung des Rechts am eigenen Bild in dieser Konstellation bietet der Sachverhalt, in dem Fußballprofis für eine Saison ihre Portraits für eine Fußballbildsammlung zur Verfügung gestellt hatten und

754 *Crevillén Sánchez*, S. 98.
755 STS de 09 de Mayo 1988.
756 STS de 09 de Mayo 1988.
757 STS de 09 de Mayo 1988.

der Hersteller die Sammelbilder auch danach weiter produzierte. Der *Tribunal Supremo* entschied hier, es handele sich bei den Fußballprofis zwar um *personas públicas*: „Die Beeinträchtigung des grundrechtlich geschützten Rechts am eigenen Bild dieser Personen kann aber nur durch reine Informationszwecke legitimiert werden, aber nicht durch den Willen, die Bildnisse zu kommerziellen oder Werbezwecken auszunutzen".[758]

Dieser Auffassung schließt sich die spanische Literatur vorbehaltlos an.[759] Auch nach deutschem Recht fällt die kommerzielle Ausnutzung eines Bildnisses unter § 23 Abs. 1 bzw. § 23 Abs. 2 KUG.[760] Damit bestehen hier insoweit keine Unterschiede.

(ii) Personas públicas privat

An „Orten und in Momenten des Privatlebens" (Art. 7.5) genießen die *personas públicas* den gleichen Schutz wie normale Privatpersonen. Die Ausnahme des Art. 8.2a gilt nach Art. 7.5 nur, wenn sich die *personas públicas* außerhalb dieses Bereichs aufhalten. So entschied der *Tribunal Supremo* kürzlich, die Veröffentlichung von Photographien, die prominente Spanier in ihrem Ferienhaus zeigten, sei eine *intromisión ilegítima* in ihr *derecho a la propia imagen*. Die Ausnahme des Art. 8.2a gelte aus genannten Gründen nicht.[761] Im Vergleich zur Rechtslage in Deutschland besteht kein großer Unterschied. Auch hier ist die Privatsphäre vor fremdem Eindringen geschützt, die vor allem den häuslichen Bereich umfasst.

(iii) Personas públicas privat in der Öffentlichkeit

Bildnisse von *personas públicas* aus ihrem Intimleben, die unbefugt in der Öffentlichkeit aufgenommen werden, unterfallen dem Schutz der Privatheit, wie der Fall *Marta Chávarri* zeigt.[762] Die Ausnahme des Art. 8.2a ist nur auf das Recht am eigenen Bild anwendbar, für die Privatheit gilt sie nicht, so dass hier diesbezüglich keine Besonderheiten bestehen.

Problematisch sind aber die Fälle, in denen *personas públicas* nicht bei Vorgängen aus ihrem Intimleben bildlich gezeigt werden, sondern bei Vorgängen aus ihrem Privatleben, das in der Öffentlichkeit stattfindet, z.B. bei privaten Essen in öffentlichen Restaurants. Nach dem Wortlaut des Art. 8.2a sind Beeinträchtigungen des Rechts am eigenen Bild für die *personas públicas* stets zu dulden, wenn sie sich in der Öffentlichkeit aufhalten. Ob sie sich privat in der Öffentlichkeit bewegen, ist danach unerheblich.[763]

---

[758] STS de 09 de Mayo 1988.

[759] *Rovira Sueiro*, Derecho a la Imagen, S. 115; *Igartua Arregui*, S. 119.

[760] Statt vieler: BGH NJW 1997, 1152, 1153 – „Bob Dylan"; siehe dazu oben: 1. Teil: D.III.1.d).

[761] STS de 12 de Julio 2002.

[762] STS de 17 de Julio 1993; dazu unten: 1. Teil: E.IV.1.

[763] *Igartua Arregui*, S. 118.

Wegen des Ausnahmecharakters dieser Vorschrift und damit zugunsten eines wirksamen Persönlichkeitsschutzes ist hier allerdings eine restriktive Auslegung angezeigt.[764] *Personas públicas* haben danach nur dann die unbefugte Veröffentlichung ihrer Bildnisse zu dulden, wenn folgende Voraussetzungen vorliegen: Das Bildnis muss den Betroffenen in dem Zeitpunkt zeigen, in dem er eine *persona pública* ist, die Bildnisveröffentlichung muss durch ein überwiegendes öffentliches Interesse bestimmt sein und die Bildnisse dürfen nicht aus dem Bereich des Privaten stammen.[765] Bildnisse, die eine *persona pública* in der Öffentlichkeit bei privaten Tätigkeiten zeigen, sind damit als Verletzung ihres Rechts am eigenen Bild zu werten. Dies ist vor dem Hintergrund einsichtig, dass auch *personas públicas* z.B. öffentliche Freizeitangebote nutzen können müssen, ohne ständiger Beobachtung durch die Medien ausgesetzt zu sein.[766] Der *Tribunal Supremo* entschied ebenfalls so im Fall der Bildnisveröffentlichungen der Schauspielerin *Silvia Munt*, die an einem verlassenen Strand, weit entfernt von irgendwelchen Siedlungen mit einem Teleobjektiv photografiert wurde.[767] Hier habe die Betroffene gerade die Absicht gehabt, einen der Öffentlichkeit zugänglichen Ort zu meiden und ihre Privatheit zu schützen, indem sie sich an den abgeschiedenen Strand begeben hatte. An dieser Stelle sind Parallelen zur deutschen Rechtsprechung zu „*Caroline von Monaco*“ festzustellen, in der der BGH ebenfalls darauf abstellte, ob sich die abgebildete Person in eine „örtliche Abgeschiedenheit“ zurückgezogen habe.[768]

Diese Praxis der spanischen Gerichte ist jedoch in der Literatur nicht ganz unumstritten. Manche vertreten entgegen der Rechtsprechung eine eher extensive Auffassung vom Bildnisschutz der *personas públicas* und ziehen hier eine wortlautgetreue Auslegung vor.[769] Danach dürfen nicht nur öffentliche Tätigkeiten der *personas públicas* im Bild festgehalten werden, sondern auch private, sofern sie sich in der Öffentlichkeit zutragen. Die Ausdehnung ihres Bildnisschutzes auf Momente des Privatlebens in der Öffentlichkeit berge ein Problem der Rechtssicherheit. Es sei einfach, einen öffentlichen von einem privaten Ort zu trennen, so dass leicht erkennbar sei, in welchen Situationen Schutz vor Aufnahmen und Bildnisveröffentlichungen bestehe. Schwierigkeiten treten aber auf,

---

764 *Rovira Sueiro*, Derecho a la Imagen, S. 110.

765 *Royo Jara*, S. 163 f.

766 *Rovira Sueiro*, Derecho a la Imagen, S. 111 f.

767 STS de 29 de Marzo 1988 - „Silvia Munt“.

768 BGH NJW 1996, 1128, 1129 – „Caroline von Monaco III“; Dem Fall des LG Hamburg ZUM 2002, 68 - „Hera Lind“ lag ein ähnlicher Sachverhalt wie dem spanischen zu *Silvia Munt* zugrunde. Auch hier wurden (teilweise Nackt-) Photographien der deutschen Schriftstellerin, die sie in einer einsamen Bucht zeigten, in einer Illustrierten veröffentlicht.

769 *O'Callaghan*, S. 150.

wenn ein öffentlicher von einem zwar öffentlichen, aber zurückgezogenen Ort unterschieden werden müsse, wie es die Rechtsprechung tue.[770] Nach dieser extensiven Auslegung wäre beispielsweise die Aufnahme bei privaten Essen in einem öffentlichen Restaurant keine Verletzung des Rechts am eigenen Bild.
Diese Auffassung begegnet jedoch Bedenken. Das Interesse an einem effektiven Persönlichkeitsschutz muss gegenüber dem Interesse an Rechtssicherheit überwiegen. Da Art. 8.2a eine Ausnahme von der grundsätzlichen Widerrechtlichkeit von Bildnisveröffentlichungen darstellt, muss sie als solche restriktiv ausgelegt werden. Dies kommt auch dem Schema der Art. 7.5, 8.2a am nächsten. Nach Art. 7.5 kommt eine nähere Prüfung des Art. 8.2 nämlich nur dann in Frage, wenn es sich nicht um Bildnisse handelt, die den Abgebildeten an Orten oder Momenten seines Privatlebens zeigen. Ein Moment des Privatlebens kann aber auch in der Öffentlichkeit liegen, wie sich aus der Abgrenzung von Ort und Moment ergibt. Im Ergebnis ist somit festzustellen, dass Bildnisse von *personas públicas*, die sie privat in der Öffentlichkeit zeigen, grundsätzlich eine *intromisión ilegítima* nach Art. 7.5 darstellen. Dieser Grundsatz mag einfach klingen. Im Einzelfall können jedoch - wie von Manchen befürchtet - beträchtliche Schwierigkeiten bei der Bestimmung der Reichweite des Privaten auftreten. Da das Gesetz hier wieder keine Anhaltspunkte bietet, können sich allein aus der Rechtsprechung Abgrenzungskriterien ergeben. Diese befindet sich zu dieser Frage aber im Fluss und hat - soweit ersichtlich - bisher keine allgemein gültigen Kriterien aufgestellt. Als Beispiel für die schwierige Beantwortung der Frage, ob ein Bildnis den Abgebildeten privat in der Öffentlichkeit zeigt, kann folgender Fall dienen, in dem der *Tribunal Supremo* die Verletzung des Rechts am eigenen Bild durch eine Bildnisveröffentlichung verneinte,[771] der *Tribunal Constitucional* diese Entscheidung aber wieder aufhob:[772]
Es ging um die Rechtmäßigkeit der Veröffentlichung mehrerer Photographien, die einen bekannten spanischen Geschäftsmann mit einer Frau zeigten, auf denen sie sich während einer privaten Familienreise in Kenia in einem öffentlichen Jagdreservat küssten und miteinander scherzten. Diese Photographien wurden von einem Verwandten gemacht und in einer Illustrierten veröffentlicht, ohne dass ihr Weg dorthin geklärt werden konnte. Während die unteren Instanzen der Klage des Abgebildeten stattgegeben hatten, lehnte der *Tribunal Supremo* eine Verletzung der *derechos de la personalidad* ab.[773] Bei dem Abgebildeten hande-

---

[770] *O'Callaghan*, S. 150.
[771] STS de 21 de Octubre 1997 - „Alberto Cortina/Marta Chávarri".
[772] STC 139/2001 de 18 de Junio 2001 - „Alberto Cortina/Marta Chávarri".
[773] STS de 21 de Octubre 1997 - „Alberto Cortina/Marta Chávarri". Die Rechtsprechung prüft stets eine Verletzung aller drei Persönlichkeitsrechte, ohne diese in jedem Einzelfall voneinander abzugrenzen. Klagen werden - wegen der Abgrenzungsschwierigkeiten - auch immer auf die Verletzung sämtlicher *derechos de la personalidad* erhoben; siehe dazu auch unten: 1. Teil: E.IV.1.

le es sich um eine *persona pública*. Da das Jagdreservat der Öffentlichkeit zugänglich sei, sei die Ausnahme des Art. 8.2a hier gegeben, so dass die Photographien auch ohne Einwilligung veröffentlicht werden durften.[774] Dieses Urteil wurde dem *Tribunal Constitucional* vorgelegt, der den Photographien einen privaten Charakter zusprach und damit eine *intromisión ilegítima* annahm.[775] Dabei stellte er maßgeblich auf die private Natur der Bilder ab. Entscheidend sei in diesem Fall die Art und Weise der Erlangung der Bilder. Durch die Tatsache, dass sie mit einer privaten Kamera von einem Familienmitglied bei einer privaten Reise mit Freunden und Familie aufgenommen wurden und als persönliche Erinnerung dienen sollten, werde ihr privater Charakter deutlich. Damit folgt auch hier der *Tribunal Constitucional* der Ansicht, dass es auch in der Öffentlichkeit private Momente gibt, die nicht der Ausnahme des Art. 8.2a unterfallen. Das Problem der Bildnisveröffentlichung, die Prominente in der Öffentlichkeit bei privaten Tätigkeiten zeigen, ist in Spanien noch nicht eindeutig gelöst. Wie hier zu sehen war, gehen die Meinungen bei der Frage auseinander, wie weit der Schutz des Privatlebens reicht, wenn sich dieses in der Öffentlichkeit zuträgt. Die weitere Entwicklung in der Rechtsprechung bleibt hier abzuwarten. Nach der „*Silvia Munt*"-Entscheidung des *Tribunal Supremo* Ende der 1980-er Jahre kann aber die Prognose gewagt werden, dass die spanische Rechtsprechung den Schutz vor Bildnisveröffentlichungen, bei denen *personas públicas* privat in der Öffentlichkeit gezeigt werden, ähnlich wie der deutsche BGH seit „*Caroline von Monaco I*" sieht. Damit besteht seit dieser BGH-Entscheidung, in der er den Schutz der Privatsphäre auch in die Öffentlichkeit erstreckt hat, ein nahezu identischer Schutz Prominenter in Deutschland und Spanien.

(c) Bildnis nur als Nebensache („meramente accesoria")

Eine weitere Einschränkung des Bildnisschutzes findet sich in Art. 8.2c, wenn die abgebildete Person nicht im Zentrum der Berichterstattung steht, sondern nur als reines Beiwerk erscheint. Hervorzuheben ist hier, dass es sich um die einzige Ausnahme in Art. 8.2 handelt, bei der der Bildnisschutz aller Personen - nicht nur der der *personas públicas* - aus Gründen der garantierten Informationsfreiheit zurückstehen muss.[776] Beispiele für diese Fallgruppe sind Bildnisveröffentlichung von Personen, die Sportereignisse als Zuschauer verfolgt haben, z.B. ein Fußballspiel oder einen Stierkampf.[777] Dabei muss allerdings zwischen der bildlichen Information und der Wortberichterstattung über ein öffentliches Ereignis ein Zusammenhang bestehen.[778] Das benutzte Bild muss danach die Wortberichterstattung über das öffentliche Ereignis illustrieren, da es ansonsten über-

---

[774] STS de 21 de Octubre 1997 - „Alberto Cortina/Marta Chávarri".
[775] STC 139/2001 de 18 de Junio 2001 - „Alberto Cortina/Marta Chávarri".
[776] *Rovira Sueiro*, Derecho a la Imagen, S. 118.
[777] Beispiele nach: *Crevillén Sánchez*, S. 98.
[778] STS de 19 de Octubre 1992.

flüssig und nicht notwendig für die Bebilderung des Artikels oder der Berichterstattung ist.[779]

4. Spezieller Minderjährigenschutz: L.O. 1/1996

Das L.O. 1/1982 kennt keine besondere Behandlung Minderjähriger im Bereich des Bildnisschutzes. Eine spezielle Regelung findet sich aber auch hier im bereits erwähnten Art. 4 L.O. 1/1996. Danach ist die „Verbreitung von Bildnissen Minderjähriger in den Medien auch mit der Einwilligung des Minderjährigen oder seines gesetzlichen Vertreters verboten, wenn dies gegen seine Interessen verstößt".

5. Zusammenfassung

Genau wie die beiden besonderen Persönlichkeitsrechte Ehre und Privatheit ist das Recht am eigenen Bild in Spanien ein nach Art. 18.1 C.E. verfassungsrechtlich garantiertes Grundrecht. Es wird wie sie zivilrechtlich hauptsächlich durch das L.O. 1/1982 geschützt. Das *derecho a la propia imagen* ist ein Persönlichkeitsrecht, das sich erst mit dem Fortschritt der Film- und Kameratechnik entwickelt hat und in Spanien zum ersten Mal 1978 in der Verfassung gesetzlich erwähnt wurde, obwohl es zunächst nicht in sie aufgenommen werden sollte. Im Bereich dieses Persönlichkeitsrechts ist der starke Einfluss ausländischer Rechtsordnungen ebenfalls zu bemerken.
Das Recht am eigenen Bild hat nach spanischem Verständnis zwei Aspekte: einen ideellen und einen kommerziellen. Den ideellen Schutz nimmt Art. 7.5 war. Der Betroffene ist danach grundsätzlich vor der ungenehmigten Aufnahme, Wiedergabe, Vervielfältigung oder Veröffentlichung von Bildnissen geschützt. Für Privatpersonen gilt dieser Schutz überall. Damit existiert für sie in Spanien ein hohes Schutzniveau vor Verletzungen dieses Persönlichkeitsrechts. Eine *intromisión ilegítima* liegt bei einer Einwilligung des Betroffenen ausnahmsweise nicht vor. Er kann in jede der möglichen Verletzungsformen einwilligen, also in Aufnahme, Wiedergabe, Vervielfältigung oder Veröffentlichung eines Bildnisses. Liegt ein überwiegendes zwingendes öffentliches Interesse an einer Bildnisveröffentlichung vor (Art. 8.1), entfällt trotz fehlender Einwilligung die Widerrechtlichkeit einer *intromisión ilegítima*. *Personas públicas* haben grundsätzlich Beeinträchtigungen ihres Rechts am eigenen Bild zu dulden, wenn sie sich in der Öffentlichkeit aufhalten (Art. 8.2a). Dies gilt jedoch nicht, wenn das Bildnis sie nicht in dem Zeitpunkt zeigt, in dem sie eine *persona pública* ist. Außerdem muss die Bildnisveröffentlichung auch hier durch ein überwiegendes öffentliches Interesse bestimmt sein und die Bildnisse dürfen keinen privaten Charakter haben. Im Einzelnen hat sich in Spanien zur Frage, wann ein Bildnis einen privaten Charakter hat, noch keine allgemein gültige Rechtsprechung gebildet. Es gibt bisher nur vereinzelte Entscheidungen dazu.

---

[779] STS de 19 de Octubre 1992.

Das L.O. 1/1982 schützt auch das kommerzielle Recht am eigenen Bild, an der eigenen Stimme und am eigenen Namen (Art. 7.6). Dies ist vor dem Hintergrund verfehlt, dass das Gesetz ansonsten allein auf den Schutz ideeller Interessen ausgerichtet ist und der Schutz kommerzieller Belange hier daher einen Fremdkörper darstellt. Das kommerzielle *derecho a la propia imagen* ist aber kein Grundrecht, so dass Art. 18.1 C.E. keinen Schutz vor der kommerziellen Ausnutzung von Bildnissen bietet. Somit ist der Begriff des *imagen* im L.O. 1/1982 weiter als der in der spanischen Verfassung. Das Recht am eigenen Bild schützt den Einzelnen nicht vor Bildnisveröffentlichungen aus seinem Intimleben. Diesen speziellen Schutz stellt vielmehr das besondere Persönlichkeitsrecht der Privatheit zur Verfügung.

IV. Abgrenzung zwischen den Persönlichkeitsrechten

Im L.O. 1/1982 werden die drei besonderen Persönlichkeitsrechte Ehre, persönliche und familiäre Privatheit und das Recht am eigenen Bild parallel geschützt. Zwar weisen sie als *derechos de la personalidad* gewisse Gemeinsamkeiten auf. Dennoch haben sie einen unterschiedlichen Inhalt. Es stellt sich daher die Frage, welches von ihnen betroffen ist und welche Absätze des Art. 7 anzuwenden sind, wenn eine Handlung mehrere Persönlichkeitsrechte berührt. Die Notwendigkeit der Abgrenzung ergibt sich unmittelbar aus dem Verständnis der *derechos de la personalidad* in Spanien, nämlich, dass sie drei eigenständige, von einander zu trennende Rechte bilden.[780] Hätte man sich für ein umfassendes allgemeines Persönlichkeitsrecht - wie in Deutschland - entschieden, könnten sämtliche Verletzungen unter dieses eine Recht gefasst werden, anstatt eine bestimmte Verletzungshandlung einem besonderen Persönlichkeitsrecht zuordnen zu müssen. Es wäre dann nur noch fraglich, in welcher Ausprägung das allgemeine Persönlichkeitsrecht verletzt ist, was aber im praktischen Ergebnis ohne Auswirkung bliebe, da dies nichts an einer Persönlichkeitsverletzung änderte. Diese im spanischen Verständnis über den Persönlichkeitsschutz begründeten Schwierigkeiten werden durch das Fehlen gesetzlicher Definitionen der Ehre, Privatheit und des Bildnisses erschwert. In der Praxis werden Klagen daher stets auf die Verletzung aller drei Rechte erhoben, so dass es an den Gerichten liegt, zu bestimmen, welches Recht verletzt wurde.[781]

1. Derecho a la propia imagen und Privatheit

Die Abgrenzung zwischen dem ideellen *derecho a la propia imagen* und der Privatheit stellt den Anwender des L.O. 1/1982 vor die größten Probleme. In diesem Bereich ergeben sich die meisten Verwechselungen in der Praxis der Gerichte, wenn es eigentlich um das *derecho a la propia imagen* geht, aber das Ur-

---

780 STC 156/2001 de 02 de Julio 2001; STC 81/2001 de 26 de Marzo 2001 - „Emilio Aragón"; STC 83/2002 de 22 de Abril 2002 - „Alberto Alcocer".

781 *O'Callaghan*, S. 96.

teil auf Verletzung der Privatheit lautet.[782] Die Schwierigkeiten bei der Abgrenzung kann man sich dadurch vergegenwärtigen, dass die Privatheit einer Person vor allem durch die Veröffentlichung von Bildnissen verletzt werden kann.
Ein Beispiel für die schwierige Grenzziehung zwischen Verletzungen der Privatheit durch eine Bildnisveröffentlichung und Verletzungen des Rechts am eigenen Bild können folgende Fälle bieten: Bei einem öffentlichen Auftritt der bekannten Sängerin *Marta Chávarri* wurde eine Photographie gemacht, die den Blick unter ihren Rock freigab. Der *Tribunal Supremo* entschied hier auf die Verletzung ihres Rechts auf Privatheit.[783] Dies lag auch nahe, da ihr Intimbereich betroffen war. In einem anderen Fall, in dem die an einem öffentlichen Strand aufgenommene Photographie der spanischen Schauspielerin *Silvia Munt* mit nacktem Oberkörper („oben ohne“) verbreitet wurde, entschied der *Tribunal Supremo* jedoch ebenfalls auf eine Verletzung der Privatheit.[784] Hier war der Intimbereich der Betroffenen nicht berührt, sondern lediglich ihr Privatbereich. Daher wäre in diesem Fall eher an eine Verletzung des Rechts am eigenen Bild zu denken gewesen.
Die Fassung des Gesetzes in Art. 7 hilft bei der Suche nach Abgrenzungskriterien zwischen den verschiedenen Persönlichkeitsrechten nicht weiter. Der Wortlaut der Art. 7.1-7.3 auf der einen und der des 7.5 auf der anderen Seite bietet keine klare Abgrenzung. In erstgenannten Artikeln versteht man das Aufstellen und Benutzen von Kameras, um Aufnahmen aus dem Intimleben zu machen sowie die Verbreitung von Vorgängen aus dem Privatleben als Verletzung der Privatheit. In Art. 7.5 gilt die photografische Aufnahme von Personen aus ihrem Privatbereich als Verletzung des *derecho a la propia imagen*. Im Fall der Photographien aus dem Privatbereich könnte damit sowohl eine Verletzung der Privatheit gegeben sein als auch eine Verletzung des Rechts am eigenen Bild. Es liegt daher auf der Hand, dass sich aus dieser fehlenden eindeutigen gesetzlichen Abgrenzung zahlreiche Schwierigkeiten und Verwechselungen ergeben.
Dieser verwirrende Wortlaut des L.O. 1/1982 rührt daher, dass sich der spanische Gesetzgeber bei den Entwürfen zum L.O. 1/1982 vielfach von verschiedenen ausländischen Rechtsordnungen beeinflussen lassen hat. Trotz der Tatsache, dass in ihnen teilweise ein unterschiedliches Verständnis der Ausgestaltung des Persönlichkeitsschutzes herrscht, hat er versucht, die verschiedenen Ansätze im L.O. 1/1982 zu vereinen. Große Unterschiede bestehen beispielsweise zwischen dem amerikanischen, französischen und italienischen Recht auf der einen und dem deutschen Recht auf der anderen Seite. Bildnisveröffentlichungen aus dem Intim- und Privatleben werden im amerikanischen, französischen und italienischen Recht stets allein als Verletzung der Privatheit behandelt.[785] Insbesondere

---

[782] *Fayos Gordó*, S. 406; *Rovira Sueiro*, Derecho a la Imagen, S. 26 f.
[783] STS de 17 de Julio 1993.
[784] STS de 29 de Marzo 1988 - „Silvia Munt“.
[785] *Azurmendi Adarraga*, S. 189; *Fayos Gordó*, S. 406.

trifft das - in Spanien einflussreiche - amerikanische *right of privacy* keine Unterscheidung zwischen dem Schutz des Privatlebens und daneben einem ideellen Recht am eigenen Bild. Dort wird lediglich zwischen Bildnissen aus dem Privatbereich („*right of privacy*") und seiner kommerziellen Ausnutzung („*right of publicity*") unterschieden. Anders ist dagegen das deutsche Verständnis, das bestimmte Bildnisveröffentlichungen unter dem Begriff der Verletzung des Rechts am eigenen Bild nach den §§ 22 f. KUG zusammenfasst und nicht - wie das amerikanische Recht - nach der Verletzungsrichtung differenziert. Nicht zuletzt durch dieses Gesetz hat sich im deutschen Verständnis der Begriff des „Rechts am eigenen Bild" als Schlagwort durchgesetzt. Zwar liegt eine Verletzung dieses Rechts regelmäßig nur vor, wenn in die Intim- oder Privatsphäre eingegriffen wird. Dadurch ist aber nur das Rechtsgut des „Rechts am eigenen Bild" verletzt und nicht etwa allein die Privatsphäre.
Diese Unterschiede sind bei der Schaffung des L.O. 1/1982 offensichtlich nicht ausreichend beachtet worden. In den Art. 7.1 und 7.3 wird beispielsweise zwischen dem Intim- und dem Privatleben getrennt. Hier ist der Einfluss des deutschen Persönlichkeitsschutzes und besonders der Sphärentheorie bemerkbar.[786] Auf den Einfluss des deutschen Rechts ist es ebenfalls zurückzuführen, dass der spanische Gesetzgeber in Art. 7.5 eine spezielle *intromisión ilegítima* des Rechts am eigenen Bild bei Bildnissen aus dem Privatleben kodifiziert hat. Im italienischen und amerikanischen Recht, an dem sich vor allem die spanische Literatur orientiert hat, gilt dies als Verletzungen der Privatheit. Danach wird zwischen Bildnissen aus dem Intim- und Privatleben nicht unterschieden. Sie gelten dort beide als Verletzungen der Privatheit, während sie nach deutschem Recht eine Verletzung des Rechts am eigenen Bild bedeuten würden.
Durch den Einfluss des deutschen Rechts einerseits, das eine Verletzung des Rechts am eigenen Bild bei Bildnisveröffentlichungen aus dem Privatleben anerkennt und des italienischen und amerikanischen Rechts andererseits, in dem dies allein als Verletzung der Privatheit gilt, ist hier viel Verwirrung gestiftet worden. Der Wille des Gesetzgebers, den Schutz des Rechts am eigenen Bild unabhängig vom Schutz der Privatheit auszugestalten, ist von der Literatur oft konterkariert worden, die das Recht am eigenen Bild als Teil der Privatheit sah.
Mittlerweile hat die Rechtsprechung jedoch einige Klarheit bei der Abgrenzung geschaffen. Nach neuerer Rechtsprechung des *Tribunal Constitucional* ist bei Bildnissen aus dem Privatbereich eine Verletzung der *intimidad* und des Rechts am eigenen Bild nebeneinander denkbar.[787] Da die Persönlichkeitsrechte nach Art. 18.1 C.E. „eigenständige und autonome Rechte" seien, sei bei einer Bildnisaufnahme oder -veröffentlichung die Verletzung der Privatheit neben einer

---

[786] *Azurmendi Adarraga*, S. 189.
[787] STC 83/2002 de 22 de Abril 2002 - „Alberto Alcocer".

Verletzung des Rechts am eigenen Bild nicht ausgeschlossen.[788] Das Recht am eigenen Bild sei danach berührt, wenn es allein um die Befugnis des Betroffenen gehe, über Vervielfältigungen seines Bildes zu entscheiden, die seinen persönlichen Bereich betreffen, ohne dabei einen intimen Charakter zu haben.[789] Der *Tribunal Constitucional* stellt dazu folgende Grundsätze auf: „Durch die Aufnahme und Vervielfältigung eines bestimmten Bildnisses einer Person kann nur das Recht auf Privatheit verletzt sein, ohne dass das Recht am eigenen Bild verletzt ist. Dies ist der Fall, wenn durch die Bildnisse in die Privatheit eingedrungen wird, aber die Person nicht anhand der äußeren Merkmale zu identifizieren ist. Ferner kann allein das Recht am eigenen Bild verletzt sein, wenn die Bildnisse die Identifizierung des Abgebildeten ermöglichen, aber nicht seine Privatheit berühren. Schließlich ist auch eine gleichzeitige Verletzung beider Rechte durch ein Bildnis möglich. Dieser Fall ist gegeben, wenn der Abgebildete erkennbar ist und das Bildnis in die Privatheit eingreift."[790] Als Konsequenz für die Frage, ob eine Persönlichkeitsverletzung vorliegt oder nicht, heißt das, dass die Verletzung beider Rechte mit den jeweiligen Ausnahmen von der Widerrechtlichkeit selbständig geprüft werden muss.[791]

Auch nach herrschender Ansicht in der Literatur erfolgt auf diese Weise die Abgrenzung: Schutz vor Veröffentlichungen von Bildnissen aus dem Intimleben fallen danach ausschließlich in den Schutzbereich der Privatheit. Lediglich Bildnisse aus dem Privatbereich oder der Öffentlichkeit werden vom *derecho a la propia imagen* erfasst.[792] Unstreitig ist allein das *derecho a la propia imagen* betroffen, wenn es um die kommerzielle Ausnutzung eines Bildnisses geht.

2. Derecho a la propia imagen und Ehre

Auch zwischen den besonderen Persönlichkeitsrechten der Ehre und dem Recht am eigenen Bild bestehen Abgrenzungsschwierigkeiten, da Ehrverletzung auch durch Bildnisveröffentlichungen denkbar sind. Ein Beispiel für eine Ehrverletzung durch eine Bildnisveröffentlichung bietet der Fall, in dem eine Photographie zweier eingebürgerter Schwarzer auf dem Madrider Flohmarkt mit dem Untertitel versehen wurde, es handele sich um illegal eingewanderte Afrikaner.[793]

In diesen Fällen wurde bisher die Frage nach dem betroffenen Persönlichkeitsrecht danach beurteilt, in welches Recht am stärksten eingegriffen wurde. In dem Beispielsfall entschied man, dass eine Verletzung der Ehre vorliege. Man

[788] STC 156/2001 de 02 de Julio 2001; STC 83/2002 de 22 de Abril 2002 - „Alberto Alcocer".
[789] STC 83/2002 de 22 de Abril 2002 - „Alberto Alcocer".
[790] STC 156/2001 de 02 de Julio 2001.
[791] STC 156/2001 de 02 de Julio 2001.
[792] *Azurmendi Adarraga*, S. 189.
[793] STS de 15 de Diciembre 1998.

kann daran erkennen, dass die Gerichte in diesen Fällen zunächst nicht die Verletzung mehrerer Schutzbereiche durch eine Handlung annahmen, sondern sich immer nur auf den beschränkten, der im jeweiligen Fall dominierte.[794] Nach - mittlerweile umstrittenem - ursprünglichem spanischen Verständnis konnte jeweils nur ein Persönlichkeitsrecht betroffen sein. Die Rechte seien untereinander nicht austauschbar, so dass der Kläger keinen Schutz gegen eine Verletzung seines Rechts am eigenen Bild einfordern könne, wenn seine Ehre verletzt sei.[795] Bei einer möglichen Beeinträchtigung sowohl der Ehre als auch des Rechts am eigenen Bild wurde bisher im Zweifel die Verletzung der Ehre geprüft. Dies ist aus der spanischen Tradition zu erklären, in der das Recht am eigenen Bild lange keine Rolle spielte. Man kann in diesem Bereich nicht auf eine seit langem gefestigte Rechtsprechung zurückgreifen. Vermutlich daher wurde bisher bei einer möglichen Verletzung beider Persönlichkeitsrechte vorrangig auf den Schutz der Ehre abgestellt. Damit hängt es wohl auch zusammen, dass dem Recht am eigenen Bild lange ein eigenständiger Regelungsgehalt abgesprochen wurde.
Die Rechtsprechung des *Tribunal Constitucional* hat sich jüngst und zum ersten Mal über das Verhältnis zwischen dem Recht am eigenen Bild und der Ehre geäußert. Danach kann bei einer Ehrverletzung durch eine Bildnisveröffentlichung nicht nur die Ehre, sondern auch das Recht am eigenen Bild verletzt sein.[796] Somit stehen beide Persönlichkeitsrechte mittlerweile nebeneinander.

3. Eigenständiger Regelungsbereich des derecho a la propia imagen?

Wie gesehen, kann durch den Schutz der Ehre und der persönlichen und familiären Privatheit auch Schutz vor ungenehmigten Bildnisveröffentlichungen gewährt werden. Daraus wird teilweise der Schluss gezogen, das *derecho a la propia imagen* habe keinen eigenständigen Schutzbereich, sondern sei nur verletzt, wenn gleichzeitig Ehre oder *intimidad* betroffen seien.[797] Auch die Wahl des Wortlautes des Art. 7.5 trägt dazu bei, dem *derecho a la propia imagen* einen eigenständigen Schutzbereich abzusprechen, da danach der Schutz des Privatlebens - nach spanischem Verständnis also der *intimidad* - im Vordergrund steht. Diese Auffassung wird vor allem dadurch weiter gestärkt, dass die Rechtsprechung in diesem Bereich widersprüchlich und stark schwankend ist.
Einerseits geht der *Tribunal Supremo* von der Existenz dreier unterschiedlicher Rechte aus, die gemeinsam die Würde des Menschen bewahren sollen. Dem *derecho a la propia imagen* wird danach ein eigenständiger Regelungsgehalt zugewiesen. Auf der anderen Seite nimmt er aber an, dass sowohl das *derecho a la propia imagen* und das Recht auf Privatheit einen Teil eines einheitlichen Per-

---

[794] *Rovira Sueiro*, Derecho a la Imagen, S. 28; vgl. STS de 30 de Marzo 2001.
[795] STS de 13 de Noviembre 1989.
[796] STC 156/2001 de 02 de Julio 2001.
[797] *Castán Tobeñas*, RGLJ 1952, S. 57, zit. nach: *Herrero-Tejedor*, Honor, Intimidad e Imagen, S. 99.

sönlichkeitsrechts bilden, so dass in diesen Fällen auf eine scharfe Trennung verzichtet wird. Damit erklärt die Rechtsprechung im Gegensatz zum gesetzgeberischen Willen und im Widerspruch zu anderen Urteilen die Nähe zwischen den Schutzbereichen der Privatheit und des Rechts am eigenen Bild. Beide Rechte gehören danach zum Schutz des Privatlebens.[798] Nach dieser Rechtsprechung wird der von einer Bildnisveröffentlichung Betroffene auch vom Recht auf Privatheit geschützt, da sowohl das *derecho a la propia imagen* als auch das Recht auf Privatheit die Existenz eines eigenen geschützten Bereichs gegenüber Handlungen und Einblicken Anderer anerkennen.[799] Diese widersprüchliche Rechtsprechung wird daher - zu Recht - als „chaotisch" bezeichnet.[800]
Der Grund dieser Rechtsprechung scheint darin zu bestehen, dass es der spanischen Rechtswissenschaft - gerade Anfang der 1980-er Jahre - in diesen Bereichen an Tradition fehlte. Man hat sich an ausländischen Rechtsordnungen zu orientieren versucht, was - wie oben gezeigt - zu Verwirrungen führte.
Auch wenn einzelne Stimmen in der Literatur dies bestreiten, spricht viel für die Eigenständigkeit des Rechts am eigenen Bild. Beispielsweise bezieht sich Art. 8.2 ausschließlich auf das *derecho a la propia imagen*, so dass seine Eigenständigkeit offensichtlich gesetzgeberisch gewollt war.[801] Dafür spricht auch die Tatsache, dass Art. 7.5 den Einzelnen explizit vor Persönlichkeitsverletzungen durch Bildnisveröffentlichungen schützt. Hätte der Gesetzgeber das Recht am eigenen Bild als Teil bzw. Unterfall der Privatheit angesehen, wie es im amerikanischen und italienischen Recht der Fall ist, hätte es dieser Regelung nicht bedurft, da Bildnisse aus dem Privatbereich auch bereits von Art. 7.2 und 7.3 erfasst werden. Indem er in Art. 7.5 aber Bildnisse trotzdem ausdrücklich erwähnt, wird sein Wille deutlich, diesem Recht einen eigenständigen Regelungsgehalt zuzuweisen.
Klar getrennt werden kann der Schutz beider Rechte in den Fällen, in denen das *derecho a la propia imagen* durch kommerzielle Ausbeutung nach Art. 7.6 verletzt wird, was nichts mit dem Recht auf Privatheit oder Ehre zu tun hat.[802]
Als Ergebnis ist daher im Einklang mit einem großen Teil der spanischen Literatur festzuhalten, dass das *derecho a la propia imagen* einen eigenständigen Schutzbereich aufweist, auch wenn es Fälle geben mag, in denen es nur am Rande betroffen ist und hauptsächlich eine Verletzung der Ehre oder der Privatheit vorliegt.[803] Dies entspricht auch mittlerweile der Ansicht des *Tribunal Constitucional*, der das Recht am eigenen Bild ausdrücklich als „autonomes

---

798 STC 170/1987 de 30 de Octubre 1987.
799 STC 231/1988 de 02 de Diciembre 1988 - „Paquirri"; STS de 29 de Marzo 1988 - „Silvia Munt".
800 *Rovira Sueiro*, Derecho a la Imagen, S. 26, Fn. 33.
801 *Fayos Gordó*, S. 406; *Rovira Sueiro*, Derecho a la Imagen, S. 30 f.
802 *Azurmendi Adarraga*, S. 191.
803 *Rovira Sueiro*, Derecho a la Imagen, S. 33.

Recht" bezeichnet.[804] Der spezifische Schutzbereich des Rechts am eigenen Bild ist danach der Schutz vor bildlichen Vervielfältigungen einer Person, die weder ihr Recht auf Ehre, noch das auf Privatheit verletzen.[805]

4. Ehre und Privatheit

Auch zwischen dem Schutzbereich der Ehre und der Privatheit bestehen Überschneidungen. Diese werden besonders in der kritikwürdigen Regelung des Art. 7.3 deutlich, der eine Ehrbeeinträchtigung zur Voraussetzung einer Verletzung der *intimidad* macht.[806] Überlappungen können auch entstehen, wenn ehrverletzende Tatsachen aus dem Privatbereich einer Person veröffentlicht werden. Eine genaue Abgrenzung zwischen diesen Rechten ist nicht immer eindeutig zu treffen, so dass bei Überscheidungen nicht klar ist, ob das eine oder das andere Persönlichkeitsrecht verletzt ist. Manche wollen der Ehre im Konfliktfall stets den Vorrang einräumen: Bei rufschädigenden oder ehrverletzenden Äußerungen sei die Ehre betroffen und bei allen anderen Äußerungen aus dem Privatbereich die Privatheit.[807] Bei Überschneidungen erfolge der Persönlichkeitsschutz somit nach den Vorschriften über den Ehrenschutz. Der Schutz der Ehre gehe somit dem der Privatheit vor. Der Grund für diese Praxis scheint wieder darin zu liegen, dass der Schutz der Ehre bereits seit langem im spanischen Recht diskutiert wurde. Hier muss man sich nicht an fremden Rechtsordnungen orientieren, sondern kann auf eigene Traditionen und alte Rechtsprechung dazu zurückgreifen. Das Persönlichkeitsrecht der Privatheit, das erst in der zweiten Hälfte des 20. Jahrhunderts in Spanien bekannt wurde, wird vielfach nur als jüngeres und damit nachrangiges Recht betrachtet. Es wird daher nur in den Fällen herangezogen, wenn das bekannte Persönlichkeitsrecht der Ehre nicht eingreift.
In der neueren Rechtsprechung ist allerdings festzustellen, dass nicht immer eine genaue Abgrenzung vorgenommen wird, sondern teilweise beide Rechte gleichzeitig verletzt sein können.[808] Damit setzt sich hier die Rechtsprechung des *Tribunal Constitucional* durch, der mittlerweile auch davon ausgeht, dass aufgrund der Eigenständigkeit der Persönlichkeitsrechte die Verletzung des einen nicht die mögliche Verletzung eines anderen Persönlichkeitsrechts hindert.[809]

---

804 STC 81/2001 de 26 de Marzo 2001 - „Emilio Aragón".

805 STC 81/2001 de 26 de Marzo 2001 - „Emilio Aragón"; STC 156/2001 de 02 de Julio 2001.

806 Dazu bereits oben: 1. Teil: E.II.4.b)(2).

807 *O'Callaghan*, Jornadas, S. 580, zit. nach: *Concepción Rodríguez*, S. 73 f.

808 Juzgado de Primera Instancia núm. 22 de Barcelona de 07 de Febrero 2003.

809 STC 156/2001 de 02 de Julio 2001.

V. Rechtsgeschäfte über die geschützten Persönlichkeitsrechte

Abschließend stellt sich noch das - mehrfach genannte - Problem der Rechtsgeschäfte über die geschützten Persönlichkeitsrechte und ihre Vereinbarkeit mit dem geltenden spanischen Recht, insbesondere dem L.O. 1/1982.

Nach Art. 1.3 sind die von diesem Gesetz geschützten Persönlichkeitsrechte „unveräußerlich". Allerdings darf nicht verkannt werden, dass über das *derecho a la propia imagen*, die Stimme, den Namen und über die Privatheit zumindest teilweise mittels der Einwilligung zur Veröffentlichung oder anderweitigen Nutzung verfügt werden kann, was insbesondere für Sportler, Schauspieler, (Nackt-) Models, in der Werbung, usw. wichtig ist.[810] Im professionellen Photomodellgeschäft werden in der Praxis häufig vertragliche Absprachen getroffen, die beispielsweise die Nutzung oder die Verbreitung der Bildnisse regeln.[811] Auch die praxisüblichen Verträge mit Prominenten über die Überlassung von Bildnissen, ihrer Stimme oder ihres Namens zu Werbezwecken gegen Geld machen deutlich, dass es einen Markt gibt, auf dem manche *derechos de la personalidad* handelbar sind. Das gleicht gilt für die Privatheit, wenn die Bildnisse aus dem Intimleben stammen, z.B. bei Nackt- oder Pin-up-Photographien.

Dieser kommerzielle Aspekt des Rechts am eigenen Bild ist mittlerweile auch in der Rechtsprechung des *Tribunal Constitucional* anerkannt: „Durch die Autorisierung des Inhabers kann das Bildnis einen selbständigen Inhalt erhalten, nämlich einen handelbaren kommerziellen Wert".[812] Im Zusammenhang mit der vertraglichen Einwilligung, die regelmäßig gegen Geld gewährt wird, ergeben sich einige spezielle Schwierigkeiten, die größtenteils nicht vom L.O. 1/1982 gelöst sind.

1. Widerruf der Einwilligung oder bindender Vertrag?

Ein erstes Problem, das sich v.a. im Zusammenhang mit der kommerziellen Bildnisnutzung stellt, ist die Frage des Widerrufs der erteilten Einwilligung. Dieser ist nach dem L.O. 1/1982 „jederzeit" möglich, Art. 2.3. Liegt eine nichtkommerzielle Überlassung eines Bildnisses z.B. zur Veröffentlichung vor, dominiert unzweifelhaft der ideelle Persönlichkeitsschutz des Betroffenen. Er willigt hier in eine Handlung ein, die sonst eine *intromisión ilegítima* darstellen würde, ohne dafür eine Gegenleistung zu erhalten. In diesem Fall muss ein Widerruf nach den oben dargestellten Grundsätzen des Art. 2.3 immer möglich sein.

Es stellt sich aber die - vom Gesetz nicht beantwortete - Frage, ob auch vertraglich erteilte Einwilligungen noch „jederzeit" (Art. 2.3) widerrufbar sind. Damit hängt das Problem zusammen, ob eine auf diese Art erteilte Einwilligung einen

[810] *Crevillén Sánchez*, S. 96; *Azurmendi Adarraga*, S. 35.
[811] Ausführlich zu Schauspielern und ihrem Recht am eigenen Bild: *Royo Jara*.
[812] STC 117/1994 de 25 de Abril 1994 - „Ana Obregón".

bindenden Vertrag entstehen lässt oder ob der Vertrag lediglich schwebend wirksam ist, nämlich bis zum - nach dem Gesetz „jederzeit" - möglichen Widerruf. Das Problem wird durch folgendes Beispiel verdeutlicht: Jemand erteilt einem Dritten gegen Geldzahlung seine Einwilligung in die werbemäßige Nutzung seines Bildnisses, erhält später von anderer Seite ein besseres Angebot und widerruft seine erste Einwilligung, um den lukrativeren Vertrag zu schließen. In diesem Beispiel dient der Widerruf allein der Verfolgung wirtschaftlicher Interessen, auf einen ideellen Persönlichkeitsschutz kommt es dem Widerrufenden überhaupt nicht an. Die Frage, ob eine „jederzeitige" Widerrufbarkeit nach Art. 2.3 auch bei vertraglich erteilter Einwilligung angenommen werden kann, erscheint deshalb nach dem Grundsatz des *Pacta sunt servanda* problematisch. Da der Widerruf nach Art. 2.3 vor allem ideellen Persönlichkeitsschutz gewähren und nicht dem Schutz wirtschaftlicher Interessen dienen soll, stellt sich die Frage, ob bei vertraglich erteilten Einwilligungen von dem Grundsatz der „jederzeitigen" Widerrufbarkeit abgewichen werden kann.

In der spanischen Literatur wird diese Frage unterschiedlich beurteilt: Manche meinen in diesem Zusammenhang, bei zweiseitigen Verträgen seien die Regeln des allgemeinen Vertragsrechts anwendbar, da das L.O. 1/1982 nur die Einwilligung, also eine einseitige Willenserklärung regele. Werde aber ein Vertrag geschlossen, handele es sich um zwei Willenserklärungen, die von Art. 2.3 gerade nicht umfasst werden.[813] Der Widerruf einer vertraglich erteilten Einwilligung sei somit nicht möglich. Diese Ansicht verkennt aber das zentrale Problem, das hinter der vertraglichen Einwilligung steht, nämlich die damit vorgenommene Abtrennung eines kommerziellen Aspektes des Rechts am eigenen Bild von einem ideellen. Wird ein Bildnis gegen Geldzahlung überlassen, erhält das *derecho a la propia imagen* nach der Rechtsprechung eine kommerzielle Seite, die von der ideellen gelöst zu betrachten ist. Für die Beantwortung der Frage, ob auch der Schutz des kommerziellen Aspekts des Rechts am eigenen Bild nach den Grundsätzen des ideellen Persönlichkeitsschutzes beurteilt werden darf, bietet diese Meinung keine Lösung, sondern umgeht sie durch eine zu enge Auslegung des Gesetzeswortlauts.

Andere Stimmen sprechen sich im Interesse eines stabilen Vertrages ebenfalls gegen eine Widerrufsmöglichkeit einer vertraglichen Einwilligung aus:[814] Art. 2.3 sei restriktiv auszulegen. Ein Widerruf sei nur möglich, wenn dadurch ideelle Interessen des Betroffenen geschützt werden sollen. Wenn es - wie bei vertraglichen Einwilligungen - in erster Linie um den Schutz kommerzieller Interessen gehe, scheide die Widerrufsmöglichkeit nach Art. 2.3 aus. Der Gesetzgeber habe den Fall der vertraglichen Einwilligung nicht bedacht, so dass die Regeln des Widerrufs in dieser Konstellation nicht anwendbar seien. Die allge-

813 *Clavería Gosálbez*, ADC 1983, S. 1255.
814 *Kayser*, S. 88, zit. nach: *Royo Jara*, S. 102.

meinen Vorschriften über Willenserklärungen seien zum Schutz des Betroffenen ausreichend, z.B. die Anfechtung.[815] Dies führt nach dieser Meinung sogar soweit, dass der Betroffene Schadensersatz wegen Nichterfüllung des Vertrages nach Art. 1107 C.C. zu leisten habe, wenn er sich beispielsweise weigert, vor der Kamera zu posieren.[816]
Nach einer weiteren - und im Ergebnis gesetzesnäheren - Auffassung ist ein Widerruf auch bei einer vertraglich erteilten Einwilligung stets möglich. Der Betroffene solle sein Recht am eigenen Bild durch die Einwilligung nicht auf Dauer verlieren.[817] Der Abgebildete müsse stets Herr dieses Rechts bleiben, was einem bindenden Vertrag entgegen stehe. Ein Widerruf der Einwilligung müsse damit jederzeit möglich sein.[818] Anders ließe sich der in Art. 2.3 geäußerte Wille des Gesetzgebers auch nicht erklären, warum ein Vertragspartner einfach und ohne Grund von einer bindenden Willenserklärung Abstand nehmen könne, für die er als Gegenleistung eine - meistens nicht geringe[819] - Summe erhalte.[820] Es liege keine Gesetzeslücke - wie von der Gegenansicht vertreten - vor. Der Gesetzgeber sei schließlich mit dem in Art. 2.3 vorgesehenen Schadensersatzanspruch gegen den Widerrufenden gerade dem Rechtsverkehr gerecht geworden, in dem typischerweise Verträge über die Einwilligung geschlossen werden. Der zu ersetzende Schaden umfasse danach auch den entgangenen Gewinn, so dass daraus der Wille des Gesetzgebers deutlich werde, die Fälle der kommerziellen Überlassung von Bildnissen ausdrücklich zu regeln. Diesem gesetzlich vorgesehenen Schadensersatz sei die Möglichkeit eines jederzeitigen Widerrufs auch bei vertraglichen Einwilligungen zu entnehmen. Dies müsse trotz der Tatsache gelten, dass ein Missbrauch des Widerrufsrechts nicht ausgeschlossen werden kann, wenn beispielsweise jemand seine Einwilligung gegen Geldzahlungen erteilt und sie später widerruft, um einen lukrativeren Vertrag zu schließen. Diese Möglichkeit entspreche aber dem geltenden L.O. 1/1982.
Hier spricht - trotz der für die Praxis unbefriedigenden Konsequenzen - mehr für die letztgenannte Auffassung, die auch bei vertraglich erteilter Einwilligung einen jederzeitigen Widerruf bejaht: Der Gesetzgeber lässt durch den Schadensersatzanspruch gegen denjenigen, der seine Einwilligung widerruft, tatsächlich erkennen, dass er an die Fälle vertraglicher Einwilligungen gedacht hat. Typischerweise treten ja gerade dann Schäden auf, wenn eine vertraglich und gegen Geld erteilte Einwilligung später widerrufen wird. Das Gesetz zeigt außerdem, dass es von dieser Annahme ausgeht, indem es von einem nach Art. 2.3 ersatzfähigen „entgangenen Gewinn“ spricht. Zwar ist die - von der Gegenmeinung

---

815 *Igartua Arregui*, in: *Salvador Coderch*, Mercado, S. 238, zit. nach: *Higueras*, S. 245 f.
816 *Clavería Gosálbez*, ADC 1994, S. 64.
817 *Azurmendi Adarraga*, S. 205.
818 *Rovira Sueiro*, Derecho a la Imagen, S. 72 f.
819 *Royo Jara*, S. 102.
820 *Azurmendi Adarraga*, S. 208 f.

befürwortete - Einschränkung der jederzeitigen Widerrufbarkeit dem Rechtsverkehr sicherlich eher angemessen.[821] Auch wenn eine solche Auslegung wünschenswert ist, steht sie nicht mit dem Gesetz in Einklang. Sie kann nicht erklären, warum Art. 2.3 einen Schadensersatzanspruch nach Widerruf vorsehen sollte, der - mangels Widerrufsmöglichkeit vertraglicher Einwilligungen - nur noch bei nicht-vertraglicher Einwilligung eingreifen soll. Bei nicht-vertraglichen Einwilligungen kommt es nämlich regelmäßig nicht zu ersatzfähigen Schäden, da kein Geld für die Einwilligung gezahlt wurde. Ein Schadensersatzanspruch wäre im Fall der nicht-vertraglichen Einwilligung daher überflüssig. Der Sinn des gesetzlichen vorgesehenen Schadensersatzanspruchs liegt somit gerade darin, den Interessen des Vertragspartners des Widerrufenden gerecht zu werden.
Bei der vertraglichen Einwilligung in die Nutzung von Bildnissen und anderen Persönlichkeitsmerkmalen besteht damit die Möglichkeit des jederzeitigen Widerrufs. Das L.O. 1/1982 lässt damit keine Ausnahme vom Grundsatz des Art. 2.3 zu.

2. Mangel der aktuellen Gesetzeslage

Wie bereits angedeutet, erscheint diese Rechtslage jedoch unbefriedigend.[822] Sie wird den Interessen des Rechtsverkehrs nicht gerecht, in dem die Beteiligten auf den Bestand rechtlicher Vereinbarungen z.B. über Bildnisnutzungen vertrauen können müssen. Zwar erkennt das Gesetz die Realität der Kommerzialisierung bestimmter Persönlichkeitsrechte, indem es einen Schadensersatzanspruch des Widerrufsempfängers vorsieht. Es bietet aber keine passenden Lösungen der sich stellenden Probleme.[823] Auch wenn zahlreiche Stimmen das L.O. 1/1982 den tatsächlichen Gegebenheiten durch Auslegung anzupassen versuchen, steht dem das Gesetz selbst mit seinen eindeutigen Regelungen entgegen. Die Möglichkeit des jederzeitigen Widerrufs einer Einwilligung, z.B. in Eingriffe in die Privatheit, ist für einen ideellen Persönlichkeitsschutz unersetzlich. Es muss dem Einzelnen im Interesse seines Persönlichkeitsschutzes überlassen bleiben zu entscheiden ob, unter welchen Voraussetzungen und wie er Teile seiner Persönlichkeit Anderen zugänglich macht. Als Ausdruck des ideellen Persönlichkeitsschutzes ist der jederzeitige Widerruf daher zu begrüßen.
Bei vertraglich erteilten Einwilligungen wird diese Regelung aber der heutigen Realität aufgrund der gezeigten Missbrauchsmöglichkeiten nicht mehr gerecht. Zwar versucht man in der spanischen Vertragspraxis, den gesetzlich möglichen Widerruf durch Klauseln zu verhindern. Der Einwilligende soll danach auf die Ausübung seines Widerrufsrechts verzichten oder im Fall des Widerrufs hohe Vertragsstrafen zahlen. Für den Vertragspartner mag diese Klausel wichtig sein, da er sich auf den Bestand des Vertrages verlassen können muss. Da diese Klau-

---

[821] Zu diesem Mangel der aktuellen Gesetzeslage siehe sogleich unten.
[822] *Clavería Gosálbez*, ADC 1994, S. 65.
[823] *Rovira Sueiro*, Responsabilidad civil, S. 156.

sel jedoch in direktem Widerspruch zu der in Art. 1.3 festgelegten Unverzichtbarkeit der *derechos de la personalidad* steht, ist dieser Versuch, die bestehende Widerrufsmöglichkeit mit den Erfordernissen der Praxis in Einklang zu bringen, untauglich.
Das vorliegende Gesetz ist daher nicht geeignet, auf der einen Seite ideelle und auf der anderen Seite wirtschaftliche Interessen gleichzeitig wirksam zu schützen.[824]
Dies zeigt sich noch in einer weiteren Regelung: dem Schadensersatzanspruch gegen den Widerrufenden. Es stellt sich nämlich hier die Frage, wie dieser Schadensersatzanspruch in ein gesetzliches Konzept passt, das dem Persönlichkeitsschutz dienen soll. Zu verstehen ist dies nur, wenn man berücksichtigt, dass der Gesetzgeber auch an dieser Stelle wieder den vermögensrechtlichen Aspekt der *derechos de la personalidad* in das Gesetz aufnehmen wollte. Der Schadensersatzanspruch soll somit allein die materiellen Interessen desjenigen schützen, dem eine erteilte Einwilligung später widerrufen wird. Ob der spanische Gesetzgeber damit dem Verfassungsauftrag aus Art. 18.1 C.E. nachkommt, die drei *derechos de la personalidad* effektiv zu schützen, ist zumindest zweifelhaft. Diese verfassungsrechtliche Garantie erscheint aber auf jeden Fall dann verletzt, wenn der Betroffene seine Einwilligung nur deswegen widerruft, weil er sonst Schäden im rein ideellen Bereich erwartet, wenn er z.B. fürchtet, verächtlich gemacht oder in seiner Würde verletzt zu werden und dies zuvor bei Erteilung der Einwilligung nicht ausreichend bedacht hat.
Der Vorwurf an das Gesetz, kommerzielle und ideelle Interessen mangelhaft gleichzeitig in einem Gesetz zu schützen, kann auch unter einem weiteren Gesichtspunkt erhoben werden: der offensichtlichen Widersprüchlichkeit gewisser Regelungen. Einerseits sind die *derechos de la personalidad* nach Art. 1.3 „unveräußerlich", andererseits ist aber in Art. 2.2 die Einwilligung z.B. in die Nutzung von Bildnissen vorgesehen, womit sie *de facto* veräußerlich sind. Da die Vermarktung von Persönlichkeitsmerkmalen mittlerweile zur Realität zählt, passt ihre gesetzlich festgelegte Unveräußerlichkeit nach Art. 1.3 nicht mehr. Auch die in Art. 1.3 vorgesehene Rechtsfolge der Nichtigkeit von Verträgen über den Verzicht dieser geschützten Rechte erscheint nicht mehr wirklichkeitsnah, wenn man z.B. wieder an Exklusivverträge über die Berichterstattung von Prominentenhochzeiten, die Nutzung von Bildnissen, Namen und Stimmen in der Werbung, etc. denkt. Die spanische Literatur hat das Paradoxe und die Widersprüchlichkeit dieser Regelungen erkannt:[825] Teilweise hilft man sich hier dadurch, dass man Verträge über die kommerzielle Nutzung von Bildnissen nicht als Verfügung über das Recht am eigenen Bild ansieht, sondern lediglich

[824] *Fernández-Nóvoa*, GRUR Int. 1983, S. 495.
[825] *Concepción Rodríguez*, S. 121; *Azurmendi Adarraga*, S. 206; *Royo Jara*, S. 84; *Estrada Alonso*, AC 1990, S. 353.

als Verfügung über die mit einem Bildnis verbundenen Möglichkeiten der kommerziellen Nutzung.[826]

3. Lösungsvorschläge

Damit gibt es nach der aktuellen Gesetzeslage in Spanien keine zufrieden stellende Lösung für die Probleme, die die unterschiedlichen Aspekte - ideell und kommerziell - der *derechos de la personalidad* mit sich bringen und die besonders beim Recht am eigenen Bild deutlich werden. Die amerikanische Sichtweise, wonach es ein *right of privacy*, also ein ideelles und daneben ein davon streng zu trennendes *right of publicity*, also ein vermögenswertes Recht am eigenen Bild gibt, wurde zwar teilweise ins L.O. 1/1982 übernommen (Art. 7.6). Das L.O. 1/1982 wird dieser Unterscheidung aber in seiner Gesamtheit nicht gerecht. Es stellt keine passenden Normen zur Verfügung, die eine saubere Trennung ermöglichen, was mit der im Allgemeinen Teil des Gesetzes kodifizierten Möglichkeit des jederzeitigen Widerrufs deutlich wird. Der notwendige Persönlichkeitsschutz, z.B. im Bereich der Ehre, wird hier mit dem Schutz kommerzieller Interessen, wie teilweise beim *derecho a la propia imagen* und der Privatheit, in einem Gesetz unglücklich verbunden. Die Schwierigkeiten, die mit dem zweifachen Inhalt des Rechts am eigenen Bild zusammenhängen, nämlich einmal als ideeller Schutz gegen Eingriffe in das Privatleben und einmal als Schutz vor Vermögensnachteilen bei kommerzieller Ausbeutung zu fungieren, hat der spanische Gesetzgeber nicht überwinden können. Ein Gesetz zum Persönlichkeitsschutz wie das L.O. 1/1982 kann somit der täglichen Realität der Kommerzialisierung von Persönlichkeitsrechten nicht gerecht werden kann.
Aus diesen Gründen fordern Manche, das L.O. 1/1982 durch ein unkomplizierteres Gesetz zu ersetzen und daneben in einem eigenen Gesetz den Schutz der *derechos de la personalidad* vor kommerzieller Ausbeutung festzulegen.[827] Damit würde man die aus dem amerikanischen Recht vielfach zitierte Trennung zwischen einem *right of privacy* und einem *right of publicity* in Spanien gesetzlich etablieren, die im L.O. 1/1982 in dieser Form nicht getroffen wird. Das kommerzielle Recht am eigenen Bild könne dann im Rahmen des Urheberrechts oder ähnlichen Gesetzen über das geistige Eigentum unabhängig von seinem ideellen Schutz geregelt werden.[828] Eine eigenständige Regelung böte sich auch bezüglich der Rechtsfolge des Schadensersatzes an, da hier ebenfalls verschiedene Interessen betroffen sind: Einmal ist ein ideelles Recht verletzt, bei dem nur der Ersatz ideeller Schäden in Rede steht. Bei der Verletzung eines vermögenswerten Rechts spielen kommerzielle Interessen die entscheidende Rolle.

---

[826] *Azurmendi Adarraga*, S. 37 mit weiteren Nachweisen.

[827] *Clavería Gosálbez*, ADC 1994, S. 69; *Rovira Sueiro*, Responsabilidad civil, S. 156.

[828] *Rovira Sueiro*, Responsabilidad civil, S. 157 mit einem Hinweis auf das argentinische Recht, in dem eine entsprechende Regelung in Art. 31 ff. des *Ley 11.723 reguladora de la propiedad intelectual* enthalten ist.

Hier wird es dem Betroffenen darum gehen, die finanziellen Vorteile des Verletzers zu erhalten. In Deutschland versucht man dieser Unterscheidung dadurch gerecht zu werden, dem in seinen kommerziellen Interessen Betroffenen einen Ausgleich über das Bereicherungsrecht oder über die angemaßte Eigengeschäftsführung zuzugestehen.[829]
Hier bleibt die weitere Entwicklung in Spanien abzuwarten, da Teile der dortigen Literatur seit Anfang der 1990-er Jahre versuchen, der Anerkennung des kommerziellen *derecho a la propia imagen* mehr Gewicht zu verleihen. Eine Annäherung an die amerikanische Auffassung ist in vielen rechtsvergleichenden Arbeiten zu beobachten.

VI. Zusammenfassung

Der Persönlichkeitsschutz in Spanien umfasst den Schutz der drei besonderen Persönlichkeitsrechte Ehre, persönliche und familiäre Privatheit und das Recht am eigenen Bild. Diese Persönlichkeitsrechte sieht man zur Zeit in Spanien als besonders bedroht an. Ihren zivilrechtlichen Schutz nimmt in erster Linie das L.O. 1/1982 wahr. Der spanische Gesetzgeber hat mit dieser Regelung die Anwendung der schadensersatzrechtlichen Generalklausel des Art. 1902 C.C. auf Persönlichkeitsverletzungen größtenteils abgelöst. Dies hat zur Folge, dass damit mittlerweile nicht die weite Spruchpraxis der Gerichte den Umfang des Persönlichkeitsschutzes bestimmt, sondern ein spezielles Gesetz.
Einige der genannten besonderen Persönlichkeitsrechte waren in der spanischen Rechtswissenschaft lange Zeit unbekannt und wurden aus ausländischen Rechtsordnungen importiert. Daher musste - und muss - sich eine eigene Tradition im Umgang mit diesen Rechten erst bilden. Vielfach wurden - gerade beim Recht auf Privatheit - die entsprechenden ausländischen Rechtsordnungen zitiert und bei der Auslegung der spanischen Regelungen zu Hilfe genommen. Dies erhöhte aber teilweise die Verunsicherung bei der Anwendung der Vorschriften des L.O. 1/1982. Mittlerweile gibt es jedoch eine große Anzahl spanischer Literatur zu diesen Fragen, so dass hier von einer gewissen Konsolidierung gesprochen werden kann.
Kommt eine Verletzung mehrerer *derechos de la personalidad* in Frage, zog die spanische Rechtsprechung bisher jeweils nur das Persönlichkeitsrecht heran, das am Ehesten verletzt war. Dies führte dazu, dass sie im Überschneidungsfall nur die Verletzung des im Einzelfall am stärksten betroffenen besonderen Persönlichkeitsrechts annahm. Mittlerweile erkennt der *Tribunal Constitucional* aber ausdrücklich an, dass durch eine Handlung auch mehrere Persönlichkeitsrechte gleichzeitig verletzt sein können. In diesen Fällen stellt man aber trotzdem auf die Verletzung der einzelnen *derechos de la personalidad* ab, so dass an ihrer strikten Trennung festgehalten wird.

[829] Dazu ausführlich: 2. Teil: D.I.5.

Aufgrund seiner ausdrücklichen Kodifizierung ist der zivilrechtliche Persönlichkeitsschutz nach spanischem Recht somit auf hohem Niveau ausgestaltet. Allerdings darf trotz dieser Tatsachen nicht übersehen werden, dass diesem Gesetz einige beträchtliche Mängel anhaften.
Zum einen ist dem L.O. 1/1982 sehr unübersichtlich. Gerade die Vermischung der Schutzbereiche der drei geschützten Persönlichkeitsrechte in Art. 7 führt immer wieder zu Verwirrung und beinhaltet die Gefahr von Missverständnissen. Ein typisches Beispiel dafür bietet Art. 7.3, der zum Schutz der Privatheit gedacht ist, aber Elemente des Ehrenschutzes beinhaltet. Die widersprüchliche und wechselhafte Rechtsprechung der Gerichte belegt die Anwendungsschwierigkeiten genauso wie die zahlreichen Versuche der Literatur, das Gesetz durch zum Teil weit hergeholte Auslegungen für den Anwender brauchbar zu machen. Ein weiteres Beispiel für die mangelnde Übersichtlichkeit des Gesetzes ist die missverständliche und unklare Abgrenzung zwischen dem Recht am eigenen Bild und der Privatheit. Auch in dieser Frage gibt es unzählige Versuche, eine passende Abgrenzung zu treffen, die das Gesetz vermissen lässt.
Ein weiterer Kritikpunkt liegt in der unbefriedigenden Ausgestaltung des Gesetzes. Der spanische Gesetzgeber hat versucht, drei verschiedene Persönlichkeitsrechte in einem einzigen Gesetz unter Zugrundelegung eines Allgemeinen Teils für alle drei *derechos de la personalidad* zu regeln. Auf diese Weise kann er aber den Besonderheiten jedes einzelnen Rechts nicht gerecht werden, da sie in der Praxis unterschiedlichen Beeinträchtigungen ausgesetzt sind. Die im Allgemeinen Teil des Gesetzes geregelte Einwilligung (Art. 2.2) ist beispielsweise im Bereich des Rechts am eigenen Bild und der Privatheit sinnvoll, da sich z.B. Photomodelle und Schauspieler nicht anders inszenieren können. Eine Einwilligung im Bereich der Ehre erscheint aber wenig überlegt und praktisch irrelevant. Ebenso ist es praxisfern, in Art. 8.1 von der Möglichkeit der behördlichen Genehmigung von Ehrverletzungen auszugehen. Solche Fälle sind schwer vorstellbar. Der Gesetzgeber hatte bei dieser Vorschrift wohl wieder nur die Privatheit und das *derecho a la propia imagen* im Blick. Es wäre damit besser gewesen, die drei Rechte gesondert zu behandeln.[830]
Mit diesem Punkt hängt ein weiterer Mangel des Gesetzes zusammen: Der gleichzeitige Schutz sowohl ideeller als auch kommerzieller Interessen. Es werden Rechte parallel geschützt, die unterschiedliche Aspekte haben können. Während das Recht auf Ehre einen rein ideellen Charakter hat, wohnt dem Recht auf Privatheit und vor allem dem *derecho a la propia imagen* aber - zumindest teilweise - ein kommerzieller Aspekt inne. Dieser schützt in erster Linie die materiellen Interessen desjenigen, der mit seinem Bildnis, seinem Namen, seiner Stimme oder mit Geschichten aus seinem Privatleben Geld verdienen möchte. Die Vorschrift des Art. 7.6 ist daher in einem Gesetz zum ideellen Persönlich-

[830] *Clavería Gosálbez*, ADC 1983, S. 1253.

keitsschutz ein Fremdkörper. Der gleichzeitige Schutz ideeller und kommerzieller Interessen in einem Gesetz führt daher zu Ungenauigkeiten. Widersprüchlich erscheint in diesem Zusammenhang beispielsweise die absolute Festlegung auf die Unveräußerlichkeit der *derechos de la personalidad* auf der einen und die Möglichkeit, in Beeinträchtigungen der Persönlichkeitsrechte einzuwilligen, auf der anderen Seite. Durch Letztere wird deutlich, dass der Gesetzgeber mit der Veräußerung von *derechos de la personalidad* gerechnet hatte, obwohl er sie für „unveräußerbar" erklärte.

Es erscheint außerdem unzweckmäßig, die Tatbestände der *intromisiones ilegítimas* genau festzulegen, anstatt Generalklauseln zu schaffen. Abstraktere Tatbestände hätten den Vorteil, dass auch bisher nicht ausdrücklich im Gesetz genannte Verhaltensweisen durch die Gerichte als Verletzung der geschützten Persönlichkeitsrechte gewertet werden könnten. Zwar enthält Art. 1.1 die Bestimmung, dass das Gesetz den Einzelnen „gegen alle Eingriffe in die genannten Persönlichkeitsrechte" schütze. Die ausdrückliche Nennung bestimmter *intromisiones ilegítimas* verleitet aber die Gerichte dazu, bisher unbekannte Verletzungshandlungen unter diese bekannten Tatbestände zu subsumieren.

Außer im Bereich des *derecho a la propia imagen* (Art. 8.2a) trifft das Gesetz keine Aussage, wie *personas públicas* zu behandeln sind. Damit verkennt der Gesetzgeber aber das öffentliche Interesse an einer Berichterstattung über diese Personen, so dass sie stärkere Beeinträchtigungen ihrer *derechos de la personalidad* hinnehmen müssen. Diese Unzulänglichkeiten des Gesetzes sind durch die Rechtsprechung jedoch erkannt und ausgeglichen worden.

F. Rechtsvergleich und mögliche Folgerungen für das deutsche Recht

Die tatsächliche Ausgangslage in Deutschland und Spanien ist nahezu gleich: In beiden Staaten sieht man die Persönlichkeit des einzelnen Menschen durch Medienberichterstattung als stark bedroht an. Die Gefahren, denen der Einzelne durch den modernen Enthüllungs- und Sensationsjournalismus ausgesetzt ist, werden ebenfalls gleich eingeschätzt. Das Phänomen moderner Massenmedien, die der Notwendigkeit unterliegen, Gewinne zu erzielen und wirtschaftlich profitabel zu sein, ist in Spanien gleichermaßen bekannt wie in Deutschland. Hier wie dort unterliegen insbesondere Prominente der Gefahr der Ausspähung ihres Privatlebens beispielsweise durch *Paparazzi.* Nicht selten sind es gerade diese allgemein bekannten Personen, die vor deutschen und ebenso vor spanischen Zivilgerichten um ihr Recht auf ein Privatleben streiten, in dem sie von aufdringlichen Medien in Ruhe gelassen werden möchten. Aufsehen erregende Prozesse, die in Deutschland mit Namen wie *Caroline von Monaco* in Verbindung gebracht werden, finden auch in Spanien statt.

Dort wehren sich populäre Persönlichkeiten wie *Marta Chávarri* oder *Isabel Preysler* gegen ungenehmigte Veröffentlichungen von Bildnissen oder Berichten aus ihrem Privatleben. Man ist sich darüber hinaus einig, dass ein wirksamer Persönlichkeitsschutz nur durch die Rechtsordnung wahrgenommen werden kann.

I. Verfassungsrechtliche Situation

Ein zentraler Unterschied zwischen der Ausgestaltung des Persönlichkeitsschutzes in Deutschland und in Spanien liegt in der verfassungsrechtlichen Ausgangslage. Nach deutschem Recht wird der Persönlichkeitsschutz aus Art. 1 und 2 Abs. 1 GG hergeleitet. Eine ausdrückliche Normierung zum Persönlichkeitsschutz oder eines allgemeinen bzw. besonderer Persönlichkeitsrechte findet sich im deutschen Grundgesetz somit nicht. In der spanischen Verfassung sind besondere Persönlichkeitsrechte im Gegensatz dazu ausdrücklich anerkannt: das Recht auf Ehre, auf persönliche und familiäre Privatheit und das Recht am eigenen Bild. Dort ist allerdings nicht nur der Schutz dieser drei genannten Persönlichkeitsrechte ausdrücklich in Art. 18.1 C.E. geregelt. Vielmehr möchte die spanische Verfassung auch die Konflikte lösen, in denen Persönlichkeitsrechte mit gegenläufigen Grundrechten kollidieren: Art. 20.4 C.E. bestimmt die drei besonderen Persönlichkeitsrechte ausdrücklich als Grenze der Informations- und Meinungsfreiheit.

Es ist allerdings in der Untersuchung deutlich geworden, dass sich im Ergebnis aus der mangelnden ausdrücklichen Normierung eines allgemeinen Persönlichkeitsrechts im deutschen Grundgesetz keine Unterschiede hinsichtlich des verfassungsrechtlichen Persönlichkeitsschutzes ergeben. Die Rechtsprechung des BVerfG leitet das verfassungsrechtliche Persönlichkeitsrecht aus Art. 1, 2 Abs. 1 GG her und verfestigte es bis in die Gegenwart immer weiter. Es ist mittlerweile eine konstante Größe in der deutschen Verfassung. Im deutschen Grundgesetz hat das verfassungsrechtliche allgemeine Persönlichkeitsrecht damit die gleiche Wirkung wie in Spanien, wo es ausdrücklich geregelt ist.

Der Vorteil der ausdrücklichen verfassungsrechtlichen Anerkennung von Persönlichkeitsrechten in Spanien wirkt sich somit im praktischen Ergebnis nicht aus. Daraus kann für das deutsche Recht der Schluss gezogen werden, dass eine ausdrückliche Normierung eines verfassungsrechtlichen allgemeinen Persönlichkeitsrechts im Grundgesetz nicht erforderlich ist, um den Persönlichkeitsschutz sicherzustellen bzw. zu erhöhen.

II. Einfachgesetzliche Situation

Unterschiede ergeben sich auch im Bereich der gesetzestechnischen Ausgestaltung des zivilrechtlichen Persönlichkeitsschutzes. Dieser beschränkt sich nicht nur auf die Tatsache, dass der spanische Gesetzgeber mit dem L.O. 1/1982 eine ausdrückliche Regelung getroffen hat. Ein weiterer Unterschied liegt vielmehr auch darin, dass der gesamte zivilrechtliche Persönlichkeitsschutz nach deutschem Recht durch ein umfassendes allgemeines Persönlichkeitsrecht wahrgenommen wird und nach spanischem Recht durch drei besondere Persönlichkeitsrechte, die abschließend im L.O. 1/1982 normiert sind. Nach einem Blick auf allgemeine Unterschiede ist zu untersuchen, welche der beiden Lösungen mehr Vorteile verspricht. Allerdings wird sich - trotz der Unterschiede - auch zeigen, dass sich hier im praktischen Ergebnis kaum Differenzen zwischen der Situation in den untersuchten Ländern ergeben.

1. Allgemeines

Zunächst fallen bei der einfachgesetzlichen Ausgestaltung des Persönlichkeitsschutzes einige allgemeine Unterschiede zwischen der Rechtslage in Spanien und der in Deutschland auf. Während der spanische Gesetzgeber dazu neigt, viele Einzelfragen explizit gesetzlich zu regeln, bleibt die Beantwortung mancher Fragen in Deutschland oftmals der Rechtsprechung überlassen, da spezielle Gesetze fehlen. Als Beispiel dafür kann die Regelung der Einwilligung in eine Persönlichkeitsverletzung und ihr Widerruf dienen, die im L.O. 1/1982 ausdrücklich normiert sind. Auch der ausdrückliche Minderjährigenschutz vor Persönlichkeitsverletzungen in einem eigenständigen Gesetz (L.O. 1/1996) ist in dieser Form in Deutschland unbekannt. Die deutsche Rechtsprechung kommt in diesen Konstellationen aber vielfach auch ohne detaillierte gesetzliche Ausgestaltung zu den gleichen Ergebnissen wie die spanische. Es scheint, als traue man der Rechtsprechung in Spanien nicht zu viel Freiraum zu. Dies wird sich auch bei der Untersuchung der Rechtsfolge des Schadensersatzes im spanischen Recht im zweiten Teil der Arbeit zeigen, wo das Gesetz den Gerichten - im Gegensatz zum deutschen Recht - ausdrückliche Bemessungskriterien für die Bestimmung seiner Höhe vorgibt.

Allgemein ist ferner festzustellen, dass der Persönlichkeitsschutz aufgrund der ausdrücklichen gesetzlichen Regelungen in Spanien für den Laien einfacher zu durchschauen ist. Anhand des L.O. 1/1982 kann er den ungefähren Umfang seines Persönlichkeitsschutzes beurteilen. Diese Regelungen - wenn auch teilweise missglückt - verdeutlichen dem Betroffenen die hohe Bedeutung des Schutzes seiner Persönlichkeitsrechte. Anders ist die rechtliche Situation in Deutschland. Hier fällt es selbst Juristen schwer, den Betroffenen angesichts der vielen Gesetze und der unüberschaubaren Rechtsprechung zum allgemeinen Persönlichkeitsrecht richtig zu beraten. Zwar bemühen sich Rechtsprechung und Literatur, die Handhabung des allgemeinen Persönlichkeitsrechts durch Bildung bestimmter Ausformungen und Fallgruppen zu erleichtern. Diese sind aber ebenfalls nur dem Fachmann verständlich.[831] Allein in der ausdrücklichen Normierung des Persönlichkeitsschutzes liegt daher schon ein Vorteil der spanischen Regelung.

[831] Dies zeigt sich schon darin, dass in der Literatur verschiedene Schutzbereiche gebildet werden, was leicht zu Verwirrungen führen kann.

2. Umfassendes allgemeines Persönlichkeitsrecht und derechos de la personalidad

Wie gezeigt, soll nach deutschem Recht ein allumfassendes allgemeines Persönlichkeitsrecht den Einzelnen vor Persönlichkeitsverletzungen schützen. Das spanische Recht verfolgt das gleiche Ziel über drei besondere *derechos de la personalidad.* Der zentrale Unterschied liegt somit in der Umsetzung verschiedener Theorien zum Persönlichkeitsschutz. Während man sich in Deutschland von der monistischen Theorie eines umfassenden allgemeinen Persönlichkeitsrechts hat leiten lassen, ist man in Spanien einer pluralistischen Sichtweise mit verschiedenen besonderen Persönlichkeitsrechten gefolgt. Nach der jeweiligen Konzeption soll auf diese Weise ein umfassender Schutz der Persönlichkeit erreicht werden. Diese Unterschiede wirken sich auch in der praktischen Handhabung aus. Ein umfassendes allgemeines Persönlichkeitsrecht, das sich in viele einzelne Facetten gliedert, ermöglicht es den Gerichten, auf neue Bedrohungen der Persönlichkeit durch Bildung neuer Ausformungen und Fallgruppen angemessen und flexibel zu reagieren.[832] Beispielsweise schuf allein die deutsche Rechtsprechung in den 1980-er Jahren das Recht auf informationelle Selbstbestimmung als neue Ausprägung des allgemeinen Persönlichkeitsrechts.[833] In Spanien hat sich der Gesetzgeber auf die drei besonderen *derechos de la personalidad* festgelegt. Der gesamte zivilrechtliche Persönlichkeitsschutz soll nach spanischem Verständnis durch das Recht auf Ehre, auf persönliche und familiäre Privatheit und das Recht am eigenen Bild umfassend wahrgenommen werden. Diese abschließende Art des Persönlichkeitsschutzes macht es nahezu unmöglich, neben den drei anerkannten neue Persönlichkeitsrechte zu bilden. Ein Beispiel dafür ist das *derecho al olvido*, das lediglich als Teil der Ehre gilt und kein eigenständiges *derecho de la personalidad* darstellt. Es ist anzunehmen, dass eine vergleichbare Konstellation in Deutschland eine neue Ausprägung des allgemeinen Persönlichkeitsrechts hervorgebracht hätte: Das Recht auf Vergessenwerden. Ein weiteres Beispiel bietet der oben genannte Fall der *falsa apariencia.*[834] In Spanien schützt die Rechtsprechung den Abgebildeten bei Bildnisveröffentlichungen, die ihn in eine falsches Licht rücken, ebenfalls mit Hilfe der Ehre. Da der Verletzungskatalog des Rechts am eigenen Bild nur die zwei Konstellationen der Art. 7.5 und 7.6 umfasst, bleibt der spanischen Rechtsprechung auch keine andere Wahl. Sie unterliegt dem Zwang des Gesetzeswortlautes. Die spanischen Gerichte können bislang unbekannte Persönlichkeitsverletzungen nicht als neue Ausprägung eines umfassenden Persönlichkeitsrechts herausarbeiten, sondern müssen sie als Teil der drei feststehenden *derechos de la personalidad* subsu-

---

832 Staudinger-*Schäfer*, BGB (1999), § 823, Rn. C 16; *Schwerdtner*, Karlsruher Forum, S. 29: „Ständig werden neue Schutzbereiche entdeckt."

833 BVerfG NJW 1984, 419 - „Volkszählung".

834 Dazu oben ausführlich: 1. Teil: E.I.5 und 1. Teil: E.III.3.a)(4).

mieren. Gerade vor dem Hintergrund, dass der Persönlichkeitsschutz die freie Entwicklung und Entfaltung der Persönlichkeit gewährleisten soll, kann eine Beschränkung auf drei fest umrissene Persönlichkeitsrechte diesen Schutz vermindern und für dessen Effektivität gefährlich sein. Die Persönlichkeit ist facettenreich und - wenn überhaupt - schwer zu katalogisieren, so dass die Einengung ihres Schutzes auf drei *derechos de la personalidad* problematisch ist. Mit der Praxis der spanischen Gerichte, neue Persönlichkeitsverletzungen beispielsweise unter die Ehre fassen, geht natürlich auch eine Aufblähung ihres Inhalts und eine Ausweitung dieses besonderen Persönlichkeitsrechts einher, so dass sie schwerer zu erfassen ist. Den deutschen Gerichten bleiben hier mehr Freiräume. Das Recht auf Schutz vor Verfälschungen des Lebens-, Erscheinungs- und Charakterbildes, das in Spanien als *falsa apariencia* lediglich ein Teil der Ehre ist, bildet hier eine anerkannte eigenständige Ausprägung des allgemeinen Persönlichkeitsrechts.
Damit ergeben sich im Vergleich zur spanischen Lösung die Vorteile, die mit der Lösung über ein umfassendes allgemeines Persönlichkeitsrecht verbunden sind. Nach deutschem Recht können die Gerichte bei bestimmten Handlungen auf die Verletzung des allgemeinen Persönlichkeitsrechts in den bekannten Ausprägungen abstellen. Überschneidungen zwischen den Schutzbereichen dieser verschiedenen Ausprägungen des allgemeinen Persönlichkeitsrechts kommen in der deutschen Praxis zwar wegen seiner Facettenvielfalt häufig vor. Sie sind aber unerheblich und wirken sich auf das Ergebnis, nämlich die Feststellung einer Persönlichkeitsverletzung nicht aus. Die Entscheidung, welche Ausprägung des allgemeinen Persönlichkeitsrechts nach deutschem Recht betroffen ist, ist damit für die Frage, ob eine Persönlichkeitsverletzung vorliegt oder nicht, ohne Belang. Die deutsche Praxis hat damit den Vorteil größerer Differenzierung. Hier können Persönlichkeitsverletzungen, die einer bestimmten Ausprägung des allgemeinen Persönlichkeitsrechts zugeordnet werden können, nach dessen besonderen Gegebenheiten rechtlich genau beurteilt werden. Dieser Vorteil der deutschen Praxis des Persönlichkeitsschutzes sollte unbedingt beibehalten werden. Eine - dem spanischen Vorbild ähnliche - gesetzliche Regelung würde nur zur Verunsicherung führen. Man stünde dann u.U. vor der Gefahr, dass gesetzliche Tatbestände besonderer Persönlichkeitsrechte den gerichtlichen Spielraum zu stark einengen.[835] Eine Kodifizierung besonderer Persönlichkeitsrechte scheint aus diesen Gründen der falsche Weg zu sein.
Trotz dieser Unterschiede und trotz der Nachteile der spanischen Lösung ist es in der Praxis - soweit ersichtlich - bisher noch nicht zu einer Verminderung des Persönlichkeitsschutzes in Spanien gekommen. Dies ist der dortigen Rechtsprechung zu verdanken, die zwar keine neuen *derechos de la personalidad* bilden kann, aber neue Verletzungsformen unter die drei Persönlichkeitsrechte subsu-

---

[835] *Macke*, Verhandlungen des 58. DJT, 1990, S. K 112; *Schwerdtner*, JuS 1978, S. 299.

miert. Im praktischen Ergebnis wirken sich diese Unterschiede daher bisher in den bekannten Konstellationen nicht negativ aus.

3. Erforderlichkeit einer Güter- und Interessenabwägung

Nach der Untersuchung steht somit grundsätzlich fest: Die Entscheidung, ob eine Persönlichkeitsverletzung vorliegt oder nicht, trifft das spanische Recht auf Tatbestands-, das deutsche auf Rechtswidrigkeitsebene. Auf den ersten Blick scheint damit ein weiterer zentraler Unterschied zwischen der deutschen und der spanischen Rechtslage verbunden zu sein: Der Verzicht auf eine Güter- und Interessenabwägung im spanischen Recht. Nach der Struktur der in Art. 7 vertypten *intromisiones ilegítimas* ist die Rechtswidrigkeit einer Handlung bereits indiziert, wenn diese die dort enthaltenen Voraussetzungen erfüllt. Damit folgt aus der Tatbestandsmäßigkeit einer Handlung nach der Systematik des L.O. 1/1982 ohne weitere Prüfungsschritte die Rechtswidrigkeit des Verhaltens und damit die zivilrechtliche Haftung nach diesem Gesetz. Eine Güter- und Interessenabwägung ist somit eigentlich nicht erforderlich. Das Gesetz sieht nur die in Art. 8 genannten Ausnahmefälle vor und verlangt hier eine Abwägung der *derechos de la personalidad* mit widerstreitenden Interessen. Im Gegensatz dazu ist es für das allgemeine Persönlichkeitsrecht nach deutschem Verständnis gerade typisch, die Rechtswidrigkeit einer Handlung erst durch eine Güter- und Interessenabwägung im Einzelfall festzustellen. Nur in einigen speziellen Ausprägungen des allgemeinen Persönlichkeitsrechts soll nach dem Willen von Teilen der deutschen Literatur diese Abwägung entbehrlich sein.

Bei genauerer Analyse fällt in der spanischen Praxis jedoch auf, dass an der vom Gesetz vorgegebenen grundsätzlichen Entbehrlichkeit einer Güter- und Interessenabwägung nicht immer festgehalten wird. Da in den meisten Fällen gegenläufige Interessen mit den betroffenen *derechos de la personalidad* kollidieren, können die Gerichte in der Praxis nicht auf eine Abwägung verzichten, auch wenn - scheinbar eindeutig - ein gesetzlicher Tatbestand einer *intromisión ilegítima* erfüllt ist. Dies erklärt sich aus der besonderen Konfliktlage, die beispielsweise stets zwischen Ehre und Informationsfreiheit besteht. Der scheinbare Vorteil der spanischen Rechtslage, nämlich die Entbehrlichkeit der mit dem Problem der Rechtsunsicherheit behafteten Güter- und Interessenabwägung, erweist sich daher als nur vordergründig. In der Praxis der spanischen Gerichte spielt die Güter- und Interessenabwägung damit ebenfalls eine entscheidende Rolle, wenn die Frage zu beantworten ist, ob eine bestimmte Handlung eine Persönlichkeitsverletzung darstellt. Aus diesen Überlegungen muss der Schluss gezogen werden, dass eine eindeutige gesetzliche Beurteilung im Vorhinein, unter welchen Voraussetzungen eine Persönlichkeitsverletzung anzunehmen ist - wie es das spanische Recht suggeriert -, nicht getroffen werden kann. Es muss beim Grundsatz der einzelfallbezogenen Güter- und Interessenabwägung bleiben. Eine grundsätzliche Festlegung von Unrechtstatbeständen, bei deren Vorliegen ohne weiteres eine Persönlichkeitsverletzung gegeben ist, ist damit in der Praxis nicht machbar. Dies wird auch vor dem Beispiel der Reglungen der §§ 22 ff. KUG deutlich. Bei der Ausgestaltung dieser Normen hat der deutsche Gesetzgeber im Stile der späteren spanischen Regelung ebenfalls versucht, einen absoluten Bildnisschutz zu gewähren, indem er die Regel des grundsätzlichen Verbots der Bildnisveröffentlichungen aufgestellt hat. Trotzdem konnte er wegen der einzelfalltypischen Gestaltungen in der Praxis auf eine Güter- und Interessenabwägung in § 23 Abs. 2 KUG nicht verzichten. Eine gesetzliche Regelung, die bei Vorliegen einer bestimmten Handlung *per se* eine Persönlichkeitsverletzung annimmt, erweist sich daher in der praktischen Durchführung als grundsätzlich nicht umsetzbar.

Dies schließt jedoch bestimmte Ausnahmen von diesem Grundsatz nicht aus. Die generelle Erforderlichkeit einer Abwägung bedeutet nicht, dass es nicht spezielle Fallgruppen geben kann, in denen die Rechtswidrigkeit einer bestimmten Handlung feststeht und nur durch Rechtfertigungsgründe entfällt. In Deutschland haben sich die Gerichte bisher auch in den Konstellationen nicht von der Güter- und Interessenabwägung gelöst, in denen gegenläufige Interessen des Verletzers typischerweise nicht erkennbar sind. Lediglich in Teilen der Literatur wird eine Handhabung empfohlen, die einer Indikation der Rechtswidrigkeit entspricht. Dies verdient mehr Beachtung. Wie oben gezeigt, bestehen im deutschen Recht bestimmte Konstellationen, in denen gegenläufige Interessen des Verletzers regelmäßig nicht vorliegen. Dies ist z.B. bei der kommerziellen Ausnutzung der Persönlichkeit oder bei der Verfälschung des eigenen Lebens-, Charakter- und Persönlichkeitsbildes der Fall. Hier kann auf eine Güter- und Interessenabwägung verzichtet werden und nur in Ausnahmefällen ein Rechtfertigungsgrund eingreifen.[836]

4. Schutz der Ehre

Im Vergleich zum deutschen Recht fällt der hohe Stellenwert auf, der der persönlichen Ehre des Einzelnen in Spanien traditionell zugewiesen ist. Zwar hat sich der tatbestandliche Ehrenschutz in beiden Ländern mittlerweile angeglichen und richtet sich nach den gleichen Kriterien. In Spanien hat man sich aber lange Zeit dagegen gesträubt, die Meinungs- und Informationsfreiheit als ein der Ehre vorrangiges Gut zu betrachten. Erst Mitte der 1980-er Jahre etablierte die spanische Rechtsprechung dieses Verständnis im Konflikt zwischen den kollidierenden Grundrechten. In Deutschland dagegen ist man von der Wichtigkeit einer freien Presse und ihrer großen Bedeutung für eine demokratische Gesellschaft schon bald nach In-Kraft-Treten des Grundgesetzes überzeugt gewesen. Inzwischen läuft der zivilrechtliche Ehrenschutz in Spanien und Deutschland weitgehend parallel. Ausnahmen vom grundsätzlichen Übergewicht der Meinungs- und Informationsfreiheit sind ein beiden Ländern gleichermaßen anerkannt. Im Be-

[836] Dazu bereits ausführlich oben: 1. Teil: D.I.2.b) und 1. Teil: D.V.4.

reich der zivilrechtlichen Rechtsfolgen bei Ehrverletzungen wird jedoch später zu zeigen sein, dass der Ehrenschutz in Spanien hier wieder ein Übergewicht gegenüber der Meinungs- und Informationsfreiheit einnimmt.[837] Steht eine tatbestandliche Ehrverletzung fest, verurteilen die Gerichte die Medien oftmals zu Rechtsfolgen, die nach hiesigem Verständnis mit der Pressefreiheit unvereinbar wären.[838]

5. Schutz des Privatlebens

Der Schutz der Intim- und Privatsphäre wird im deutschen Recht fast ausschließlich vom allgemeinen Persönlichkeitsrecht wahrgenommen, wenn man vom Spezialfall der Bildnisveröffentlichung aus diesen Bereichen einmal absieht. Da hier keine gesetzlichen Normierungen bestehen, liegt der Schutz allein in den Händen der Rechtsprechung. Der Schutz des Intim- und Privatlebens vollzieht sich im spanischen Recht nach den Art. 7.1-7.4.

In diesen Vorschriften werden Parallelen zum deutschen Sphärengedanken deutlich: Ähnlich wie nach deutscher Sichtweise ist der Schutz des Intim- und Privatlebens in Spanien umso stärker, je näher der Eingriff an das Intimleben heranreicht. Diese - im Ergebnis gleiche - Abstufung der Eingriffsintensität ist in den zwei Ländern aber auf unterschiedliche Weise umgesetzt. Das deutsche Recht gewährleistet den absoluten Schutz der Intimsphäre vor allem durch die Güter- und Interessenabwägung, die in dieser Sphäre nicht durchgeführt wird. Im Gegensatz dazu wird nach spanischem Recht bereits auf tatbestandlicher Ebene der Schutz des Intimlebens auf ein hohes Niveau gehoben. Art. 7.1 erklärt nämlich bereits das Aufstellen von Abhör-, Film-, optischen oder anderen Geräten an einem beliebigen Ort, als rechtswidrige *intromisión ilegítima*, wenn sie geeignet sind, das Intimleben von Personen aufzunehmen oder wiederzugeben. Diese Technik, dem Intimleben einen höchst möglichen Schutz auf tatbestandlicher Ebene zuzugestehen, erklärt sich aus der Systematik des L.O. 1/1982, in dem grundsätzlich auf eine Güter- und Interessenabwägung verzichtet wird.

Hinsichtlich des Schutzes des Privatlebens besteht allerdings kein großer Unterschied zwischen der Situation in Deutschland und der in Spanien. In beiden Ländern ist das Intim- und Privatleben auf nahezu gleichem Niveau geschützt.

6. Schutz des Rechts am eigenen Bild

Im Zusammenhang mit dem Recht am eigenen Bild steht man beim Rechtsvergleich vor der seltenen Situation, dass sich auch in Deutschland ein geschriebenes Gesetz dem Schutz dieses Rechts annimmt.

---

[837] Dazu ausführlich: 2. Teil: B.

[838] Aus diesem Grund kann die Behauptung von *Trebes*, in Spanien gebe es keinen effektiven Persönlichkeitsschutz (GRUR Int. 2003, S. 526), nicht geteilt werden.

a) **Allgemeine Unterschiede**

Im Unterschied zum sonstigen Persönlichkeitsschutz sind hier die gesetzlichen Regelungen der §§ 22 ff. KUG heranzuziehen und erst danach und ergänzend das allgemeine Persönlichkeitsrecht, nach dem sich der zivilrechtliche Persönlichkeitsschutz ansonsten größtenteils richtet. Bei der Untersuchung des Schutzes des Rechts am eigenen Bild in Deutschland und Spanien fallen zunächst kaum gravierende Differenzen auf. Dies mag daran liegen, dass der spanische Gesetzgeber sich von den Regelungen des bereits 1907 erlassenen deutschen KUG hat beeinflussen lassen. Der Schutz dieses Persönlichkeitsrechts ist nach dem spanischen L.O. 1/1982 allerdings effizienter als der allein nach dem KUG. Hier verbleibt eine Schutzlücke bei der Herstellung von Bildnissen, die als solche nicht unter die §§ 22 ff. KUG fällt. Das allgemeine Persönlichkeitsrecht greift in verschiedenen Ausprägungen ergänzend ein, z.B. durch den Schutz der Intim- oder Privatsphäre. Eine Verletzung des allgemeinen Persönlichkeitsrechts durch eine Bildnisherstellung liegt danach vor, wenn auch die Veröffentlichung nach den §§ 22 ff. KUG unzulässig wäre. Das spanische L.O. 1/1982 bietet mit seinen Tatbeständen zunächst zwar einen umfangreicheren Persönlichkeitsschutz. Es können aber auch dort Fälle auftreten, die nicht unter die genannten *intromisiones ilegítimas* subsumiert werden können, so dass es hier ebenfalls zu beträchtlichen Lücken bezüglich des Bildnisschutzes kommen kann. Ein Beispiel ist die oben bereits genannte *falsa apariencia*, bei der sich die Persönlichkeitsverletzung aus der irreführenden Betitelung eines Bildnisses ergibt, das *derecho a la propia imagen* aber nicht verletzt ist. Dieses Problem hängt mit der oben gezeigten Problematik zusammen, dass es den spanischen Gerichten - anders als den deutschen - nicht möglich ist, neue Ausprägungen des allgemeinen Persönlichkeitsrechts zu bilden, da sie an die ausdrücklich genannten besonderen drei Persönlichkeitsrechte gebunden sind.

Damit kommt es in der Praxis zu nahezu gleichen Ergebnissen. Zwar bestehen in beiden Ländern ausdrückliche gesetzliche Regelungen zum Bildnisschutz. Diese mussten jedoch wegen ihrer Lücken durch die deutsche und die spanische Rechtsprechung ergänzt werden, um effektiv zu sein. Der Abgebildete steht damit nach deutschem Recht grundsätzlich nicht dadurch schlechter, weil sein Schutz nur ansatzweise im KUG ausdrücklich normiert ist. Vielmehr hat die Rechtsprechung das allgemeine Persönlichkeitsrecht ergänzend herangezogen, so dass nach deutschem Recht im Ergebnis diejenigen Verhaltensweisen eine Persönlichkeitsverletzung bedeuten, die nach spanischem Recht ausdrücklich in Art. 7 kodifiziert sind.

Der Schutz des Rechts am eigenen Bild nach deutschem und nach spanischem Recht ist somit in der gerichtlichen Praxis in vielen Punkten identisch.

b) **Bildnisschutz Prominenter**

Dies gilt auch für die Fälle, in denen es um den Schutz Prominenter geht. Das deutsche Recht unterscheidet hier zwischen absoluten und relativen Personen der Zeitgeschichte. An dieser Praxis ist zwar in letzter Zeit einige Kritik geäußert worden. Die maßgebende Rechtsprechung hält aber weiterhin grundsätzlich an dieser Unterscheidung fest. Im Detail sind aber leichte Aufweichungen bei der Trennung dieser Personengruppen zu beobachten, da die Rechtsprechung mittlerweile auch einen Zwischenbereich zwischen absoluten und relativen Personen der Zeitgeschichte annimmt.[839] Das spanische Recht unterscheidet lediglich zwischen Privatpersonen und *personas públicas*. Dabei können aber auch Menschen, die nicht als Personen der Zeitgeschichte nach deutschem Verständnis zu qualifizieren wären, als *persona pública* gelten. Dies hängt damit zusammen, dass nach spanischer Sichtweise auch normale Amtsträger zu dieser Gruppe gehören und an die Bekanntheit der Personen keine hohen Anforderungen gestellt werden. Nach spanischem Recht setzt eine Veröffentlichung eines Bildnisses einer *persona pública* voraus, dass dem Bild ein öffentlicher Informationswert zukommt. Dies soll auch nach der deutschen Rechtsprechung zur Rechtmäßigkeit unbefugter Bildnisveröffentlichungen über absolute Personen der Zeitgeschichte ein wichtiges Kriterium sein. Allerdings ist festzustellen, dass die spanische Rechtsprechung auf dieses Merkmal größeren Wert legt. Daher erscheint die in der deutschen Literatur geäußerte Kritik nachvollziehbar, die das alleinige Abstellen der Gerichte auf die Prüfung bemängelt, ob es sich um eine absolute Person der Zeitgeschichte handelt und dann bereits Bildnisveröffentlichungen ohne weiteres zulässt. Aus der Betrachtung des in diesem Punkt vorbildlichen spanischen Rechts ergibt sich daher, dass die genaue Prüfung unerlässlich ist, ob einer Bildnisveröffentlichung ein Informationswert zukommt. Diese Frage muss unabhängig davon geklärt werden, ob es sich bei dem Abgebildeten um eine Person der Zeitgeschichte handelt. Nur wenn dieses öffentliche Interesse an einer Bildnisveröffentlichung gegeben ist, kann sie rechtmäßig sein. Damit kann der Schutz absoluter Personen der Zeitgeschichte erhöht werden.

Probleme bestehen in Deutschland und in Spanien bei der Frage, wie die Veröffentlichung von Bildnissen Prominenter zu beurteilen ist, die sie in der Öffentlichkeit bei privaten Tätigkeiten zeigen. In Deutschland hat die Rechtsprechung seit der „*Caroline von Monaco I*"-Entscheidung des BGH den Schutz der Privatsphäre unter gewissen Voraussetzungen auch in der Öffentlichkeit anerkannt. In Spanien hingegen existiert keine vergleichbare eindeutige Rechtsprechung. Da man dort aber dem Persönlichkeitsschutz eine hohe Bedeutung zumisst, ist die berechtigte Prognose zu wagen, dass die Gerichte den Schutz der *personas públicas* in der Öffentlichkeit ähnlich dem in Deutschland beurteilen werden.

839 Zuletzt: BVerfG NJW 2000, 1021 - „Caroline von Monaco"; BVerfG NJW 2001, 1921 - „Ernst August von Hannover".

Gerade, wenn sich ein Prominenter an einen zwar öffentlichen, aber abgelegenen Ort in der Absicht zurückzieht, den der Öffentlichkeit zugänglichen Ort zu meiden und seine Privatheit zu schützen, kann nach dem *Tribunal Supremo* ein Schutz des Privatlebens auch in der Öffentlichkeit gegeben sein.[840] Damit sind Prominente bei privaten Tätigkeiten auch in der Öffentlichkeit nicht ganz schutzlos.
Hier kann das Ergebnis festgehalten werden, dass sich der Schutz des Rechts am eigenen Bild nach deutschem und spanischem Recht trotz der unterschiedlichen Ausgestaltung auf gleich hohem Niveau befindet.

7. Vermögenswert der Persönlichkeit und Kommerzialisierung

Sowohl in Spanien als auch in Deutschland finden sich immer mehr Stimmen, die sich mit dem kommerziellen Aspekt der Persönlichkeit auseinander setzen.
Die Tendenz ist dabei in beiden Ländern identisch: Man beschreitet einen Weg von einem ursprünglich rein ideellen Schutz der Persönlichkeit zu einem Schutz kommerzieller Interessen an deren Vermarktung.
Der spanische Gesetzgeber hat in Art. 7.6 ausdrücklich Stimme, Name und Bildnis einer Person als vermögenswerte Bestandteile der Persönlichkeit anerkannt. Die deutsche Rechtsprechung gesteht diesen Persönlichkeitselementen ebenfalls einen vermögenswerten Aspekt zu.[841] Über diese genannten Persönlichkeitselemente hinaus sind aber bisher weder in Spanien noch in Deutschland andere vermögenswerte Persönlichkeitsbestandteile anerkannt. Das spanische Beispiel von *Emilio Aragón*[842] zeigt, dass sich die Rechtsprechung des *Tribunal Supremo* noch schwer tut, einen vermögensrechtlichen Identitätsschutz anzuerkennen, obwohl dem Betroffenen in der unteren Instanz Recht gegeben wurde.[843] Ein Durchbruch auf diesem Gebiet ist eher in Spanien als in der hiesigen Rechtsprechung zu erwarten. Die deutsche Rechtsprechung ist bei Persönlichkeitsverletzungen in erster Linie auf den Schutz ideeller Belange durch das Deliktsrecht festgelegt. Die Anerkennung vermögenswerter Bestandteile der Persönlichkeit ist noch nicht über Name, Stimme und Bildnis hinausgegangen. Da die spanischen Gerichte sich hier nicht in dieser Weise festgelegt haben, erscheint es für sie einfacher, den entscheidenden Schritt in Richtung eines vermögensrechtlichen Identitätsschutzes zu gehen. Dies kann beispielsweise über eine weite Auslegung des Merkmals *imagen* bei Art. 7.6 geschehen. Tendenzen in diese Richtung finden sich bereits in der Rechtsprechung zu *Emilio Aragón*, die die Tatbestandsvoraussetzung der Erkennbarkeit der hinter dem Bildnis ste-

[840] STS de 29 de Marzo 1988 - „Silvia Munt".
[841] BGH NJW 1992, 2084 - „Joachim Fuchsberger" (Bildnis); BGH MDR 1987, 305 - „Nena I" (Bildnis); LG Hamburg GRUR 1989, 666 - „Heinz Erhardt" (Stimme); LG Hamburg AfP 1995, 526 - „Nena II" (Name).
[842] STS de 30 de Enero 1998.
[843] Sentencia de la Audiencia Provincial de Badajoz de 17 de Noviembre 1993.

henden Persönlichkeit aufgeweicht hat. Unter das *imagen* könnte die Rechtsprechung bei weiter Auslegung daher auch andere Identitätsmerkmale einer Person fassen. Für die Annäherung an einen vermögensrechtlichen Identitätsschutz spricht auch die Affinität zur Lehre des *right of publicity*. In diesem Zusammenhang konnte beobachtet werden, dass im spanischen Recht der aus dem amerikanischen Recht bekannte Dualismus zwischen einem *right of privacy* und einem *right of publicity* stärker ausgeprägt ist als in Deutschland. Da die kommerzielle Ausnutzung der Identität Schadensersatzansprüche des Verletzten nach dem *right of publicity* zur Folge hat, kann deshalb die Prognose gewagt werden, dass sich die Anerkennung eines vermögenswerten Identitätsschutzes in Spanien eher vollzieht als in Deutschland.
Jedoch steht nach dem Blick auf das spanische L.O. 1/1982 auch fest, dass in der praktischen Umsetzung dieses Schutzes leicht Fehler passieren können. Auch wenn vermögenswerte Bestandteile der Persönlichkeit teilweise unabhängig von der Person bestehen können, bleiben sie mit der dahinter stehenden Person immer eng verbunden. Aus diesen Gründen verbietet sich eine völlige Abtrennung eines vermögenswerten Persönlichkeitsrechts von einem rein ideellen. Dieser im US-amerikanischen Recht praktizierte Dualismus findet zwar auch in der höchstrichterlichen spanischen Rechtsprechung Anhänger, er ist aber im zugrunde liegenden L.O. 1/1982 nicht angelegt. Wie gezeigt, kommt es dadurch zu Schwierigkeiten hinsichtlich der Übertragbarkeit vermögenswerter Persönlichkeitsmerkmale und der Frage der Bindungswirkung von Verträgen in diesem Bereich. Das deutsche Recht trifft hierzu keine ausdrücklichen Regelungen. Die in der Praxis relevanten Fragen der Einwilligung und ihres Widerrufes werden hier von der Rechtsprechung durch Analogien beantwortet, die im Ergebnis zu passenden Lösungen führen. Auch der zweite Teil der Arbeit wird sich mit diesem Problem unter dem Gesichtspunkt der Rechtsfolgen bei einer Zwangskommerzialisierung beschäftigen.

III. Mögliche Folgerungen für das deutsche Recht

Nachdem die Unterschiede zwischen der Ausgestaltung des Persönlichkeitsschutzes in Deutschland und Spanien dargestellt sind, stellt sich abschließend die Frage, ob bestimmte Erfahrungen oder Grundsätze aus dem spanischen Recht auch Lösungen für hiesige Probleme bieten können.

1. Weite Generalklausel

Ein großer Nachteil der deutschen Praxis liegt darin, dass sich kein ausdrücklicher gesetzlicher Hinweis auf den hohen Stellenwert des Persönlichkeitsschutzes findet. Dies ist im Ergebnis zwar unschädlich, da das allgemeine Persönlichkeitsrecht als „sonstiges Recht" in § 823 Abs. 1 BGB anerkannt ist. Wegen der öffentlichen Signalwirkung wäre eine Normierung des Persönlichkeitsschutzes aber in jedem Fall begrüßenswert. Das spanische Recht ist insoweit ein Vorbild.

Es stellt sich aber dann die Frage nach der Ausgestaltung eines gesetzlichen Persönlichkeitsschutzes. Das spanische Beispiel gesetzlicher Normierung des Persönlichkeitsschutzes nach dem Vorbild des L.O. 1/1982 erscheint dabei aber nicht geeignet: Der spanische Gesetzgeber hat sich hier teilweise in überflüssige Details verstrickt, aber andererseits die Lösung wichtiger Probleme ausgelassen. Somit sollte der große Vorteil der deutschen Praxis erhalten bleiben, nicht auf normierte besondere Persönlichkeitsrechte zurückzugreifen, sondern auf ein allgemeines Persönlichkeitsrecht.[844] Es bietet sich daher eine Kombination der Vorteile beider Lösungen an. Der Vorteil der spanischen Rechtslage, der Allgemeinheit den hohen Stellenwert des Persönlichkeitsschutzes anhand eines Gesetzes zu verdeutlichen, sollte auch in Deutschland umgesetzt werden. Eine gesetzliche Normierung dieses Schutzes sollte daher in das BGB eingeführt werden. Die in der deutschen Diskussion um die Normierung eines Persönlichkeitsschutzes teilweise vorgeschlagenen Typisierungen von Persönlichkeitsverletzungen sollten aber unterbleiben. Das - im Ergebnis problematische - spanische Beispiel hat gezeigt, dass eine zu enge Formulierung besonders normierter Persönlichkeitsverletzungen die Effektivität des Schutzes schwächen kann. Daher sollte an der Ausgestaltung des Persönlichkeitsschutzes durch ein allgemeines Persönlichkeitsrecht festgehalten werden. Damit lassen sich auch die Probleme vermeiden, die in Spanien hinsichtlich der Abgrenzung zwischen den *derechos de la personalidad* bestehen. Bei einem allgemeinen Persönlichkeitsrecht ist dies nicht erforderlich. Die Überschneidung verschiedener Facetten erhöht vielmehr das Schutzniveau. Es bietet sich daher an, in § 823 Abs. 1 BGB die „Persönlichkeit“ als weiteres Rechtsgut aufzunehmen. Auch wenn damit in der juristischen Praxis keine Änderungen verbunden sein sollen und sind, hebt diese gesetzliche Regelung den hohen Stellenwert des Persönlichkeitsschutzes in der heutigen Gesellschaft hervor.

2. Festhalten am Grundsatz der Güter- und Interessenabwägung

Aus der Betrachtung der spanischen Rechtslage kann ein weiterer Schluss für das deutsche Recht gezogen werden: Es empfiehlt sich, grundsätzlich an der für das allgemeine Persönlichkeitsrecht typischen Güter- und Interessenabwägung festzuhalten. Ein Weg über strafrechtsähnliche Unrechtstatbestände ähnlich wie im spanischen Recht ist in der Praxis nicht gangbar. Die Untersuchung des spanischen Rechts hat gezeigt, dass die Gerichte dort ebenfalls eine Güter- und Interessenabwägung vornehmen. Diese Technik liegt auf der Hand, weil die Kollision mit gegenläufigen Interessen ja gerade im Wesen der Persönlichkeitsrechte liegt. Eine Beeinträchtigung der Persönlichkeit kann stets mit der Handlungsfreiheit und der freien Persönlichkeitsentfaltung eines Anderen gerechtfertigt sein. Ein Beispiel dafür ist der stete Konflikt der Ehre mit der ebenfalls grundrechtlich geschützten Pressefreiheit. Es lassen sich nicht immer gültige gesetzli-

[844] So auch: *Peifer*, S. 140.

che Maßstäbe aufstellen, nach denen für alle Zeit die Rechtmäßigkeit von Medienberichterstattungen beurteilt werden kann. Der Versuch des spanischen Gesetzgebers, bestimmte Verhaltensweisen bereits *per se* als rechtswidrig zu bezeichnen („*intromisión ilegítima*"), ist in dieser Hinsicht fehlgeschlagen. Der scheinbare Vorteil der spanischen Regelung, nämlich nicht auf eine mit dem Mangel der Rechtsunsicherheit behaftete Abwägung abzustellen, erweist sich in der Praxis als nicht realisierbar. Der Persönlichkeitsschutz in Spanien ist nur auf den ersten Blick leichter zu durchschauen und übersichtlicher. Auch das Bestreben, durch diese scheinbar einfache Technik des Gesetzes größere Klarheit über die Reichweite des Persönlichkeitsschutzes zu schaffen, bleibt erfolglos. In der Praxis belegen die zahlreichen gerichtlichen Auseinandersetzungen um Persönlichkeitsverletzungen, dass es eben keine allgemeine Auffassung über den Stand des Persönlichkeitsschutzes gibt. Daher muss die Bestimmung der Reichweite des Persönlichkeitsschutzes in der Hand der Gerichte liegen. Nur ihnen ist eine einzelfallabhängige Beurteilung der jeweils betroffenen Interessen möglich, nicht dem Gesetzgeber. Durch eine weite Formulierung in § 823 Abs. 1 BGB, die nur die „Persönlichkeit" umfasst, wird man dieser Forderung gerecht.

3. Vorschlag

Als - hinsichtlich des Persönlichkeitsschutzes - rein deklaratorische Vorschrift könnte § 823 Abs. 1 BGB daher lauten:
„Wer vorsätzlich oder fahrlässig das Leben, den Körper, die Gesundheit, die Freiheit, *die Persönlichkeit*, das Eigentum oder ein sonstiges Recht eines anderen widerrechtlich verletzt, ist dem anderen zum Ersatze des daraus entstehenden Schadens verpflichtet."

2. Teil:

Rechtsfolgen bei Persönlichkeitsverletzungen nach deutschem und spanischem Recht

Nachdem sich der erste Teil den tatbestandlichen Voraussetzungen einer möglichen Persönlichkeitsverletzung gewidmet hat, erfolgt nun der Blick auf die Rechtsfolgenseite. Es sollen im Überblick die zivilrechtlichen Ansprüche des Betroffenen gegen die Medien in Deutschland und Spanien dargestellt werden, die sich bei persönlichkeitsverletzender Medienberichterstattung ergeben können.

Während im deutschen Recht nur die Gegendarstellung als spezielle Rechtsfolge bei Persönlichkeitsverletzungen ausdrücklich, v.a. in den verschiedenen Landespressegesetzen, normiert ist, sind die möglichen Rechtsfolgen im spanischen Recht in Art. 9 explizit geregelt. Art. 9.2 enthält einen weiten Maßnahmenkatalog, aus denen die Gerichte - nahezu beliebig - zweckmäßige Rechtsfolgen auswählen können. Daneben existieren noch andere Vorschriften, die Rechtsfolgen bei Persönlichkeitsverletzungen normieren, z.B. das *Ley de la Prensa e Imprenta* (Gesetz über Presse und Druckerzeugnisse) und das L.O. 2/1984 *reguladora del derecho de rectificación* (Gesetz über das Recht der Gegendarstellung). Als späteres und spezielleres Gesetz löst die Regelung der Rechtsfolge in Art. 9 die Anwendung des Art. 1902 C.C. ab, nach dem die spanische Rechtsprechung bis zum In-Kraft-Treten des L.O. 1/1982 die Verletzung von Persönlichkeitsrechten beurteilte.[1]

Zu bemerken ist noch, dass man in Spanien lange Zeit gerade bei Ehrverletzungen von einer zivilrechtlichen Klage absah. In der spanischen Gesellschaft nahm und nimmt die Ehre eine herausragende Stellung und Bedeutung ein, so dass ihre volle Wiederherstellung nach lange herrschendem Verständnis nur durch ein Duell als einzigem Mittel erreicht werden konnte.[2] In diesem Verständnis unterschied sich die spanische vormals ständisch geprägte Gesellschaft und ihre Geschichte nicht von der deutschen.

A. Ansprüche und Rechtsfolgen nach deutschem Recht

I. Gegendarstellung

Die Gegendarstellung wird in der deutschen Praxis am häufigsten gebraucht, um sich gegen Tatsachenbehauptungen in den Medien zur Wehr zu setzen.[3] Ihr Sinn

---

1 STS de 11 de Abril 1987.

2 *Crevillén Sánchez*, S. 113.

3 *Soehring*, Rn. 29.1.

und Zweck liegt darin, dem Betroffenen die Möglichkeit zu geben, seine Auffassung in der Öffentlichkeit gegenüber der ihn betreffenden Medienberichterstattung zu äußern („*audiatur et altera pars*“).[4] Sie ist Ausdruck des Gebots der Sicherstellung gleicher publizistischer Wirkung („Waffengleichheit“[5]), mit der sich der Betroffene in Form einer eigenen Tatsachendarstellung Gehör in der Öffentlichkeit verschaffen kann.[6] Keine Voraussetzung für eine Gegendarstellung ist es daher, dass die in den Medien geäußerten Behauptungen wahr oder unwahr sind. Es spielt ebenfalls keine Rolle, ob sie rufschädigend, verletzend oder ehrenrührig sind.[7] Einzige Voraussetzung ist, dass der Betroffene durch die Behauptung in seiner eigenen Interessensphäre berührt ist.[8]

Die Gegendarstellung ist nur gegen Tatsachenbehauptungen möglich.[9] Damit unterfallen Meinungsäußerungen und Kritik wegen ihres besonderen Schutzes nach Art. 5 Abs. 1 GG nicht dem Gegendarstellungsrecht.[10] Neuerdings möchte man allerdings teilweise im Interesse einer wirksamen Abschreckung vor erneuten Persönlichkeitsverletzungen das Merkmal der Tatsachenbehauptung großzügiger auslegen.[11] Auf diese Weise sollen auch Äußerungen in der „Grauzone“ zwischen Tatsachenbehauptung und Meinungsäußerung zugunsten eines effektiven Persönlichkeitsschutzes mit dem Gegendarstellungsrecht angreifbar sein.[12] Zwar ist dies im Interesse eines wirksamen Persönlichkeitsschutzes zu begrüßen. Allerdings kann mit dieser Praxis ein unüberbrückbarer Konflikt mit der garantierten und nur engen Grenzen unterworfenen Meinungsfreiheit (Art. 5 Abs. 1 GG) entstehen.

Als Ausdruck des Prinzips gleicher publizistischer Wirkung und als Behelf gegen Tatsachenbehauptungen kann die Gegendarstellung auch selbst nur aus Tatsachen bestehen: Es gilt das Prinzip „Tatsache gegen Tatsache“.[13] Der Betroffene kann daher nicht verlangen, dass offenkundig unwahre Tatsachen als Gegendarstellung veröffentlicht werden. Die Gegendarstellung beinhaltet somit nicht das „Recht zur Lüge“.[14]

---

[4] BGH NJW 1964, 1132, 1134 – „Uhren-Weiß“ mit weiteren Nachweisen aus der Rspr.; *Prinz/Peters*, Rn. 442.

[5] OLG Hamburg AfP 1975, 861, 862; *Prinz/Peters*, Rn. 442; *Soehring*, Rn. 29.53 ff.

[6] BVerfG NJW 1998, 1381 – „Gegendarstellung auf der Titelseite“; *Soehring*, Rn. 29.2a.

[7] *Seitz/Schmidt/Schoener*, Rn. 64; *Soehring*, Rn. 29.9 f.;

[8] *Soehring*, Rn. 29.10.

[9] *Prinz/Peters*, Rn. 447.

[10] MünchKommBGB/*Rixecker*, § 12 Anh., Rn. 235; *Soehring*, Rn. 29.12.

[11] *Gounalakis*, AfP 1998, S. 21.

[12] *Gounalakis*, AfP 1998, S. 21.

[13] OLG Hamburg AfP 1978, 155, 156; *Seitz/Schmidt/Schoener*, Rn. 210; *Soehring*, Rn. 29.17; *Prinz/Peters*, Rn. 519.

[14] *Soehring*, Rn. 29.20a; *Soehring*, NJW 2000, S. 2477.

Die Rechtsgrundlagen für einen Gegendarstellungsanspruch sind in vielen einzelnen Gesetzen verteilt,[15] was die Gegendarstellung zu einem „ausgesprochen schwierigen"[16] Rechtsgebiet macht, dem sich nur „Spezialisten mit Aussicht auf Erfolg bedienen können".[17] Auch die Art der Medien, ob Presse, Rundfunk oder Fernsehen, spielt bei der Suche nach der entsprechenden Rechtsgrundlage eine Rolle.

Das Gegendarstellungsrecht gegenüber der Presse ist in den einzelnen Landespressegesetzen geregelt.[18] Anspruchsverpflichteter bei einem Gegendarstellungsanspruch gegen die Presse sind der Verleger oder der verantwortliche Redakteur.[19] Zur Geltendmachung eines Anspruchs auf Abdruck einer Gegendarstellung ist berechtigt, wer von einer in einer periodischen Druckschrift aufgestellten oder verbreiteten Tatsachenbehauptung, der Erstmitteilung, betroffen ist.[20] In inhaltlicher und formaler Hinsicht muss die Gegendarstellung gewisse Anforderungen erfüllen. Der Entgegnende muss in seiner Gegendarstellung auf die Erstmitteilung der Presse Bezug nehmen, entweder, indem er sie zitiert oder alternativ den tatsächlichen Kern zutreffend wiedergibt.[21] Sie bedarf der Schriftform, muss vom Betroffenen selbst unterzeichnet sein und innerhalb einer bestimmten Frist dem verantwortlichen Redakteur oder Verleger zugeleitet werden. Die Veröffentlichung der Gegendarstellung ist gesondert zu verlangen.

Der Anspruch auf Abdruck einer Gegendarstellung entfällt nach den Vorschriften der Landespressegesetze, wenn ein berechtigtes Interesse an dem Abdruck der Gegendarstellung fehlt, also wenn sie beispielsweise offensichtlich unwahr oder irreführend ist.[22] Ferner darf sie keinen strafbaren Inhalt haben, also beispielsweise ihrerseits nicht beleidigend sein.

Liegen die erforderlichen Voraussetzungen vor, erfolgt die Gegendarstellung bei Presseerzeugnissen durch Abdruck einer entsprechenden Erklärung des Betroffenen.[23] Als Ausdruck und im Interesse der Waffengleichheit zwischen dem Betroffenen und der Presse muss sie ohne Kommentierung durch den Verpflichteten in demselben Teil des Druckwerks, in gleicher Schriftgröße in der nächsten nach ihrer Zuleitung für den Druck noch nicht abgeschlossenen Ausgabe veröffentlicht werden, in der die Erstmitteilung veröffentlicht wurde.[24] Danach ist eine Gegendarstellung u.U. sogar auf der Titelseite einer Zeitung oder Zeitschrift

---

15 Dies sind 41 Regelwerke, vgl. *Seitz/Schmidt/Schoener*, Vorwort zur 3. Auflage.
16 *Seitz/Schmidt/Schoener*, Vorwort zur 1. Auflage.
17 MünchKommBGB/*Rixecker*, § 12 Anh., Rn. 230.
18 Siehe z.B. § 11 NWPrG, § 11 BayPrG.
19 *Seitz/Schmidt/Schoener*, Rn. 78.
20 *Soehring*, Rn. 29.8.
21 *Soehring*, Rn. 29.18; MünchKommBGB/*Rixecker*, § 12 Anh., Rn. 237.
22 *Soehring*, Rn. 29.20; MünchKommBGB/*Rixecker*, § 12 Anh., Rn. 238.
23 *Seitz/Schmidt/Schoener*, Rn. 31.
24 *Soehring*, Rn. 29.50, 29.53; *Seitz/Schmidt/Schoener*, Rn. 415.

angebracht, wenn die Erstmitteilung ebenfalls dort veröffentlicht wurde.[25] Einige Stimmen, die der neueren Rechtsprechung des BGH zur Geldentschädigung bei Persönlichkeitsverletzungen kritisch gegenüberstehen, sehen darin ein größeres Abschreckungspotential als durch die Verpflichtung zur Geldzahlung, da sich die Medien davor hüten werden, „sich die Titelseite mit einer Gegendarstellung verschandeln" zu lassen.[26]
Die Presse verwendet in vielen Fällen den so genannten „Redaktionsschwanz". Damit weist sie zulässigerweise darauf hin, dass der Abdruck der Gegendarstellung in Erfüllung einer gesetzlichen Verpflichtung oder gerichtlichen Anordnung ohne Rücksicht auf ihren Wahrheitsgehalt erfolgt.[27] Im Ergebnis läuft dies natürlich auf eine Schwächung der Gegendarstellung hinaus.[28]
Im Bereich des öffentlich-rechtlichen Rundfunks der Länder, zu dem auch die öffentlich-rechtlichen Fernsehanstalten der Länder[29] zählen, finden sich die Bestimmungen zum Gegendarstellungsrecht in den Landesrundfunkgesetzen,[30] den Staatsverträgen zwischen Bundesländern zur Errichtung eines gemeinsamen Rundfunks[31] oder in den Vorschriften der Landesmedien- bzw. Landesprivatrundfunkgesetze.[32] Anspruchsverpflichtete können bei einem Gegendarstellungsanspruch gegen eine Rundfunkanstalt oder einen Rundfunkbetreiber der Intendant, die Rundfunkanstalt oder der verantwortliche Sendeleiter sein.[33] Besonderheiten im Vergleich zur presserechtlichen Gegendarstellung ergeben sich lediglich in ihrer Veröffentlichung:[34] Die Gegendarstellung ist von der Redaktion in derselben Sendung bzw. zu gleicher Sendezeit zu verlesen.[35] Auch hier wird regelmäßig der so genannte Redaktionsschwanz verwendet. Im Ergebnis hat eine Gegendarstellung somit nur eine geringe Wirkung.

II. Unterlassung

Gegen bevorstehende Persönlichkeitsverletzungen kann regelmäßig ein Unterlassungsanspruch geltend gemacht werden, der neben dem Gegendarstellungsanspruch die größte Verbreitung in der Praxis genießt.[36] Gegen bereits begange-

---

25 BVerfG NJW 1998, 1381 - „Gegendarstellung auf der Titelseite"; *Soehring*, Rn. 29.55; *Seitz/Schmidt/Schoener*, Rn. 424.
26 *Gounalakis*, AfP 1998, S. 20.
27 *Soehring*, Rn. 29.62; kritisch dazu: MünchKommBGB/*Rixecker*, § 12 Anh., Rn. 245.
28 MünchKommBGB/*Rixecker*, § 12 Anh., Rn. 245.
29 Siehe z.B. § 3 WDR-Gesetz NW, Art. 2 Rundfunkgesetz BY.
30 Siehe z.B. § 9 WDR-Gesetz NW, Art. 17 Rundfunkgesetz BY.
31 Siehe z.B. § 10 Staatsvertrag über den Südwestrundfunk zwischen Baden-Württemberg und Rheinland-Pfalz.
32 Siehe z.B. § 18 Rundfunkgesetz NW, Art. 18 Mediengesetz BY.
33 *Seitz/Schmidt/Schoener*, Rn. 32, 96 ff.
34 *Seitz/Schmidt/Schoener*, Rn. 444.
35 *Soehring*, Rn. 29.67.
36 MünchKommBGB/*Rixecker*, § 12 Anh., Rn. 179; *Soehring*, Rn. 30.1.

ne Persönlichkeitsverletzungen kann der Unterlassungsanspruch aber nicht mehr helfen, da er in die Zukunft gegen eine erstmalige oder wiederholte Persönlichkeitsverletzung gerichtet ist.[37] Die Rechtsgrundlage für einen Unterlassungsanspruch gegen Verletzungen des allgemeinen Persönlichkeitsrechts wird allgemein in einer Analogie zu § 1004 BGB als quasi-negatorischem Anspruch gesehen.[38]

1. Voraussetzungen

Der Betroffene muss zunächst darlegen, dass er durch eine bevorstehende Berichterstattung in den Medien zukünftig unzulässig betroffen sein wird. Er kann dabei in seinem Recht am eigenen Bild (§§ 22 ff. KUG), in seinem allgemeinen Persönlichkeitsrecht oder in einer Bestimmung betroffen sein, die ihm im Zusammenhang mit § 823 Abs. 2 BGB Schutz gegen Angriffe auf seine Ehre oder seinen wirtschaftlichen Ruf gewährt.[39] Dabei ist es - anders als bei Berichtigung und Gegendarstellung - unerheblich, ob sich die bevorstehende Verletzung in Form der Tatsachenbehauptung oder der Meinungsäußerung vollzieht.[40] Auch muss die bevorstehende Verletzung seiner Rechte nicht schuldhaft, sondern lediglich rechtswidrig sein.[41]

Da der Unterlassungsanspruch präventiv wirkt, muss der Betroffene eine drohende Persönlichkeitsbeeinträchtigung darlegen.[42] Eine solche liegt entweder in einer Wiederholungsgefahr oder einer erstmaligen Gefahr. Eine bereits begangene rechtswidrige Persönlichkeitsverletzung deutet auf eine Wiederholungsgefahr hin.[43] In der gerichtlichen Praxis wird eine Wiederholungsgefahr bei einer bereits vorliegenden Persönlichkeitsrechtsverletzung schlichtweg angenommen und nur in Ausnahmefällen verneint.[44]

Schwieriger ist die Darlegung einer erstmalig bevorstehenden Gefahr einer Persönlichkeitsverletzung.[45] Dies wird regelmäßig nur schwer gelingen, da Rechtsprechung und Literatur selbst bei Recherchemaßnahmen der Medien, von denen der zukünftig Betroffene Kenntnis erlangt, indem er beispielsweise zu einer Stellungnahme zu einem Vorwurf aufgefordert wird, grundsätzlich keine Erstbegehungsgefahr annehmen.[46]

---

37 *Seyfarth*, NJW 1999, S. 1288.

38 *Prinz/Peters*, Rn. 303; *Soehring*, Rn. 30.2.

39 *Soehring*, Rn. 30.3.

40 MünchKommBGB/*Rixecker*, § 12 Anh., Rn. 179.

41 *Prinz/Peters*, Rn. 303; *Soehring*, Rn. 30.4; *Seyfarth*, NJW 1999, S. 1289.

42 MünchKommBGB/*Rixecker*, § 12 Anh., Rn. 179.

43 MünchKommBGB/*Rixecker*, § 12 Anh., Rn. 179; *Soehring*, Rn. 30.7.

44 MünchKommBGB/*Rixecker*, § 12 Anh., Rn. 179; *Soehring*, Rn. 30.7 f.

45 MünchKommBGB/*Rixecker*, § 12 Anh., Rn. 180; *Soehring*, Rn. 30.12.

46 OLG Hamburg AfP 2000, 188; OLG Hamburg AfP 1992, 279, 280; *Soehring*, Rn. 30.13; *Prinz/Peters*, Rn. 329.

2. Rechtsfolgen

Kann der Betroffene eine drohende Verletzung seiner Rechte darlegen, hat er einen Unterlassungsanspruch. Bevor er diesen Unterlassungsanspruch jedoch gerichtlich mit Erfolg geltend machen kann, muss er grundsätzlich die Medien abmahnen und sie zur Abgabe einer strafbewehrten Unterlassungserklärung auffordern.[47]

Der Umfang des Unterlassungsanspruchs umfasst nur die konkreten Äußerungen, die den Betroffenen in seinen Rechten verletzen und denen er entgegengetreten ist.[48] Darüber hinaus gehende Verbote würden zu einer unzulässigen Einschränkung der Pressefreiheit führen. Nur weil in einem Artikel oder einer sonstigen Veröffentlichung mehrere rechtswidrige Passagen enthalten sind, kann deshalb nicht sofort die gesamte Veröffentlichung untersagt werden.[49] Dies kann nur ausnahmsweise der Fall sein, wenn aufgrund der Besonderheit der Materie eine Aussonderung des rechtswidrigen Teils einer Darstellung im Einzelfall nicht möglich ist.[50]

In Einzelfällen kann dem Betroffenen sogar ein Anspruch auf Veröffentlichung der Unterlassungserklärung zustehen, wenn eine unzulässige Meinungsäußerung, die als solche nicht dem Gegendarstellungsrecht und der Berichtigung unterliegt, öffentlich erfolgt ist und eine Veröffentlichung der Erklärung die noch andauernden negativen Folgen der Äußerung beseitigen kann.[51] Diese Variante des Unterlassungsanspruchs wird zum Teil als eigenständiger Anspruch des Betroffenen neben dem Unterlassungsanspruch gesehen.[52]

III. Berichtigung

Dem Betroffenen steht ferner die Möglichkeit offen, Berichtigungsansprüche gegen unwahre Tatsachenbehauptungen in den Medien nach § 1004 BGB analog geltend zu machen.[53]

Der gravierende Unterschied zur Gegendarstellung liegt darin, dass bei dieser eine Tatsachenbehauptung des Betroffenen selbst von den Medien veröffentlicht werden muss, mit der er ihren Tatsachenbehauptungen entgegentritt.

Der Berichtigungsanspruch zielt demgegenüber darauf, dass die Medien, die eine unwahre Tatsachenbehauptung veröffentlicht haben, diese nun in Form einer

---

47 OLG Düsseldorf AfP 1982, 44; OLG Köln AfP 1985, 61, 62; *Soehring*, Rn. 30.15; *Wenzel*, Rn. 12.94.

48 BGH NJW 1975, 1882, 1884 f. – „Geist von Oberzell“; MünchKommBGB/*Rixecker*, § 12 Anh., Rn. 181; *Soehring*, Rn. 30.29.

49 *Soehring*, Rn. 30.29.

50 BGH NJW 1968, 1773, 1777 – “Mephisto”; *Soehring*, Rn. 30.29b.

51 BGH NJW 1987, 1400, 1401 - „Oberfaschist“.

52 *Reichold*, NJW 1987, S. 1402.

53 *Soehring*, Rn. 31.2.

eigenen Erklärung beseitigen müssen.[54] Ob die in den Medien verbreitete Tatsachenbehauptung wahr oder unwahr ist, spielt bei der Berichtigung im Unterschied zur Gegendarstellung damit die entscheidende Rolle. Im Unterschied zum Unterlassungsanspruch ist die Berichtigung in die Vergangenheit gerichtet und soll die Beeinträchtigung des Verletzten durch in der Vergangenheit veröffentlichte Medienberichte beseitigen.[55]

1. Voraussetzungen

Ein Berichtigungsanspruch setzt zunächst das Vorliegen einer unwahren Tatsachenbehauptung voraus, so dass hier wieder zur Meinungsäußerung abgegrenzt werden muss.[56] Mit dem Grundrecht nach Art. 5 Abs. 1 GG wäre es hier – wie bei der Gegendarstellung, aber anders als bei der Unterlassung – nicht vereinbar, auch gegen Meinungsäußerungen, die nicht in die Kategorien wahr oder unwahr zu unterteilen sind, einen Berichtigungsanspruch erheben zu können.[57] Die Unwahrheit der Tatsachenbehauptung ist durch den Betroffenen zu beweisen und muss positiv feststehen.[58] Ferner muss die unwahre Äußerung des Verletzers den Betroffenen in seinem Persönlichkeitsrecht noch fortwirkend verletzen,[59] was bei Medienveröffentlichungen regelmäßig noch nach einigen Jahren angenommen wird[60] und grundsätzlich nicht durch den Abdruck oder das Verlesen einer Gegendarstellung entfällt.[61]
Als weitere Voraussetzung eines Berichtigungsanspruchs muss sie das geeignete Mittel sein, die Persönlichkeitsbeeinträchtigung zu beseitigen, da sie sonst einen unverhältnismäßig starken Eingriff in Art. 5 Abs. 1 GG darstellen würde.[62] Bei der dafür erforderlichen Abwägung zwischen den Interessen des Betroffenen, eine unwahre Tatsachenbehauptung über ihn aus der Welt zu schaffen und den Interessen der Medien, eine einmal getätigte Äußerung nicht wieder zurücknehmen zu müssen, wird in der Regel das Interesse des Betroffenen überwiegen.[63]

2. Rechtsfolgen

Liegen diese Voraussetzungen vor, kann der Betroffene Berichtigung verlangen. Wie Gegendarstellungen müssen auch Berichtigungen an gleicher Stelle und mit gleichem Aufmerksamkeitswert veröffentlicht werden wie die angegriffene Erstmitteilung. Eine Berichtigung auf der Titelseite von Zeitungen oder Zeit-

---

54 *Soehring*, Rn. 31.1; *Prinz/Peters*, Rn. 453.
55 BGH AfP 1994, 309; *Prinz/Peters*, Rn. 674.
56 BGH NJW 1994, 2614, 2615 f. – „Pleite gehen“; *Soehring*, Rn. 31.5.
57 *Soehring*, Rn. 31.5.
58 BGH NJW 1987, 1400, 1401 – „Oberfaschist“.
59 BVerfG NJW 1999, 1322, 1324 - „Helnwein“.
60 BGH NJW 1995, 861, 863 – „Caroline von Monaco I.
61 BGH NJW 1995, 861, 863 – „Caroline von Monaco I.
62 BGH NJW 1995, 861, 863 – „Caroline von Monaco I; *Prinz/Peters*, Rn. 687.
63 *Soehring*, Rn. 31.9.

schriften kann daher ebenso möglich sein wie bei der Gegendarstellung.[64] Unter dem Oberbegriff der Berichtigung finden sich der Widerruf, der eingeschränkte Widerruf und die Berichtigung.

Ist eine Tatsachenbehauptung erwiesenermaßen unwahr, besteht ein Anspruch auf Widerruf.[65] Darin erklärt der Verpflichtete, dass er seine Äußerung widerruft, also in vollem Umfang zurücknimmt. Dieser Fall ist in der Praxis am gebräuchlichsten.[66]

Daneben gibt es den Fall, dass die Medien erklären, sie erhalten eine Äußerung nicht mehr weiter aufrecht. Dieser „eingeschränkte“[67] oder „abgeschwächte“[68] Widerruf wird dann in Betracht kommen, wenn eine Tatsachenbehauptung zwar nicht erwiesen unwahr ist, aber auch keine vernünftigen Anhaltspunkte für die Richtigkeit der verbreiteten Behauptung bestehen.[69]

Die Richtigstellung stellt schließlich eine mildere Form der Berichtigung dar. Sie ist angezeigt, wenn eine Erklärung zwar nicht in vollem Umfang zu widerrufen, aber einzuschränken ist, also die Berichterstattung zum Teil unwahr ist oder durch die Art der Darstellung ein falscher Anschein erweckt wird.[70]

IV. Folgeberichterstattung

Neben den genannten allgemein anerkannten Ansprüchen des Betroffenen bei unwahren Tatsachenbehauptungen durch die Medien ist die Anerkennung eines so genannten „Folgeberichterstattungsanspruchs“ umstritten. Ein solcher Anspruch soll - so seine Befürworter - dann gegeben sein, wenn die Beeinträchtigung durch die Erstmitteilung zunächst rechtmäßig war, sich aber dann die Umstände zugunsten des Betroffenen ändern.[71] In der Rechtsprechung wurde dieser Anspruch beispielsweise in der Konstellation anerkannt, dass über eine Strafverurteilung berichtet wurde, die später wieder aufgehoben wurde.[72] In diesem Einzelfall hatte der Betroffene einen Anspruch auf Folgeberichterstattung. Dieser Anspruch ist allerdings vor dem Hintergrund der Pressefreiheit problematisch, da er eine Verpflichtung der Medien enthält, u.U. gegen ihren Willen über gewisse Dinge zu berichten. Er beschneidet ihre Freiheit, den Inhalt ihres Medienprodukts selbst zu gestalten und über die Themen der Berichterstattung

---

64 BVerfG NJW 1998, 1381 - „Gegendarstellung auf der Titelseite“; *Soehring/Seelmann-Eggebert*, NJW 2000, S. 2478.

65 BGH NJW 1995, 861, 862 – „Caroline von Monaco I; BGH NJW 1987, 1400, 1401 - „Oberfaschist“; *Prinz/Peters*, Rn. 688.

66 *Soehring*, Rn. 31.12.

67 *Soehring*, Rn. 31.14.

68 BGH NJW 1977, 1681, 1682 – „Wohnstättengemeinschaft“.

69 BGH NJW 1977, 1681 – „Wohnstättengemeinschaft“; *Soehring*, Rn. 31.14.

70 BGH NJW 1995, 861, 863 – „Caroline von Monaco I; *Prinz/Peters*, Rn. 690; *Soehring*, Rn. 31.13.

71 *Prinz/Peters*, Rn. 694.

72 BVerfG NJW 1997, 2589.

selbst zu entscheiden.[73] In jedem Fall sollte der Folgeberichterstattungsanspruch daher ausscheiden, wenn in der Erstmitteilung der Hinweis erfolgte, dass es sich nur um den vorläufigen Stand der Dinge handelt.[74] In der jüngeren Rechtsprechung wurde dieser Anspruch aus den genannten Gründen wiederholt abgelehnt.[75] Wie zu zeigen sein wird, lässt man im spanischen Recht einen Anspruch auf Folgeberichterstattung zu.[76] Der Anspruch eines Betroffenen auf eine bestimmte Art der Berichterstattung ist in Deutschland aber nur im Ausnahmefall zulässig.

In der Praxis kommt es aber vor, dass manche Medien im Anschluss an Persönlichkeitsverletzungen freiwillig in Absprache mit dem Betroffenen positiv über ihn berichten, um Klagen zu entgehen.[77] Dies liegt häufig auch im Interesse des Verletzten, da Medienprozesse oftmals ein gewisses Echo nach sich ziehen und zu einem schlechten Image des Klägers führen können. Gerade bei Personen, die auf ein positives Image in der Öffentlichkeit angewiesen sind, z.B. Politiker, bietet es sich daher an, mit den Medien einen solchen „Deal" zu schließen.[78]

V. Schadensersatz

Der Schadensersatzanspruch soll im Medienrecht - wie im Zivilrecht allgemein - dazu dienen, erlittene materielle Schäden auszugleichen. Dieser Anspruch spielt im Medienrecht aber lediglich eine untergeordnete Rolle, weil häufig nur ein immaterieller Schaden beim Betroffenen besteht oder eine Kausalität zwischen Persönlichkeitsrechtsverletzung und materiellem Schaden nicht zu beweisen ist.[79]

Für diesen Anspruch ist es irrelevant, ob die Persönlichkeitsverletzung aufgrund wahrer oder unwahrer Tatsachenbehauptungen oder aufgrund von Meinungsäußerungen erfolgt ist. Ein Schadensersatzanspruch kann bei allen Persönlichkeitsverletzungen gegeben sein.[80] Er kann im Medienrecht auf eine Vielzahl von Rechtsgrundlagen gestützt werden. In Frage kommen Verletzungen von Schutzgesetzen im Sinne des § 823 Abs. 2 BGB, z.B. §§ 185 ff. StGB, eine Verletzung von § 824 BGB, § 826 BGB oder eine Verletzung des allgemeinen Persönlichkeitsrechts nach § 823 Abs. 1 BGB, was die Verletzung des Rechts am eigenen Bild nach den §§ 22 ff. KUG[81] einschließt.

---

73 LG Hamburg AfP 1999, 93, 94.

74 MünchKommBGB/*Rixecker*, § 12 Anh., Rn. 198.

75 LG Hamburg AfP 1999, 93.

76 Dazu ausführlich: 2. Teil: B.VII.

77 *Sparmann: Prinz*, justament 3/2002, S. 19.

78 *Sparmann: Prinz*, justament 3/2002, S. 19.

79 *Prinz/Peters*, Rn. 713.

80 *Prinz/Peters*, Rn. 713.

81 In früheren Entscheidungen hat der BGH einen Schadensersatzanspruch noch auf § 823 Abs. 2 BGB i.V.m. § 22 KUG gestützt, vgl. BGH NJW 1958, 827, 828 - „Herrenreiter".

Der Anspruch auf Schadensersatz besteht, wenn eine rechtswidrige und - im Unterschied zu den Ansprüchen auf Gegendarstellung, Unterlassung oder Berichtigung - auch schuldhafte Rechtsverletzung vorliegt.[82] Die Rechtswidrigkeit kann durch die Wahrnehmung berechtigter Interessen entfallen.[83]
Nach § 276 Abs. 1 BGB genügt für ein Verschulden sogar Fahrlässigkeit, welche bei einer Verletzung der journalistischen Sorgfalt regelmäßig gegeben sein wird.[84]
Ferner setzt ein Schadensersatzanspruch einen kausalen materiellen Schaden des Betroffenen aufgrund der Medienberichterstattung voraus.[85] Dieser muss daher im Rahmen der haftungsausfüllenden Kausalität beweisen, dass ihm gerade wegen der Berichterstattung dieser Schaden entstanden ist.[86] Der Betroffene wird diesen Kausalitätsbeweis aber in der Praxis häufig nur schwer führen können.[87]
Ist aufgrund der Medienberichterstattung ein kausaler Vermögensschaden beim Betroffenen entstanden, ist dieser zu ersetzen. In der Regel wird es sich dabei um entgangenen Gewinn aufgrund Umsatzrückgangs handeln oder um die Kosten der Rechtsverfolgung. Kosten, die der Betroffene durch die Schaltung von Anzeigen auf sich nimmt, in denen er falsche Darstellungen über ihn richtig stellen möchte, kann er in der Regel nicht als ersatzfähigen Schaden geltend machen.[88] Er ist wegen seiner Schadensminderungspflicht zunächst auf eine Gegendarstellung als günstigere Möglichkeit der Richtigstellung verwiesen.[89]

VI. Zusammenfassung

Gegen Persönlichkeitsverletzungen durch Medienberichterstattung sind dem Betroffenen nach deutschem Recht damit eine Vielzahl von Verteidigungsmöglichkeiten an die Hand gegeben. Diese „deutsche Vielfalt“[90] zeichnet sich durch ein dichtes Netz von Schutzmaßnahmen aus.[91] Wie zu zeigen sein wird, ist es allerdings im Vergleich zur spanischen Regelung schwächer und weniger vielfältig.
Trotz dieser Schutzdichte verbleiben aber nach deutschem Recht Schutzlücken, wenn das allgemeine Persönlichkeitsrecht durch wahre Tatsachenbehauptungen in den Medien verletzt wird. Diese könnten sich beispielsweise in Form ehrenrühriger wahrer Behauptungen oder Tatsachenberichten aus der Intim- oder Privatsphäre vollziehen. Eine Verteidigung mit Hilfe der Gegendarstellung ist hier

---

82 *Soehring*, Rn. 32.3.
83 *Soehring*, Rn. 32.3.
84 *Soehring*, Rn. 32.3.
85 *Soehring*, Rn. 32.4.
86 *Soehring*, Rn. 32.7.
87 *Soehring*, Rn. 32.5.
88 BGH NJW 1976, 1198, 1201 - „Panorama“.
89 BGH NJW 1979, 2197 - „Falschmeldung“; *Prinz/Peters*, Rn. 734.
90 *Stürner*, Gutachten zum 58. DJT, S. A 59.
91 *Seitz (I)*, NJW 1997, S. 3216; *Barton*, AfP 1995, S. 458.

grundsätzlich möglich, aber problematisch, wenn der Betroffene zu seiner Ehrenrettung falsche Tatsachen erfindet. Zwar kommt es grundsätzlich nicht auf den Wahrheitsgehalt der Gegendarstellung an,[92] es besteht aber kein berechtigtes Interesse am Abdruck offenkundig unwahrer Gegendarstellungen.[93] Eine Berichtigung kommt ebenfalls nicht in Frage, da sie sich nur gegen unwahre Tatsachenbehauptungen richten kann. Möglich wäre ein Unterlassungsanspruch, der aber die in den Medien bereits veröffentlichte Persönlichkeitsrechtsverletzung nicht mehr beseitigen kann, sondern nur zukünftige Verletzungen verhindert. Dem Betroffenen wäre damit nur eingeschränkt geholfen.

Schutzlücken verbleiben auch hinsichtlich des Schadensersatzanspruchs, der einen materiellen Schaden voraussetzt. Ein solcher entfällt aber regelmäßig bei reinen Rufbeeinträchtigungen, so dass ein Anspruch an dieser Voraussetzung scheitern wird.

Es bleibt zu prüfen, ob dem Betroffenen ein Geldentschädigungsanspruch für erlittene immaterielle Schäden zustehen kann. Auf diese zentrale Frage ist später noch detailliert einzugehen.[94]

B. Ansprüche und Rechtsfolgen nach spanischem Recht

Im spanischen Recht sind die speziellen Rechtsfolgen bei einer Persönlichkeitsverletzung in Art. 9.2 ausdrücklich genannt:

Der Rechtsschutz umfasst die Anwendung sämtlicher notwendiger Maßnahmen, um die vorliegende Verletzung zu beenden und um dem Geschädigten den vollen Genuss seiner Rechte wieder herzustellen sowie weiteren Verletzungen vorzubeugen und sie zu verhindern.

La tutela judicial comprenderá la adopción de todas las medidas necesarias para poner fin a la intromisión ilegítima de que se trate y restablecer al perjudicado en el pleno disfrute de sus derechos, asi como para prevenir o impedir intromisiones ulterios.

---

92 BVerfG AfP 1993, 474, 476; *Prinz/Peters*, Rn. 554.

93 OLG Hamburg AfP 1980, 104, 105; *Seitz/Schmidt/Schoener*, Rn. 245 ff.; *Prinz/Peters*, Rn. 555.

94 Siehe unten: 2. Teil: D. II.

Diese Mittel können die bereits eingeleiteten Maßnahmen zur sofortigen Beendigung der Verletzung beinhalten sowie das Recht auf Gegendarstellung, die Verbreitung des Urteils und die Verurteilung, die verursachten Schäden zu ersetzen.

Entre dichas medidas podrán incluirse las cautelares encaminadas al cese inmediato de la intromisión ilegítima, asi como el reconocimiento del derecho a replicar, la difusión de la sentencia y la condena a indemnizar los perjuicios causados.

Nach dieser Regelung liegen vielfältige Möglichkeiten in der Hand der spanischen Gerichte, einer Persönlichkeitsverletzung zu begegnen. Praktisch gibt es für sie keine Grenzen, Maßnahmen zum Persönlichkeitsschutz festzulegen, was vor allem durch die Formulierung „*todas las medidas necesarias*" („sämtliche notwendige Maßnahmen") deutlich wird. Die aufgezählten Möglichkeiten muss man daher als eine nicht abschließende Nennung von Beispielen ansehen.[95] Bezüglich der Klagefrist bestimmt Art. 9.5, dass „die Frist zur Erhebung von Klagen auf Schutz gegen *intromisiones ilegítimas* vier Jahre nach dem Zeitpunkt ausläuft, nachdem der Berechtigte sie erheben konnte."[96]

I. Sofortige Maßnahmen („medidas cautelares")

Die spanischen Gerichte können nach Art. 9.2 zunächst Maßnahmen ergreifen, um die noch andauernde Beeinträchtigung der *derechos de la personalidad* zu beenden. Der Gesetzgeber hat dabei wohl vor allem an die Beschlagnahme der Veröffentlichungen und der Aufzeichnungen gedacht.[97] Dies erscheint als das am besten geeignete Mittel, um drohende oder andauernde Persönlichkeitsverletzungen zu verhindern. Die Beschlagnahme kann dabei dem Schutz aller drei geschützten Persönlichkeitsrechte dienen.

II. Gegendarstellung („derecho a rectificación")

Wie das deutsche sieht auch das spanische Recht die Möglichkeit der Gegendarstellung bei Persönlichkeitsverletzungen vor. Inhaltlich richtet es sich grundsätzlich nach dem L.O. 2/1984. Daneben sind die Rechtsgrundlagen des Gegendarstellungsrechts in vielen Gründungsgesetzen für öffentliche Medienanstalten verteilt, z.B. in Art. 25 *Ley 5/1982* über die Gründung der *Radio Televisión Vasca* oder in Art. 18 *Ley 9/1984* über die Gründung der *Compañía de Radio Tele-*

---

95 *Rovira Sueiro*, Responsabilidad civil, S. 259.

96 Art. 9.5 L.O. 1/1982: „*Las acciones de protección frente a las intromisiones ilegítimas caducarán transcurridos cuatro años desde que el legitimado pudo ejercitarlas.*"

97 *Azurmendi Adarraga*, S. 227; *Herrero-Tejedor*, Honor, Intimidad e Imagen, S. 298.

visión de Galicia. Mit dem Gegendarstellungsrecht hat der Betroffene eine schnelle und effektive Möglichkeit, gegen die Medien vorzugehen, in denen seine Persönlichkeit verletzt wurde: Er kann eine Erklärung veröffentlichen, in der er auf die aus seiner Sicht falschen oder ungenauen Tatsachendarstellungen antwortet, sie als falsch darstellt oder sie erläutert. Aus diesen Gründen ist die Gegendarstellung in der spanischen Praxis - wie in der deutschen - ein häufig gewähltes Mittel.[98] Meinungsäußerungen, Werturteile oder subjektive Wertungen sind allerdings nicht mit dem Gegendarstellungsrecht angreifbar.[99] Insofern bestehen hier keine Unterschiede zum deutschen Recht. Eine weitere Funktion der Gegendarstellung liegt nach spanischem Verständnis auch in der Gewährleistung der Qualität der verbreiteten Informationen und der Berichterstattung, da die Öffentlichkeit nach der Veröffentlichung einer Gegendarstellung nicht Unwahres für wahr hält.[100] Damit verfolgt sie nicht nur ein individuelles, sondern auch ein gesamtgesellschaftliches Ziel.
Es ist offensichtlich, dass das Recht auf Gegendarstellung lediglich auf Verletzungen des besonderen Persönlichkeitsrechts der Ehre zugeschnitten ist und dem Betroffenen bei Verletzungen des Rechts am eigenen Bild oder der Privatheit nicht viel weiterhilft. In diesen Fällen ist eine Gegendarstellung nur schwer vorstellbar.[101] Die bereits oben geäußerte Kritik, der parallele Schutz unterschiedlicher Persönlichkeitsrechte sei in der vorliegenden Weise nur schwer zu bewältigen, zeigt sich damit auch hier hinsichtlich der Rechtsfolgen. Hier wird ebenfalls nicht zwischen den drei verschiedenen *derechos de la personalidad* differenziert, obwohl sie in der Praxis unterschiedlichen Beeinträchtigungen unterworfen sind.

1. Voraussetzungen des Gegendarstellungsanspruchs

Das spanische Gegendarstellungsrecht ist „jeder natürlichen oder juristischen Person gegeben, die durch Tatsachen betroffen ist, die von Medien verbreitet wurden und die der Betroffene als unrichtig ansieht und dessen Verbreitung ihm schaden kann“ (Art. 1 L.O. 2/1984).[102]
Nach Art. 2 L.O. 2/1984 wird das Recht durch die „Übersendung einer schriftlichen Gegendarstellung an den Direktor des fraglichen Mediums innerhalb von sieben Tagen nach der Verbreitung“ wahrgenommen. Dabei muss sich die Ge-

---

98 *López Díaz*, S. 34
99 *Rovira Sueiro*, Derecho a la Imagen, S. 168.
100 *Sempere Rodríguez*, in: *Alzaga Villamil*, Constitución II, S. 394 f.
101 *Rovira Sueiro*, Derecho a la Imagen, S. 167.
102 Art. 1 L.O. 2/1984: „*Toda persona, natural o jurídica, tiene derecho a rectificar la información difundida, por cualquier medio de comunicación social, de hechos que le aludan, que considere inexactos y cuya divulgación pueda causarle perjuicio.*“

gendarstellung „auf die Tatsachen beziehen, die berichtigt werden sollen. Sie darf nur darüber hinaus gehen, wenn dies absolut notwendig ist“.[103]

2. Veröffentlichung der Gegendarstellung, Art. 3 L.O. 2/1984

Liegt eine solche zulässige Gegendarstellung vor, hat der „Direktor des Mediums sie innerhalb von drei Tagen nach ihrem Eingang vollständig in engem Bezug und in ähnlicher Bedeutung („*relevancia semejante*“) zu der ursprünglichen Information zu verbreiten oder zu veröffentlichen“ (Art. 3 L.O. 2/1984). „Ist ein Einhalten dieser Frist nicht möglich, weil das Medium in größeren Abständen erscheint, muss die Gegendarstellung in der nächst folgenden Ausgabe verbreitet werden. Kann bei Veröffentlichungen in Radio oder Fernsehen diese dreitätige Frist aus dem gleichen Grund nicht eingehalten werden, kann der Betroffene verlangen, dass die Gegendarstellung in einer Sendung mit ähnlicher Zuschauerbzw. Zuhörerzahl und ähnlicher Bedeutung verbreitet wird.“ Die Gegendarstellung darf nach Art. 3 L.O. 2/1984 nicht mit „Kommentaren oder Bemerkungen“ versehen werden. „Die Verbreitung der Gegendarstellung ist für den Betroffenen kostenlos“ (Art. 3 L.O. 2/1984).[104]

Wird die Gegendarstellung „nicht innerhalb der Frist oder nicht den Anforderungen gemäß verbreitet“, kann der Betroffene nach Art. 4 L.O. 2/1984 „innerhalb von sieben Tagen Klage auf Gegendarstellung („*acción de rectificación*“) bei Gericht erheben“.[105]

---

[103] Art. 2 L.O. 2/1984: „*El derecho se ejercitará mediante la remisión del escrito de rectificación al director del medio de comunicación dentro de los siete días naturales siguientes al de publicación o difusión de la información que se desea rectificar, de forma tal que permita tener constancia de su fecha y de su recepción.*
La rectificación deberá limitarse a los hechos de la información que se desea rectificar. Su extensión no excederá substancialmente de la de ésta, salvo que sea absolutamente necesario.".

[104] Art. 3 L. O. 2/1984: „*Siempre que el derecho se ejercite de conformidad con lo establecido en el artículo anterior, el director del medio de comunicación social deberá publicar o difundir íntegramente la rectificación, dentro de los tres días siguientes al de su recepción, con relevancia semejante a aquélla en que se publicó o difundió la información que se rectifica, sin comentarios ni apostillas. Si la información que se rectifica se difundió en publicación cuya periodicidad no permita la divulgación de la rectificación en el plazo expresado, se publicará ésta en el número siguiente. Si la noticia o información que se rectifica se difundió en espacio radiofónico o de televisión que no permita por la periodicidad de su emisión, divulgar la rectificación en el plazo de tres días, podrá exigir el rectificante que se difunda en espacio de audiencia y relevancia semejantes, dentro de dicho plazo. La publicación o difusión de la rectificación será siempre gratuita.*"

[105] Art. 4 L.O. 2/1984: „*Si, en los plazos señalados en el artículo anterior, no se hubiera publicado o divulgado la rectificación o se hubiese notificado expresamente por el director o responsable del medio de comunicación social que aquélla no será difundida, o se haya publicado o divulgado sin respetar lo dispuesto en el artículo anterior, podrá el*

Das Gegendarstellungsrecht in Spanien und in Deutschland ist damit nahezu identisch.

3. Gegendarstellung als Voraussetzung für Schadensersatz?

Das Gegendarstellungsrecht ist ein Mittel, gegen unwahre Tatsachenbehauptungen vorzugehen. Fraglich ist jedoch, ob es als Voraussetzung für andere Ansprüche, z.B. auf Schadensersatz gesehen werden muss. Während Manche die Gegendarstellung lediglich als eine Möglichkeit unter vielen betrachten, sich gegen Persönlichkeitsverletzungen zu wehren,[106] fordert der *Tribunal Constitucional* sie als ersten Schritt vor der Geltendmachung anderer Ansprüche.[107] In der Rechtsprechung des *Tribunal Supremo* hingegen hat sich die Auffassung durchgesetzt, dass die Ausübung der im L.O. 1/1982 vorgesehenen Rechte mit dem der Gegendarstellung vereinbar ist.[108] Durch die Gegendarstellung habe der Betroffene die Möglichkeit, weitere Schäden durch eine Information oder Nachricht zu verhindern oder dieser Gefahr vorzubeugen, wenn er der Meinung ist, die Tatsachen seien falsch. Diese Möglichkeit sei aber unabhängig von der Geltendmachung weiterer Schadensersatzforderungen, die durch die Verbreitung objektiv falscher Tatsachen entstehen.[109] Es handele sich um zwei Klagen verschiedenen Inhalts, das Recht auf Gegendarstellung schließe das auf Geltendmachung anderer straf- oder zivilrechtlicher Ansprüche nicht aus.[110] Dies ergebe sich außerdem aus Art. 6 L.O. 2/1984, der ausdrücklich die Vereinbarkeit der Gegendarstellung mit straf- und zivilrechtlichen Klagen erwähnt. Diese Rechtsprechung des *Tribunal Supremo* wird in mehreren Entscheidungen verfestigt.[111]

III. Richtigstellung („derecho a replicar")

Nach Art. 9.2 ist das *derecho a replicar* eine ausdrücklich vorgesehene Möglichkeit des Betroffenen, gegen Persönlichkeitsverletzungen vorzugehen. Das Gesetz über die Gegendarstellung (L.O. 2/1984) spricht im Gegensatz dazu aber von einem *derecho de rectificación.*

Der Gebrauch der unterschiedlichen Ausdrücke geht auf das *Ley de la Prensa e Imprenta* zurück, das zwischen dem *derecho a rectificación* und dem *derecho a replicar* differenzierte.[112] Bis zum In-Kraft-Treten des L.O. 2/1984 wurde diese

---

perjudicado ejercitar la acción de rectificación dentro de los siete días hábiles siguientes ante el Juez de Primera Instancia de su domicilio o ante el del lugar donde radique la dirección del medio de comunicación."

106 *Concepción Rodríguez*, S. 92, S. 214 f.

107 STC 35/1983 de 11 de Mayo 1983.

108 STS de 04 de Noviembre 1986.

109 STS de 03 de Marzo 1989.

110 STS de 11 de Diciembre 1989; STS de 03 de Marzo 1989.

111 STS de 07 de Octubre 1982; STS de 22 de Abril 1983; STS de 05 de Octubre 1987; STS de 21 de Enero 1988.

112 *Rovira Sueiro*, Derecho a la Imagen, S. 167, Fn. 182; *López Díaz*, S. 33.

Unterscheidung durchgehalten. Dabei stand das *derecho a rectificación* ausschließlich für das Gegendarstellungsrecht öffentlicher Körperschaften, die verbreitete Informationen z.B. über ihre Kompetenz oder Funktion damit richtig- und klarstellen konnten. Das *derecho a replicar* dagegen stand allein natürlichen und juristischen Personen zu. Mittlerweile ist die Unterscheidung zwischen einem *derecho a replicar* und einem *derecho de rectificación* grundsätzlich aufgegeben worden. Ein Unterschied besteht jedoch darin, dass das *derecho a replicar* sich auch gegen Meinungsäußerungen oder Werturteile richten kann, das *derecho de rectificación* aber nur gegen Tatsachenbehauptungen.[113]

IV. Veröffentlichung des Urteils („difusión de la sentencia“)

Art. 9.2 sieht als weiteres Beispiel für eine gerichtliche Maßnahme zum Persönlichkeitsschutz auch die Veröffentlichung des Urteils vor, in dem über das Vorliegen einer *intromisión ilegítima* entschieden wurde („*difusión de la sentencia*“). Dies schließt nicht aus, dass der Kläger darüber hinaus einen etwaigen Schadensersatz geltend macht. Die Klage auf eine Veröffentlichung des Urteils und auf Zahlung von Schadensersatz stellen keine alternativen Möglichkeiten des Betroffenen dar, die Verletzung seiner *derechos de la personalidad* wieder gut zu machen.[114] Mit dieser Feststellung hob der *Tribunal Supremo* in einem Fall ein unterinstanzliches Urteil auf, in dem das Gericht davon ausgegangen war, die Veröffentlichung des Urteils könne eine Wiedergutmachung in Geld ersetzen.[115]

Die Verurteilung zur Veröffentlichung des Urteils ist insbesondere geeignet, die verletzte Ehre einer Person wieder herstellen. Verletzungen der Privatheit und des *derecho a la propia imagen* sind auf diese Weise nur schwer zu beheben. Die Anordnung der Gerichte, das Urteil in dem betreffenden Medium zu veröffentlichen ist weit verbreitet und in der spanischen Praxis üblich.[116] Unterschiedliche Entscheidungen gibt es aber hinsichtlich des Umfangs dieser Veröffentlichungsverpflichtung: Teils muss das ganze Urteil veröffentlicht werden, teils nur die Begründung („*fundamentos jurídicos*“) oder teils nur der Tenor.[117]

In diesem Zusammenhang stellt sich das Problem, ob die Gerichte die Medien auch dazu verurteilen dürfen, das Urteil in anderen Publikationen zu veröffentlichen als in dem der verletzenden Erstmitteilung. In einem unterinstanzlichen Urteil bejahte ein Gericht diese Frage und entschied, dass der Verurteilte das Urteil in verschiedenen Zeitungen veröffentlichen müsse.[118] Er musste es als

---

[113] *Sempere Rodríguez*, in: *Alzaga Villamil*, Constitución II, S. 395.
[114] STS de 20 de Julio 2001.
[115] STS de 20 de Julio 2001.
[116] *Herrero-Tejedor*, Honor, Intimidad e Imagen, S. 301.
[117] *Azurmendi Adarraga*, S. 228; *Herrero-Tejedor*, Honor, Intimidad e Imagen, S. 301.
[118] Sentencia del Juzgado de la Primera Instancia N° 2 de Madrid de 22 de Diciembre 1984, zit. nach: *Herrero-Tejedor*, Honor, Intimidad e Imagen, S. 301.

Anzeige auf seine Kosten in diesen Zeitungen abdrucken lassen. Es stellt sich aber dann die Frage, ob der Herausgeber einer dieser anderen Zeitung sich dem entgegenstellen kann. Dies ist unter dem Gesichtspunkt zu betrachten, dass er dadurch in seiner Pressefreiheit beschnitten wird, selbst über den Inhalt des von ihm herausgegebenen Mediums zu entscheiden. In Sinne der grundrechtlich geschützten Pressefreiheit kann es ihm - aus deutscher Sicht - eigentlich nicht zuzumuten sein, dass der Inhalt seines Medienerzeugnisses von Gerichten bestimmt wird, ohne dass er selbst eine Persönlichkeitsverletzung begangen hat. Dieser Ansicht stehe - nach einer Meinung in der Literatur - in Spanien aber Art. 118 C.E. entgegen, der die Verpflichtung enthält, Urteile und andere Bestimmungen der Gerichte zu befolgen.[119] Soweit ersichtlich, handelt es sich bei diesem Urteil aber um einen Einzelfall. In den meisten praktischen Fällen wird den Medien die - unbestritten mögliche - Verpflichtung auferlegt, das Urteil in dem eigenen Medienerzeugnis zu veröffentlichen.
Dadurch, dass - wie gerade gezeigt - die Pressefreiheit teilweise beschnitten wird, um Ehrverletzungen wieder gut zu machen, zeigt sich folgende Tendenz: Bezüglich der Rechtsfolgen geht die Rechtsprechung großzügig mit dem in seiner Ehre Betroffenen um, was auf Kosten der entgegen stehenden Pressefreiheit geht. Der Grund dafür scheint in der überragenden Stellung der Ehre in der spanischen Gesellschaft zu liegen. Auf tatbestandlicher Ebene hat man in Spanien ebenfalls lange Zeit bei der Abwägung ein Übergewicht auf Seiten der Ehre gegenüber der Informations- und Meinungsfreiheit gesehen. Die Ehre hatte danach einen grundsätzlichen Vorrang vor diesen genannten Grundrechten. Erst Mitte der 80-er Jahre des 20. Jahrhunderts wurde in der spanischen Rechtswissenschaft die große Bedeutung der Informations- und Meinungsfreiheit anerkannt, die nach der neuen Rechtsprechung des *Tribunal Constitucional* gegenüber der Ehre grundsätzlich vorrangig ist.[120] Auf die Rechtsfolgen scheint diese Entwicklung noch keinen Einfluss gehabt zu haben. Wenn eine tatbestandliche Ehrverletzung vorliegt, ist eine Verurteilung zur Veröffentlichung des Urteils trotz der entgegen stehenden Pressefreiheit möglich. Damit nimmt man in Spanien Beeinträchtigungen der Pressefreiheit in Kauf, wenn dadurch die Ehre des Betroffenen wieder hergestellt werden kann.

V. Rehabilitation („declaración de derecho")

Aus der offenen Formulierung des Art. 9.2 L.O. 1/1982, dem Geschädigten den „vollen Genuss seiner Rechte wieder herzustellen", wird abgeleitet, dass auch eine Rehabilitation des Betroffenen durch ein Gericht möglich sein soll. Ausdrücklich sieht das Gesetz diese Maßnahme allerdings nicht vor. Diese Form der Verurteilung wird in erster Linie bei Ehrverletzungen angestrebt. Das Gericht kann demnach in seinem Urteil feststellen, dass der Verletzte die Tat, derer er

---

119 *López Díaz*, S. 36.
120 STC 159/1986 de 12 de Diciembre 1986.

öffentlich beschuldigt wurde, nicht begangen hat. Damit ist die Wiederherstellung der Ehre des Verletzten auf diese Weise leicht möglich und stellt eine in der Praxis oft gewählte Sanktion dar.[121] Bei Verletzungen der Privatheit und des Rechts am eigenen Bild ist eine Rehabilitation wegen der Natur dieser Rechte aber nur schwer vorstellbar.

Der hohe Stellenwert, der der Ehre in Spanien eingeräumt wird, wird auch in dieser Maßnahme deutlich. Die spanischen Gerichte wählen damit nicht ausdrücklich in Art. 9.2 vorgesehene Rechtsfolgen, um den Schutz der Ehre wirksam sicherzustellen.

VI. Entfernung einer Schrift („retirada de la publicación“)

Eine weitere Möglichkeit einer Maßnahme nach Art. 9.2 ist in der spanischen Rechtswissenschaft umstritten: Die Entfernung einer persönlichkeitsverletzenden Schrift aus den öffentlichen Bibliotheken.

Teilweise haben einige Betroffene eine solche Klage in der Praxis bereits erhoben. Dem wurde - soweit ersichtlich - aber bisher von den Gerichten nicht entsprochen. Unterinstanzliche Gerichte lehnten dies mit dem Hinweis ab, dass die Nationalbibliotheken den kulturellen Schatz der Geschichte aufbewahrten, sei sie auch „noch so schwarz“.[122] Auch wenn die Verletzung sehr schmerzhaft sei, könne folgenden Generationen die Geschichte der Gegenwart nicht vorenthalten werden.[123] Im Interesse der Wahrung einer pluralistischen Gesellschaft ist diese Lösung der spanischen Rechtsprechung zu begrüßen. Man kann aber auch erkennen, mit welchen Mitteln in Spanien teilweise versucht wird, begangene Persönlichkeitsverletzungen zu reparieren. Der hohe gesellschaftliche Stellenwert, der der persönlichen Ehre des Einzelnen eingeräumt wird, wird vor dem Hintergrund dieser - in Deutschland undenkbaren - Klageanträge erneut deutlich.

VII. Positive Imagekampagne („campaña de imagen“)

Aufgrund der weiten Möglichkeiten, die Art. 9.2 L.O. 1/1982 den Gerichten bietet („*todas las medidas necesarias*“), ist ihnen z.B. bei Ehrverletzungen auch die Verurteilung des Mediums zu einer positiven Imagekampagne („*campaña de imagen*“) möglich, worunter man eine wohlmeinende Berichterstattung über eine bestimmte Person versteht. Diese kann in der Tat ein probates Mittel sein, die verletzte Ehre und den Ruf einer Person wieder herzustellen. Insbesondere weil der Ruf und das Ansehen von Menschen heutzutage vielfach durch die Medien bestimmt werde, bedeute dies nach spanischer Ansicht eine angemessene Maß-

---

[121] *Herrero-Tejedor*, Honor, Intimidad e Imagen, S. 302.

[122] Sentencia de Juzdago de la Primera Instancia N° 10 de Madrid de 15 de Diciembre 1986, zit. nach: *Herrero-Tejedor*, Honor, Intimidad e Imagen, S. 302.

[123] Sentencia de Juzdago de la Primera Instancia N° 10 de Madrid de 15 de Diciembre 1986, zit. nach: *Herrero-Tejedor*, Honor, Intimidad e Imagen, S. 302.

nahme, die von Art. 9.2 gedeckt sei.[124] Allerdings darf nicht unbeachtet bleiben, dass der Schutz der grundrechtlich garantierten Pressefreiheit in diesen Fällen erheblich leidet. In Deutschland wird aus diesem Grund eine Verurteilung zur Folgeberichterstattung - im Unterschied zum spanischen Recht - grundsätzlich abgelehnt. Die Verurteilung zu einer *campaña de imagen* erklärt sich auch hier vor dem Hintergrund der überragenden Stellung der Ehre im spanischen Recht.

VIII. Vorzensur („censura previa")

In der Literatur wird teilweise auch die Möglichkeit einer Vorzensur („*censura previa*") als angemessenem Mittel in Betracht gezogen, Persönlichkeitsverletzungen vorzubeugen. Nach Ansicht von *Fayos Gordó* stehe das Gesetz dem nicht entgegen. Art. 9.2 L.O. 1/1982 stelle vielmehr einen offenen Maßnahmenkatalog zur Verfügung, was im Gesetz durch den Ausdruck „*entre dichas medidas*" deutlich werde.[125] Von der im angelsächsischen Recht als *prior restraints* bekannten Vorzensur solle der Richter in den Ausnahmefällen Gebrauch machen, in denen irreparable Schäden drohten. Wegen der garantierten Meinungsfreiheit solle sie restriktiv und nur als letztes Mittel gebraucht werden. Eine *censura previa* müsse aber angewendet werden können, wenn es der Einzelfall erfordere. Die mit einem Missbrauch der Vorzensur verbundenen Gefahren liegen zwar auf der Hand, sie seien aber unter Hinweis auf Art. 20.4 CE, in dem Ehre, Privatheit und das Recht am eigenen Bild Grenzen der Meinungsfreiheit sind, hinzunehmen.

Diesem Vorschlag kann aber nicht gefolgt werden: Art. 20.2 C.E. verbietet die vorherige Zensur ausdrücklich, da sie die in Art. 20.1 C.E. garantierten Freiheiten unzulässig einschränkt.

IX. Zusammenfassung

Die Rechtsfolgen bei einer *intromisión ilegítima* sind nach spanischem Recht ausdrücklich in Art. 9.2 geregelt. Diese Vorschrift enthält einen offenen Maßnahmenkatalog, in dem einige Beispiele für mögliche Rechtsfolgen, z.B. die Gegendarstellung genannt sind. Aufgrund des offenen Maßnahmenkataloges können spanische Gerichte den Verletzter zu einer Vielzahl unterschiedlicher Rechtsfolgen verurteilen, um die Persönlichkeitsverletzung des Betroffenen zu reparieren. Hier sind dem Einfallsreichtum der Gerichte kaum Grenzen gesetzt, was die verschiedenen Verurteilungen belegen. Damit besteht auch hinsichtlich der möglichen Rechtsfolgen ein hohes Schutzniveau vor Persönlichkeitsverletzungen in Spanien.

Diese Maßnahmen sind vielfach aber nur geeignet, Verletzungen der Ehre wieder herzustellen. Als Mittel gegen Verletzungen der Privatheit oder des Rechts am eigenen Bild sind sie in der Regel unbrauchbar. Damit tritt das zur Tatbe-

---

[124] *Herrero-Tejedor*, Honor, Intimidad e Imagen, S. 303.
[125] *Fayos Gordó*, S. 372 f.

standsebene bereits gefundene Ergebnis hier erneut auf: Viele Rechtsfolgen passen nicht zu sämtlichen im Gesetz geschützten Persönlichkeitsrechten. Der Gesetzgeber schützt im L.O. 1/1982 drei verschiedene Persönlichkeitsrechte parallel, ohne den Besonderheiten, die jedem einzelnen Persönlichkeitsrecht innewohnen, angemessen berücksichtigen zu können.
Im Zusammenhang mit Ehrverletzungen ist außerdem auffällig, dass die spanischen Gerichte bei der Verurteilung zu bestimmten Maßnahmen im Zweifel zugunsten des Betroffenen und gegen die Pressefreiheit entscheiden. Diese Praxis steht im Gegensatz zur Tatbestandsseite, auf der mittlerweile ein grundsätzliches Übergewicht der Informations- und Meinungsfreiheit gegenüber der Ehre angenommen wird. Während man sich mittlerweile von der früher überragenden Bedeutung der Ehre auf Tatbestandsebene verabschiedet hat, spielt sie auf Rechtsfolgenseite nach wie vor die zentrale Rolle. Die Tatsache, dass die Verurteilung zu gewissen Rechtsfolgen die Medien stark in ihrer Pressefreiheit einschränkt, nimmt man in Spanien bewusst in Kauf. Das Gesetz fördert diese Entwicklung mit der offenen Gestaltung des Art. 9.2 zusätzlich. Von den nach Art. 9.2 unbeschränkten Möglichkeiten der Gerichte wird zugunsten des in seiner Ehre Verletzten reger Gebrauch gemacht. Die volle Ausschöpfung dieser gerichtlichen Möglichkeiten liegt auch in der - in Spanien nach wie vor teilweise vertretenen - Ablehnung gegen eine Ersatzfähigkeit von Ehrverletzungen in Geld, worauf noch einzugehen sein wird.[126]

C. Rechtsvergleich

Die angebliche „deutsche Vielfalt“[127] im Bereich der möglichen Rechtsfolgen bei Persönlichkeitsverletzungen wird von den Möglichkeiten in Spanien noch übertroffen. Den spanischen Gerichten steht aufgrund der offenen Formulierung des Art. 9.2 ein größerer Gestaltungsspielraum zur Verfügung. Sie können Persönlichkeitsverletzungen mit zahlreichen Maßnahmen begegnen. Allerdings darf nicht verkannt werden, dass dieser große Schutz der Persönlichkeit nach spanischem Recht nur auf Kosten der Pressefreiheit zu gewährleisten ist. Aus diesem Grund ist beispielsweise nach deutschem Recht die Verurteilung zu einer Folgeberichterstattung - wenn überhaupt - nur unter ganz engen Voraussetzungen zulässig. In dieser Beziehung ist man nach spanischem Verständnis großzügiger. Aufgrund des hohen Stellenwertes der Ehre in der spanischen Gesellschaft nimmt man dort Beeinträchtigungen der Pressefreiheit in Kauf, um wirksame Maßnahmen zum Ehrenschutz zu treffen. Diese Handhabung verträgt sich grundsätzlich nicht mit der nach deutschem Recht überragenden Pressefreiheit, so dass viele der Maßnahmen nicht ins das deutsche Recht importiert werden können.

[126] Dazu unten ausführlich: 2. Teil: D.II.1.d.
[127] *Stürner*, Gutachten zum 58. DJT, S. A 59.

Dennoch verdienen einige der möglichen Rechtsfolgen des spanischen Rechts auch in der deutschen Praxis mehr Beachtung. Besonders die Verurteilung zur Veröffentlichung des Urteils in dem Medienerzeugnis, in dem die Persönlichkeitsverletzung stattgefunden hat, kann eine angemessene Rechtsfolge sein. Mit dieser Maßnahme kann der Betroffene die von dem Medium verschuldete Persönlichkeitsverletzung schnell und einfach wieder aus der Welt schaffen. Zwar wird dadurch die Pressefreiheit des jeweiligen Mediums beeinträchtigt. Diese Beeinträchtigung erscheint aber vor dem Hintergrund gerechtfertigt, dass das allgemeine Persönlichkeitsrecht durch eine von diesem zu verantwortende Berichterstattung verletzt wurde. Dieses Mittel kann übrigens nicht nur bei Verletzungen der Ehre angewandt werden, sondern auch bei anderen Persönlichkeitsverletzungen. Auch bei einer Verletzung des Rechts am eigenen Bild könnte der Abgebildete beispielsweise die Veröffentlichung des Urteils verlangen, durch das ein Verstoß gegen die §§ 22 ff. KUG festgestellt wird. Dem Leser oder Zuschauer würde auf diese Weise bewusst gemacht, dass eine bestimmte Bildnisveröffentlichung nicht rechtmäßig war. Dadurch verbesserte sich das allgemeine Verständnis über den derzeitigen Stand des Persönlichkeitsschutzes in Deutschland. Allerdings ist nicht zu verkennen, dass die unrechtmäßig Abgebildeten vielfach nicht nach einem ideellen Ausgleich streben, sondern nach einer Geldzahlung. Diesem Thema soll sich der letzte Abschnitt der Arbeit widmen.

D. Insbesondere: Ersatz in Geld bei Persönlichkeitsverletzungen

Wie gezeigt, hat der Betroffene bei Persönlichkeitsverletzungen nach deutschem und spanischem Recht vielfältige Verteidigungsmöglichkeiten und Ansprüche. Allerdings wurde auch deutlich, dass in manchen Konstellationen Schutzlücken für den Betroffenen verbleiben. Es sind bestimmte Persönlichkeitsverletzungen denkbar, denen nicht mit den genannten Abwehransprüchen begegnet werden kann. Beispielsweise ist dem Betroffenen bei einer Verletzung des Rechts am eigenen Bild mit den zur Verfügung stehenden Mitteln sowohl nach deutschem als auch spanischem Recht nicht immer zu helfen. In einer Vielzahl der Fälle wird der Betroffene in der Praxis daher eine Geldzahlung als Schadensersatz verlangen. Der geltend gemachte Schaden beruht in diesen Fällen oft nicht auf materiellen Einbußen. Vielmehr begehrt der Betroffene einen Ersatz immaterieller Schäden, die er durch die Persönlichkeitsverletzung erlitten hat. Jedoch begegnet dieser Schadensersatzanspruch hinsichtlich seiner dogmatischen Grundlage, Herleitung und Funktion sowohl in Deutschland als auch teilweise in Spanien schwer wiegenden Problemen. Dabei ist jedoch ihre Gewichtung in Deutschland und Spanien sehr unterschiedlich: Wie zu zeigen sein wird, liegt ein Schwerpunkt der Kritik in Deutschland auf der Herleitung eines Geldersatzanspruchs, den die Rechtsprechung dem Betroffenen trotz des - vermeintlich - entgegen stehenden § 253 a.F. BGB gewährt. In Spanien erübrigt sich eine solche Kritik: Ein Anspruch auf Schadensersatz bei Vorliegen einer *intromisión ilegítima* ist dort gesetzlich vorgesehen.

I. Geldersatz nach deutschem Recht

Im deutschen Recht ist neben den möglichen Rechtsfolgen Gegendarstellung, Unterlassung, Berichtigung und Schadensersatz für materielle Schäden auch ein Schadensersatz für immaterielle Schäden[128] bei Persönlichkeitsverletzungen denkbar. Ein solcher ist im BGB für Persönlichkeitsverletzungen nicht ausdrücklich vorgesehen. Nach § 847 a.F. BGB[129] kann dem Verletzten lediglich ein Schmerzensgeld „im Falle der Verletzung des Körpers oder der Gesundheit sowie im Falle der Freiheitsentziehung" (§ 847 Abs. 1 a.F. BGB) zugestanden werden. Gleiches gilt bei Verstößen gegen die sexuelle Selbstbestimmung (§ 847 Abs. 2 a.F. BGB). Trotzdem gewähren deutsche Gerichte bei Persönlichkeitsverletzungen einen Ersatz in Geld. Die Herleitung und Begründung dieses Anspruchs durch die Rechtsprechung soll nachgezeichnet und einer kritischen Betrachtung unterzogen werden. Zuvor ist allerdings auf die ursprüngliche Konzeption dieser Vorschrift einzugehen.

1. Konzeption des BGB zum Ersatz immaterieller Schäden

Bei Schaffung des BGB in seiner ursprünglichen Fassung war keine ausdrückliche Regelung zum Persönlichkeitsschutz und zu den Rechtsfolgen bei einer Verletzung vorgesehen. Trotz zahlreicher Bemühungen und Änderungsvorschläge hat sich diese Rechtslage seitdem im Bereich des Persönlichkeitsschutzes nicht grundlegend geändert.

a) § 847 a.F. BGB und die Funktion des Schmerzensgeldes

Bei den Beratungen zum BGB diskutierte man über die Schaffung eines allgemeinen Entschädigungsanspruchs, lehnte diesen jedoch letztendlich ab. Ein solcher Anspruch sei „dem deutschen Recht fremd".[130] Außerdem seien Ermessensregeln und -schranken für den Richter bei der Bemessung der Höhe dieser Entschädigung kaum aufzustellen.[131] Trotzdem bestand Einigkeit, Ausnahmen von diesem Grundsatz bei bestimmten immateriellen Schäden zuzulassen. Man-

---

[128] Die Terminologie hat sich im Laufe der Zeit geändert: Bis BGH NJW 1995, 985 - „Caroline von Monaco I" wurde der Schadensersatz für immaterielle Schäden bei Persönlichkeitsverletzungen unter „Schmerzensgeld" gefasst. Seit dieser Entscheidung hat sich der Begriff der „Geldentschädigung" in der Rechtsprechung etabliert. Der im folgenden gebrauchte Begriff „Geldersatz" meint neutral Schadensersatz für immaterielle Schäden bei Persönlichkeitsverletzungen, ohne immer zwischen Schmerzensgeld nach herkömmlicher Lesart und Geldentschädigung nach neuer Sprachregelung zu diffenrenzieren.

[129] § 847 a.F. BGB ist mittlerweile in § 253 Abs. 2 n.F. BGB aufgegangen. Inhaltlich ergeben sich keine Unterschiede.

[130] *Mugdan II*, Motive, § 221, S. 12.

[131] *Mugdan II*, Motive, § 221, S. 12.

che wollten unter diese Ausnahmen, die schließlich in § 847 a.F. BGB Eingang fanden, auch die Ehrverletzung aufnehmen.[132] Der Vorschlag lautete: „Im Falle der Verletzung des Körpers, der Gesundheit, der *Ehre* sowie im Falle der Freiheitsentziehung kann der Verletzte außer dem Ersatze des Vermögensschadens noch eine den Umständen angemessene Entschädigung in Geld verlangen."[133] Da es bei Ehrverletzungen strafrechtlich vielfach zu keinen Konsequenzen komme, müsse es gerade deshalb auf zivilrechtlicher Ebene einen Ausgleich für erlittene Ehrenkränkungen geben. Dagegen überwog aber die Ansicht, die eine Wiederherstellung der Ehre ausschließlich durch Erklärung, Abbitte oder Widerruf erreichen wollte, nicht durch eine Geldzahlung.[134] Es galt die „allgemeine Volksansicht", nach der es wenig ehrenvoll sei, sich Beleidigungen durch Geld abkaufen zu lassen und derjenige „wenig Ehre zu verlieren habe, der die Verletzung derselben durch eine Klage auf Geld zu reparieren suchte".[135]
Die endgültige Regelung des § 847 a.F. BGB beinhaltete damit die einzigen Ausnahmen des grundsätzlichen Ausgleichsverbotes immaterieller Schäden und sah einen solchen für Ehr- oder sonstige Persönlichkeitsverletzungen nicht vor.

b) **§ 253 a.F. BGB**

Mit § 847 a.F. BGB korrespondiert § 253 a.F. BGB, der seit dem 01.08.2002 inhaltsgleich in § 253 Abs. 1 n.F. BGB aufgegangen ist. Nach dieser Vorschrift steht dem Verletzten ein Ersatz immaterieller Schäden nur „in den vom Gesetz bestimmten Fällen" zu.
Grund für die Einführung des § 253 a.F. BGB war die Befürchtung, ein allgemeiner Entschädigungsanspruch könne dem Richter wegen der Höhe des Schadensersatzes für immaterielle Schäden „eine dem deutschen Recht fremde Souveränität seiner Rechtsstellung gegenüber dem Streitverhältnisse" beilegen.[136] Insbesondere wäre der Revisionsrichter im konkreten Fall mangels Ermessensschranken häufig nicht in der Lage, eine „unpassende Ausübung der diskretionären Gewalt des Richters zu korrigieren".[137] Zwar war man sich der u.U. auftretenden Schutzlücken für Persönlichkeitsverletzungen bewusst, sah diesen Schutz aber im Strafrecht gut aufgehoben.[138] Nach dem Konzept des § 253 a.F. BGB dient er damit unter anderem zur „Entpersönlichung" des Schadensersatzrechts.[139] Ein gesetzlicher Fall im Sinne des § 253 a.F. BGB, in dem ein Ersatz

132 *Mugdan II*, Protokolle, S. 1119.
133 *Mugdan II*, Kom.-Ber., S. 1309.
134 *Mugdan II*, Protokolle, S. 1119, S. 1297.
135 *Mugdan II*, Kom.-Ber., S. 1297.
136 *Mugdan II*, Motive, § 221, S. 12.
137 *Mugdan II*, Motive, § 221, S. 12.
138 *Mugdan II*, Motive, § 221, S. 12.
139 *Bötticher*, MDR 1963, S. 353.

immaterieller Schäden möglich ist, ist die Verletzung der in § 847 a.F. BGB aufgezählten Rechtsgüter.

2. Der Geldersatzanspruch in der Rechtsprechung

a) Herleitung und Entwicklung

Während das Reichsgericht weder ein allgemeines Persönlichkeitsrecht, noch einen Schadensersatz bei seiner Verletzung anerkannte,[140] und dem Betroffenen bei Ehrverletzungen in analoger Anwendung der §§ 862, 1004 BGB lediglich Ansprüche auf Unterlassung, Widerruf und Richtigstellung zubilligte, änderte sich diese gerichtliche Praxis nach In-Kraft-Treten des Grundgesetzes. In der „*Paul Dahlke*"-Entscheidung sträubte sich der I. Zivilsenat des BGH noch dagegen, dem Betroffenen einen Geldersatz wegen der erlittenen Persönlichkeitsverletzung zuzubilligen.[141] Hier ging es um Photoaufnahmen des bekannten Schauspielers auf einem Motorroller. Während er das Anfertigen der Aufnahmen genehmigte, geschah die spätere Verwendung zu Werbezwecken unbefugt. Ein Geldersatz sei - so der BGH - in dieser Konstellation im geltenden Recht wegen § 253 a.F. BGB nicht möglich.[142] Jedoch liege in der entgangenen Lizenzgebühr ein materieller Schaden des Betroffenen, die der Verwender des Bildnisses ihm bei einer Einwilligung in die Nutzung zu Werbezwecken hätte zahlen müssen.[143] Der Schadensersatz wurde damit unter Zugrundelegung dieser entgangenen Lizenzgebühr (Lizenzanalogie) bemessen und auf einen nicht näher bezeichneten Bereicherungsanspruch gestützt.

(1) „Herrenreiter" und die „Freiheitsberaubung im Geistigen" (1958)

Diese Sicht änderte sich in der „*Herrenreiter*-Entscheidung". Darin erkannte der BGH einen Schmerzensgeldanspruch bei einer Persönlichkeitsverletzung zum ersten Mal ausdrücklich an.[144] Eine Photographie, die den Betroffenen auf einem Reitturnier zeigte, wurde als Plakat unbefugt zu Werbezwecken für ein sexuell kräftigendes pharmazeutisches Präparat („Nimm Okasa und Du kommst über die Hürde") verwendet. Auf tatbestandlicher Ebene lag damit eine Verletzung des Rechts am eigenen Bild nach § 22 KUG vor. Da sich der Betroffene für die Werbung für das Präparat unter keinen Umständen zur Verfügung gestellt hätte, war ihm jedoch kein materieller Schaden in Form eines entgangenen Lizenzgewinns entstanden. Eine Lösung, die der BGH in der „*Paul Dahlke*"-Entscheidung gewählt hatte, war deshalb hier nicht möglich.[145] In der „*Herrenreiter*"-Entscheidung stellte der BGH daher entscheidend auf das allgemeine

[140] RGZ 69, 401, 403 – „Nietzsche-Briefe"; RGZ 113, 413, 414.
[141] BGH NJW 1956, 1554 - „Paul Dahlke".
[142] BGH NJW 1956, 1554, 1555 - „Paul Dahlke".
[143] BGH NJW 1956, 1554, 1555 - „Paul Dahlke".
[144] BGH NJW 1958, 827 - „Herrenreiter".
[145] Vgl. BGH NJW 1956, 1554 - „Paul Dahlke".

Persönlichkeitsrecht ab: Diesem komme auch „innerhalb der Zivilrechtsordnung Rechtsgeltung zu“ und genieße als „sonstiges Recht“ den Schutz des § 823 Abs. 1 BGB.[146] Man werde der „Entscheidung des Grundgesetzes, die Menschenwürde an die Spitze der Verfassung zu stellen“, aber nicht gerecht, wenn man nicht auch bei der Verletzung des allgemeinen Persönlichkeitsrechts einen Ersatz immaterieller Schäden zuließe. Durch die ungenehmigte Veröffentlichung sei dem Abgebildeten die Freiheit entzogen worden, aufgrund seiner eigener Entschließung über sein Bildnis zu verfügen. Damit könne ein Schadensersatzanspruch für immaterielle Schäden auf eine analoge Anwendung des § 847 a.F. BGB gestützt werden, der bei körperlicher Freiheitsentziehung einen Schadensersatz für immaterielle Schäden zulasse. Hier liege eine „Freiheitsberaubung im Geistigen“ vor, bei der - wie bei der körperlichen Freiheitsberaubung - eine Naturalherstellung ausgeschlossen sei. Mangels anderer gesetzlicher Grundlagen könne ein grundrechtlich gebotener wirksamer Schutz der Persönlichkeit daher nur mit einer analogen Anwendung des § 847 a.F. BGB erzielt werden.[147] Damit sprach der BGH dem Betroffenen ein Schmerzensgeld i.H.v. 10.000 DM zu. Bei der Entscheidung über diese Höhe fanden die Genugtuungs- und die Ausgleichsfunktion des Schmerzensgeldes des § 847 a.F. BGB besondere Berücksichtigung.[148]

(2) **Die „Ginseng“-Entscheidung des BGH (1961)**

An dieser Begründung hielt der BGH - nach heftiger Kritik in der Literatur - im darauf folgenden folgenden „*Ginseng*“-Urteil nicht mehr fest. In diesem Fall lag die Persönlichkeitsverletzung wieder in der unbefugten Werbung mit Prominenten für ein Mittel zur sexuellen Kräftigung.[149]
Der VI. Zivilsenat des BGH setzte sich in dieser Entscheidung umfassend mit der Herleitung eines Geldersatzanspruchs bei Persönlichkeitsverletzungen und dem Problem des § 253 a.F. BGB auseinander. Bei Aufstellung dieser Vorschrift habe die Rechtsordnung den „hohen Stellenwert des Persönlichkeitsschutzes“, der mittlerweile durch Art. 1 und 2 Abs. 1 GG ausgedrückt werde, nicht gekannt.[150] Der in der Rechtsprechung wegen dieser „Wertentscheidung des Grundgesetzes“ mittlerweile anerkannte hohe Schutz der Persönlichkeit wäre aber „lückenhaft und unzureichend, wenn eine Verletzung des Persönlichkeitsrechts keine der ideellen Beeinträchtigung adäquate Sanktion“ auslösen würde. Eine Einengung des Schadensersatzes für immaterielle Schäden auf die in § 253

146 BGH NJW 1958, 827, 829 - „Herrenreiter“.
147 BGH NJW 1958, 827, 830 - „Herrenreiter“.
148 BGH NJW 1958, 827, 830 - „Herrenreiter“.
149 BGH NJW 1961, 2059 - „Ginseng“.
150 BGH NJW 1961, 2059, 2060 - „Ginseng“.

a.F. BGB genannten Fälle werde dem „Wertesystem des Grundgesetzes“ nicht mehr gerecht, das den Schutz der Persönlichkeit als höchstes Gut anerkenne.[151] Voraussetzung für diesen Anspruch sei, dass dem Betroffenen „nicht auf andere Weise Genugtuung“ verschafft werden könne als durch eine Geldzahlung.[152] Sie sei angezeigt, wenn den Verletzer „der Vorwurf einer schweren Schuld trifft oder es sich um eine objektiv erheblich ins Gewicht fallende Beeinträchtigung des Persönlichkeitsrechts handelt“.[153] Diese Voraussetzungen sollen insbesondere dann vorliegen, wenn das Persönlichkeitsrecht leichtfertig aus Gewinnstreben verletzt wird, da der Verletzer, der mit einer Persönlichkeitsverletzung Geld verdienen möchte, sich nicht „beschwert fühlen darf, wenn er zu einem Ausgleich in Geld herangezogen wird“.[154] In späteren Entscheidungen konkretisierte der BGH die Voraussetzungen, die an eine schwer wiegende Persönlichkeitsverletzung zu stellen sind, indem er auf die „Bedeutung und Tragweite des Eingriffs, also das Ausmaß der Verbreitung der rechtswidrigen Veröffentlichung, die Nachhaltigkeit und Fortdauer der Interessen- oder Rufschädigung des Verletzten und auf Anlass und Beweggrund des Handelnden sowie auf den Grad seines Verschuldens“ abstellte.[155]
Bei Persönlichkeitsverletzungen durch ungenehmigte Bildnisveröffentlichungen (§§ 22 f. KUG) sind nach neuerer Rechtsprechung des BGH geringere Anforderungen an die Schwere des Eingriffs zu stellen. Ein Geldersatzanspruch ist hier leichter zu erreichen, da gegen diese Art der Verletzung außer des Geldersatzes keine andere Abwehrmöglichkeit wie Widerruf oder Berichtigung bestehe.[156]

(3) **Die „Fernsehansagerin“-Entscheidung des BGH (1963)**

Das „*Fernsehansagerin*“-Urteil des VI. Zivilsenats des BGH beschreitet diesen Weg weiter.[157] Seit In-Kraft-Treten des BGB im Jahre 1900 habe sich ein tief greifender technischer und sozialer Wandel vollzogen, der neue für den damaligen Gesetzgeber unvorhersehbare Möglichkeiten von Persönlichkeitsverletzungen schaffe.[158] Aufgrund des Einflusses und der Verbreitung der Massenmedien seien „besonders günstige Voraussetzungen für nachhaltige Auswirkungen von Persönlichkeitsverletzungen“ gegeben, dessen Schutz die Regelungen des BGB nicht gerecht werden könnten.[159] Daher dürfe sich die Rechtsprechung nicht mehr an die Gesetzeslage aus dem Jahre 1900 gebunden fühlen, die einen Scha-

---

151 BGH NJW 1961, 2059, 2060 - „Ginseng”.
152 BGH NJW 1961, 2059, 2060 - „Ginseng“.
153 BGH NJW 1961, 2059, 2060 - „Ginseng“.
154 BGH NJW 1961, 2059, 2060 f. - „Ginseng“.
155 BGH NJW 1965, 1374, 1376 - „Satter Deutscher“; BGH NJW 1971, 698 - „Pariser Liebestropfen“; BGH NJW 1985, 1617, 1619 - „Nacktaufnahme“.
156 BGH NJW 1996, 985, 986 - „Wiederholungsveröffentlichung“.
157 BGH NJW 1963, 902 - „Fernsehansagerin”.
158 BGH NJW 1963, 902, 903 - „Fernsehansagerin”.
159 BGH NJW 1963, 902, 903 - „Fernsehansagerin”.

densersatz für immaterielle Schäden nur in den Fällen des § 253 (a.F.) BGB vorsehe, da sie sonst die Wertentscheidung des Grundgesetzes verkenne und der Grundrechtsschutz des Betroffenen verkümmere.[160] Der BGH hielt im Folgenden an dieser Rechtsprechung fest.[161] Dabei wurde er jedoch teilweise mit dem Widerstand einiger Oberlandesgerichte konfrontiert, die seine Rechtsprechung offen mißbilligten und einen Geldersatz bei Persönlichkeitsverletzungen generell ablehnten.[162]

(4) **Die „Soraya"-Entscheidung des BVerfG (1973)**

Das BVerfG musste sich mit dem Problem des Ersatzes immaterieller Schäden bei Persönlichkeitsverletzungen zum ersten Mal 1973 befassen.[163] Eine Zeitschrift veröffentlichte unter Beifügung von Bildern erfundene „Exklusiv-Interviews" der geschiedenen Ehefrau des Schahs von Persien, in denen sie sich angeblich über ihr Privatleben äußerte. Das erstinstanzliche Landgericht gab ihrer Schadensersatzklage i.H.v. 15.000 DM wegen der Persönlichkeitsverletzung statt, was der BGH bestätigte.[164] Gegen sein Urteil legte der beklagte Verlag Verfassungsbeschwerde wegen der vermeintlichen Verletzung seiner Rechte aus Art. 2 Abs. 1 i.V.m. 20 Abs. 2, 3, Art. 5 Abs. 1 S. 2 und Art. 103 Abs. 2 GG ein. Die Zubilligung eines Schadensersatzes verbiete sich wegen § 253 a.F. BGB. Der BGH habe damit gegen die grundrechtlich gebotene Bindung der Rechtsprechung an Recht und Gesetz verstossen. Das BVerfG hat die Rechtsprechung der Zivilgerichte hinsichtlich des Geldersatzes bei Persönlichkeitsverletzungen verfassungsrechtlich aber nicht beanstandet. Das Ergebnis der Zivilgerichte sei nicht auf einem den „Regeln zivilrechtlicher Hermeneutik offensichtlich widersprechendem Wege" gewonnen worden, so dass er im Rahmen richterlicher Rechtsfortbildung verfassungsrechtlich zulässig sei.[165] Es werde aber die Entscheidung der Zivilgerichte, dem Betroffenen als Rechtsfolge einer Persönlichkeitsverletzung einen Schadensersatzanspruch auch für immaterielle Schäden zu gewähren, nicht daraufhin untersuchen, ob diese Rechtsfolge auf „dogmatisch korrektem Weg" hergeleitet wurde. Ob es „zivilrechtlich möglich und geboten" war, auf dem durch die Anerkennung des allgemeinen Persönlichkeitsrechts beschrittenen Wege weiterzugehen und „diesem Recht den Schutz zuteil werden zu lassen, den § 847 (a.F.) BGB für verwandte Tatbestände durch Zubilligung

[160] BGH NJW 1963, 902, 903 - „Fernsehansagerin".
[161] BGH NJW 1965, 685 - „Soraya"; BGH GRUR 1965, 256 - „Gretna Green"; BGH NJW 1971, 698 - „Pariser Liebestropfen";
[162] Vgl. BGH NJW 1971, 698, 699 f. - „Pariser Liebestropfen", zu abweichenden OLG-Entscheidungen siehe unten.
[163] BVerfG NJW 1973, 1221 - „Soraya".
[164] BGH NJW 1965, 685 - „Soraya".
[165] BVerfG NJW 1973, 1221, 1225 f. - „Soraya".

eines Schadensersatzanspruchs vorsieht", entziehe sich der Entscheidungskompetenz des BVerfG.[166]

(5) **Die „Caroline von Monaco I"-Entscheidung des BGH (1994)**

Den - vorerst - letzten Schritt unternahm der BGH in der *„Caroline von Monaco I*"-Entscheidung, in der es wiederum um die Veröffentlichung eines erfundenen Interviews, um eine konstruierte Photoreportage und um eine angeblich bevorstehende Hochzeit der Prinzessin ging:[167] Bei der „Geldentschädigung" handele sich eigentlich „nicht um ein Schmerzensgeld nach § 847 (a.F.) BGB", sondern um einen „besonderen Rechtsbehelf, der auf den Schutzauftrag aus Art. 1 und 2 Abs. 1 GG zurückgehe".[168] Seit dieser Entscheidung hat sich deshalb auch der Begriff der „Geldentschädigung" anstelle des „Schmerzensgeldes" im allgemeinen Sprachgebrauch durchgesetzt. An diesen Erwägungen hält die Rechtsprechung seitdem fest.[169] Die Geldentschädigung bei Persönlichkeitsverletzungen ist als „besonderer Rechtsbehelf" somit eigenen Voraussetzungen unterworfen und muss neben den anderen gesetzlich vorgesehenen Schadensersatz- und Schmerzensgeldregelungen unabhängig von diesen betrachtet werden.[170] Dieser „Rechtsbehelf" soll - so ausdrücklich der BGH - der Prävention dienen.[171]

b) **Bemessungskriterien für die Höhe des Geldersatzanspruchs**

Das BGB gibt den Gerichten keine Kriterien vor, nach denen sich die Geldersatzhöhe zu richten hat.[172] Mangels gesetzlicher Vorgaben bleibt die Bestimmung dieser Bemessungskriterien damit der Rechtsprechung überlassen.
Während der BGH in der *„Herrenreiter*"-Entscheidung bei der Bemessung der Schmerzensgeldhöhe maßgeblich auf die fehlende Bereitschaft des Betroffenen abstellte, sein Bildnis für Werbezwecke zur Verfügung zu stellen und sich durch die unbefugte Werbung mit seinem Bildnis „Anspielungen" aussetze, die mit dem sexuell anregenden Mittel zusammenhängen, spielen in folgenden Entscheidungen die „besonders rücksichtlose Einstellung" des Verletzers,[173] die Schwere der Beeinträchtigung,[174] die wirtschaftliche und gesellschaftliche Stellung des Verletzten[175] die entscheidende Rolle. Darüber hinaus fließen in die

---

[166] BVerfG NJW 1973, 1221, 1224 - „Soraya".
[167] BGH NJW 1995, 861 - „Caroline von Monaco I".
[168] BGH NJW 1995, 861, 864 - „Caroline von Monaco I".
[169] BGH NJW 1996, 984, 985 - „Caroline von Monaco II"; BHG NJW 1996, 985 - „Wiederholungsveröffentlichung"; BGH NJW 1996, 1131 - „Der Lohnkiller".
[170] BGH NJW 1995, 861, 864 - „Caroline von Monaco I".
[171] BGH NJW 1995, 861, 865 - „Caroline von Monaco I".
[172] Hier liegt ein Unterschied zum spanischen L.O. 1/1982, das den Gerichten ausdrückliche Bemessungskriterien bei der Festsetzung der Schadensersatzhöhe vorgibt.
[173] BGH NJW 1961, 2059, 2061 - „Ginseng".
[174] BGH NJW 1995, 861, 865 - „Caroline von Monaco I".
[175] BGH NJW 1958, 827, 830 - „Herrenreiter".

Bemessung der Entschädigungssumme die Verbreitungsdichte sowie die Fortdauer der Interessen- oder Rufbeschädigung ein.[176] Mit der Schaffung eines eigenen Anspruchs auf Geldentschädigung erweiterte der BGH in der *„Caroline von Monaco I"*-Entscheidung die Bemessungskriterien um den Punkt, dass der Verletzergewinn, der durch die „rücksichtslose Kommerzialisierung des Betroffenen" erzielt werde, in die Höhe der Geldentschädigung einzubeziehen sei.[177] Dies dürfe aber nicht zu einer „Gewinnabschöpfung beim Verletzer" führen, müsse aber einen „echten Hemmungseffekt für eine solche Vermarktung" beinhalten.[178] Auch solle die Intensität der Persönlichkeitsverletzung berücksichtigt werden.[179] Es sei „unerlässlich", bei der „Zwangskommerzialisierung der Persönlichkeit" des Opfers die Geldentschädigung „ganz erheblich" heraufzusetzen, um einen „ausreichenden Hemmungseffekt" zu gewährleisten.[180]

c) **Zusammenfassung**

Die Rechtsprechung zum Geldersatz bei Persönlichkeitsverletzungen hat sich im Laufe der Zeit ebenso gewandelt wie die tatsächliche Ausgangslage. Während beim In-Kraft-Treten des BGB niemand ernsthaft mit den Auswüchsen der heutigen Massenmedien rechnen konnte, stellen diese heute die höchste Gefahr für den Persönlichkeitsschutz dar. Die Rechtsprechung hat stets versucht, sich diesen gesellschaftlichen Änderungen anzupassen. In der Praxis hat dies jedoch oftmals zu Erklärungs- und Begründungsnotstand geführt, wenn die Gerichte mangels anderer effektiver Alternativen zu dem gewünschten und für gerecht empfundenen Ergebnis kommen wollten, dem Betroffenen seine immateriellen Nachteile in Geld auszugleichen. Die - mittlerweile aufgegebene - Rechtsprechung zur „Freiheitsberaubung im Geistigen" belegt diese Erklärungsnot eindringlich. Während zu Beginn der Rechtsprechung in der *„Herrenreiter"*-Entscheidung noch die Bemühungen spürbar waren, einen Geldersatzanspruch bei Persönlichkeitsverletzungen auf das Anspruchsgrundlagensystem des BGB - § 847 a.F. BGB - aufzubauen, hat sich die Anspruchsgrundlage dafür mittlerweile aus dem BGB verabschiedet. Die Geldentschädigung bei Persönlichkeitsverletzungen stellt inzwischen ein eigenständiges „Rechtsinstitut" neben dem Schmerzensgeld dar, das eigenen Voraussetzungen und eigenen Bemessungsfaktoren für seine Höhe unterliegt.[181] Damit hat sich die Rechtsprechung eine An-

[176] BGH NJW 1985, 1617, 1619 - „Nacktaufnahme".
[177] BGH NJW 1995, 861, 865 - „Caroline von Monaco I".
[178] BGH NJW 1995, 861, 865 - „Caroline von Monaco I".
[179] BGH NJW 1995, 861, 865 - „Caroline von Monaco I".
[180] OLG Hamburg NJW 1996, 2870, 2874 - „Caroline von Monaco".
[181] *Steffen*, NJW 1997, S. 10.

spruchsgrundlage geschaffen, die in dieser Form nicht im Gesetz vorgesehen ist.[182]

3. Kritik an der Rechtsprechung

Die vom BGH gewählte Herleitung und die Argumentation, mit der er dem Betroffenen einen Geldersatz zubilligt, wird in der Literatur bis heute vielfach und heftig kritisiert.[183] Während die Anerkennung des allgemeinen Persönlichkeitsrechts in der Rechtsprechung nach der *„Leserbrief"*-Entscheidung[184] relativ schnell auf Zustimmung stieß, kann davon auf Rechtsfolgenseite bezüglich des Geldersatzes nicht die Rede sein. Zwar ist man weitgehend mit diesem Ergebnis einverstanden, da es den Persönlichkeitsschutz wirksam verstärke und der „Massenneugier" feste und wirksame Grenzen setze.[185] Die wenigen ablehnenden Argumente, der Geldersatzanspruch sei ein „Nährboden für Querulantentum und Rentenpsychose",[186] und Ehrverletzungen seien nicht durch Geldzahlungen zu reparieren,[187] werden heute nicht mehr angeführt und können somit vernachlässigt werden. Trotz aller Zustimmung zum Ergebnis der Rechtsprechung stehen jedoch zwei Punkte im Zentrum der Auseinandersetzung: zum einen die Zubilligung eines Geldersatzanspruchs trotz des - vermeintlich - entgegen stehenden § 253 a.F. BGB; und zum anderen seine Funktionen. Die Kritik daran hat sich besonders nach der *„Caroline von Monaco I"*-Entscheidung geregt, in der zum ersten Mal offen von einer Präventivfunktion der Geldentschädigung gesprochen wurde. Die bis heute anhaltende Kritik ist neben der skeptischen Betrachtung der Rechtsprechung aber auch bemüht, alternative Lösungsvorschläge zu präsentieren. Gerade in letzter Zeit will man auf anderen Wegen zum gleichen Ergebnis wie die Rechtsprechung gelangen, nämlich dem Betroffenen einen wirksamen Schutz gegen Persönlichkeitsverletzungen gewähren, der sich in einer empfindlichen Geldzahlungsverpflichtung des Verletzers gegenüber dem Betroffenen äußert. Die in der deutschen Rechtswissenschaft streitigen Punkte um den Geldersatz werden im Folgenden behandelt.

---

182 Es wird in der Darstellung des spanischen Teils zu zeigen sein, dass die von der deutschen Rechtsprechung zur Geldentschädigung angestellten Überlegungen in Spanien vielfach gesetzlich umgesetzt worden sind, dazu ausführlich: 2. Teil: D.II.2.

183 In der mittlerweile fast 50-jährigen Geschichte des Geldersatzes für immaterielle Schäden bei Persönlichkeitsverletzungen existiert eine unüberschaubare Fülle an Entscheidungsbesprechungen, Aufsätzen, Dissertationen und Monographien, so dass eine abschliessende Behandlung im Rahmen dieser Arbeit unmöglich ist. Die Arbeit beschränkt sich darauf, die Hauptkritikpunkte an der Rechtsprechung aufzuzeigen, um den für einen Vergleich mit dem spanischen Recht nötigen Überblick zu verschaffen.

184 BGH NJW 1954, 1405 - „Leserbrief".

185 *Bußmann*, GRUR 1958, S. 411; *Coing*, JZ 1958, S. 558; *Larenz*, NJW 1958, S. 828; *Koebel*, JZ 1959, S. 573 f.; *Hartmann*, NJW 1962, S. 13.

186 *Löffler*, NJW 1959, S. 5.

187 *Koebel*, JZ 1959, S. 517.

a) **Erforderlichkeit einer gesetzlichen Regelung**

Es stellt sich zunächst die Frage, ob für diese - überwiegend als wünschenswert erachtete - Rechtsfolge eine gesetzliche Regelung vorzuziehen ist oder ob sie weiterhin in den Händen der Rechtsprechung verbleiben soll. Dies ist umstritten. Der Gesetzgeber hat bis heute keine ausdrückliche Regelung dazu getroffen.

(1) **Bestehende Gesetzeslage nicht ausreichend**

Die Anzahl derjenigen, die eine gesetzliche Regelung des Geldersatzanspruchs bei Persönlichkeitsverletzungen fordern, ist unüberschaubar groß. Es kann daher nur auf einige repräsentative Stimmen eingegangen werden, die die gängigen Argumente vorbringen.

Beispielsweise ist *Larenz* der Auffassung, die bestehende Gesetzeslage (§ 253 a.F. BGB) verbiete den von der Rechtsprechung gewählten Weg, so dass eine gesetzliche Regelung dieser Fälle anzustreben sei.[188] Im Gegensatz dazu bejahen andere Stimmen in der Literatur die Vereinbarkeit des Geldersatzes bei Persönlichkeitsverletzungen mit der derzeitigen Rechtslage. Sie fordern aber - wie *Larenz* - eine gesetzliche Neuregelung aus Gründen der Rechtssicherheit.[189] Auch der 58. Deutsche Juristentag sprach sich im Jahre 1990 nach dem befürwortenden Gutachten von *Stürner*,[190] sowie den ebenfalls zustimmenden Referaten von *Herrmann*[191] und *Wenzel*[192] erneut für eine gesetzliche Regelung der bisher in der Rechtsprechung entwickelten Ansprüche, also auch des Geldersatzes, aus.[193]

(2) **Gesetzliche Neuregelung entbehrlich**

Die Vertreter einer gegenteiligen Auffassung begnügen sich mit der bestehenden Rechtslage, wie sie durch die Rechtsprechung des BGH ausgeformt wurde.[194] Die Rechtsprechung sei flexibler und könne den Persönlichkeitsschutz „elastisch" weiterentwickeln.[195] Werde in der Diskussion um das Schmerzensgeld bei Persönlichkeitsverletzungen bereits vorschnell eine starre gesetzliche Fassung verabschiedet, bestehe die Gefahr, hinterher ein unausgereiftes Gesetz zu haben, das von der Rechtsprechung nicht mehr zu korrigieren sei.[196] Außerdem erscheine eine gesetzliche Reglung nicht dringend, da ja bereits in der Rechtsprechung sowohl ein allgemeines Persönlichkeitsrecht, als auch ein Ersatz immaterieller

---

188 *Larenz*, 10. Aufl., S. 479; *Larenz*, NJW 1958, S. 828 f.; ebenso: *Hartmann*, NJW 1962, S. 16, *Hartmann*, NJW 1964, S. 799.
189 *Stoll*, Gutachten zum 45. DJT, S. 126.
190 *Stürner*, Gutachten zum 58. DJT, S. A 1 ff.
191 *Hermann*, Verhandlungen des 58. DJT, Bd. I, S. K 8 ff.
192 *Wenzel*, Verhandlungen des 58. DJT, Bd. I, S. K 57 ff.
193 Verhandlungen des 58. DJT, S. K 218.
194 *Nipperdey*, Verhandlungen des 42. DJT, S. D 20; *Coing*, JZ 1958, S. 560.
195 *Löffler*, NJW 1959, S. 2.
196 *Kaduk*, JR 1964, S. 327.

Schäden bei dessen Verletzung anerkannt sei.[197] Man möchte die Rechtsprechung zum Schutz der Persönlichkeit somit als *case-law* weiterentwickeln.
Dieser Ablehnung einer gesetzlichen Regelung kann nicht gefolgt werden. Zwar wird mittlerweile mehrheitlich vertreten, dass dem Betroffenen bereits nach bestehender deutscher Rechtslage ein Geldersatzanspruch bei Persönlichkeitsverletzungen zusteht. Allerdings ist eine gesetzliche Normierung schon aus deklaratorischen Gründen angezeigt: Der Allgemeinheit ist der überragende Stellenwert aufzuzeigen, den der Schutz der Persönlichkeit in unserer Rechtsordnung einnimmt. Ansonsten bliebe diese Erkenntnis nur denjenigen vorbehalten, die sich näher mit medienrechtlichen Auseinandersetzungen befassen müssen, also in der Regel nur den spezialisierten Juristen. Jeder Bürger sollte aber nicht erst nach einer juristischen Beratung wissen, dass ihm gewisse Rechte gegen Medienveröffentlichungen zustehen. Auch wenn man eine Regelung durch Richterrecht für ausreichend halten mag, kann eine Kodifizierung der durch die Rechtsprechung erarbeiteten Lösungen im Bereich des Persönlichkeitsschutzes hilfreich sein. Als Beispiel kann hier § 97 Abs. 2 UrhG dienen, in dem die Rechtsprechung zum Urheberpersönlichkeitsrecht ebenfalls geschriebenes Gesetz geworden ist. Dies entspricht auch der - vielfach zitierten - *case-law* Praxis, in der *Codes* und *Restatements* der Stand der Rechtsprechung zusammenfassen.[198] Am Rande sei nur bemerkt, dass die eben genannten Gründe auch den spanischen Gesetzgeber zur Normierung des zivilrechtlichen Persönlichkeitsschutzes im L.O. 1/1982 überzeugt haben.[199]

b) **Grundlage des Anspruchs**

Ein Großteil der kritischen Auseinandersetzung mit der Rechtsprechung dreht sich um die Herleitung des Geldersatzanspruchs, insbesondere um den - vermeintlich - entgegen stehenden § 253 a.F. BGB. Dabei besteht die Schwierigkeit darin, dass eindeutige Äußerungen des BGH zur dogmatischen Herleitung des Anspruchs fehlen,[200] an denen die Kritik ansetzen kann. Es ist bis heute nicht eindeutig klar geworden, ob er einen solchen Anspruch unmittelbar aus den Grundrechten herleitet oder aus einem durch die Grundrechte korrigierten § 847 a.F. BGB.[201] Diese Unklarheit hat weite Teile der Literatur dazu gebracht, ebenfalls Versuche zu unternehmen, einen solchen Anspruch aus der bestehenden Rechtslage abzuleiten. Dabei ist stets der Wille zu spüren, den als gerecht und rechtspolitisch wünschenswert empfundenen Geldersatz auf irgendeine Art zu begründen. Die Ergebnisse dieser Versuche, einen Ersatz für immaterielle Schäden bereits *de lege lata* zu begründen und sich nicht auf ein Tätigwerden des

---

197 *Löffler*, NJW 1959, S. 2.
198 *Stürner*, Verhandlungen des 58. DJT, S. K 125.
199 Dazu ausführlich: 1. Teil: B.IV.1.
200 *Funkel*, S. 120, S. 149.
201 Vgl. *Giesen*, NJW 1971, S. 801.

Gesetzgebers zu verlassen, werden im Folgenden dargestellt und einer kritischen Betrachtung unterworfen.
Die Rechtsprechung berief sich zu diesem Problem monoton auf ihre bisherige Praxis und beachtete die an zahlreichen Punkten anknüpfende Kritik der Literatur kaum oder gar nicht. Dies hatte zur Folge, dass die Kritik an der Herleitung des Schmerzensgeldanspruchs bei Persönlichkeitsverletzungen mittlerweile größtenteils resignierend verstummt ist. Dies ändert jedoch nichts an der Tatsache, dass mit der dogmatischen Begründung eines solchen Anspruchs nach der geltenden Rechtslage die größten Probleme verbunden sind.[202]

(1) **Art. 1, 2 Abs. 1 GG als Privatrechtsnormen**

Als eine von vielen möglichen Lösungsvorschlägen sah man teilweise direkt in Art. 1, 2 Abs. 1 GG eine privatrechtliche Anspruchsgrundlage. Vor allem *H. Kaufmann* kann als Befürworter und - soweit ersichtlich - als Begründer dieser Ansicht angesehen werden.[203]
Nach dieser Auffassung sind Art. 1 und Art. 2 Abs. 1 GG Privatrechtsnormen, die auch unmittelbar zwischen Privaten wirken.[204] Dem Betroffenen könne auf diese Art ein Schmerzensgeldanspruch zugebilligt werden, ohne § 253 a.F. BGB außer Kraft zu setzen oder § 847 a.F. BGB auszudehnen. Vielmehr seien Art. 1, 2 Abs. 1 GG Gesetze im Sinne des § 253 a.F. BGB, so dass sie eine weitere Fallgruppe nach § 253 a.F. BGB darstellten, in denen ein Ersatz immaterieller Schäden möglich sei.[205] Für Art. 1 GG ergebe sich seine privatrechtliche Qualität aus seinem Satz 2, der einen „imperativen Auftrag“ enthalte.[206] Diesem komme die Funktion zu, Verletzungen der Menschenwürde gar nicht erst eintreten zu lassen.[207] Dieser Schutzbefehl richte sich vor allem gegen Bedrohungen von privater Seite, da staatliche Stellen die Menschenwürde ohnehin zu achten hätten. Daher sei Art. 1 Abs. 1 GG direkte Anspruchsgrundlage bei Persönlichkeitsverletzungen. Auch aus Art. 2 Abs. 1 GG ergebe sich eine Schutzpflicht staatlicher Stellen, gegen Persönlichkeitsverletzungen durch Private vorbeugend vorzugehen, der ebenfalls privatrechtlicher Charakter zukomme.[208] Dieser Ansatz, aus Art.1, 2 Abs. 1 GG einen Anspruch auf Ersatz des immateriellen Schadens zu konstruieren, leitet sich also aus rein präventiven Erwägungen ab. Der Staat habe den Einzelnen wegen Art. 1, 2 Abs. 1 GG vorbeugend vor Persönlichkeitsverletzungen zu schützen. Dabei habe er dem Verletzer ein Übel in

[202] Wie bereits mehrfach angedeutet, bestehen diese Schwierigkeiten in Spanien nicht: Dort ist ein Anspruch auf Ersatz immaterieller Schäden bei Persönlichkeitsverletzungen gesetzlich vorgesehen.
[203] *H. Kaufmann*, JuS 1963, S. 380 f.
[204] *H. Kaufmann*, JuS 1963, S. 380 f.; *Kaduk*, JR 1964, S. 326.
[205] *H. Kaufmann*, JuS 1963, S. 383.
[206] *H. Kaufmann*, JuS 1963, S. 380 f.
[207] *H. Kaufmann*, JuS 1963, S. 381.
[208] *H. Kaufmann*, JuS 1963, S. 381.

Aussicht zu stellen, das geeignet sei, von der Herbeiführung solcher Schäden abzuhalten. Da eine Strafe als stärkste Form der Abschreckung eines Gesetzes bedarf („*nulla poena sine lege*“, Art. 103 Abs. 2 GG), sei die Rechtsprechung daran gehindert, Strafen auszusprechen.[209] Als zweitwirksamstes Mittel des vorbeugenden Schutzes sieht *H. Kaufmann* die Verpflichtung des Verletzers zum Schadensersatz.[210] Um den Einzelnen damit wirksam präventiv vor Persönlichkeitsverletzungen zu schützen, sei eine Abschreckung aus Art. 1, 2 Abs. 1 GG geboten, die in einer Geldzahlungsverpflichtung bestehe.
In einigen Fällen schien die frühere Rechtsprechung einer ähnlichen Ansicht zuzuneigen. Beispielsweise sah sie das allgemeine Persönlichkeitsrecht in der „*Leserbrief*“-Entscheidung als ein „verfassungsmäßig gewährleistetes Grundrecht“ an.[211] In der gleichen Entscheidung erklärte sie, das allgemeine Persönlichkeitsrecht sei als ein „privates, von jedermann zu achtendes Recht vom Grundgesetz“ anerkannt. Der BGH schien damit hier ebenfalls der Meinung gewesen zu sein, dass Grundrechten eine unmittelbare Wirkung auch zwischen Privaten zukommen könne.
Diese von *H. Kaufmann* geäußerte und teilweise auch in der älteren Rechtsprechung anklingende Auffassung kann aber nicht überzeugen und wird daher überwiegend zu Recht kritisiert. Zum einen ist das offensichtlich falsche Grundrechtsverständnis zu bemängeln.[212] Grundrechte sind ihrer Funktion nach in erster Linie Abwehrrechte des Einzelnen gegen den Staat, so dass sich ihre unmittelbare Drittwirkung daher verbietet.[213] Dies ist mittlerweile allgemein anerkannt, war aber noch zur Entstehungszeit dieser Lösung umstritten. Außerdem sind Art. 1, 2 GG als Anspruchsgrundlagen zu unbestimmt. Es erscheint ausgeschlossen, allein aus der Formulierung der Art. 1, 2 GG bestimmte Folgerungen für Voraussetzungen und Inhalt der konkreten und sehr speziellen Rechtsfolge eines Geldersatzanspruchs bei Persönlichkeitsverletzungen herzuleiten.[214] Allein aus der Ausgestaltung der Art. 1, 2 GG erschließt sich keine ausreichende Grundlage für einen solchen Anspruch.[215] Dieser Weg birgt ferner die Gefahr der Flucht in eine „Super-Generalklausel“:[216] Zivilrechtlich als notwendig erachtete Rechtsfolgen könnten aus den Grundrechten abgeleitet werden, was im Interesse der Rechtssicherheit verboten sein muss.[217] Sähe man - wie *H. Kaufmann* -

---

209 *H. Kaufmann*, JuS 1963, S. 382.
210 *H. Kaufmann*, JuS 1963, S. 382.
211 BGH NJW 1954, 1404, 1405 – „Leserbrief“.
212 *Ehlers*, S. 24.
213 *Jarass/Pieroth*, GG, Vorb. vor Art. 1, Rn. 9 mit weiteren Nachweisen; *Stoll*, Gutachten zum 45. DJT, S. 47.
214 *Stoll*, Gutachten zum 45. DJT, S. 47.
215 *Hartmann*, NJW 1964, S. 797.
216 *Hartmann*, NJW 1964, S. 797.
217 *Hartmann*, NJW 1964, S. 797.

in Art. 1, 2 GG einen weiteren gesetzlich vorgesehenen Fall i.S.d. § 253 a.F. BGB, könnten fast alle Verletzungen davon umfasst sein, die die Persönlichkeit in irgendeiner Weise betreffen, so dass von § 253 a.F. BGB nichts mehr übrig bliebe.[218] Auch wenn der Richter bei der Anwendung von Normen einem grundlegenden Wandel der gesellschaftlichen Lebensformen Rechnung zu tragen habe, dürfe dies nicht zu einer richterlichen Rechtsfortbildung *contra legem* führen.[219] Schließlich ist der Ansatzpunkt dieser Lösung fraglich, nämlich das Abstellen allein auf den Präventionsgedanken. Ob sich dieser überhaupt mit dem deutschen Zivilrecht verträgt, bleibt einer detaillierten Darstellung vorbehalten.[220]

Damit kann hier insoweit zusammengefasst werden: Ein Geldersatzanspruch bei Persönlichkeitsverletzungen kann sich nicht allein aus Art. 1, 2 GG ergeben.

(2) **Anspruch aus § 847 a.F. BGB direkt**

Andere Stimmen in der Literatur möchten einen Anspruch des Betroffenen auf Geldersatz direkt aus § 847 a.F. BGB herleiten. Entgegen dem BGH, der zunächst auf eine analoge Anwendung des § 847 a.F. BGB setzte, wird teilweise auch diese Möglichkeit - allerdings mit unterschiedlichen Begründungen - diskutiert.

Teilweise möchte man den Anwendungsbereich des § 847 a.F. BGB wegen Art. 1 Abs. 1 GG auf Persönlichkeitsverletzungen ausdehnen.[221] § 253 a.F. und § 847 a.F. BGB seien durch Art. 1 Abs. 3 und Art. 2 GG abgeändert worden, so dass auch bei Persönlichkeitsverletzungen eine Geldentschädigung gerechtfertigt sei.[222] Andere versuchen, durch extensive - und im Ergebnis zu weite - Auslegung der Begriffe „Freiheit" und „Gesundheit" in § 847 a.F. BGB Persönlichkeitsverletzungen unter diese Vorschrift zu fassen:[223] Diese seien danach einerseits Eingriffe in die allgemeine Handlungsfreiheit und verletzten damit die „Freiheit".[224] Die Zufügung seelischer Schmerzen durch Persönlichkeitsverletzungen sei außerdem eine Gesundheitsverletzung nach § 847 a.F. BGB und löse die Rechtsfolge der billigen Entschädigung in Geld aus.[225]

Diese Herleitung des Geldersatzes bei Persönlichkeitsverletzungen kann jedoch nicht überzeugen. Es ist zu beachten, dass § 847 a.F. BGB nur auf die dort genannten Fälle der körperlichen Beeinträchtigungen abzielt, so dass § 847 a.F. BGB auch bei extensiver Auslegung die Fälle der Persönlichkeitsverletzungen

---

218 *Rötelmann*, NJW 1964, S. 1458.
219 *Hartmann*, NJW 1964, S. 797.
220 Dazu ausführlich: 2. Teil: D.I.3.d.(2).
221 *Nipperdey*, Verhandlungen des 42. DJT, S. D 19.
222 *Werner*, JR 1959, S. 382.
223 *Nörr*, AcP 158 (1959), S. 12 f.
224 *Nörr*, AcP 158 (1959), S. 13.
225 *Nörr*, AcP 158 (1959), S. 12.

nicht erfasst.[226] Nur in seltenen Ausnahmefällen kann es bei Persönlichkeitsverletzungen zu Gesundheitsverletzungen kommen. Dann ist aber in erster Linie direkt die Gesundheit i.S.d. § 847 a.F. BGB verletzt und erst in zweiter Linie das allgemeine Persönlichkeitsrecht. Außerdem steht die Einschränkung des § 253 a.F. BGB dieser extensiven Auslegung entgegen. Da zwischen § 253 a.F. BGB und § 847 a.F. BGB ein Regel-Ausnahme-Verhältnis besteht, ist es nicht zu rechtfertigen, das allgemeine Persönlichkeitsrecht in den Katalog des § 847 a.F. BGB aufzunehmen, da dies an Sinn und Zweck dieser Vorschrift vorbeigeht.[227] Zwar erlaubt die Bezugnahme des § 823 Abs. 1 BGB auf ein „sonstiges Recht", das allgemeine Persönlichkeitsrecht tatbestandlich unter diese Vorschrift zu fassen. Wegen des eindeutigen Wortlautes ist dies aber bei § 847 a.F. BGB nicht möglich. Eine direkte Anwendung des § 847 a.F. BGB ist daher abzulehnen. Nach dem „*Ginseng*"-Urteil, in dem die analoge Anwendung des § 847 a.F. BGB aufgegeben wurde, wird die Meinung, § 847 a.F. BGB direkt anzuwenden, in der Literatur auch nur noch sehr vereinzelt vertreten.[228]

(3) **Anspruch aus § 847 a.F. BGB analog**

Kontrovers wird auch der Vorschlag der analogen Anwendung des § 847 a.F. BGB diskutiert. Dies entspricht der früheren BGH-Rechtsprechung, der in der „*Herrenreiter*"-Entscheidung die „Freiheitsberaubung im Geistigen" heranzog, diese Herleitung und Argumentation aber später wieder aufgab.[229] Auch in der Literatur finden sich Stimmen, die eine Analogie des § 847 a.F. BGB wegen des Stellenwerts, den das Grundgesetz dem Persönlichkeitsschutz einräume, bejahen.[230]

Fraglich ist jedoch, ob die Voraussetzungen einer Analogie in der hier streitigen Konstellation gegeben sind. Da sie eine gesetzesimmanente Rechtsfortbildung ist, bei der ein im Gesetz geregelter Tatbestand auf einen gesetzlich nicht geregelten ähnlichen Tatbestand angewendet wird,[231] müssen somit eine Gesetzeslücke und die Ähnlichkeit der Tatbestände gegeben sein.

(a) **Gesetzeslücke**

Teilweise wird bereits das Vorliegen einer für die Analogie erforderlichen Gesetzeslücke verneint. Der Gesetzgeber habe - so *Larenz* - bewusst einen Schadensersatzanspruch für immaterielle Schäden nur für die in § 847 a.F. BGB aufgezählten Fälle anerkennen wollen.[232] Daher liege keine Gesetzeslücke vor, son-

---

226 *Hartmann*, NJW 1962, S. 14; *Löffler*, NJW 1962, S. 226.
227 *Ehlers*, S. 31 f.
228 *Hartmann*, NJW 1964, S. 793; *Kaduk*, JR 1964, S. 323.
229 BGH NJW 1961, 2059 - „Ginseng".
230 *Coing*, JZ 1958, S. 560.
231 *Musielak*, Grundkurs BGB, Rn. 832.
232 *Larenz*, NJW 1958, S. 828.

dern eine abschließende Regelung.[233] Der BGH übersehe mit seiner Ansicht, der Gesetzgeber habe 1896 nicht den Stellenwert der Persönlichkeit im Grundgesetz voraussehen können, die wahren Gegebenheiten.[234] Da bei der Diskussion um die Einführung des BGB bereits vorgeschlagen worden sei, den Ehrenschutz in das BGB aufzunehmen, sei der hohe Wert der Persönlichkeit damals „mindestens so bekannt gewesen wie bei uns".[235] Der Gesetzgeber habe den Ehrenschutz aber bewusst nicht ins BGB aufnehmen wollen, so dass hier eine Analogie nicht in Frage komme.[236]

(b) **Ähnliche Interessenlage**

Selbst wenn man - trotz erheblicher Zweifel - annehmen möchte, eine Regelungslücke liege hier vor, ist fraglich, ob die nächste Voraussetzung einer Analogie in dieser Konstellation gegeben ist: eine Ähnlichkeit zwischen dem gesetzlich geregelten Tatbestand und dem Tatbestand, auf den diese Regelung erstreckt werden soll. Dafür müssten Persönlichkeitsverletzungen dem in § 847 a.F. BGB geregelten Tatbestand ähnlich sein.

Eine solche Annahme wird teilweise bestritten. Die vom BGH („Herrenreiter") herangezogene Begründung der Ähnlichkeit zwischen körperlicher und geistiger Freiheitsberaubung sei in dieser Form verfehlt.[237] Die körperliche Freiheitsberaubung, die § 847 a.F. BGB eigentlich meine, setze eine nötigende Handlung voraus, was z.B. bei einer Bildnisverwendung ohne den Willen des Abgebildeten gar nicht gegeben sei. In diesem Fall bilde der Betroffene vielmehr überhaupt keinen Willen, so dass zwei verschiedene Konstellationen vorlägen, die nicht vergleichbar seien und sich daher eine Analogie verbiete.[238]

Im Gegensatz dazu bejaht man in der Literatur teilweise eine Ähnlichkeit der Tatbestände. Dabei macht man die Ähnlichkeit nicht an einem einzelnen Rechtsgut des § 847 a.F. BGB fest, sondern betrachten diese Vorschrift in ihrer Gesamtheit.[239] § 847 a.F. BGB schütze bestimmte Rechtsgüter, die allesamt Ausdruck oder Bestandteil der Persönlichkeit seien. Da § 823 Abs. 1 BGB als „Voraustatbestand" die gleichen Rechtsgüter schütze, sei § 847 a.F. BGB ein „Nachfolgetatbestand", so dass die dort aufgeführten Rechtsgüter mit denen des § 823 Abs. 1 BGB gleichzusetzen seien.[240]

---

[233] *Larenz*, NJW 1958, S. 828.
[234] *E. Kaufmann*, AcP 162 (1963), S. 437.
[235] *E. Kaufmann*, AcP 162 (1963), S. 437.
[236] *E. Kaufmann*, AcP 162 (1963), S. 437.
[237] *Münzel*, NJW 1960, S. 2027 f.; *Löffler*, NJW 1962, S. 226.
[238] *Münzel*, NJW 1960, S. 2027 f.; *Löffler*, NJW 1962, S. 226.
[239] *Larenz/Canaris*, S. 494; *Ehlers*, S. 162.
[240] *Ehlers*, S. 162; ähnlich: *Canaris*, FS Deutsch, S. 100: „Wer a sagt, muss auch b sagen."

In dieser Sicht zeige sich die „Verwandtschaft" zwischen den in § 847 a.F. BGB geregelten Fällen und dem sie umfassenden allgemeinen Persönlichkeitsrecht, das seinen Sitz in § 823 Abs. 1 BGB habe.[241]

(c) **Analogieverbot**

Eine Analogie muss jedoch - auch wenn die beiden erstgenannten Voraussetzungen entgegen vieler Stimmen vorliegen sollten - bei einem Analogieverbot ausscheiden. Ein solches wird hier aus verschiedenen Gründen größtenteils bejaht, so dass der Anspruch auf Geldersatz bei Persönlichkeitsverletzungen im Ergebnis nicht auf § 847 a.F. BGB analog zu stützen ist.
Teilweise zieht man in diesem Zusammenhang Art. 103 Abs. 2 GG als Analogieverbot heran.[242] Da der Richter nach dieser Vorschrift seine Strafe auf ein Gesetz stützen muss und dem Geldersatz auch ein Strafcharakter zukomme, könne dem Betroffenen nur bei Bestehen einer gesetzlichen Regelung ein solcher Ersatz zugebilligt werden.[243] Ohne gesetzliche Grundlage sei dieser somit abzulehnen. Dem halten die Vertreter der Gegenansicht entgegen, Art. 103 Abs. 2 GG könne nicht auf den Geldersatz ausgedehnt werden, da dieser eine zivilrechtliche Angelegenheit sei, keine strafrechtliche.[244] Außerdem habe die Strafe i.S.d. Art. 103 Abs. 2 GG den Rechtsbrecher im Auge, da sie dessen Tun sühnen will, ihn bessern und abschrecken wolle.[245] Der Geldersatz bei Persönlichkeitsverletzungen stelle demgegenüber aber auf den Betroffenen ab, indem es ihm einen Ausgleich und eine Genugtuung gewähren wolle.[246] Die Lösung dieser Frage hängt eng mit dem Problem zusammen, ob dem Geldersatz tatsächlich ein pönaler Charakter zukommt, wie vielfach behauptet wird. Dem soll sich ein eigener Abschnitt weiter unten widmen.[247]
Weit intensiver wird aber darüber diskutiert, ob § 253 a.F. BGB selber einer Analogie entgegen steht. Dies vertreten sowohl manche Oberlandesgerichte als auch Teile der Literatur. Nach teilweise in der Rechtsprechung geäußerter Ansicht sei der Wortlaut des § 253 a.F. BGB insoweit „unmissverständlich und eindeutig" und verbiete daher eine Analogie.[248] Die - an sich gebotene - Rechtsfortbildung stehe jedenfalls deshalb allein dem Gesetzgeber zu, weil er die Fassung des § 847 a.F. BGB in Kenntnis des damals schon in der Praxis bekannten Persönlichkeitsrechts absichtlich eng gewählt habe, um eine Kommerzialisierung der Ehre zu verhindern.[249] Daher seien Art. 1, 2 Abs. 1 GG ohne Einfluss.

---

241 *Ehlers*, S. 162.
242 *Bötticher*, MDR 1963, S. 359.
243 *Bötticher*, MDR 1963, S. 359.
244 *Hubmann*, JZ 1964, S. 294.
245 *Hubmann*, JZ 1964, S. 294.
246 *Hubmann*, JZ 1964, S. 294.
247 Dazu ausführlich: 2. Teil: D.I.3.d.(2).
248 OLG Frankfurt NJW 1960, 2062; OLG Karlsruhe NJW 1962, 2062.
249 OLG Karlsruhe NJW 1962, 2062.

Auch im Rahmen der Analogie seien die Gerichte gehalten, „den erkennbaren Willen des nach der Lehre von der Gewaltenteilung zur Rechtsetzung berufenen Gesetzgebers zu respektieren".[250] Dieser sei in den §§ 847 a.F., 253 a.F. BGB so deutlich zum Ausdruck gekommen, dass „jedes vom Wortlaut abweichende Ergebnis gesetzeswidrig" sei.[251]
Auch in der Literatur teilt man größtenteils diese Bedenken und bemängelt - so beispielsweise wieder *Larenz* - die fehlende Auseinandersetzung der BGH-Rechtsprechung mit diesem Problem.[252] In der Tat ist diese Vorschrift im *„Herrenreiter"*-Urteil nicht einmal erwähnt. Allein der Wunsch und das verfassungsrechtlich gebotene Erfordernis, das allgemeine Persönlichkeitsrecht möglichst stark zu schützen und deshalb einen Geldersatz für immaterielle Schäden zuzulassen, könne die Lösung des BGH nicht rechtfertigen.[253] § 253 a.F. BGB enthalte das „unmissverständliche Verbot der Lückenausfüllung".[254] Diese Vorschrift sei in das BGB eingefügt worden, um Rechtssicherheit zu garantieren, da dem Richter keine Ermessensschranken bei der Zubilligung von Schadensersatzansprüchen bei immateriellen Schäden auferlegt werden könnten.[255] § 253 a.F. BGB wolle in dieser ursprünglichen Funktion somit gerade verhindern, dass Schmerzensgeld in unbegrenzter Höhe gegen die Presse verhängt werde.[256] Auch wenn die Ausfüllung von Gesetzeslücken durch Richterrecht zu begrüßen sei, bestehe die Gefahr, dass die Grenzen des nach dem Gesetz Zulässigen verschwimmen.[257]
Entgegen dieser weit verbreiteten ablehnenden Meinung befürworten Einige jedoch eine Analogie. So stehe § 253 a.F. BGB einer Analogie, die sich in „herkömmlichen Bahnen richterlicher Rechtsfortbildung" bewege, nicht entgegen.[258] Zwar treffe § 253 a.F. BGB eine Grundsatzentscheidung, so dass sich eine extensive Auslegung oder Analogie verbiete, wenn sie ins Gegenteil verkehrt werde.[259] Ein weitergehendes Analogieverbot sei § 253 a.F. BGB aber nicht zu entnehmen.[260] Andere Stimmen in der Literatur wollen dieses Verbot ganz entfallen sehen, weil § 253 a.F. BGB aufgrund der Einwirkung der Art. 1, 2 Abs. 1 GG teilweise derogiert werde.[261] Es stellt sich aber dann die Frage, warum es dann einer analogen Anwendung des § 847 a.F. BGB noch bedarf, wenn die Hürde

---

[250] LG München I Urteil v. 11.12.1962, zitiert nach: *Hartmann*, NJW 1964, S. 794.
[251] LG München I Urteil v. 11.12.1962, zitiert nach: *Hartmann*, NJW 1964, S. 794.
[252] *Larenz*, NJW 1958, S. 828.
[253] *Larenz*, NJW 1958, S. 828.
[254] *Hartmann*, NJW 1962, S. 14.
[255] *Löffler*, NJW 1962, S. 227.
[256] *Löffler*, NJW 1962, S. 227.
[257] *Bußmann*, GRUR 1958, S. 411.
[258] *Stoll*, Gutachten zum 45. DJT, S. 18.
[259] *Stoll*, Gutachten zum 45. DJT, S. 19.
[260] *Stoll*, Gutachten zum 45. DJT, S. 19.
[261] *Ehlers*, S. 156 ff.

für die Zubilligung eines Geldersatzes, nämlich § 253 a.F. BGB, bereits umgangen ist.[262]

(d) **Zwischenergebnis**

Im Ergebnis spricht vieles dagegen, eine Analogie zu bejahen. Gerade die Zubilligung einer Geldentschädigung bei Persönlichkeitsverletzungen widerspricht dem § 253 a.F. BGB elementar und verkehrt diese Regelung damit in ihr Gegenteil. Mittlerweile hat sich die Rechtsprechung ausdrücklich von der Benennung des Geldersatzanspruchs bei Persönlichkeitsverletzungen als „Schmerzensgeld" oder „Schadensersatz" verabschiedet. Seit der „*Caroline von Monaco I*"-Entscheidung besteht neben Schadensersatz und Schmerzensgeld vielmehr ein selbständiger Geldentschädigungsanspruch. Der BGH scheint allein mit dieser Formulierung ebenfalls von einer Analogie des § 847 a.F. BGB Abstand genommen zu haben.

(4) **Anspruch aus Art. 1, 2 Abs. 1 GG i.V.m. § 823 Abs. 1 BGB**

Seit der „*Ginseng*"-Entscheidung und spätestens ausdrücklich in der „*Caroline von Monaco I*"-Entscheidung stützt der BGH den Geldentschädigungsanspruch auf Art. 1 und 2 Abs. 1 GG.[263] Dabei beschränkt er sich allerdings auf die Nennung dieser Vorschriften, ohne die Herleitung des Anspruchs detailliert und grundlegend zu entwickeln. In der Literatur bemüht man sich daher, die in der Rechtsprechung fehlende dogmatische Herleitung nachzuholen.

Ein Anspruch auf Geldersatz bei Persönlichkeitsverletzungen soll sich danach aus § 823 Abs. 1 BGB i.V.m. Art. 1, 2 Abs. 1 GG ergeben.[264] Im Gegensatz zu der von *H. Kaufmann* vertretenen Auffassung erwachse dieser Anspruch aber nicht allein aus den genannten Grundrechten, sondern aus § 823 Abs. 1 BGB, der um das allgemeine Persönlichkeitsrecht nach Art. 1, 2 Abs. 1 GG erweitert worden sei.[265] Dies müsse sich dann auch auf Rechtsfolgenseite im Rahmen des § 847 a.F. BGB auswirken.[266] Der auf diese Weise „ergänzte" § 847 a.F. BGB stelle dann eine weitere Ausnahme zu § 253 a.F. BGB dar.[267]

Auch diese Lösung begegnet Kritik: Sie verkenne - wie *H. Kaufmanns* Lösung - die Funktion der Grundrechte als Abwehrrechte des Einzelnen gegenüber dem Staat.[268] Ferner spreche auch gegen diese Ansicht, dass es wegen der Formulierung der Art. 1, 2 Abs. 1 GG ausgeschlossen sei, daraus konkrete Folgerungen für Voraussetzungen und Inhalt eines Schmerzensgeldanspruchs bei Persönlich-

---

262 *Funkel*, S. 140.

263 BGH NJW 1995, 861, 864 - „Caroline von Monaco I".

264 *Kaduk*, JR 1964, S. 326.

265 *Kaduk*, JR 1964, S. 326.

266 *Schwerdtner*, JuS 1978, S. 292.

267 *Schwerdtner*, JuS 1978, S. 292.

268 *Stoll*, Gutachten zum 45. DJT, S. 47.

keitsverletzungen herzuleiten.[269] Außerdem könnten ansonsten fast alle Fälle von Persönlichkeitsverletzungen von Art. 1, 2 Abs. 1 GG umfasst werden, so dass - wie bei der abzulehnenden Lösung von *H. Kaufmann* - von § 253 a.F. BGB nichts mehr übrig bleibe.[270]

Der zentrale Punkt der Diskussion liegt somit in der „Kernfrage",[271] wie § 253 a.F. BGB zu behandeln sein soll, der einen Schadensersatz für immaterielle Schäden nur für die im Gesetz genannten Fälle zulässt und ein solcher Fall für Persönlichkeitsverletzungen nicht ausdrücklich vorgesehen ist. Während bei § 823 Abs. 1 BGB eine Erweiterung der genannten Rechtsgüter ausdrücklich gewollt ist („ ... oder ein sonstiges Recht") und - nach allgemeiner Ansicht - auch das allgemeine Persönlichkeitsrecht umfasst, ist die Aufzählung der Rechtsgüter bei § 847 a.F. BGB auf den ersten Blick abschließend.[272] Da in § 253 a.F. BGB größtenteils eine Hürde für einen Geldersatzanspruch bei Persönlichkeitsverletzungen gesehen wird, wird mit unterschiedlicher Begründung versucht, dieses Hindernis zu umgehen oder zu beseitigen.

In diesem Zusammenhang werden zwei verschiedene Ansätze bemüht: die Unwirksamkeit dieser Vorschrift aufgrund abändernder richterlicher Rechtsfindung bzw. die Derogation des § 253 a.F. BGB:

(a) Unwirksamkeit des § 253 a.F. BGB durch abändernde Rechtsfindung

Zunächst wird in der Literatur - insbesondere von *Stoll* - die Möglichkeit diskutiert, § 253 a.F. BGB mit den herkömmlichen Regeln richterlicher Rechtsfindung zu durchbrechen,[273] so dass man die Grundrechte überhaupt nicht heranziehen und nicht mit Art. 1, 2 Abs. 1 GG argumentieren müsse. Die Möglichkeit abändernder Rechtsfindung durch den Richter sei in gewissen Grenzen anerkannt und schon immer praktiziert worden.[274] Zwar könne hier richterliche Rechtsfindung nicht im Wege der Auslegung oder der gesetzesimmanenten Rechtsfortbildung stattfinden, da es an der dafür erforderlichen Gesetzeslücke fehle. Der Richter könne das Gesetz also nicht in dem Sinne anwenden, wie es der Gesetzgeber bei Wissen von bestimmten Folgen und Fällen ausgestaltet hätte, wenn er daran gedacht hätte. Der Gesetzgeber habe den Fall der Ehrverletzung ja bedacht und einen Geldersatz für diesen Fall bewusst nicht in das BGB

---

269 *Stoll*, Gutachten zum 45. DJT, S. 47; *Giesen*, NJW 1971, S. 802.

270 *Rötelmann*, NJW 1964, S. 1458.

271 *Hartmann*, NJW 1962, S. 14.

272 Diese Regelung begründet - zusammen mit § 253 a.F. BGB - das Erfordernis, im deutschen Recht zwischen materiellen und immateriellen Schäden zu differenzieren. Die Einschränkung, immaterielle Schäden nur in bestimmten Fällen auszugleichen, besteht in dieser Form übrigens nur in Deutschland. Andere europäische Zivilrechtsordnungen - unter anderem auch die spanische - kennen keine Beschränkung der Ersatzpflicht bei immateriellen Schäden auf bestimmte Rechtsgüter.

273 *Stoll*, Gutachten zum 45. DJT, S. 50 f.

274 *Stoll*, Gutachten zum 45. DJT, S. 50.

aufgenommen.[275] Trotzdem unterliege ein Gesetz dem Wandel der Zeit. Je länger die Kodifikation vorüber sei, umso „freier“ sei der Richter in seiner Haltung gegenüber dem Gesetz.[276] Wenn das Gesetz eine Fehlleistung sei und auf überholten Anschauungen beruhe, könne der Richter dies abändern.[277] Genau dieser Fall liege in der Konstellation des Geldersatzes bei Persönlichkeitsverletzungen vor. Ein Festhalten an § 253 a.F. BGB, der eine solche gesetzgeberische Fehlleistung darstelle, sei der Rechtssprechung nicht zumutbar,[278] da diese Regelung auf „in sich unklaren, geistesgeschichtlich überholten Überlegungen“ aufbaue.[279] Somit könnten die gesetzlichen Bestimmungen, für die § 253 a.F. BGB einen Ersatz immaterieller Schäden zulässt, rechtsfortbildend erweitert werden.[280] Eine starre Bindung an das in § 253 a.F. BGB niedergelegte Enumerationsprinzip konserviere ansonsten die „Fehlleistung des Gesetzgebers“, materielle Interessen besser zu schützen als ideelle.[281] Der Rechtsprechung, die die Aufgabe des Richters ebenfalls darin sehe, das Gesetz unter Berücksichtigung von Art. 1, 2 Abs. 1 GG einer „veränderten Rechtsauffassung“ anzupassen,[282] müsse „etwas mehr Bewegungsfreiheit“ gegeben werden.[283]
Diesem Weg stellen sich andere Teile der Literatur jedoch - zu Recht - entgegen: Die Bindung des Richters an geltendes Gesetz widerspricht dieser gerade dargestellten Umgehung des § 253 a.F. BGB.[284] Die Rechtsprechung überschreitet damit die Grenzen richterlicher Rechtsfindung erheblich und verstösst gegen das Gewaltenteilungsprinzip.[285] Mit seiner Rechtsprechung nimmt der BGH vielmehr Lösungen vorweg, die dem Gesetzgeber vorbehalten sind.[286] Anstelle des Gesetzgebers setzt er neue gesellschaftspolitische Zielvorstellungen *contra legem* durch und ersetzt das Gesetz unzulässig durch sein Richterrecht.[287] Außerdem ist zu beachten, dass der Gesetzgeber bei der letzten Reform des Schadensersatzrechts im Jahre 2002 erneut bewusst darauf verzichtet hat, einen Schadensersatz in Geld bei Persönlichkeitsverletzungen in das reformierte Gesetz aufzunehmen.[288]

---

275 *Stoll*, Gutachten zum 45. DJT, S. 50.
276 *Stoll*, Gutachten zum 45. DJT, S. 50.
277 *Stoll*, Gutachten zum 45. DJT, S. 51.
278 *Stoll*, Gutachten zum 45. DJT, S. 125.
279 *von Caemmerer*, FS v. Hippel, S. 38.
280 *von Caemmerer*, FS v. Hippel, S. 38.
281 *Coing*, JZ 1958, S. 560.
282 BGH NJW 1963, 902, 903 - "Fernsehansagerin".
283 *Rötelmann*, NJW 1964, S. 1458.
284 *Giesen*, NJW 1971, S. 802.
285 *Löffler*, NJW 1962, S. 227 f.
286 *Hartmann*, NJW 1962, S. 15.
287 *Giesen*, NJW 1971, S. 802.
288 BT.-Drs. 14/7752.

(b) Derogation des § 253 a.F. BGB

Um die Sperrwirkung des § 253 a.F. BGB trotzdem zu umgehen, versucht man in der Literatur daher, diese Vorschrift durch die Einwirkung höherrangigen Rechts aufzuheben: durch Derogation.

Eine solche wird in der Literatur größtenteils bejaht, allerdings mit unterschiedlichen Begründungen. Man ist sich dabei einig, dass dem Betroffenen außer dem Geldersatz kaum eine andere wirkungsvolle Möglichkeit zur Verfügung stehe, sich gegen Persönlichkeitsverletzungen in den Medien zu wehren. Daher sei die Geldentschädigung ein zwingend notwendiges Mittel.[289]

Teile der Literatur möchten die Derogation des § 253 a.F. BGB mit Art. 1, 2 Abs. 1 GG erklären. Aus Art. 1 GG - als erstrangiger Verfassungsnorm und Hauptgrundrecht - ergebe sich ein Einzelanspruch auf den Schutz der Würde und des allgemeinen Persönlichkeitsrechts. Dieser bestehe einerseits in einem Unterlassungsanspruch gegen Dritte auf Achtung der Persönlichkeit. Andererseits ergebe sich daraus ferner ein Tätigkeitsanspruch gegenüber Gesetzgeber und Rechtsprechung.[290] Die Rechtsprechung dürfe danach nur solche Gesetze anwenden, die dem Erfordernis des Art. 1 GG auf Schutz vor Persönlichkeitsverletzungen genügten.[291] Die Grundaussage des § 253 a.F. BGB, Ersatz für immaterielle Schäden nur in den im Gesetz bestimmten Fällen zu gewähren und das Fehlen eines solchen ausdrücklich geregelten Falles bei Persönlichkeitsverletzungen, sei aber nicht mit dem Anspruch aus Art. 1 Abs. 1 GG zu vereinbaren.[292] Damit widerspreche die Regelung des § 253 a.F. BGB dem Schutzgebot aus Art. 1 Abs. 1 GG, so dass § 253 a.F. BGB durch Art. 1 Abs. 1 GG derogiert werde.[293] Dies wird auch mit dem Argument unterstützt, dass bei ideellen Schäden eine Wiederherstellung unmöglich sei, so dass es mit Art. 1, 2 Abs. 1 GG unvereinbar sei, die Persönlichkeit ohne diesen zivilrechtlichen Schutz zu lassen.[294] Durch den Willen der Verfassung, die Persönlichkeit in Art. 1 und 2 Abs. 1 GG zu schützen, sei § 253 a.F. BGB daher überholt und außer Kraft gesetzt, sofern seine Anwendung den Persönlichkeitsschutz des Betroffenen verminde-re.[295]

Ein anderer Teil der Literatur kommt über Art. 123 Abs. 1 GG zum gleichen Ergebnis. Man stellt nicht darauf ab, ob Art. 1 und 2 Abs. 1 GG als höherrangige Verfassungsnormen den noch gültigen § 253 a.F. BGB verdrängen. Dieser sei

---

289 *E. Helle*, NJW 1963, S. 1404.
290 *Ehlers*, S. 82.
291 *Ehlers*, S. 82.
292 *Ehlers*, S. 83.
293 *Ehlers*, S. 83.
294 *E. Helle*, S. 86.
295 *E. Helle*, NJW 1963, S. 1404.

vielmehr wegen Art. 123 Abs. 1 GG gar nicht mehr in Kraft, da der in Widerspruch zur Verfassung stehe.[296]

Den verschiedenen Begründungsansätzen ist gemeinsam, dass die Derogation des § 253 a.F. BGB nur die Fälle umfasse, in denen diese Vorschrift den Geldersatz für immaterielle Schäden bei Persönlichkeitsverletzungen verbiete.[297]

Dem wird entgegengehalten, allein der rechtspolitische Wille, dem Betroffenen einen solchen Ersatz zuzubilligen, reiche für eine Derogation des § 253 a.F. BGB durch höchst umstrittene richterliche Entscheidungen nicht aus.[298] Sie sei wegen der bereits bestehenden Rechtslage überflüssig, die ausreichenden Persönlichkeitsschutz gewähre. Wegen bestehender anderer Sanktionsmöglichkeiten sei ein Geldersatz unnötig.[299]

(c) **Geldersatz als zwingendes Gebot?**

Es stellt sich die Frage, ob diese Behauptung zutrifft. Bestehen andere Sanktionsmöglichkeiten außer einem Geldersatz, die die Persönlichkeit ausreichend schützen? Die Umgehung des § 253 a.F. BGB wäre dann nur erforderlich, wenn diese Vorschrift - wie teilweise behauptet - tatsächlich einem vom Grundgesetz gebotenen Persönlichkeitsschutz zuwiderläuft. Ihre Derogation ist also an zwei Voraussetzungen geknüpft: Zunächst müsste Art. 1, 2 Abs. 1 GG tatsächlich die zwingende Anordnung zu entnehmen sein, dem Betroffenen gerade einen Geldersatz zukommen zu lassen. Ferner dürfte sich die Zubilligung eines solchen Anspruchs nicht aus der bestehenden Rechtslage ableiten lassen. Stellt sich bei der zweiten Voraussetzung heraus, dass dem Betroffenen auch nach geltender Rechtslage ein Geldersatzanspruch gebührt, besteht für eine Umgehung des § 253 a.F. BGB kein Bedarf.

Daher ist als erstes die Frage zu klären, ob dem Grundgesetz die zwingende Anordnung zu entnehmen ist, dem in seiner Persönlichkeit Verletzten einen Geldersatz zuzubilligen. Da § 253 a.F. BGB die übrigen allgemein anerkannten Rechtsfolgen (z.B. Widerruf, Unterlassung, etc.) bei Persönlichkeitsverletzungen nicht erfasst, spielt es keine Rolle, ob das Grundgesetz es gebietet, irgendeine Rechtsfolge an Persönlichkeitsverletzungen zu knüpfen. Entscheidend ist allein, ob sich aus Art. 1, 2 Abs. 1 GG zwingend ergibt, dem Betroffenen gerade einen Geldersatz zu gewähren. Die Prüfung der Frage, ob eine Geldentschädigung bei Persönlichkeitsverletzungen mit dem Grundgesetz vereinbar ist,[300]

---

[296] *Hubmann*, S. 354.

[297] *Ehlers*, S. 95.

[298] *Giesen*, NJW 1971, S. 802; *Weyers*, Karlsruher Forum, S. 87: „Es ist natürlich immer mißlich, wenn man mit dem Prügel der Systematik gegen ein Ergebnis andrischt, das man eigentlich für gut hält, das auch allgemein für gut gehalten wird."

[299] LG München vom 15.02.1963, zitiert nach: *Ehlers*, S. 98.

[300] *Schwerdtner*, S. 257.

kann bei der Diskussion ebenfalls nicht entscheidend sein, da man dabei bereits von einem bestehenden Geldersatzanspruch ausgeht.
Es ist zunächst davon auszugehen, dass sich auch aus Grundrechten Ansprüche von Privaten gegen den Staat ergeben können. Ohne weiter detailliert auf dieses Problem einzugehen, ist inzwischen die mittelbare Drittwirkung von Grundrechten allgemein anerkannt.[301] Daraus ergibt sich, dass die Zivilrechtsordnung dem Einzelnen aufgrund des Schutzgebotscharakters der Grundrechte einen wirksamen Schutz vor Drittverletzungen gewährleisten muss.[302] Diesem Gebot ist die Rechtsprechung mit der Anerkennung des allgemeinen Persönlichkeitsrechts auf Tatbestandsebene gefolgt.
Es stellt sich aber die Frage, ob dies auch bezüglich der Rechtsfolgen gilt. Wie die vorherige Untersuchung der Rechtsfolgen bei Persönlichkeitsverletzungen oben bereits ergeben hat, reichen diese aber allein nicht aus, dem Betroffenen einen angemessenen Persönlichkeitsschutz zur Verfügung zu stellen:
Der Widerruf einer verletzenden Äußerung ist nur bei unwahren Tatsachenbehauptungen anerkannt, so dass nur ein ganz kleines Feld möglicher Persönlichkeitsverletzungen von dieser Rechtsfolge umfasst wird. Die Verletzung des allgemeinen Persönlichkeitsrechts durch wahre Tatsachenberichterstattung nimmt dagegen großen Raum ein. Verletzungen der Privat- oder Intimsphäre, ehrenrührige wahre Tatsachenbehauptungen oder Verletzungen des Verfügungsrechts über die Darstellung der eigenen Person sind nur einige Beispiele, in denen ein Widerruf nicht möglich ist. Auch die in der Praxis der vergangenen Jahre häufige Verletzung des Rechts am eigenen Bild kann nicht durch einen Widerruf beseitigt werden. Damit ist festzustellen, dass ein wirksamer Schutz der Persönlichkeit nicht über einen Widerruf zu erreichen ist.[303]
Das gleiche gilt für eine Entschuldigung, die ebenfalls nur in bestimmten Fällen der Ehrverletzung denkbar ist.[304]
Der Gegendarstellungsanspruch ist ebenfalls nicht geeignet, einen umfassenden Persönlichkeitsschutz zu gewährleisten. Ein solcher Anspruch ist beispielsweise gegen Verletzungen des Rechts am eigenen Bild nutzlos und kann in der Praxis - verbunden mit dem üblichen Redaktionsschwanz - einer erfolgten Persönlichkeitsverletzung nicht angemessen begegnen.
Auch der allgemein anerkannte Unterlassungsanspruch kann keinen ausreichenden Persönlichkeitsschutz bieten. Dieser Anspruch richtet sich in erster Linie gegen die Gefahr wiederholter Beeinträchtigungen. Er ist daher nicht dazu geeignet, eine bereits verbreitete Persönlichkeitsverletzung aus der Welt zu schaffen.

---

[301] *Jarass/Pieroth*, GG, Vorb. vor Art. 1, Rn. 8 mit weiteren Nachweisen.
[302] *Jarass/Pieroth*, GG, Vorb. vor Art. 1, Rn. 8 mit weiteren Nachweisen.
[303] Vgl. dazu: *Ehlers*, S. 103 ff., S. 108.
[304] *Ehlers*, S. 104, S. 108.

Es bleibt daher im Ergebnis festzuhalten, dass es nach den allgemein anerkannten zivilrechtlichen Ansprüchen keinen wirksamen umfassenden Schutz gegen alle Arten von Persönlichkeitsverletzungen gibt. Daher stellt sich die Frage, ob daraus zwingend die Zuerkennung eines Geldersatzes abzuleiten ist.
Dies ist umstritten. Diejenigen, die einen Geldersatz ablehnen, führen an, dass sich aus Art. 1, 2 Abs. 1 GG ein solches zwingendes Gebot nicht ergebe.[305] Dies sei aus den genannten Artikeln nicht herzuleiten, so dass § 253 a.F. BGB dem Grundgesetz überhaupt nicht widerspreche.[306] Das Grundgesetz gebiete weder zwingend einen Geldentschädigungsanspruch noch sei der gegenwärtige Persönlichkeitsschutz „verfassungsrechtlich verbürgt".[307]
Dem ist aber entgegenzuhalten, dass in vielen Fällen - mangels anderer Möglichkeiten - nur ein Ersatz in Geld dem Betroffenen helfen kann. Auch wenn sich dies nicht ausdrücklich aus dem Grundgesetz ergibt, so ist es aus praktischen Erwägungen unumgänglich, dem Betroffenen einen Geldentschädigungsanspruch zuzubilligen, um dem aus Art. 1, 2 Abs. 1 GG erforderlichen und gebotenen Schutz der Persönlichkeit gerecht zu werden. Dies entspricht der Auffassung der Rechtsprechung, die stets betont, dass „der hohe Schutz der Persönlichkeit (...) lückenhaft und unzureichend wäre, wenn eine Verletzung des Persönlichkeitsrechts keine der ideellen Beeinträchtigung adäquate Sanktion auslösen würde".[308] Auch in der Literatur ist diese Auffassung herrschend, da „Ansprüche auf Unterlassung oder Beseitigung der technischen Verfügbarkeit von Merkmalen der Persönlichkeit und ihrer rücksichtslosen Nutzung schon konzeptionell nicht gerecht werden".[309] Die Praxis der Rechtsprechung, dem Betroffenen bei Persönlichkeitsverletzungen eine Geldentschädigung zuzubilligen, ist daher wegen des in den Art. 1 und 2 Abs. 1 GG geforderten Persönlichkeitsschutzes tatsächlich zwingend, um eine „Schutzlücke"[310] zu schließen. Die erste Voraussetzung für eine Umgehung des § 253 a.F. BGB ist daher gegeben.
Es ist daher die zweite Voraussetzung der Umgehung des § 253 a.F. BGB zu klären, nämlich ob dem in seiner Persönlichkeit Verletzten nicht nach bereits bestehender Rechtslage ein Anspruch auf Geldersatz gewährt werden kann. Wie bereits gesehen, führen die zahlreichen Vorschläge, dem Betroffenen nach geltender Rechtslage einen Geldersatzanspruch zuzugestehen, nicht zum Ziel. Ein solcher Anspruch ist daraus nicht abzuleiten. Daher liegt kein „durch das Gesetz bestimmter Fall" i.S.d. § 253 a.F. BGB vor.

---

305 *Giesen*, NJW 1971, S. 802.
306 *Giesen*, NJW 1971, S. 802.
307 *Schwerdtner*, S. 257. *Schwerdtner* befürwortet allerdings trotzdem einen Ersatz in Geld, den er aus einer Ergänzung der in § 847 a.F. BGB aufgezählten Rechtsgüter durch das allgemeine Persönlichkeitsrecht herleitet, *Schwerdtner*, JuS 1978, S. 292.
308 BGH NJW 1961, 2059, 2060 - „Ginseng".
309 MünchKommBGB/*Rixecker*, § 12 Anh., Rn. 209.
310 MünchKommBGB/*Rixecker*, § 12 Anh., Rn. 209.

(5) Ergebnis

Damit bietet die bestehende Rechtslage keinerlei Möglichkeiten, dem Betroffenen bei einer Persönlichkeitsverletzung einen Geldersatz zuzubilligen. Da ein „durch das Gesetz bestimmter Fall" i.S.d. § 253 a.F. BGB somit nicht vorliegt, ist eine Umgehung dieser Vorschrift wegen des zwingenden Gebots der Art. 1, 2 Abs. 1 GG unumgänglich, um einen wirksamen Persönlichkeitsschutz gewährleisten zu können. Die oben aufgeworfene Frage, ob daher die Derogation des § 253 a.F. BGB mangels anderer Rechtsschutzmöglichkeiten notwendig ist, ist also zu bejahen.
Damit kann ein Anspruch auf Geldersatz bei Persönlichkeitsverletzungen aus § 823 Abs. 1 i.V.m. Art. 1, 2 Abs. 1 GG begründet werden. Dies scheint der einzige Weg zu sein, zu diesem gewünschten und grundrechtlich gebotenen Ergebnis zu gelangen.
Jedoch wird anhand der verschiedenen Herleitungs- und Argumentationsversuche, die Rechtsprechung und Literatur bemühen, um dem Betroffenen bei einer Persönlichkeitsverletzung einen Geldersatz zuzubilligen, eigentlich nur eines deutlich: Diese Rechtsfolge wird sowohl von der Rechtsprechung als auch von weiten Teilen der Literatur als erwünscht und opportun angesehen. Allein dieser Wunsch steht damit bei den vielfältigen Bemühungen einer dogmatisch sauberen Herleitung und Argumentation im Vordergrund. Es handelt sich damit um reine Billigkeitsrechtsprechung.
Die ganze Diskussion um die Herleitung eines Geldersatzanspruchs bei Persönlichkeitsverletzungen, die in Deutschland Generationen von Juristen beschäftigte, wäre in Spanien überflüssig: Dort ist ein gesetzlicher Anspruch auf Ersatz immaterieller Schäden (*daño moral*) in Art. 9.3 festgelegt. Die Diskussion beschränkt sich in Spanien lediglich auf die Funktionen dieses Schadensersatzes und seine Bemessung. An dieser Tatsache wird deutlich, dass eine gesetzliche Kodifizierung in diesem Bereich die Worte *von Kirchmanns* wahr werden ließe: „Ein Federstrich des Gesetzgebers und ganze Bibliotheken werden zur Makulatur."[311]

c) Voraussetzungen des Geldentschädigungsanspruchs

Nach der Rechtsprechung erfordert der - grundsätzlich subsidiäre - Anspruch auf Geldersatz den Vorwurf einer schweren Schuld des Verletzers oder eine objektiv erheblich ins Gewicht fallende Beeinträchtigung des Persönlichkeitsrechts.[312]
Die Praxis dieser einschränkenden Voraussetzungen sieht sich zwar einiger Kritik ausgesetzt, trifft aber im Übrigen weitgehend auf Anerkennung.
Teilweise wird bemängelt, dass bei konsequenter analoger Anwendung des § 847 a.F. BGB auch dessen Voraussetzungen mit übernommen hätten werden

---

311 *von Kirchmann*, S. 29
312 BGH NJW 1961, 2059, 2060 - „Ginseng".

müssen. Eine Beschränkung auf Fälle schwerer Schuld und besonderer Beeinträchtigung des Persönlichkeitsrechts lasse sich dogmatisch nicht aus § 847 a.F. BGB rechtfertigen, so dass bereits leichte Fahrlässigkeit für das Auslösen der Rechtsfolge ausreiche.[313] Die Schwere der Schuld und die Stärke der Beeinträchtigung seien lediglich bei der Bemessung der Schadensersatzhöhe zu berücksichtigen, nicht aber bei der Frage, ob ein Anspruch bestehe.[314]
Dem widerspricht der Großteil der Literatur: Die Abstufung der verschiedenen Verschuldensgrade sei zwar schwer aus dem Gesetz zu begründen, aber aus praktischen Gesichtspunkten und von Art. 1 und 2 GG her gerechtfertigt.[315] Dies ergebe sich auch aus dem Gedanken der Prävention.[316] Da bei leicht fahrlässigen Verletzungen die präventive Beeinflussung geringer sei, sei es angemessen, nur bei vorsätzlichen und grob fahrlässigen Persönlichkeitsverletzungen einen Geldentschädigungsanspruch zuzuerkennen. Niemand dürfe das Bewusstsein haben, bei diesen Verschuldensgraden nicht haftbar gemacht zu werden, so dass dadurch eine wirksame Abschreckung erreicht werden könne.[317] Die Notwendigkeit einer Beschränkung der Voraussetzungen des Geldersatzes ist damit größtenteils anerkannt.[318] Da dies zwar aus praktischen Überlegungen gerechtfertigt, in dieser Form aber nicht im Gesetz angelegt ist, drängt sich erneut der Eindruck auf, dass es sich hier um Billigkeitsrechtsprechung handelt.

d) **Funktionen der Geldentschädigung**

Während die Kritik an der Herleitung des Geldentschädigungsanspruchs mittlerweile mehr und mehr verstummt ist, sind inzwischen dessen Funktionen in den Vordergrund der Auseinandersetzung gerückt. Es hat sich in Rechtsprechung und Literatur durchgesetzt, das Schmerzensgeld auf verschiedene Funktionen hin zu untersuchen, was teilweise als „minuziöse Aufspaltung" kritisiert wird.[319] Dem steht nicht entgegen, dass die „Geldentschädigung" seit der „*Caroline von Monaco I*"-Entscheidung ein eigenständiger Ersatzanspruch bei Persönlichkeitsverletzungen ist und somit kein eigentliches „Schmerzensgeld".[320] Da es auch hier um den Ersatz immaterieller Schäden geht, steht dieser Anspruch immer noch nahe beim Schmerzensgeld.[321] Aus diesem Grund spielen die Funktionen, die dem Schmerzensgeld zugedacht sind, auch bei der Geldentschädigung

---

313 *Hartmann*, NJW 1962, S. 15; *Löffler*, NJW 1962, S. 226.
314 *Hartmann*, NJW 1962, S. 15; *Bötticher*, MDR 1963, S. 356; Dies ist übrigens auch der Weg, den man in Spanien geht: Erst bei der Frage der Bemessung der Schadensersatzhöhe stellt man dort auf das Verschulden des Verletzers ab, dazu ausführlich: 2. Teil: D.II.2.d.
315 *Hubmann*, JZ 1962, S. 122.
316 *H. Kaufmann*, JuS 1963, S. 383.
317 *H. Kaufmann*, JuS 1963, S. 383.
318 *Hartmann*, NJW 1964, S. 796.
319 *Schwerdtner*, S. 276.
320 *Steffen*, NJW 1997, S. 10.
321 *Steffen*, NJW 1997, S. 10.

eine entscheidende Rolle. Die Diskussion um die Funktionen der Geldentschädigung dreht sich vor allem um die Reichweite ihrer Ausgleichs-, Genugtuungs- und Präventivfunktion. Teilweise wird ihr auch eine Sanktionsfunktion zugeschrieben.

(1) **Doppelfunktion: Ausgleich und Genugtuung**

Grundsätzlich steht der Ausgleichsgedanke des Haftungsrechts im deutschen Schadensersatzrecht an erster Stelle, das sich am materiellen Vermögensschaden orientiert (Naturalrestitution: § 249 S. 1 BGB).[322] Im Bereich immaterieller Schäden tritt seit der Grundsatzentscheidung des Großen Senats des BGH zum Schmerzensgeld aus dem Jahre 1955 die Genugtuungsfunktion neben diesen Ausgleichsgedanken (Doppelfunktion des Schmerzensgeldes): „(Das Schmerzensgeld) soll dem Geschädigten einen angemessenen *Ausgleich* bieten für diejenigen Schäden, für diejenige Lebenshemmung, die nicht vermögensrechtlicher Art sind. Es soll aber zugleich dem Gedanken Rechnung tragen, dass der Schädiger dem Geschädigten für das, was er ihm angetan hat, *Genugtuung* schuldet."[323] Die Rechtsprechung hat diese Grundsätze des Schmerzensgeldes auch auf den Geldersatz bei Persönlichkeitsverletzungen angewendet und in der „*Ginseng*"-Entscheidung betont, die Genugtuungsfunktion des Schadensersatzes sei besonders zu berücksichtigen, während die Entschädigungsfunktion hinter sie zurücktrete.[324] Dies klang in der „*Herrenreiter*"-Entscheidung bereits an („fühlbare Genugtuung").[325] Der BGH stellte später ausschließlich auf die Genugtuungsfunktion eines immateriellen Schadensersatzanspruchs ab.[326] Die Ausgleichsfunktion des Schmerzensgeldes steht damit bei Persönlichkeitsverletzungen im Hintergrund.

Während der Sinn und Zweck der Ausgleichsfunktion allgemein in der Kompensation erlittener Schmerzen und entgangener Lebensfreude gesehen wird,[327] ist nicht ganz klar, was sich genau hinter der Genugtuungsfunktion verbirgt. Ihr Inhalt wird unterschiedlich beurteilt: Einerseits soll sie das Rachegefühl besänftigen, welches auch bei modernen Menschen nicht erloschen sei.[328] Andere sehen die Genugtuung als Besänftigung des verletzten Rechtsgefühls,[329] oder als

---

322 *Körner*, NJW 2000, S. 242.
323 BGH GS NJW 1955, 1675.
324 BGH NJW 1961, 2059, 2060 - „Ginseng".
325 Vgl. BGH NJW 1958, 827, 830 - „Herrenreiter": „...fühlbare Genugtuung für einen widerechtlichen Eingriff in seine durch § 22 KUG, Art. 1, 2 Abs. 1 GG geschützte Persönlichkeitssphäre."
326 BGH NJW 1963, 902, 903 f. - „Fernsehansagerin".
327 *Kern*, AcP 191 (1991), S. 248.
328 *von Tuhr-Peter*, OR, S. 117, zit. nach: *Schwerdtner*, JuS 1978, S. 296, FN. 121.
329 *Großfeld*, S. 101; *Stoll*, Gutachten zum 45. DJT, S. 139.

Sühne für begangenes Unrecht.[330] Teilweise misst man ihr auch einen Präventions- und Sanktionscharakter zu,[331] oder qualifiziert sie als Privatstrafe.[332]
Aus diesen Ansätzen lässt sich ein zweifacher Inhalt der Genugtuung herauskristallisieren: einerseits Besänftigung des Opfers,[333] und andererseits sanktionsähnlicher Charakter.
Mit diesem zweiten Aspekt der Genugtuung, der Sanktion, tut man sich im deutschen - übrigens auch im spanischen - Recht schwer. Man sieht im Genugtuungsgedanken einen Fremdkörper im deutschen Schadensersatzrecht, das am reinen Ausgleich orientiert sei.[334] Zwar wird teilweise vertreten, die Genugtuung sei eine „dem Wesen ideeller Schäden entsprechende Form des Ausgleichs auf anderer Ebene“ und „eine besondere Funktion des Ausgleichsgedankens bei der Geldentschädigung für ideelle Schäden“.[335] Sie sei damit fest im Ausgleichsgedanken verwurzelt.[336] Auch der BGH verneinte wiederholt ausdrücklich einen Strafcharakter der Genugtuung.[337] Dies ist jedoch nur vordergründig. Bei genauer Betrachtung wird in der Formulierung des Grundsatzurteils („ ... für das, was er ihm angetan hat, ...“[338]) vielmehr der pönale Hintergrund der Genugtuung deutlich.[339] Auch in der „*Ginseng*“-Entscheidung führt der BGH aus, die Verweigerung eines Geldersatzes bei Persönlichkeitsverletzungen würde bedeuten, „dass Verletzungen der Würde und Ehre des Menschen ohne eine *Sanktion* der Zivilrechtsordnung blieben, in der zum Ausdruck kommt, dass wesentliche Werte gestört sind und dass der Verletzer dem Betroffenen für das ihm angetane Unrecht *Genugtuung* schuldet“.[340] „Solchem unlauteren Gewinnstreben (könne) nur wirksam entgegengetreten“ werden, „wenn es mit dem Risiko eines fühlbaren materiellen Verlustes belastet wird.“[341] In diesen Urteilen zeigt sich damit der wahre Inhalt der Genugtuung: ihr Sanktions- und Präventionscharakter.[342] Die Genugtuung hat sich somit vom Ausgleichsgedanken gelöst. Der vom BGH benutzte Begriff der Genugtuung erfüllt daher lediglich „kosmetische Funktionen“, um den Ausdruck Privatstrafe zu vermeiden, ohne jedoch - bei genauerer Be-

330 *Pecher*, AcP 171 (1971), S. 62; *Lange*, VersR 1999, S. 276.
331 *Deutsch*, JuS 1969, S. 202.
332 *Köndgen*, S. 118 f.; *Kern*, AcP 191 (1991), S. 268; *Funkel*, S. 159.
333 *Stoll*, Gutachten zum 45. DJT, S. 152.
334 *Honsell*, VersR 1974, S. 206, Fn. 14; *Mincke*, JZ 1980, S. 86.
335 *Ehlers*, S. 184; *Westermann* (Symposium Canaris, S. 130) möchte Genugtuung daher als Wiedergutmachung begreifen.
336 *Ehlers*, S. 184; *Westermann*, Symposium Canaris, S. 130; Dieser Ansatz wird in Spanien ebenfalls überwiegend vertreten, dazu ausführlich: 2. Teil: D.II.2.g.(1).
337 BGH NJW 1977, 626, 628; BGH NJW 1992, 3096, 3103 - „punitive damages“.
338 BGH GS NJW 1955, 1675.
339 *Funkel*, S. 156; *Democh*, AfP 2002, S. 381.
340 BGH NJW 1961, 2059, 2060 f. - „Ginseng“.
341 BGH NJW 1961, 2059, 2060 f. - „Ginseng“.
342 *Kern*, AcP 191 (1991), S. 252; *Hartmann*, NJW 1962, S. 15.

trachtung - deren Inhalt aufzugeben.[343] Somit tritt im Rahmen des Geldersatzes bei Persönlichkeitsverletzungen sein pönaler Charakter bereits bei der Genugtuungsfunktion deutlich zu Tage.

(2) Präventiv- und Sanktionsfunktion

Während man die dem Geldersatz zugemessene Präventivfunktion in der Rechtsprechung schon früh - allerdings noch als Teil der Genugtuungsfunktion - erkennen konnte,[344] hob der BGH sie im „*Caroline von Monaco I*"-Urteil erstmals besonders und ausdrücklich hervor: Der Betroffene sei „ohne eine für den Verletzer fühlbare Geldentschädigung einer rücksichtslosen Zwangskommerzialisierung seiner Persönlichkeit weitgehend ausgesetzt".[345] Sie diene damit der „Prävention".[346] Mit Einführung dieser neuen Erwägungen betrat der BGH nicht nur „juristisches Neuland",[347] sondern löste auch ein großes Echo und eine „leidenschaftliche" Auseinandersetzung in der Literatur aus:[348]

(a) Angemessenes Mittel zum Persönlichkeitsschutz

Teile der Literatur begrüßen - mit unterschiedlichen Begründungen - die von der Rechtsprechung hervorgehobene Präventivfunktion des Geldersatzes bei Persönlichkeitsverletzungen. Ihre zivilrechtliche Sanktion sei die einzig gangbare Möglichkeit, Persönlichkeitsverletzungen in Zukunft zu unterbinden.[349] Rein strafrechtliche Bestrafungen hätten dagegen eine mit der garantierten Pressefreiheit unvereinbare „Kriminalisierung journalistischen Verhaltens" zur Folge, so dass die zivilrechtliche Sanktion das richtige Mittel sei.[350]
Dem stehe kein Verbot einer zivilrechtlichen Sanktion entgegen: Ein solches könne § 847 a.F. BGB nicht entnommen werden. Diese Vorschrift bilde eine Ausnahme vom Grundsatz, dass dem Zivilrecht keine Strafzwecke zukämen.[351] Nach ihrem tatsächlichen Gehalt trage sie vielmehr von Anfang an auch einen pönalen Charakter in sich, schließe diesen aber zumindest nicht aus.[352] Die Begründung für diese These liege in der Entstehungsgeschichte des § 847 a.F. BGB, der nur deshalb Gesetz geworden sei, da der Zivilrichter nicht hinter dem Strafrichter zurücktreten sollte, der nach dem bis 1974 gültigen § 231 StGB dem Verletzten auf dessen Verlangen Geldersatz für immaterielle Schäden als Privat-

---

343 *Kern*, AcP 191 (1991), S. 256.
344 *Gounalakis*, AfP 1998, S. 14.
345 BGH NJW 1995, 861, 865 - „Caroline von Monaco I".
346 BGH NJW 1995, 861, 865 - „Caroline von Monaco I".
347 *Prinz*, NJW 1996, S. 955.
348 *Democh*, AfP 2002, S. 375.
349 MünchKommBGB/*Rixecker*, § 12 Anh., Rn. 213; so auch: *Körner*, NJW 2000, S. 246.
350 *Stürner*, AfP 1998, S. 8.
351 *Kern*, AcP 191 (1991), S. 258, S. 261.
352 *Kern*, AcP 191 (1991), S. 261.

strafe und gleichzeitig Schadensersatz zubilligen durfte.[353] § 847 a.F. BGB habe daher diesen Charakter als einer Norm der Privatstrafe und gleichzeitig des Schadensersatzes übernommen.[354] Mit dieser Begründung möchte man auch den verfassungsrechtlichen Bedenken (Art. 103 Abs. 2 GG) begegnen. In § 847 a.F. BGB liege danach eine entsprechende gesetzliche Strafgrundlage.[355] Das Problem des vermeintlich entgegen stehenden Art. 103 Abs. 2 GG wird teilweise auch mit dem Hinweis gelöst, dass diese Vorschrift nach ihrem Sinn nur Kriminal- und Disziplinarstrafen umfasse, so dass die Privatstrafe gar keine Strafe im Sinne dieser Vorschrift sei.[356]

Verbreitet findet sich außerdem das Lob, die Rechtsprechung leiste „erzieherische Arbeit“, indem sie das Verantwortungsbewusstsein der Medien stärke.[357] Mangels einer „klaren Hemmschwelle“ könne der zunehmenden Gefährdung der Persönlichkeit durch die Medien nur durch den vorbeugend wirkenden Schutzmechanismus des Geldersatzes und seiner Höhe entgegen getreten werden.[358] Die Medien müssten die Präventivfunktion der Geldentschädigung „in Zukunft ernster nehmen“.[359] Auch ein rücksichtsloser Geschäftemacher müsse sie wegen ihrer Höhe „zur Kenntnis nehmen“.[360] Man sieht daher teilweise kein Problem, dem Geldersatz als „Sanktion eigener Art“ einen Strafcharakter zuzumessen.[361]

Unter den Anhängern eines offenen Bekenntnisses zum Präventiv- und Sanktionscharakter der Geldentschädigung ist allerdings die Reichweite dieser Straffunktion umstritten.

Einige Stimmen in der Literatur sehen sie solange als gerechtfertigt an, wie der Geldersatz dem Betroffenen zufließe und nicht der Staatskasse - wie bei *punitive damages*. Auf diese Weise bliebe man im System des deutschen Zivilrechts. Eine solche Praxis der *punitive damages*, die dem Verletzten einen Schadensersatz zubillige und gleichzeitig dem Verletzer einen zusätzlichen Strafschadensersatz zugunsten einer fremden Einrichtung oder des Staates auferlege, ließe sich mit Art. 103 Abs. 2 GG nicht vereinbaren.[362]

Allerdings wird teilweise auch Sympathie für einen Strafschadensersatz i.S.d. *punitive damages* geäußert: Der Schadensersatz bei Persönlichkeitsverletzungen solle nicht in vollem Umfang dem Verletzten zukommen, sondern einer ge-

353 *Kern*, AcP 191 (1991), S. 258.
354 *Kern*, AcP 191 (1991), S. 258.
355 *Kern*, AcP 191 (1991), S. 263.
356 BVerfG NJW 1973, 1221, 1226 - „Soraya“; *Großfeld*, S. 122; *Democh*, AfP 2002, S. 381.
357 *Fromm*, NJW 1965, S. 1205 f.
358 MünchKommBGB/*Rixecker*, § 12 Anh., Rn. 213; so auch: *Körner*, NJW 2000, S. 246.
359 *Steffen*, NJW 1997, S. 13.
360 *Steffen*, NJW 1997, S. 13.
361 *Stürner*, AfP 1998, S. 9.
362 *Stürner*, AfP 1998, S. 7 f.

meinnützigen Organisation.[363] Die Hemmschwelle deutscher Gerichte bei der Zuerkennung fühlbarer Schmerzensgeldbeträge für Persönlichkeitsverletzungen könne so überwunden werden.[364] Außerdem nähme man dem Richter das ungute Gefühl, einem Prominenten, der schon viel Geld habe, noch mehr Geld „zuzuschaufeln".[365]

Im Ergebnis lässt sich die Zustimmung in der Literatur zur Präventionswirkung der Geldentschädigung dahingehend zusammenfassen, dass Persönlichkeitsverletzungen durch die Medien ohne sie ein lohnendes und kalkulierbares Geschäft wären.[366]

Diese Gründe, den „Scheckbuchjournalismus"[367] eindämmen zu wollen, scheinen zunächst zu überzeugen. Aufgrund der Untätigkeit des Gesetzgebers scheint es tatsächlich keine andere Möglichkeit zu geben, die Medien von weiteren Persönlichkeitsverletzungen abzuhalten, als durch eine präventiv wirkende Geldentschädigung. Das OLG Hamburg, das *Caroline von Monaco* schließlich eine Geldentschädigung i.H.v. 180.000 DM zugestand, formulierte diesen Sinn der Prävention mit den scheinbar treffenden Worten: „Ob (...) noch höhere Geldentschädigungen erforderlich werden, dürfte insbesondere von dem künftigen Verhalten der Medien abhängen."[368] Damit trifft es unverhüllt den Kern der Zustimmung zur Präventionsrechtsprechung in der Literatur: die Erziehung der Medien.

(b) **Zivilrechtlicher Fremdkörper**

Allerdings kann nicht allein der unbestrittene Wunsch nach einem effektiven Persönlichkeitsschutz die Praxis eines präventiv wirkenden Geldersatzes rechtfertigen. Er kann nicht als „Entlastungsventil für ein unbefriedigtes Rechtsgefühl" dienen.[369] Auch wenn es allgemein gewollt ist und gerecht erscheint, den Schutz des Einzelnen vor Persönlichkeitsverletzungen zu erhöhen und den allzu aufdringlichen Medien ihre Grenzen aufzuzeigen, muss dies auf der Basis der bestehenden Rechtsordnung geschehen. Mit der Hervorhebung der Präventivfunktion des Geldersatzes hat der BGH aber diese Basis verlassen: Diese Funktion des Schadensersatzes ist „schadensfern und sanktionsnah" und daher im zivilrechtlichen Haftungssystem ein Fremdkörper.[370] Das Abstellen auf eine Abschreckungsfunktion des Schadensersatzes beinhaltet „generalpräventive Erwä-

---

[363] *J. Helle*, Verhandlungen des 58. DJT 1990, Bd. II, S. K 101; *Hermann*, Verhandlungen des 58. DJT, Bd. II, S. K 122; *Weber*, Verhandlungen des 58. DJT, Bd. II, S. K 116.

[364] *Weber*, Verhandlungen des 58. DJT, Bd. II, S. K 116.

[365] *Hermann*, Verhandlungen des 58. DJT, Bd. II, S. K 122.

[366] *Prinz*, NJW 1996, S. 954; *Prinz/Peters*, Rn. 741; *Prinz*, ZRP 2000, S. 144.

[367] *Ullmann*, AfP 1999, S. 209.

[368] OLG Hamburg NJW 1996, 2870, 2872 - „Caroline von Monaco".

[369] *Steffen*, FS Odersky, S. 736.

[370] *Deutsch*, Rn. 908; *Hartmann*, NJW 1962, S. 15.

gungen“, die in erster Linie im Strafrecht beheimatet sind.[371] Indem die Rechtsprechung bei der Bemessung der Geldentschädigung auf die Vermögensverhältnisse des Verletzten oder des Verletzers oder auf beide abstellt und den Verschuldensgrad oder die Schwere des Eingriffs einbezieht, beurteilt sie den Verletzer nach typischen Strafzumessungsgründen.[372] Die Grenze zur Strafe ist überschritten, da sie - wie die präventiven Geldersatzverpflichtungen - auf den Verletzer einwirken soll.[373] Die allgemeine Abschreckung vor Persönlichkeitsverletzungen verfolgt damit ein rein öffentliches Interesse. Dies ist jedoch mit dem Schadensersatzrecht zwischen Privaten nicht zu vereinbaren, das den Individualinteressen des Verletzten dienen soll, nicht Allgemeininteressen.[374]
Die Präventivfunktion lässt sich auch nicht mit dem Gedanken der Ausgleichs-, oder Genugtuungsfunktion des Ersatzes immaterieller Schäden vereinbaren.[375] Das zivilrechtliche Haftungssystem ist dadurch gesprengt.[376] Der Versuch, die Systemkonformität der Prävention mit dem deutschen Zivilrecht herzuleiten,[377] gelingt nicht. Dieser Auffassung ist zwar zuzugestehen, dass auch dem Zivilrecht präventive Erwägungen nicht ganz fremd sind.[378] Beispiele dafür können die üblichen Vertragsstrafen und die Regelung des § 611a BGB sein,[379] bei denen der Vertragspartner ebenfalls von einem bestimmten Verhalten abgehalten werden soll. Der Präventionsgedanke kann aber bei Schadensersatzverurteilungen nicht allein und verselbständigt an erster Stelle stehen, wie es im Zusammenhang mit Persönlichkeitsverletzungen der Fall ist.[380] Wenn dieser Gedanke zur „Zielfunktion“ eines Schadensersatzanspruchs und zum maßgeblichen Bemessungsfaktor für die Anspruchshöhe wird,[381] sind die Grenzen des Zivilrechts überschritten. Es liegt ausschließlich im Bereich des Strafrechts, den Täter für seine Untaten zu bestrafen und vor der Begehung weiterer Taten abzuhalten. Allein die Tatsache, dass ein entsprechender Straftatbestand - aus guten Gründen und zu Recht (Art. 5 Abs. 1 GG) - fehlt, kann nicht zu einer Ersatzlösung über das Schadensersatzrecht führen.[382]

---

371 *Stoll*, Gutachten zum 45. DJT, S. 6.
372 *Schwerdtner*, JuS 1978, S. 297; *Schäfer*, AcP 202 (2002), S. 423.
373 *Kern*, AcP 191 (1991), S. 254; *Kern* ist allerdings der Auffassung, dass dem § 847 a.F. BGB auch ein pönaler Charakter innewohnt, S. 261.
374 *Gounalakis*, AfP 1998, S. 17.
375 *Stoll*, Gutachten zum 45. DJT, S. 6; *Schwerdtner*, JuS 1978, S. 296.
376 *Seitz*, NJW 1996, S. 2848; *Lange*, VersR 1999, S. 280; ähnlich: *Köndgen*, S. 118.
377 *Kern*, AcP 191 (1991), S. 258 f., S. 261.
378 *Rosengarten*, NJW 1996, S. 1935 f.; *Schäfer*, AcP 202 (2002), S. 427.
379 *Rosengarten*, NJW 1996, S. 1935 f.
380 *Canaris*, FS Deutsch, S. 105.
381 *Funkel*, S. 165.
382 So aber: *von Holleben*, S. 44.

Einer Präventivfunktion des Geldersatzes steht auch Art. 103 Abs. 2 GG entgegen. Das Zivilrecht nimmt in Form des Schmerzensgeldes eine Straffunktion wahr, ohne dazu ermächtigt zu sein.[383]
Die Rechtsprechung des BGH zur Geldentschädigung bei Persönlichkeitsverletzungen steht außerdem im „bemerkenswerten" Widerspruch zu seiner „*punitive damage*"-Rechsprechung,[384] dass nämlich „Sanktionen, die der Bestrafung und Abschreckung (...) dienen, nach deutscher Auffassung grundsätzlich unter das Strafmonopol des Staates" fallen.[385] Wie passt aber dann die ausdrückliche Bezugnahme auf den Präventionsgedanken der Geldentschädigung dazu? Der Charakter der *punitive damages* und der Geldentschädigung ist doch gerade identisch,[386] so dass die Präventivfunktion der Geldentschädigung bei Persönlichkeitsverletzungen auch aus diesen Gründen nicht haltbar ist.
Zusätzlich zu den genannten Argumenten wird außerdem noch darauf verwiesen, das Wiederbesinnen auf die Privatstrafe sei ein historischer Rückschritt, da die Gründer des BGB sie eigentlich ausdrücklich abschaffen wollten.[387] Der Zweck der Genugtuung liege somit allein darin, dem Verletzten die Rache gegen eine Bußzahlung in Geld abzukaufen, was einer „archaischen Entwicklungsstufe" einer Rechtsordnung entspreche.[388] Außerdem komme es bei einer Aufteilung der Geldentschädigung in Präventiv- und Genugtuungsfunktion häufig dazu, dass der für die Abschreckung erforderliche Betrag den für die Genugtuung erforderlichen überschreite. Der Richter könne das für den Geldersatz erforderliche Genugtuungsbedürfnis des Betroffenen gar nicht feststellen, so dass sich diese Rechtsfolge bereits deshalb verbiete.[389] Die Folge seien überhöhte Geldentschädigungsverpflichtungen.[390] Die Anerkennung der Präventivfunktion verbiete sich außerdem aus Gründen der Versicherbarkeit solcher Schäden. Reguliere eine Versicherung einen Anspruch des in seinem Persönlichkeitsrecht Verletzten gegen den Versicherten, liefe die abschreckende Funktion des Geldersatzes leer, da der Verletzer aus seinem Vermögen nichts beizusteuern hätte.[391]

(3) **Zusammenfassung**

Die Geldentschädigung bei Persönlichkeitsverletzungen verfolgt nach der Rechtsprechung drei Funktionen. Einerseits soll sie dem Betroffenen einen Ausgleich für erlittene Unbill gewähren. Im Vordergrund steht aber das Ziel der Sanktion und Prävention. Es mehren sich die Stimmen, die eine wirksame Ab-

---

383 *Bötticher*, MDR 1963, S. 359.
384 *Schäfer*, AcP 202 (2002), S. 419.
385 BGH NJW 1992, 3096, 3104 - „punitive damages".
386 *Müller*, S. 288.
387 *E. Kaufmann*, AcP 162 (1963), S. 438.
388 *Honsell*, VersR 1974, S. 205.
389 *Schwerdtner*, S. 279.
390 *von Bar*, NJW 1980, S. 1727.
391 *Honsell*, VersR 1974, S. 207.

schreckung der Medien durch die Geldentschädigung als legitimes Mittel des Schadensersatzrechts sehen. Zwar mag man die wirksame Abschreckung als gerecht und rechtspolitisch wünschenswert begrüßen, im Rahmen des Zivilrechts begegnen ihr aber schwer wiegende dogmatische Bedenken. Daher ist die Betonung des Genugtuungs- und Präventionsgedankens der Rechtsprechung nicht mit dem deutschen Zivilrecht zu vereinbaren. Es bleibt zu prüfen, ob dem Betroffenen bei Persönlichkeitsverletzungen nicht auf anderem Wege zu helfen ist, ohne die Grenzen des im Zivilrecht Möglichen derart zu überschreiten. Hier bieten sich Ansprüche aus Eingriffskondiktion und angemaßter Eigengeschäftsführung an.[392]

e) Unverhältnismäßigkeit der Geldentschädigungshöhe und Art. 3 Abs. 1 GG

In der Literatur wird der Geldersatz noch unter einem weiteren Gesichtspunkt kritisiert: der Unverhältnismäßigkeit seiner Höhe. Das OLG Hamburg billigte *Caroline von Monaco* eine Geldentschädigung i.H.v. insgesamt 180.000 DM zu.[393] Die Kritik, diese Geldentschädigungshöhe sei unangemessen, konzentriert sich im Wesentlichen auf ihre Unverhältnismäßigkeit und „wertungsmäßigen Probleme“ im Vergleich zu den Schmerzensgeldsummen, die die Gerichte den Betroffenen bei sonstigen Körper- oder Gesundheitsverletzungen gewähren.[394] Eine unterschiedliche Behandlung des Geldersatzes bei Persönlichkeitsverletzungen und anderen Schmerzensgeldansprüchen sei sachlich nicht zu rechtfertigen. Es wird auf Fälle verwiesen, denen eine wesentlich schwer wiegendere Beeinträchtigung zu Grunde lag, aber vergleichsweise geringere Schmerzensgeldsummen zugesprochen wurden: Im Falle des sexuellen Missbrauchs einer Schülerin wurde ihr ein Schmerzensgeld i.H.v. 5.000 DM zugebilligt.[395] Sie fürchtete während der Tat um ihr Leben und leidet seitdem unter erheblichen psychischen Beeinträchtigungen. In einem anderen Fall wurden einer Frau nach offener Trümmerfraktur beide Oberschenkel amputiert. Sie schwebte zwei Wochen in Lebensgefahr, musste fünf Monate stationär behandelt werden und danach fünf Monate Rehabilitationsmaßnahmen über sich ergehen lassen. Sie sitzt seitdem im Rollstuhl, da sie ihre Prothesen täglich nur zwei Stunden tragen kann. Außerdem leidet sie an starken Phantomschmerzen. Sie erhielt 175.000 DM Schmerzensgeld.[396] Wenn man diesen Fällen das oben genannte Urteil des OLG Hamburg gegenüber stellt, kommen in der Tat Zweifel an der Gerechtigkeit dieser Summe auf.[397] Die von der Rechtsprechung zugebilligten Geldentschädi-

---

[392] Dazu ausführlich: 2. Teil: D.I.5.

[393] OLG Hamburg NJW 1996, 2870 - „Caroline von Monaco“.

[394] *Seitz*, NJW 1996, S. 2848.

[395] AG Radolfzell NJW 1996, 2874.

[396] LG Köln VersR 1990, 1129.

[397] *Seitz*, NJW 1996, S. 2849; *Gounalakis*, AfP 1998, S. 16.

gungsbeträge erscheinen daher - wenn überhaupt - nur in besonders krassen Fällen angemessen, wenn die Persönlichkeitsverletzung für den Betroffenen beispielsweise das „gesellschaftliche Aus“ bedeutet.[398] Dies ist aber bei *Caroline von Monaco* sicher nicht der Fall. Wenn sich die Rechtsprechung nämlich ausschließlich an der eingetretenen Verletzung des Opfers orientierte, liesse sich diese - wie bei *Caroline von Monaco* - wohl kaum in Höhe von 180.000 DM bemessen.[399]

Die Rechtsprechung selbst versucht die Höhe der Geldentschädigungszahlungen mit der Eigenständigkeit des Haftungssystems bei Persönlichkeitsverletzungen zu rechtfertigen. Eine Vergleichbarkeit mit Schmerzensgeldzahlungen komme also überhaupt nicht in Betracht. Das BVerfG sieht mit dieser Begründung daher keine Ungleichbehandlung zwischen Verletzten, die wegen Körper- oder Gesundheitsverletzungen ein geringes Schmerzensgeld erhalten und Verletzten, die in ihrem Persönlichkeitsrecht beeinträchtigt sind und hohe Summen bekommen.[400] Dies sei wegen der unterschiedlichen Funktionen und den unterschiedlichen Voraussetzungen des Schmerzensgeldes bei Körper- und Gesundheitsverletzungen auf der einen und der Geldentschädigung bei Persönlichkeitsverletzungen auf der anderen Seite gerechtfertigt.[401] Bei letzteren werde dem Präventionsgedanken besondere Aufmerksamkeit geschenkt, der bei der Bemessung des Schmerzensgeldes bei Körper- und Gesundheitsverletzungen keine Rolle spiele, da der Schädiger sich gegen eine Inanspruchnahme versichern könne und daher kein Abschreckungspotential in einer höheren Schmerzensgeldsumme liege.[402]

Diese Überlegungen können nicht überzeugen. Dies ergibt sich bereits aus der oben entwickelten Ablehnung des Präventivgedankens. Selbst wenn man - wie offensichtlich auch das BVerfG - „Präventionsgesichtspunkte“ heranziehen möchte,[403] bleibt unklar, warum dies nicht auch bei Körper- und Gesundheitsverletzungen geschehen kann. Allein die Behauptung, die Verletzung erfolge bei „typischen Verkehrsunfällen“ weder vorsätzlich, „noch ist diese durch die Verfolgung kommerzieller Interessen motiviert“,[404] reicht hier sicherlich nicht aus. Denn zumindest im oben geschilderten Fall der vorsätzlichen Vergewaltigung erscheint ebenfalls ein Bedürfnis zu bestehen, den Täter von weiteren Taten abzuhalten. Höhere Schmerzensgeldzahlungen ließen sich auf diese Weise genauso rechtfertigen. Indem das BVerfG aber unumwunden ausspricht, dem Verletzten werde eine höhere Geldentschädigung zugebilligt, weil Verletzungen der

[398] *Steffen*, NJW 1997, S. 12; *Gounalakis*, AfP 1998, S. 17.
[399] Vgl. *Gounalakis*, AfP 1998, S. 17.
[400] BVerfG NJW 2000, 2187 f.
[401] BVerfG NJW 2000, 2187 f.
[402] BVerfG NJW 2000, 2188.
[403] BVerfG NJW 2000, 2188.
[404] BVerfG NJW 2000, 2188.

Persönlichkeit im Gegensatz zu Körper- oder Gesundheitsverletzungen vorsätzlich und in Gewinnerzielungsabsicht erfolgten, gibt es den Blick auf die wahren Hintergründe dieser Rechtsprechung frei: zum einen - wie bereits oben gesehen - die Bestrafung des Verletzers auf zivilrechtlichem Wege mangels strafrechtlicher Möglichkeiten und zum anderen der Vermögensausgleich zwischen Betroffenem und Verletzer, der sich auf dessen Kosten bereichert hat. Weder das Eine noch das Andere kann aber Sinn des Schadensersatzrechts sein.

f) Gewinnabschöpfung

Der BGH verfolgt mit seiner - im wahrsten Sinne des Wortes[405] - neueren Rechtsprechung somit noch ein weiteres Ziel: einen Vermögensausgleich zwischen Verletzter und Verletztem. Danach fließt die Höhe des Verletzergewinns in die Berechnung der Geldentschädigungshöhe als Bemessungskriterium ein. Dies dürfe zwar nicht zu einer Gewinnabschöpfung beim Verletzer führen,[406] könne aber unter dem Aspekt zu berücksichtigen sein, dass „die Persönlichkeitsverletzung in Gewinnerzielungsabsicht („Zwangskommerzialisierung") unter vorsätzlichem Rechtsbruch erfolgt ist."[407]
Teile der Literatur begrüßen diese Entwicklung und fordern darüber hinaus die volle Gewinnabschöpfung beim Verletzer. Die von der Rechtsprechung zugebilligten Beträge für begangene Persönlichkeitsverletzungen erscheinen ihnen nicht hoch genug. Sie schlagen daher teilweise vor, den Monatsumsatz eines Medienunternehmens als Schadensersatz zuzubilligen.[408] Außerdem solle sich die deutsche Rechtsprechung stärker an der Praxis ausländischer Gerichte orientieren, die bei Ehrverletzungen einen höheren Schadensersatz zubilligten. Auf diese Weise könne man der Ehre einen angemessenen Stellenwert zukommen lassen.[409] Insbesondere *Prinz* stellt ein eigenes Berechnungsmodell auf.[410] Er leitet seine Forderung nach höheren Geldentschädigungen aus dem Gedanken der Prävention ab, was allerdings von seinem Standpunkt als Vertreter von Medienopfern (z.B.: Caroline von Monaco) verstanden werden muss. Die jetzige Höhe der zugebilligten Summen werde dem Präventionsgedanken nicht gerecht, sie seien rückläufig. Die Zunahme der Persönlichkeitsverletzungen durch die Medien sei mit dieser mangelnden Abschreckung verbunden, da die zugebilligten Entschädigungssummen die gut verdienenden Medienkonzerne nicht beeindrucken könnten.[411] Persönlichkeitsverletzungen seien daher aufgrund der geringen Geldentschädigungssummen für die Medien ein kalkulierbares und lohnendes

---

405 *Westermann*, Symposium Canaris, S. 144: „Novität".
406 BGH NJW 1995, 861, 865 - „Caroline von Monaco I".
407 OLG Hamburg NJW 1996, 2870, 2872 - „Caroline von Monaco".
408 *Hermann*, Verhandlungen des 58. DJT, Bd. II, S. K 122.
409 *Birkwald*, Verhandlungen des 58. DJT, Bd. II, S. K 118.
410 *Prinz*, NJW 1995, S. 820.
411 *Prinz*, NJW 1995, S. 820.

Geschäft.[412] Die Rechtsprechung habe bei der Bemessung der Geldentschädigungshöhe nur den Betroffenen im Auge und orientiere sich zu stark an der Ausgleichsfunktion der Geldentschädigung.[413] Es müsse aber in erster Linie auf den Verletzer und seine finanziellen Verhältnisse abgestellt werden. Um die Höhe einer angemessenen Geldentschädigung zu begründen, der ein echter Hemmungseffekt zukomme, zieht *Prinz* Beispiele aus anderen Rechtsbereichen heran. So sei beispielsweise beim Falschparken ein Ordnungsgeld i.H.v. 0,5 % des Bruttomonatslohnes zu entrichten, wenn man von 30 DM Ordnungsgeld und 6.000 DM Bruttomonatslohn ausgehe. Billige man in der Praxis der Geldentschädigung bei Persönlichkeitsverletzungen dem Verletzten ebenfalls eine Summe von 0,5 % des Monatsbruttoumsatzes eines Medienunternehmens zu, fielen diese im Bereich von einigen Hunderttausend bis über eine Million DM aus.[414] Auch ein Vergleich mit dem strafrechtlichen Tagessatzsystem zeige, dass im Rahmen der Höhe des Tagessatzes ausschließlich die wirtschaftlichen Verhältnisse des Täters in die Berechnung einbezogen werden. Zwar klingen diese absoluten Zahlen nach amerikanischen Verhältnissen, seien im Hinblick auf die Solvenz des Verletzers aber nicht offensichtlich unangemessen.[415] Es gehe allein um die Fühlbarkeit der Geldentschädigungshöhe für den Verletzer, da ansonsten keine Abschreckung von ihr ausgehe.[416] Seine Ausführungen müssen vor dem Hintergrund verstanden werden, dass er als Anwalt der Kläger in Medienprozessen natürlich versucht, für seine Mandaten so hohe Zahlungen wie möglich zu erreichen. Nach seinem Vorschlag steht der - in der Rechtsprechung ebenfalls geforderte - Gedanke der Prävention im Vordergrund. Die für gerecht gehaltene Abschreckung wäre damit erreicht.

Allerdings können seine Ausführungen aus verschiedenen Gründen nicht geteilt werden. Neben der abzulehnenden Fixierung auf den Präventionsgedanken und der unübersehbaren Verstrickung seiner Überlegungen mit rein strafrechtlichen Erwägungen, begegnet seine Ansicht auch anderen Bedenken. Zum einen gelingt es ihm nicht, die Tatsache auszuräumen, dass der Verletzergewinn nicht einfach auf eine bestimmte erfolgte Persönlichkeitsverletzung zurückzuführen ist, sondern auch andere Faktoren (z.B. Werbung, eigene journalistische Leistungen, etc.) bei der Vermarktung eines Medienerzeugnisses eine große Rolle spielen.[417] *Prinz* übersieht ebenfalls, dass Sinn und Zweck der Geldentschädigung darin liegen, dem Betroffenen einen angemessenen Ausgleich für erlittene Persönlichkeitsverletzungen zu gewähren. Es geht nicht um den Ersatz einer konkretisierbaren Vermögenseinbuße, sondern um einen Ersatz für erlittene

---

[412] *Prinz*, NJW 1996, S. 954.
[413] *Prinz*, NJW 1996, S. 957.
[414] *Prinz*, NJW 1996, S. 956.
[415] *Prinz*, NJW 1996, S. 957.
[416] *Prinz*, NJW 1996, S. 958.
[417] MünchKommBGB/*Rixecker*, § 12 Anh., Rn. 213; *Gounalakis*, AfP 1998, S. 19.

immaterielle Beeinträchtigungen. Andernfalls würde dies bedeuten, dass bei einem wirtschaftlichen Verlust des Verletzers die Geldentschädigung geringer ausfallen müsste, obwohl tatbestandlich eine schwer wiegende Persönlichkeitsverletzung vorliegt.[418] Die Schwere der Persönlichkeitsverletzung bestimmt sich allein aus der Perspektive des Betroffenen und nicht nach der Höhe des Verletzergewinns. Die Forderung, in erster Linie auf den Schädiger abzustellen, ist - wie oben gezeigt - dem Schadensersatzrecht fremd, in dem es um die eingetretenen Schäden beim Verletzten geht. Der Gedanke an einen etwaigen Gewinn beim Schädiger ist daher ein „Stachel im Fleisch des Deliktsrechts".[419] Der Ersatz für eine erlittene Vermögenseinbuße entspricht vielmehr bereicherungsrechtlichen Überlegungen, die *Prinz* hier mit schadensersatzrechtlichen Gesichtspunkten vermischt, so dass keine Grenze mehr zwischen Delikts- und Bereicherungsrecht erkennbar ist.[420] Eine Gewinnabschöpfung mag vielleicht wünschenswert erscheinen, um den erforderlichen Hemmungseffekt zu gewährleisten und damit den Medien den Anreiz zu nehmen, auf Kosten von Persönlichkeitsverletzungen Gewinne zu erzielen. Auf schadensersatzrechtlichem Weg kann dieses Ziel aber nicht erreicht werden. Seine Forderung nach einer Gewinnabschöpfung durch das Schadensersatzrecht muss daher wegen der damit zusammenhängenden dogmatischen Probleme verworfen werden. Allerdings bleibt zu prüfen, ob nicht auf anderem Wege eine Gewinnabschöpfung beim Verletzer vorgenommen werden kann.[421]

g) **„Klassenjustiz"**

In den gerichtlichen Auseinandersetzungen um die Reichweite des Persönlichkeitsschutzes und um Geldentschädigungen finden sich auf Klägerseite fast ausnahmslos Prominente. Die Prozesse in den letzten Jahren, in denen beispielsweise *Caroline von Monaco* oder *Ernst-August von Hannover* im Mittelpunkt standen, machen dies deutlich. Die Urteile der Gerichte zum allgemeinen Persönlichkeitsrecht werden gerade durch die Namen berühmter Personen bekannt und nach ihnen benannt (z.B.: „Paul Dahlke"; „Caroline von Monaco III", „Franz Beckenbauer", „Marlene Dietrich", etc.).

Man könnte daher dem BGH vorwerfen, seine Rechtsprechung zu Geldentschädigungen sei Klassenrecht oder ein Sonderrecht für Prominente oder: - in Anlehnung an den Rechtsbeistand von *Caroline von Monaco* - „Prinzenrecht".[422] Es findet sich daher der Vorwurf, die Rechtsprechung beziehe bei der Bemessung der Anspruchshöhe die gesellschaftliche Stellung des Opfers in die Berechnung ein. Es komme daher auf Opferseite zu sachlich nicht gerechtfertigten

---

418 OLG Hamburg NJW 1996, 2870, 2872 - „Caroline von Monaco".
419 *Seitz*, NJW 1996, S. 2849.
420 *Seitz*, NJW 1996, S. 2849.
421 Dazu ausführlich: 2. Teil: D.I.5.
422 *Gounalakis*, AfP 1998, S. 18.

Ungleichbehandlungen.[423] Die Rechtsprechung enthalte eine „gewisse Wertskala",[424] die unten angefangen vom Seemann (1.000 DM Geldersatz), den Dachdeckermeister[425] (7.500 DM) über den Kirchenrechtsprofessor[426] (8.000 DM), die Fernsehansagerin[427] und den Herrenreiter[428] (je 10.000 DM) bis hoch schließlich zur Prinzessin[429] (15.000 DM bzw. 180.000 DM) führe.

Diese Unterschiede in der Höhe der zugemessenen Ersatzzahlungen lassen in der Tat den ersten Eindruck einer sachlich ungerechtfertigten Behandlung von Normalbürgern und Prominenten aufkommen. Allerdings kann trotz dieser vermeintlichen Berücksichtigung der gesellschaftlichen Stellung des Betroffenen der Verdacht der Klassenjustiz nicht erhärtet werden.[430] Zum Einen handelt es sich bei den zitierten Entscheidungen um Urteile aus den letzten 40 Jahren. In dieser Zeit hat sich nicht nur das Bewusstsein um den Schutz der Persönlichkeit gewandelt, sondern auch die Art und Intensität der Persönlichkeitsverletzungen. Inflationäre Einflüsse sind beim Vergleich der zuerkannten Geldbeträge in den letzten 40 Jahren ebenfalls zu berücksichtigen. Zum Anderen handelte es sich in der Praxis ja gerade in den meisten Fällen um Persönlichkeitsverletzungen Prominenter. Privatpersonen waren in den Fällen, die der BGH zu entscheiden hatte, kaum vertreten. Darüber hinaus ist offensichtlich, dass ja gerade die Prominenz einer Person, ihre Stellung in der Öffentlichkeit und Gesellschaft sie für Persönlichkeitsverletzungen angreifbar macht. Eine Berichterstattung über das alltägliche Leben Prominenter ist eben für die Medien interessant, eine über „normale" Menschen nicht.[431] Trotzdem werden auch solche „normalen" Menschen durch die Medien in ihrem Persönlichkeitsrecht verletzt. Zwar spielen sich diese Verletzungen in der Regel nicht in großen Illustrierten, sondern in lokalen Medien ab, aber sie bestimmen ebenfalls die Praxis.[432] Gerade in erstinstanzlichen Prozessen, bei denen sie sich gegen Persönlichkeitsverletzungen wehren, spielen sie eine große Rolle.[433] Diese Streitigkeiten kommen aber in der Regel aus Kostengründen nicht über die erste Instanz hinaus und werden daher kaum bekannt.

Schließlich ist zu beachten, dass nach der Rechtsprechung des BGH der Verletzergewinn in die Berechnung der Geldentschädigungshöhe mit einfließt. Dieser

---

423 *von Bar*, NJW 1980, S. 1727.
424 *Knieper*, ZRP 1974, S. 139.
425 BGH GRUR 1965, 256 - „Gretna Green".
426 BGH NJW 1961, 2059 - „Ginseng".
427 BGH NJW 1963, 902 - „Fernsehansagerin".
428 BGH NJW 1958, 827 - „Herrenreiter".
429 BGH NJW 1965, 685 - „Soraya"; OLG Hamburg NJW 1996, 2870, 2872 - „Caroline von Monaco".
430 *Schwerdtner*, S. 298; *Schwerdtner*, JuS 1978, S. 291.
431 *Steffen*, zit. nach: *Wallraf*, AfP, S. 47.
432 *J. Helle*, Verhandlungen des 58. DJT, Bd. II, S. K 102.
433 *J. Helle*, Verhandlungen des 58. DJT, Bd. II, S. K 102.

wird bei der Berichterstattung über Prominente höher sein, als bei einer über „normale" Privatpersonen.[434] Damit wird erneut der wahre Hintergrund der Rechtsprechung deutlich: der Vermögensausgleich zwischen dem Betroffenen und dem Bereicherten. Es ist bereits an anderer Stelle gezeigt worden, dass eine dogmatisch saubere Lösung nicht im Schadensersatzrecht zu suchen ist.

4. Reaktion des Gesetzgebers

Dem Gesetzgeber wurde vielfach ein Versagen hinsichtlich der Probleme vorgeworfen, die sich aus dem als zwingend empfundenen umfassenden Schutz der Persönlichkeit einerseits und der schwer zu umgehenden Regelung des § 253 a.F. BGB andererseits ergaben. So war gerade in der Zeit der ersten Urteile zum Geldersatz bei Persönlichkeitsverletzungen der Ruf nach einem Einschreiten des Gesetzgebers unüberhörbar.

a) Gesetzentwurf zur Neuordnung des zivilrechtlichen Persönlichkeits- und Ehrenschutzes (1959)

Noch kurz vor der „*Herrenreiter*"-Entscheidung[435] im Jahre 1958, in der die Rechtsprechung einen Geldersatz bei Persönlichkeitsverletzungen erstmalig anerkannte, widmete sich der 42. Deutsche Juristentag im Jahre 1957 dem Problem des Schutzes des Privatlebens gegen Indiskretionen der Medien. Allerdings stand dabei der tatbestandliche Persönlichkeitsschutz im Vordergrund, nicht so sehr die Rechtsfolgen bei Persönlichkeitsverletzungen.[436] Vereinzelt sprach man sich wegen der Anwendung des Art. 1 GG auf das Privatrecht für die Erweiterung der Vorschrift des § 847 a.F. BGB aus.[437] Hinter den in § 847 a.F. BGB geschützten Rechtsgütern Körper und Gesundheit dürfe das Persönlichkeitsrecht auch hinsichtlich der Rechtsfolgen nicht zurück stehen.[438] Auch das Privatrecht solle dadurch eine Abschreckungswirkung ausüben, um den vielfältigen Persönlichkeitsverletzungen Herr zu werden.[439] Dem Betroffenen sei nur durch den Geldersatz eine Genugtuung zu verschaffen.[440] Immerhin erkannte man, dass dafür eine Änderung der Gesetzeslage nötig war, da die bestehende einen Ersatz immaterieller Schäden bei Persönlichkeitsverletzungen wegen § 253 a.F. BGB verbiete.[441]

Der 42. Deutsche Juristentag beschloss schließlich, dem Gesetzgeber die Schaffung einer gesetzlichen Regelung zu empfehlen, nach der dem Betroffenen ein

---

[434] *Körner*, NJW 2000, S. 246.
[435] BGH NJW 1958, 827 - „Herrenreiter".
[436] Vgl. *Bußmann*, Gutachten zum 42. DJT.
[437] *Nipperdey*, in: Verhandlungen des 42. DJT, S. D 18 f.
[438] *Nipperdey*, in: Verhandlungen des 42. DJT, S. D 19.
[439] *Nipperdey*, in: Verhandlungen des 42. DJT, S. D 19.
[440] *Larenz*, in: Verhandlungen des 42. DJT, S. D 33.
[441] *Larenz*, in: Verhandlungen des 42. DJT, S. D 34.

Ersatz immaterieller Schäden bei Persönlichkeitsverletzungen zugebilligt werden könne.[442]
Daraufhin brachte die Bundesregierung im Jahre 1959 einen „Gesetzentwurf zur Neuordnung des zivilrechtlichen Persönlichkeits- und Ehrenschutzes" heraus, der in den §§ 12 ff. BGB-Entwurf (BGB-E) typische Verletzungen des allgemeinen Persönlichkeitsrechts aufzählte und dem Verletzten ausdrücklich einen Schmerzensgeldanspruch nach § 847 BGB-E zubilligte.[443] Das Gesetz kam jedoch nicht zustande.

b) Referentenentwurf eines Gesetzes zur Änderung und Ergänzung schadensersatzrechtlicher Vorschriften (1967)

Auch auf dem 45. Deutschen Juristentag stand das Problem des Geldersatzes bei Persönlichkeitsverletzungen auf der Tagesordnung.[444] Man fasste den Beschluss, dem Gesetzgeber eine gesetzliche Regelung der umstrittenen Rechtsprechung zu § 847 a.F. BGB nahe zu legen.[445] Das Bundesjustizministerium veröffentlichte daraufhin im Jahre 1967 einen „Referentenentwurf eines Gesetzes zur Änderung und Ergänzung schadensersatzrechtlicher Vorschriften". In diesem Entwurf sollten wiederum die Ehre und das allgemeine Persönlichkeitsrecht in § 823 Abs. 1 BGB als absolute Rechte geschützt werden und dem Betroffenen bei einer Verletzung ein Anspruch auf Schadensersatz zustehen, der dem aus der früheren Fassung aus dem Jahre 1959 entsprach. Dieser Entwurf wurde jedoch nicht einmal in den Bundestag eingebracht.

c) Zweites Gesetz zur Änderung schadensersatzrechtlicher Vorschriften (2002)

Am 01.08.2002 trat das „Zweite Gesetz zur Änderung schadensersatzrechtlicher Vorschriften" in Kraft. Dieses Gesetz brachte wichtige Änderungen im Bereich des Schmerzensgeldes. Die Vorschrift des § 847 a.F. BGB wurde aufgehoben und fast unverändert in § 253 Abs. 2 n.F. BGB verschoben. Danach kann eine billige Entschädigung auch wegen eines Nichtvermögensschadens verlangt werden, wenn Ersatzansprüche wegen Verletzungen des Körpers, der Gesundheit, der Freiheit oder der sexuellen Selbstbestimmung geltend gemacht werden.

---

[442] Verhandlungen des 42. DJT, S. D 155.

[443] § 847 BGB-E sollte folgende Fassung erhalten: „Wer in seiner Persönlichkeit verletzt wird, kann auch wegen eines Schadens, der nicht Vermögensschaden ist, eine angemessene Entschädigung in Geld einschließlich einer Genugtuung für erlittenes Unbill verlangen; dies gilt nicht, soweit eine Herstellung i.S. des § 249 möglich und genügend oder soweit dem Verletzten Genugtuung in anderer Weise als durch Geld geleistet ist; eine unerhebliche Verletzung bleibt außer Betracht. Die Höhe der Entschädigung bestimmt sich nach den Umständen, insbesondere nach der Schwere der Verletzung und des Verschuldens.".

[444] Vgl. *Stoll*, Gutachten zum 45. DJT.

[445] Verhandlungen des 45. DJT 1964, Bd. II (1965), S. C 127 f.

Noch im Gesetzgebungsverfahren war zwischen Bundesregierung und Bundesrat umstritten, ob ein Anspruch auf Geldersatz bei Verletzungen des allgemeinen Persönlichkeitsrechts in das reformierte Schadensersatzrecht aufgenommen werden sollte. Während die Bundesregierung eine ausdrückliche Aufzählung der „Persönlichkeit" in § 253 Abs. 2 n.F. BGB ablehnte, da ein solcher Anspruch nicht aus § 847 a.F. BGB erwachse, und somit von den §§ 253 a.F., 847 a.F. BGB unabhängig sei,[446] forderte der Bundesrat eine Änderung dieser Vorschriften. Nach seiner Ansicht sollte die Geldentschädigung bei Persönlichkeitsverletzung in einem neuen § 847 BGB geregelt werden,[447] da auch andere bislang ungeschriebene Rechtsinstitute nunmehr in das BGB aufgenommen worden seien, z.B. die c.i.c. oder der Wegfall der Geschäftsgrundlage.[448] Außerdem könne der Gesetzgeber dadurch zum Ausdruck bringen, dass er die seit 1900 vollzogenen tief greifenden technischen und sozialen Entwicklungen nunmehr ausdrücklich anerkannt habe. Dies sei umso mehr geboten, als die Vorschrift des § 253 a.F. BGB als Regel weiter aufrecht erhalten werden solle.[449] Die Bundesregierung wies diesen Vorschlag jedoch mit der Begründung zurück, dass die rechtspolitischen Fragen, die im Zusammenhang mit der Geldentschädigung für Persönlichkeitsverletzungen diskutiert werden, dadurch nicht gelöst würden. Vor der Kodifizierung von Teilbereichen sollte vielmehr ein schlüssiges Gesamtkonzept zur Regelung des allgemeinen Persönlichkeitsrechts erarbeitet werden. Dies sei im Rahmen des laufenden Gesetzgebungsverfahrens jedoch nicht möglich.[450] In diesem Zusammenhang liess sie ausdrücklich offen, ob eine einfachgesetzliche Klarstellung zum Persönlichkeitsschutz sinnvoll sei. Eine solche dürfe sich aber nicht auf die Anordnung einer Geldentschädigung als Rechtsfolge einer Persönlichkeitsverletzung beschränken, sondern müsse mit einer ausdrücklichen und umfassenden Regelung des zivilrechtlichen Schutzes des allgemeinen Persönlichkeitsrechts einhergehen. Dies könne im Zusammenhang mit der Reform des Schadensersatzrechts jedoch nicht geleistet werden.[451]

Eine Änderung der Geldersatzpraxis bei Persönlichkeitsverletzungen ist daher nicht zu erwarten. Man kann also weiterhin davon ausgehen, dass die Recht-

---

446 BT.-Drs. 14/7752, S. 24 f.

447 Der Vorschlag des Bundesrates lautete:
„§ 847
Geldentschädigung bei Persönlichkeitsrechtsverletzung
Im Fall einer Verletzung des allgemeinen Persönlichkeitsrechts kann der Verletzte auch wegen des Schadens, der nicht Vermögensschaden ist, eine angemessene Entschädigung in Geld verlangen, wenn die besondere Schwere der Verletzung sowie das Verschulden dies rechtfertigen und ein hinreichender Ausgleich für die Rechtsbeeinträchtigung auf andere Weise nicht zu erreichen ist.", BT.-Drs. 14/7752, S. 49.

448 BT.-Drs. 14/7752, S. 49.

449 BT.-Drs. 14/7752, S. 49.

450 BT.-Drs. 14/7752, S. 55.

451 BT.-Drs. 14/7752, S. 55.

sprechung dem in seinem Persönlichkeitsrecht Verletzten einen Geldentschädigungsanspruch zuerkennt, wenn die bisher ausschlaggebenden Voraussetzungen dafür vorliegen. Eine Änderung oder Abschaffung dieser Rechtsprechung aus Anlass der neuen Gesetzeslage wird es daher nicht geben.[452]

5. Alternative Lösungsmöglichkeiten

Der Lösungsweg des BGH zur Geldentschädigung steht unter der Annahme, der in seinem Persönlichkeitsrecht Betroffene habe keine andere Möglichkeit, mit sonstigen zivilrechtlichen Mitteln zum gleichen Ergebnis zu gelangen: Ohne einen Anspruch auf Geldentschädigung wäre der Rechtsschutz des Einzelnen „lückenhaft" und drohe zu „verkümmern".[453] Diese Grundannahme sieht sich in der letzten Zeit aber verstärkt Zweifeln ausgesetzt. So wird versucht, neue Wege und Lösungsmöglichkeiten aufzuzeigen, um die hohen Gewinne, die die Medien durch die kommerzielle Ausnutzung von Persönlichkeiten erzielen, zugunsten des Betroffenen abzuschöpfen. Verfolgt man das Ziel der Gewinnabschöpfung beim Verletzer, ist dabei der Weg über das Schadensersatzrecht verstellt, da es - wie gezeigt - in erster Linie dem Ausgleich dienen soll. Eine Abschöpfungsfunktion kommt aber zweifellos dem Bereicherungsrecht und dem Recht der Geschäftsführung ohne Auftrag zu.[454]

An der früher teilweise vertretenen Auffassung, Persönlichkeitsrechte wiesen wegen ihres rein ideellen Charakters keinen vermögensrechtlichen Zuweisungsgehalt auf,[455] hält man - soweit ersichtlich - nicht mehr fest. Von der Vorstellung, das allgemeine Persönlichkeitsrecht schütze ausschließlich ideelle Interessen und keine materiellen, hat man sich angesichts der heutigen Praxis der Vermarktung von Persönlichkeitsmerkmalen verabschiedet.[456]

Im Folgenden ist zu untersuchen, ob sich aus dem Bereicherungsrecht oder aus dem Recht der Geschäftsführung ohne Auftrag ein Anspruch des Betroffenen auf Herausgabe des Gewinns gegen die Medien herleiten lässt.

a) Eingriffskondiktion, § 812 Abs. 1 S. 1 2. Alt. BGB

Ein möglicher Weg, den Gewinn, den der Verletzer durch die Persönlichkeitsverletzung erzielt hat, zugunsten des Betroffenen abzuschöpfen, kann über das Bereicherungsrecht führen. In der gerichtlichen Praxis und weiten Teilen der Literatur spielt diese Lösung noch eine eher untergeordnete Rolle.[457] Dies hängt wohl damit zusammen, dass immer noch die vermeintliche Präventiv- und Sanktionsfunktion des Geldersatzes Schwerpunktthemen der Auseinandersetzung in

---

452 *Wagner*, NJW 2002, S. 2056.
453 BGH NJW 1961, 2059, 2060 - „Ginseng".
454 *Beuthien/Schmölz*, S. 4.
455 *Mestmäcker*, JZ 1958, S. 525.
456 *Götting*, S. 54.
457 *von Holleben*, S. 105; *Beuthien/Schmölz*, S. 39.

der deutschen Literatur sind. In der Rechtsprechung scheint sich die aktuelle Praxis, einen Vermögensausgleich über das Deliktsrecht herbeizuführen, so verfestigt zu haben, dass nur in bestimmten Ausnahmefällen über einen bereicherungsrechtlichen Ausgleich nachgedacht wird.

Ein Vermögensausgleich zwischen Schädiger und Geschädigtem über das Bereicherungsrecht gewinnt jedoch immer mehr Befürworter. Diese Möglichkeit wird vor allem in den Fällen kommerzieller Ausnutzung von Persönlichkeitsrechten diskutiert, um den Gewinn, den der Verletzer ungerechtfertigt erhalten hat, dem Betroffenen zukommen zu lassen. Die Lösung in einer solchen Konstellation liegt auf der Hand, da nur bei vermögensrechtlichen Interessen „etwas erlangt" wird, also nur in diesen Fällen der Weg über das Bereicherungsrecht offen steht. Im Vergleich zur Lösung über das Schadensersatzrecht erfordert eine solche über das Bereicherungsrecht kein Verschulden. Außerdem wird hier auch auf das Erfordernis einer schweren Persönlichkeitsverletzung verzichtet.[458] Dieser Anspruch ist für den Verletzten daher „besonders interessant".[459]

Von den verschiedenen Alternativen des § 812 Abs. 1 BGB kommt hier nur die Eingriffskondiktion in Frage, da der Betroffene ja gerade nicht „leistet", sondern der Verletzer ohne Einwilligung des Betroffenen dessen Persönlichkeit verletzt. Dieser Anspruch setzt voraus, dass der Eingreifende etwas „in sonstiger Weise auf fremde Kosten ohne rechtlichen Grund erlangt". Das Merkmal „auf dessen Kosten" verlangt einen Eingriff in den Zuweisungsgehalt des betroffenen Rechts. Dies ist gegeben, wenn das „erlangte etwas" nach der rechtlichen Güterzuordnung einem anderen gebührt.[460] Klassisches Beispiel für einen solchen Fall ist das Eigentum, da dem Eigentümer nach dem Gesetz vielfältiger Schutz vor Beeinträchtigungen gewährt wird (§§ 823 Abs. 1, 1004 Abs. 1 BGB) und er als Eigentümer zahlreiche Befugnisse hat (§§ 903, 985 BGB).[461] Es ist umstritten, ob auch dem allgemeinen Persönlichkeitsrecht ein bereicherungsrechtlicher Zuweisungsgehalt zukommt. Hier liegt ein Schwerpunkt in der Diskussion. Einen zweiten Schwerpunkt bildet die Frage, welchen Umfang ein Bereicherungsanspruch hat, insbesondere ob darüber die volle Gewinnabschöpfung zu erreichen ist.

(1) **Bereicherungsrechtlicher Zuweisungsgehalt**

Nach der Rechtsprechung des BGH kommt ein bereicherungsrechtlicher Ausgleichsanspruch des Betroffenen nur in einigen Konstellationen in Frage, die engen Voraussetzungen und Einschränkungen unterworfen sind.[462] Er beschränkt diesen Anspruch zum Einen auf bestimmte Fallgruppen von Persön-

---

458 *Prinz/Peters*, Rn. 899.
459 *Prinz/Peters*, Rn. 899.
460 *Beuthien/Schmölz*, S. 40.
461 *Musielak*, Grundkurs BGB, Rn. 725.
462 *Kläver*, S. 10.

lichkeitsverletzungen und gesteht dem Betroffenen darüber hinaus einen Bereicherungsausgleich nur zu, wenn er hinsichtlich dieser Persönlichkeitselemente ursprünglich „kommerzialisierungswillig“ war.

(a) **Beschränkung auf Fallgruppen**

(i) BGH: Bildnis und Name

Die erste Fallgruppe, in der ein bereicherungsrechtlicher Zuweisungsgehalt des allgemeinen Persönlichkeitsrechts bejaht wurde, betrifft die Verwendung von Bildnissen zu Werbezwecken ohne die Einwilligung des Abgebildeten. Die „*Paul Dahlke*“-[463] und „*Joachim Fuchsberger*“[464]-Entscheidungen können hier als Beispiele dienen. Die Befugnis des Abgebildeten, über die Verwertung seines Bildes selbst zu entscheiden, stelle ein „vermögenswertes Ausschließlichkeitsrecht“ dar, was durch die ungenehmigte Verwendung verletzt sei. Darin liege der Zuweisungsgehalt des Rechts am eigenen Bild. Das Bereicherungsrecht solle den grundlosen Vermögenszuwachs im Vermögen des Bereicherten ausgleichen. Der Bereicherte habe auch „etwas“ auf Kosten des Betroffenen erlangt, nämlich die Ersparnis des üblicherweise zu zahlenden Honorars.[465]
In der zweiten Fallgruppe handelt es sich um die unbefugte Benutzung eines fremden Namens zu Werbezwecken, den der Berechtigte selber werbend verwendet.[466] In diesem Zusammenhang gesteht die Rechtsprechung die Befugnis allein dem Betroffenen zu, über die werbemäßige Verwendung seines Namens zu entscheiden. Diese Befugnis stelle danach ein vermögenswertes Ausschließlichkeitsrecht dar, dessen Verletzung auch ohne Verschulden Ansprüche aus ungerechtfertigter Bereicherung auslösen könne.[467]

(ii) Erweiterung um andere Persönlichkeitselemente?

Die Einschränkung der Rechtsprechung, dem Betroffenen nur bei kommerzieller Ausnutzung seines Namens oder Bildnisses einen bereicherungsrechtlichen Anspruch zuzubilligen, wird in der Literatur mehrheitlich nicht geteilt. Diese Möglichkeit sei vielmehr bei allen „Persönlichkeitselementen“ anzuwenden, die der Betroffene von der Rechtsordnung unbeanstandet vermarkten könne, somit für alle „verkehrsfähigen Persönlichkeitsdetails“.[468] Soweit ersichtlich geht diese Ansicht auf *Schlechtriem* zurück, der als erster auf die Marktgängigkeit von Persönlichkeitsmerkmalen abstellte.[469] Danach könne die Stimme, das Erscheinungsbild, das gesprochene oder geschriebene Wort in Tagebüchern oder Le-

---

463 BGH NJW 1956, 1554 - „Paul Dahlke“.
464 BGH NJW 1992, 2084 - „Joachim Fuchsberger“.
465 LG Berlin ZUM 2002, 929, 930.
466 BGH NJW 1981, 2402, 2403 - „Rennsportgemeinschaft“.
467 LG München I ZUM 2002, 238, 240 - „Uli Hoeneß“.
468 MünchKommBGB/*Rixecker*, § 12 Anh., Rn. 226.
469 *Schlechtriem*, FS Hefermehl, S. 453.

bensberichten vermarktet werden.[470] Ein Eingriff in den erforderlichen bereicherungsrechtlichen Zuweisungsgehalt liege nämlich auch vor, wenn jemand ein gegen fremde Eingriffe geschütztes Rechtsgut eines Anderen unbefugt wirtschaftlich ausnutze.[471] Entscheidendes Kriterium sei der Markt. Ob einem Persönlichkeitsmerkmal ein vermögenswerter Zuweisungsgehalt zukomme, richte sich allein nach den tatsächlichen Verhältnissen.[472] Im Ergebnis führte dies dazu, dass auch alle anderen vermögenswerten marktgängigen Persönlichkeitsmerkmale neben dem Namensrecht und dem Recht am eigenen Bild einem Ausgleich über die Eingriffskondiktion offen stünden.[473]

Diese Ansicht überzeugt: Es ist nicht einzusehen, warum ein bereicherungsrechtlicher Anspruch nur auf die Fälle der ungenehmigten Bildnis- oder Namensnutzung beschränkt sein soll. Nicht nur sie sind Gegenstand der Vermarktung von Persönlichkeitselementen: In Büchern und Illustrierten präsentieren Prominente der Öffentlichkeit vielmehr zunehmend Geschichten und Erinnerungen aus ihrem Intim- und Privatleben, um damit Geld zu verdienen.[474] Dies zeigt, dass ungenehmigte Veröffentlichungen aus der Intim- und Privatsphäre gegen ein vermögenswertes Ausschließlichkeitsrecht des Betroffenen verstoßen können.[475] Gerade die Tatsache, dass den Enthüllern solcher Geheimnisse oftmals hohe Geldbeträge als Honorar gezahlt werden, macht die Existenz eines Marktes für personenbezogene Informationen deutlich.[476] Die in der Rechtsprechung behandelten Fälle der erfundenen Interviews mit Prominenten oder die Veröffentlichungen aus der Intim- und Privatsphäre können daher auch mit dem Bereicherungsrecht gelöst werden. Die Grenze ist aber dort zu ziehen, wo ein Persönlichkeitsmerkmal keinen Vermögenswert mehr hat, sondern einen rein ideellen. Dies wird regelmäßig bei Ehrverletzungen der Fall sein.[477] In solchen Fällen muss es bei der jetzigen Praxis des Geldersatzes bleiben.

Man darf aber nicht verkennen, dass durch diese Lösung, nur bestimmten Persönlichkeitsmerkmalen einen Vermögenswert zuzumessen, auf Rechtsfolgenebene eine Abgrenzung zwischen rein ideellen und vermögenswerten Persönlichkeitselementen erfolgt. Dadurch nähert man sich hinsichtlich der Rechtsfolgen in gewisser Weise dem Dualismus zwischen einem *right of privacy* und ei-

---

470 MünchKommBGB/*Rixecker*, § 12 Anh., Rn. 226.
471 BGB-RGRK-*Heimann=Trosien*, § 812, Rn. 42.
472 *von Holleben*, S. 109.
473 *von Holleben*, S. 110.
474 *Siemes*, AcP 201 (2001), S. 220.
475 Ein Beispiel dafür ist die Konstellation um *Isabel Preysler*, in der ebenfalls Vorgänge aus ihrem Intim- und Privatleben ungenehmigt in der Öffentlichkeit verbreitet wurden, um den Absatz einer Illustrierten zu erhöhen.
476 *Siemes*, AfP 1997, S. 542; *von Holleben*, S. 110.
477 *C. Ahrens*, S. 300, der darauf hinweist, dass jemand - trotz der fehlenden kommerziellen Verwertbarkeit der Ehre - seine eigene Lebensgeschichte abschätzig schildern und dadurch verwerten kann.

nem *right of publicity* an, der das US-amerikanische und teilweise auch das spanische Recht prägt.

(b) **Kommerzialisierungswille erforderlich?**

Die Rechtsprechung schränkt die - ohnehin nur in den engen Konstellationen der Bildnis- oder Namensnutzung anerkannte - Ausgleichsmöglichkeit über das Bereicherungsrecht in einem entscheidenden Punkt noch weiter ein, was teilweise in der Literatur[478] unterstützt wird: Der Anspruch soll nämlich nur dann bestehen, wenn der Betroffene seinen Namen oder sein Bildnis gegen Entgelt grundsätzlich für Werbezwecke zur Verfügung gestellt hätte, er also kommerzialisierungswillig war. Diese Einschränkung wird in vielen praktischen Fällen aber dazu führen, dass ein bereicherungsrechtlicher Anspruch des Betroffenen ausscheidet. Dies ergibt sich zum einen dadurch, dass manche Personen in bestimmte Arten der kommerziellen Nutzung niemals einwilligen würden, z.B., weil sie nicht mit dem hinter der Nutzung stehenden Produkt in Verbindung gebracht werden möchten. Ein Beispiel dafür bildet der „*Herrenreiter*", der mit der kommerziellen Nutzung seines Bildnisses zur Werbung für ein Potenzmittel nicht einverstanden gewesen wäre. Andererseits kommt die Einwilligung zur kommerziellen Nutzung z.B. von Bildnissen fast nur bei professionellen Darstellern, Modellen oder Prominenten in Frage, da grundsätzlich nur sie die Möglichkeit haben, ihre Persönlichkeit zu vermarkten.[479] Dies läuft daraus hinaus, dass „normale" Personen, deren alltägliche Bilder zu kommerziellen Zwecken verwendet werden, mangels „kommerzieller Präformierung" ihres Bildnisses keinen Bereicherungsanspruch haben.[480]

(i) „Erlangtes etwas" bei fehlendem Kommerzialisierungswillen

Die Begründung dieser einschränkenden Voraussetzung hat zwar in der Rechtsprechung in den vergangenen Jahren gewechselt, das Ergebnis ist aber bestehen geblieben. Zeitweise stellte sie bei der Ablehnung bereicherungsrechtlicher Ansprüche bei fehlendem Kommerzialisierungswillen darauf ab, dass dem Betroffenen in diesem Fall kein Vermögensschaden entstanden sei, da er seine Persönlichkeitsmerkmale niemals gegen Geld vermarktet hätte.[481] Davon ist die Rechtsprechung mittlerweile zu Recht abgerückt. Ein Vermögensschaden des Betroffenen bildet danach keine Voraussetzung für einen bereicherungsrechtlichen Anspruch, da das Bereicherungsrecht nicht eine „Vermögensminderung im Vermögen des Benachteiligten, sondern einen grundlosen Vermögenszuwachs

---

478 *Peifer*, S. 311 f.

479 *Götting*, S. 51.

480 *Götting*, S. 51 unter Hinweis auf *Bötticher*, AcP 158 (1959/60), S. 403 f.

481 BGH NJW 1958, 827, 829 - „Herrenreiter".

im Vermögen des Bereicherten" ausgleichen soll.[482] Inzwischen hat sich die Rechtsprechung auf eine andere Argumentation zurückgezogen. Lehne der Betroffene es von vorneherein ab, seine Persönlichkeitsmerkmale zu vermarkten, scheitere sein Bereicherungsanspruch an dem erforderlichen Merkmal des „erlangten etwas". Der Verletzer habe in diesen Fällen keine Honorarkosten erspart, also auch nichts erlangt. Im Fall fehlenden Kommerzialisierungswillens verhalte sich der Betroffene außerdem widersprüchlich, wenn er einerseits die Kommerzialisierung seiner Persönlichkeitsmerkmale von vorneherein ablehne, aber andererseits im Klagewege dafür Geld erhalten wolle.[483]

(ii) „Erlangtes etwas" trotz fehlendem Kommerzialisierungswillen

Im Gegensatz zur Rechtsprechung sieht man in der Literatur die Möglichkeit, dem Betroffenen auch in den Fällen einen Vermögensausgleich über die Eingriffskondiktion zuzubilligen, in denen er der Kommerzialisierung seiner Persönlichkeit niemals zugestimmt hätte. Der Ansatz des BGH, auf den Kommerzialisierungswillen des Betroffenen abzustellen, sei nicht mit dem System des Bereicherungsrechts zu vereinbaren.[484] Für eine Eingriffskondiktion komme es vielmehr allein auf den rechtsgrundlosen Vermögenszuwachs des Bereicherten an, der unabhängig vom Kommerzialisierungswillen des Betroffenen bei diesem entstehe; nicht auf Vermögenseinbußen beim Betroffenen.[485] Entscheidend sei, dass der Verletzer tatsächlich etwas erlange.[486] Dann sei es unerheblich, ob der Betroffene bereit war, Elemente seiner Persönlichkeit zu verwerten. Ein Nutzungswille sei nur für einen materiellen Schadensersatzanspruch - entgangener Gewinn - erforderlich, nicht aber für einen Bereicherungsanspruch.[487] Als Argument gegen das Erfordernis eines Kommerzialisierungswillens könne auch der - in der Tat fragwürdige - Erfolg dieser Rechtsprechung gelten. Man stelle sich einen allseits beliebten Prominenten vor, der sich bisher allen zahlreichen Wünschen nach Auftritten in der Werbung widersetzt hat.[488] Nach der Rechtsprechung fehlte ihm also der Kommerzialisierungswille. Damit wäre der Betroffene allein auf einen Geldentschädigungsanspruch verwiesen, wenn sein Bildnis gegen seinen Willen in der Werbung kommerziell ausgenutzt würde. Der Geldentschädigungsanspruch ist aber an die strenge Voraussetzung einer besonders schweren Persönlichkeitsverletzung gebunden, so dass ein solcher Anspruch u.U. nicht zuerkannt werde, sondern lediglich ein Unterlassungsan-

---

[482] BGH NJW 1956, 1554, 1556 - „Paul Dahlke"; BGH NJW 1992, 2084, 2085 - „Joachim Fuchsberger".
[483] BGH NJW 1979, 2205, 2206 - „Fußballkalender".
[484] *Canaris*, FS Deutsch, S. 90.
[485] *von Holleben*, S. 106; *Götting*, S. 54; *Ullmann*, AfP 1999, S. 212.
[486] *Prinz/Peters*, Rn. 900.
[487] *Siemes*, AfP 1997, S. 542.
[488] Beispiel nach: *Götting*, S. 56.

spruch. Könne jetzt der Betroffene auch keinen Anspruch aus Eingriffskondiktion geltend machen, so schaffe die derzeitige Rechtsprechung des BGH geradezu einen Anreiz, die Persönlichkeit gerade der Prominenten kommerziell auszunutzen, die sich einer solchen Praxis ausdrücklich entgegen stellten.[489] Ein vorsätzliches Handeln gegen den ausdrücklichen Willen des Betroffenen würde dann u.U. von der Rechtsprechung belohnt.

Diese Argumente überzeugen. Dies folgt aus der Überlegung, dass sich der fehlende Kommerzialisierungswille des Betroffenen nicht zugunsten des Verletzers auswirken darf. Auch der Einwand, die Gerichte verletzten „zwangsläufig" das informationelle Selbstbestimmungsrecht des Betroffenen, wenn sie trotz seines entgegen stehenden Willens die unbefugte Kommerzialisierung entsprechend dem Marktwert ausglichen,[490] kann nicht durchgreifen. Ob Persönlichkeitsmerkmale einen Marktwert haben, ist vielmehr vom Willen der betroffenen Person unabhängig. Eine Verletzung des informationellen Selbstbestimmungsrechts kann in diesen Konstellationen damit - mangels Selbstbestimmungsmöglichkeit - gar nicht vorliegen.[491] Allein der Markt entscheidet über den Wert von Persönlichkeitsmerkmalen, nicht die dahinter stehende Person.[492] Die Verwertungsmöglichkeit ist dem Betroffenen damit „kraft Natur der Sache" zugewiesen.[493] Außerdem führt die derzeitige Rechtsprechung - wie gezeigt - zu Ergebnissen, die einem wirksamen Persönlichkeitsschutz entgegen stehen.

Das Argument des widersprüchlichen Verhaltens, das der BGH außerdem als Begründung für seine Rechtsprechung anführt, überzeugt ebenfalls nicht. Ein widersprüchliches Verhalten liegt vielmehr auf Seiten des Verletzers vor, wenn er die Persönlichkeit eines Anderen zu wirtschaftlichen Zwecken ausnutzt und sich dann auf den nicht-vermögenswerten Charakter dieser Rechte beruft, weil der Rechtsinhaber diese gerade nicht vermarkten wolle.[494] Im Ergebnis ist damit dem Betroffenen auch in den Fällen ein bereicherungsrechtlicher Ausgleich zuzugestehen, in denen er nicht kommerzialisierungswillig war. Dadurch kann der Betroffene - ohne den Nachweis einer schweren Persönlichkeitsverletzung führen zu müssen - bereicherungsrechtliche Ansprüche gegen den Verletzer geltend machen. Dies muss und wird zu der notwendigen Stärkung des Persönlichkeitsschutzes führen.

(iii) Sonderfall: „erlangtes etwas" bei Nicht-Prominenten

Die Tendenz der Rechtsprechung, nur demjenigen einen bereicherungsrechtlichen Anspruch zuzubilligen, der gewohnheitsmäßig mit seiner Persönlichkeit

---

489 *Götting*, S. 56.
490 *Gounalakis*, AfP 1998, S. 19.
491 *Beuthien/Schmölz*, S. 41.
492 *Beuthien/Schmölz*, S. 41.
493 *Beuthien/Hieke*, AfP 2001, S. 360.
494 *von Holleben*, S. 107; *Götting*, S. 53 f.

Geld verdient und „normale" Personen von diesem Anspruch auszuschließen, ist ebenfalls nicht gerechtfertigt. Vielmehr zeigt der Verletzer ja gerade durch die kommerzielle Nutzung eines Bildnisses einer bestimmten Person, dass er diesem einen wirtschaftlichen Wert beimisst.[495] An dieser tatsächlichen Kommerzialisierung muss sich der Verletzer daher festhalten lassen, auch wenn das Bildnis nicht „kommerziell präformiert" ist.[496] Ein bereicherungsrechtlicher Anspruch muss danach auch Personen zustehen, die ihre Persönlichkeit normalerweise nicht zu Geld machen.[497]

(c) **Einschränkung durch gegenläufige Interessen**

Diese Lösung darf aber nicht dazu führen, dass bei jeder Beeinträchtigung kommerzieller Belange einer Person der Weg über das Bereicherungsrecht möglich ist. Vielmehr müssen auch hier Interessen der Medien Berücksichtigung finden. Wie bei der Frage, ob das allgemeine Persönlichkeitsrecht in ideeller Hinsicht verletzt ist, muss auch hier grundsätzlich eine Güter- und Interessenabwägung stattfinden.[498] Es sind Fälle denkbar, in denen das Interesse des Einzelnen, seine Persönlichkeit zu vermarkten, durch berechtigte Interessen Dritter beschränkt wird. Die Befugnis, über die Vermarktung und Nutzung seiner Persönlichkeit allein zu entscheiden, ist daher durch das öffentliche Informationsinteresse der Allgemeinheit eingeschränkt.[499] Wenn man dem Inhaber allein und ausschließlich die Nutzungsbefugnis seiner Persönlichkeit zuwiese, liefe dies nämlich auf die Anerkennung eines Monopolrechts hinaus, das mit der grundrechtlich geschützten Pressefreiheit (Art. 5 Abs. 1 GG) nicht vereinbar wäre.[500] Bei der Abwägung spielen daher die gleichen herkömmlichen Erwägungen eine Rolle wie im Deliktsrecht. Ein Bereicherungsanspruch ist danach nur gegeben, wenn das allgemeine Persönlichkeitsrecht nach den Wertungen des § 823 Abs. 1 BGB verletzt ist und wirtschaftlich nutzbar ist.[501]

(2) **Umfang des Bereicherungsanspruchs**

Es stellt sich nun die Frage nach dem Umfang des Bereicherungsanspruchs. Dabei ist insbesondere für den Betroffenen interessant, ob er vom Verletzer auch die erzielten Gewinne herausverlangen kann. Grundsätzlich ist nach § 812 Abs. 1 S. 1 2. Alt. BGB das durch den rechtswidrigen Eingriff in das fremde Ausschließlichkeitsrecht „erlangte Etwas" herauszugeben.[502] Die Herausgabe der Vorteile, die der Verletzer durch die Kommerzialisierung der Persönlichkeits-

---

495 *Götting*, S. 54 f.
496 *Götting*, S. 55, mit Hinweis auf *Bötticher*, AcP 158 (1959/60), S. 403 f.
497 *Götting*, S. 55.
498 *von Holleben*, S. 111.
499 *Götting*, S. 59; *von Holleben*, S. 112.
500 *Götting*, S. 59; *von Holleben*, S. 112.
501 *von Holleben*, S. 112.
502 *Beuthien/Schmölz*, S. 45.

merkmale erlangt hat, ist aber *in natura* nicht möglich,[503] so dass sich die privilegierte Haftung des gutgläubigen Bereicherungsschuldners nach § 818 Abs. 2 BGB richtet, während den bösgläubigen die verschärfte Haftung nach §§ 818 Abs. 4, 819 Abs. 1 BGB in Verbindung mit den allgemeinen Vorschriften trifft.

(a) **Wertersatz nach § 818 Abs. 2 BGB**

Der gutgläubige Verletzer schuldet somit nach § 818 Abs. 2 BGB Wertersatz. In diesem Zusammenhang ist in der Literatur umstritten, wie der Wertersatz nach § 818 Abs. 2 BGB zu bemessen ist. Herrschend ist hier die objektive Bemessung des Wertes der Bereicherung.[504] Der gutgläubige Bereicherungsschuldner kann somit die Gewinnanteile behalten, die auf seiner eigenen Tätigkeit beruhen. Dies erklärt sich daraus, dass im Zuweisungsgehalt des Persönlichkeitsrechts allein die Nutzung der fremden Persönlichkeitsmerkmale verkörpert ist, nicht alle daraus gezogenen Gewinne. Sie hingegen beruhen in erster Linie auf eigener Tätigkeit der Journalisten, auf ihren persönlichen Fähigkeiten und auf deren Engagement.[505] Die von den Medien ausgewerteten Persönlichkeitselemente bilden lediglich das „Rohmaterial", das die Journalisten verarbeiten.[506] Da die Rechtsordnung dem Berechtigten die Gewinnchancen nur dann zuweist, wenn er sie selbst nutzt, muss in den Fällen der Ausnutzung fremder Persönlichkeitsmerkmale der Gewinn beim Verletzer verbleiben, da der Berechtigte sie gerade nicht selbst nutzt.[507] Außerdem liegt es in der Hand des Verletzers, nach seinem wirtschaftlichen Geschick einen hohen Gewinn zu erzielen, der nicht unmittelbar dem betroffenen Persönlichkeitsmerkmal innewohnt, sondern erst durch den Verwertungsakt entsteht. Der Wert des Persönlichkeitsmerkmals wird durch den Markt bestimmt, auf dem sich die Höhe des Honorars bildet. Daraus folgt, dass nur die ersparten fiktiven Honorarkosten herauszugeben sind.[508] Eine über den objektiven Wert hinausgehende Gewinnhaftung des gutgläubigen Bereicherungsschuldners kann der Verletzte daher nicht verlangen.[509]
Es stellt sich nun die Frage nach der Berechnung des objektiven Wertes der Nutzung fremder Persönlichkeitsmerkmale. Dieser bemisst sich grundsätzlich durch die Ersparnis des üblichen Honorars, somit regelmäßig der Lizenzgebühr. Die Höhe der Lizenzgebühr muss sich am Marktwert der genutzten Persönlichkeitsdetails orientieren, also an den Preisen, die in der Medienbranche üblicherweise für die Erlangung dieses Materials gezahlt werden. Dabei kann das Ge-

---

503 MünchKommBGB/*Rixecker*, § 12 Anh., Rn. 226; *Beuthien/Schmölz*, S. 45.
504 Palandt/*Sprau*, BGB, § 818, Rn. 19.
505 *von Holleben*, S. 114; *Siemes*, AcP 201 (2001), S. 227 mit weiteren Nachweisen.
506 *Siemes*, AcP 201 (2001), S. 227.
507 MünchKommBGB/*Rixecker*, § 12 Anh., Rn. 226.
508 *Beuthien/Schmölz*, S. 46 f.
509 *Siemes*, AcP 201 (2001), S. 226; *Schlechtriem*, FS Hefermehl, S. 458; *Canaris*, FS Deutsch, S. 91; *Vollkommer*, FS Leisner, S. 606.

richt nach § 287 Abs. 2 ZPO eine Schätzung vornehmen, in der alle Umstände des Einzelfalls zu berücksichtigen sind.[510] Dazu können die „Auflagenstärke und Verbreitung der die Werbeanzeige enthaltenden Zeitschriften (und) die Art und Gestaltung der Anzeige" zählen.[511] Das übliche Honorar kann sich auch an den Summen orientieren, die üblicherweise an *paparazzi* gezahlt werden oder die Prominente für eine Exklusivberichterstattung verlangen. Andere Faktoren können die Prominenz des Verletzten oder der offenbarte Lebensbereich sein.[512]

Der gutgläubige Bereicherungsschuldner kann sich nach § 818 Abs. 3 BGB auf den Wegfall der Bereicherung berufen. Allerdings wird die praktische Bedeutung dieser Möglichkeit in den hier diskutierten Fällen eher gering sein.

(b) **Gewinnhaftung bei Bösgläubigkeit**

Für den bösgläubigen Bereicherungsschuldner ergibt sich seine verschärfte Haftung aus §§ 818 Abs. 4, 819 Abs. 1 BGB in Verbindung mit den allgemeinen Vorschriften. Fraglich ist, ob zumindest er auf Gewinnherausgabe haftet. Diese kommt dabei lediglich über § 285 n.F. BGB in Betracht, der als eine solche allgemeine Vorschrift gilt.[513]

Teilweise möchte man bei vorsätzlich unberechtigtem Gebrauch eines fremden Persönlichkeitsrechts über diese Vorschrift die hohen Verletzergewinne dem Betroffenen zu Gute kommen zu lassen.[514]

Auch wenn dieses Ergebnis aufgrund der vorliegenden Interessenlage angemessen und gerecht erscheint, ist dieser Lösungsvorschlag nicht gangbar. Nach § 285 n.F. BGB muss der Gläubiger einer unmöglich gewordenen Leistung das stellvertretende *commodum* herausgeben, das an die Stelle der unmöglichen Leistung getreten ist. Diese Konstellation liegt aber bei Persönlichkeitsnutzungen mit kommerziellem Hintergrund nicht vor. Zwar ist die dabei geschuldete Leistung, die Herausgabe dieser Nutzungen nach Bereicherungsrecht, *in natura* unmöglich.[515] Es fehlt jedoch an der erforderlichen Kausalität zwischen der Erlangung des Surrogats und der Unmöglichkeit der Herausgabe. Der Schuldner muss nach § 285 n.F. BGB gerade infolge des Umstandes, aufgrund dessen er die unmögliche Leistung verweigern kann, ein Surrogat erhalten haben. In Bezug auf Persönlichkeitsverletzungen bedeutet dies, dass der Verletzer allein wegen der Unmöglichkeit, dem Betroffenen die Persönlichkeitsnutzung herauszugeben, einen Gewinn erzielt haben müsste. Dies ist aber nicht der Fall. Die Ge-

[510] LG München I ZUM 2002, 238, 240 - „Uli Hoeneß".
[511] LG München I ZUM 2002, 238, 240 - „Uli Hoeneß".
[512] *Siemes*, AcP 201 (2001), S. 228; Wie noch zu zeigen sein wird, zieht das spanische L.O. 1/1982 ebenfalls einige dieser Kriterien ausdrücklich als Bemessungsgrundlage für die Höhe des Schadensersatzes bei Persönlichkeitsverletzungen heran, dazu ausführlich: 2. Teil: D.II.2.d.
[513] Palandt/*Heinrichs*, BGB, § 285, Rn. 3 mit weiteren Nachweisen.
[514] *Canaris*, FS Deutsch, S. 91 f.
[515] *von Holleben*, S. 117.

winnerzielung durch die unbefugte Persönlichkeitsnutzung erfolgt vielmehr unabhängig von der Tatsache, dass der Verletzer dem Betroffenen diese Nutzung nicht herausgeben kann. Der Verletzer macht seinen Gewinn gerade durch die Nutzung als solche, nicht weil ihm die Herausgabe der Persönlichkeitsnutzungen wegen dessen Natur unmöglich ist.[516]
Damit kann eine Haftung des bösgläubigen Verletzers auf seinen gesamten Gewinn nicht über §§ 818 Abs. 4, 819 Abs. 1, 285 n.F. BGB hergeleitet werden.

(3) **Zusammenfassung**

Nach hier vertretener Lösung kommt damit ein Ausgleich über die Eingriffskondiktion in den Fällen in Betracht, in denen einem Persönlichkeitsmerkmal nach den Marktverhältnissen ein Vermögenswert zukommt. Dies ist nicht auf das Recht am eigenen Bild und das Namensrecht beschränkt. Es ist unerheblich, ob der Betroffene kommerzialisierungswillig war oder ob es sich um eine „normale" Person handelt, die gewohnheitsmäßig nicht mit der Vermarktung ihrer Persönlichkeit Geld verdient. Wie bei deliktischen Schadensersatzansprüchen im Zusammenhang mit dem allgemeinen Persönlichkeitsrecht muss auch hier eine Güter- und Interessenabwägung die Frage beantworten, ob nicht überwiegende Interessen auf Seiten des Bereicherten vorliegen. Die hier festzustellende Zurückhaltung der Rechtsprechung scheint auf ihrer eingefahrenen Praxis zu beruhen, Ansprüche des Betroffenen - außer in den genannten Ausnahmefällen - über den Geldentschädigungsanspruch, also über das Schadensersatzrecht zu lösen. Hier kann das Bereicherungsrecht aber eine wirkungsvolle - und vor allem systemkonforme - Alternative bieten, da die herkömmliche Lösung durch das Schadensersatzrecht mit schweren dogmatischen Problemen belastet ist.
Der Weg über das Bereicherungsrecht ermöglicht es den Gerichten, den objektiven Vermögensvorteil beim Verletzer abzuschöpfen. Damit kann der Persönlichkeitsschutz des Einzelnen, insbesondere vor kommerzieller Ausbeutung, erhöht werden. Dies gilt umso mehr, als dass das Bereicherungsrecht - im Gegensatz zur schadensersatzrechtlichen Geldentschädigung - auf das Erfordernis einer schweren Schuld verzichtet. Eine vollständige Gewinnabschöpfung ist aber wegen der objektiven Bestimmung des „Wertes" in § 818 Abs. 2 BGB nicht möglich. Auch über §§ 818 Abs. 4, 819 Abs. 1 BGB besteht keine Möglichkeit, den Gewinn bei einem bösgläubigen Verletzer abzuschöpfen. Damit entsteht aber - trotz des dogmatisch sauberen Weges - das missliche Ergebnis, dass der Verletzer allein nach dieser Lösung finanziell genauso steht, wie er bei ordnungsgemäßer Einwilligungserteilung durch den Betroffenen stünde. Die Medien könnten daher „auf gut Glück" Persönlichkeitsverletzungen begehen, da sie auf bereicherungsrechtlichem Wege keine Mehrkosten fürchten müssen.[517] Da-

516 *von Holleben*, S. 117 f.
517 *Vollkommer*, FS Leisner, S. 607.

her bleibt zu prüfen, ob die allgemein gewünschte Abschreckung auf anderen Wegen zu erreichen ist.

b) Angemaßte Eigengeschäftsführung, §§ 687 Abs. 2, 681, 667 BGB

Neben dem - im Ergebnis nicht zum Ziel führenden - Lösungsvorschlag über das Bereicherungsrecht wird zudem die Möglichkeit diskutiert, den vollen Verletzergewinn nach §§ 687 Abs. 2, 681, 667 BGB abzuschöpfen, was als „dogmatisch besserer Weg" gilt.[518] Im Gegensatz zum bereicherungsrechtlichen Anspruch bei der Zwangskommerzialisierung von Persönlichkeitsmerkmalen hat die Rechtsprechung diesen Weg bisher noch nicht bemüht. Lediglich in Teilen der Literatur finden sich vermehrt Stimmen, die eine solche Lösung vorschlagen. Sie steht aber noch „am Rande des rechtlichen Interesses".[519]

Bei § 687 Abs. 2 BGB hat der Geschäftsführer im Gegensatz zur Regelung in § 687 Abs. 1 BGB die Kenntnis, ein fremdes Geschäft als eigenes zu behandeln, ohne dazu berechtigt zu sein. Er nutzt dennoch die fremde Rechtsposition für sich aus. Damit liegt grundsätzlich eine Interessenlage vor, die der Zwangskommerzialisierung von Persönlichkeitsmerkmalen ähnlich ist. Auf diese Konstellation übertragen setzt ein Anspruch aus §§ 687 Abs. 2, 681, 667 BGB voraus, dass jemand fremde Persönlichkeitsmerkmale in dem Wissen ausbeutet, dazu nicht berechtigt zu sein.[520]

(1) Führung eines fremden Geschäfts, § 687 Abs. 2 BGB

Voraussetzung für einen Anspruch aus §§ 687 Abs. 2, 681, 667 BGB ist das Führen eines objektiv fremden Geschäfts.[521] Dies ist bei einem Geschäft gegeben, das schon nach seiner Natur, seinem Inhalt und seinem äußeren Erscheinungsbild in einen anderen Rechts- und Interessenkreis fällt als in den des Handelnden.[522] Grundsätzlich fällt die Befugnis, über die wirtschaftliche Nutzung seiner Persönlichkeit und seines Images zu entscheiden, in den Rechtskreis der dahinter stehenden Person. Hier ergibt sich zunächst das gleiche Bild wie bei einem Eingriff in den Zuweisungsgehalt im Sinne des Bereicherungsrechts.[523] In diesem Zusammenhang stellt sich aber erneut die Frage, wie die Fälle zu behandeln sein sollen, in denen der Betroffene sich von vorneherein nicht mit der kommerziellen Nutzung seiner Persönlichkeitsmerkmale einverstanden erklärt hat. Die teilweise vertretene Ansicht, der Verletzer führe dann überhaupt kein objektiv fremdes Geschäft,[524] kann aber nicht überzeugen. Dem Betroffenen

---

518 *Siemes*, AfP 1997, S. 542.
519 *Beuthien*, NJW 2003, S. 1221.
520 *Beuthien/Schmölz*, S. 51.
521 Palandt/*Sprau*, BGB, § 687, Rn. 1.
522 Palandt/*Sprau*, BGB, § 677, Rn. 4.
523 *Beuthien/Schmölz*, S. 51.
524 OLG Hamburg NJW-RR 1994, 990, 991 - „Caroline von Monaco" (Vorentscheidung zu BGH NJW 1996, 1128 - „Caroline von Monaco III"); *Gounalakis*, AfP 1998, S. 19.

steht zwar allein die Entscheidung zu, über die Kommerzialisierung seiner Persönlichkeit und seines Images zu entscheiden. Die Folgerung dieser Ansicht, wenn er eine Kommerzialisierung ablehne, führe der Verletzer kein fremdes, sondern ein eigenes Geschäft,[525] erscheint aber in diesem Zusammenhang verfehlt. Dem ist nämlich entgegenzuhalten, der Verletzer "wildere" - unabhängig von der Entscheidung des Betroffenen, seine Persönlichkeit selber nutzen zu wollen oder nicht - in fremdem Rechtskreis, wenn er sich anmaße, diese Entscheidung für den Betroffenen zu übernehmen.[526] Entgegen der ablehnenden Ansicht in der Literatur ist hier außerdem zu beachten, dass die Mißachtung des Willens des Betroffenen ja gerade typisch für die Geschäftsanmaßung ist.[527] Der Einwand, der Verletzer führe hier ein eigenes Geschäft, da er sich über den Willen des Betroffenen hinwegsetze, kann daher nicht durchgreifen.
Das Merkmal des „objektiv fremden" Geschäfts kann in diesem Zusammenhang auch dazu dienen, die kollidierenden Interessen der Presse- und Meinungsfreiheit in die Beurteilung einer Haftung aus §§ 687 Abs. 2, 681, 667 BGB mit einzubeziehen. Wenn nämlich das Interesse der Medien an einer Veröffentlichung gegenüber dem Interesse des Betroffenen am Schutz seiner Persönlichkeit überwiegt, fehlt es an diesem Merkmal.[528] Die mediale Verwertung ist dann kein fremdes, sondern ein eigenes Geschäft des Publizierenden.[529]

(2) **Umfang des Anspruchs**

Problematisch ist schließlich, wie der Herausgabeanspruch des Betroffenen zu berechnen ist. Nach §§ 687 Abs. 2, 681, 667 BGB muss der Verletzer ihm alles, was er durch die Persönlichkeitsnutzung erlangt hat, herausgeben. Im Unterschied zum Bereicherungsrecht besteht also keine Beschränkung auf den objektiven Wertersatz. Hier tritt eine schärfere Haftung des Schuldners ein, da er aus einer vorsätzlichen widerrechtlichen Verwertung fremder Rechte keinen Vorteil behalten können soll.[530] Daher umfasst der Anspruch aus vermeintlicher Eigengeschäftsführung die Herausgabe aller Vorteile. Umfasst sind auch solche, die der Verletzer durch eigene Geschäftstüchtigkeit erhält und die ihm nach bereicherungsrechtlichen Grundsätzen verbleiben würden.[531] Der Verletzer kann dem Betroffenen lediglich die Rechte aus §§ 687 Abs. 2 S. 2, 684 BGB entgegenhalten und somit nach den Vorschriften des Bereicherungsrechts Aufwendungsersatz fordern.

---

525 *Gounalakis*, AfP 1998, S. 19.
526 MünchKommBGB/*Rixecker*, § 12 Anh., Rn. 227.
527 *Beuthien/Schmölz*, S. 51, Fn. 167, S. 52; *von Holleben*, S. 121.
528 *Beuthien/Schmölz*, S. 52.
529 *Beuthien/Schmölz*, S. 52.
530 *Beuthien/Schmölz*, S. 53.
531 *Beuthien/Schmölz*, S. 53.

(3) Zusammenfassung

Nach §§ 687 Abs. 2, 681, 667 BGB kann der Verletzergewinn zu Gunsten des Betroffenen abgeschöpft werden. Bei der unbefugten Nutzung von Persönlichkeitsmerkmalen liegt grundsätzlich die Konstellation der §§ 687 Abs. 2, 681, 667 BGB vor. Der Verletzer hat regelmäßig die Kenntnis, unberechtigt in einen fremden Rechtskreis einzudringen. Er führt damit ein objektiv fremdes Geschäft. Er führt dieses fremde Geschäft auch als eigenes, indem er durch die Zwangskommerzialisierung seine eigenen Interessen verfolgt, nämlich Auflagensteigerung bzw. höhere Einschaltquoten und damit höhere Werbeeinnahmen zu erreichen. Als Rechtsfolge sieht das Gesetz hier die Herausgabe des gesamten Erlöses vor, was den erzielten Gewinn einschließt.

Damit bietet diese Anspruchsgrundlage dem Betroffenen eine Möglichkeit, die er weder nach schadensersatz-, noch nach bereicherungsrechtlichen Grundsätzen hat. Angesichts dessen ist das Unverständnis in der Literatur verständlich, dass die Rechtsprechung von diesem Instrument bisher noch keinen Gebrauch gemacht hat.[532]

6. Zusammenfassung

Neben den allgemein anerkannten Rechtsfolgen Widerruf, Unterlassung oder Gegendarstellung gewährt die deutsche Rechtsprechung dem Betroffenen auch einen Geldersatz bei Persönlichkeitsverletzungen. Dieser soll in erster Linie immaterielle Schäden des Betroffenen ausgleichen. Eine ausdrückliche Anspruchsgrundlage dafür existiert im deutschen Recht jedoch nicht, weshalb man vielfach - bisher erfolglos - das Tätigwerden des Gesetzgebers gefordert hat. Während die grundsätzliche Zubilligung eines Geldersatzanspruchs bei Persönlichkeitsverletzungen weitgehend auf Zustimmung gestoßen ist, kann dies nicht für seine Herleitung, Grundlage und Funktionen gelten. Bei dem Versuch, einen Anspruch aus bestehender Rechtslage herzuleiten, ist sowohl der Rechtsprechung als auch der Literatur der Wille anzumerken, dieses für gerecht empfundene Ergebnis irgendwie - und teilweise gekünstelt - zu begründen, auch wenn man sich damit nah an die Grenzen des Zivilrechts begibt. Die „Freiheitsberaubung im Geistigen",[533] mit der der BGH eine Anwendung des § 847 a.F. BGB auf Persönlichkeitsverletzungen ausgedehnt hat, verdeutlicht die Argumentationsnot derjenigen, die dem Betroffenen ohne ausdrückliche gesetzliche Grundlage einen Geldersatz zusprechen wollen. Da somit allein das als wünschenswert betrachtete Ergebnis im Vordergrund der Bemühungen steht, folgt die Rechtsprechung in erster Linie Billigkeitserwägungen. Die Kritiker der Rechtsprechung konnten sich mit ihren Vorschlägen jedoch nicht durchsetzen, sie haben

---

[532] *von Holleben*, S. 133.

[533] BGH NJW 1958, 827, 830 - „Herrenreiter".

„nutzlos das Rad der Geschichte zurückdrehen gewollt".[534] Spätestens seit der „*Soraya*"-Entscheidung des BVerfG im Jahre 1973, mit der es die BGH-Rechtsprechung billigte, die auf einem „nicht den Regeln zivilrechtlicher Hermeneutik offensichtlich widersprechendem Wege" hergeleitet worden sei,[535] und sie damit als verfassungsrechtlich zulässig anerkannte, finden sich nur noch vereinzelt kritische Stimmen. Diese bleiben aber nach wie vor dabei: Die Zuerkennung einer Geldentschädigung bei Persönlichkeitsverletzungen ist *contra legem.*[536] Mittlerweile geht man mehrheitlich davon aus, den Anspruch auf § 823 Abs. 1 BGB i.V.m. Art. 1, 2 Abs. 1 GG stützen zu können. Dies ist „gefestigte Rechtsprechung"[537] und - trotz zahlreicher Bedenken - „rechtspraktisch abgehakt".[538]
Der Geldentschädigungsanspruch - mittlerweile ein eigenes Rechtsinstitut bei Persönlichkeitsverletzungen - unterliegt strengen Voraussetzungen, die auf drei verschiedenen Stufen zu prüfen sind: Zunächst muss auf Tatbestandsebene eine Beeinträchtigung des allgemeinen Persönlichkeitsrechts vorliegen. Auf Rechtswidrigkeitsebene entscheidet eine umfassende Güter- und Interessenabwägung im Einzelfall über dessen Verletzung. Auf dritter Ebene ist schließlich der Vorwurf einer schweren Schuld notwendig. Fehlt es insbesondere an dieser letzten Voraussetzung oder ist ein Ausgleich anders möglich, muss ein Anspruch auf Geldersatz ausscheiden. Der Betroffene kann dann u.U. nur die übrigen Ansprüche, z.B. Gegendarstellung oder Unterlassung geltend machen. Die Geldentschädigung verfolgt eigene Ziele, die - so die Rechtsprechung - mit denen des Schmerzensgeldes nicht mehr viel zu tun haben. Einerseits dient sie der Abschreckung vor weiteren Persönlichkeitsverletzungen durch die Medien. Auf der anderen Seite verfolgt sie das Ziel, aus der Verletzung gezogene Gewinne des Verletzers zugunsten des Betroffenen - wenn auch nicht in voller Höhe - abzuschöpfen. Damit kommt die Rechtsprechung jedoch - erneut aus Billigkeitserwägungen - bedenklich nahe an die Grenzen des deutschen Zivilrechts: Weder eine herausragende Präventivfunktion, noch das Ziel, ungerechtfertigte Vermögensverschiebungen zwischen Verletzer und Betroffenem auszugleichen, liegen im System des deutschen Schadensersatzrechts. Die Rechtsprechung nimmt hier unter dem „Etikett der Präventivfunktion" in erster Linie einen Vermögensausgleich zwischen dem Verletzer und dem Betroffenen vor.[539] Dabei ist das Schadensersatzrecht für diese Lösung nicht geschaffen. Die Frag- und Diskussionswürdigkeit der Begründung der Rechtsprechung wird durch die - teilweise berechtigten - Vorwürfe der Klassenjustiz und der Unangemessenheit der Geldent-

534 *Westermann*, FamRZ 1969, S. 561.
535 BVerfG NJW 1973, 1221, 1225 f. - „Soraya".
536 Z.B.: *Wenzel*, Verhandlungen des 58. DJT, Bd. II, S. K 57.
537 *von Bar*, NJW 1980, S. 1724.
538 *Weber*, Verhandlungen des 58, DJT, Bd. II, S. K 116.
539 *Siemes*, AcP 201 (2001), S. 213.

schädigungshöhe im Vergleich zum Schmerzensgeld bei Körper- und Gesundheitsverletzungen noch verstärkt.[540]
Wie gezeigt, besteht jedoch eine Alternative zur Praxis der Rechtsprechung. Gerade bei kommerzieller Ausnutzung von Persönlichkeitsmerkmalen eröffnet sich eine Lösungsmöglichkeit über das Bereicherungsrecht oder über die angemaßte Eigengeschäftsführung nach § 687 Abs. 2 BGB. Damit wird auf Rechtsfolgenebene faktisch ein Dualismus zwischen einerseits rein ideellen und andererseits kommerziellen Persönlichkeitsbeeinträchtigungen eingeführt. Während es bei ideellen Persönlichkeitsverletzungen bei den Grundsätzen der Geldentschädigung bleibt, kann der in kommerzieller Hinsicht Betroffene einen Ausgleich für erlittene Vermögensschäden auf den gezeigten alternativen Wegen verlangen.

II. Schadensersatz für immaterielle Schäden bei Persönlichkeitsverletzungen nach spanischem Recht

Die spanischen Gerichte können - wie oben gezeigt - eine Vielzahl möglicher Mittel als Rechtfolgen bei Persönlichkeitsverletzungen wählen, die *de facto* kaum begrenzbar sind. Außerdem gewährt die Rechtsprechung dem Betroffenen auch in Spanien einen Schadensersatz für erlittene immaterielle Einbußen. Dabei sind bei der Betrachtung und Beurteilung der zivilrechtlichen Haftung bei Persönlichkeitsverletzungen nach spanischem Recht zwei Phasen zeitlich zu unterscheiden: Während sich der Ersatz immaterieller Schäden vor In-Kraft-Treten des L.O. 1/1982 ausschließlich nach Art. 1902 C.C. richtete, wird er mittlerweile im Bereich des Persönlichkeitsschutzes insbesondere durch Art. 9.3 bestimmt. Hierbei hat das L.O. 1/1982 in das spanische Schadensersatzrecht bei Persönlichkeitsverletzungen gravierenden Änderungen eingeführt.

1. Allgemeines Schadensersatzrecht („derecho de daños")

Die Bedeutung des Schadensersatzrechts ist - nicht nur in Spanien - in den letzten Jahren stetig gestiegen, was nicht nur die dortige wachsende Literatur zum Schadensrecht dokumentiert. Neben der schadensersatzrechtlichen Generalklausel des Art. 1902 C.C. hat man dort viele spezielle Gesetze geschaffen, die der zunehmenden Schadensgefahr in allen möglichen Bereichen des täglichen Lebens gerecht werden sollen. Als eines von vielen Beispielen kann das *Ley 1/1970 de la caza* (Gesetz über die Jagd) oder das *Ley 25/1964 reguladora de la Energía nuclear* (Gesetz über nukleare Energie) dienen, die jeweils spezial gesetzliche Anspruchsgrundlagen für Schadensersatzansprüche beinhalten. Auch das hier im Zentrum der Untersuchung stehende L.O. 1/1982 ist ein weiteres

[540] Wie später zu sehen sein wird, sind es die gleichen Kritikpunkte, die auch in der spanischen Rechtswissenschaft zu diesem Problem genannt werden. Ein näheres Eingehen auf das spanische Recht ist auch deshalb interessant, weil der spanische Gesetzgeber einige der hier umstrittenen Fragen ausdrücklich im L.O. 1/1982 geregelt hat.

Beispiel dafür, wie der spanische Gesetzgeber neuartigen Schadensrisiken in verschiedenen speziellen Gesetzen begegnen möchte.
Zentrale Vorschrift des spanischen Schuldrechts ist Art. 1089 C.C:

Schuldverhältnisse entstehen durch Gesetz, durch Verträge oder vertragsähnliche Verhältnisse und durch Tun oder Unterlassen, das rechtswidrig oder in irgendeiner Form schuldhaft oder fahrlässig ist.	*Las obligaciones nacen de la ley, de los contratos y cuasi contratos, y de los actos y omisiones ilícitos o en que intervenga cualquier género de culpa o negligencia.*

Im Zusammenhang mit Persönlichkeitsverletzungen sind vor allem Schuldverhältnisse aufgrund deliktischer Handlungen von Bedeutung.
Bis zum In-Kraft-Treten des L.O. 1/1982 richtete sich die zivilrechtliche Haftung bei Ehrverletzungen nach Art. 1902 C.C., der die außervertragliche Haftung regelt und im deutschen BGB in der unerlaubten Handlung nach § 823 BGB seine Entsprechung hat:

Wer durch ein Tun oder Unterlassen einem Anderen schuldhaft oder fahrlässig einen Schaden zufügt, ist verpflichtet, den verursachten Schaden zu ersetzen.	*El que por acción u omisión causa daño a otro, interviniendo culpa o negligencia, está obligado a reparar el daño causado.*

Durch die Formulierung des Art. 1902 C.C fällt zunächst einer der größten Unterschiede zum deutschen BGB auf: Im Gegensatz zum deutschen Recht, das einen Schadensersatz nur für die Verletzung bestimmter Rechtsgüter vorsieht, die im Katalog des § 823 Abs. 1 genannt sind (Enumerationsprinzip), wählte der spanische Gesetzgeber eine schadensersatzrechtliche Generalklausel. Nach spanischem Recht müssen damit im Einzelnen folgende Voraussetzungen für eine Haftung nach Art. 1902 C.C. gegeben sein:

a) **Schaden („daño y perjuicio")**

Erste und wichtigste Voraussetzung für diesen Schadensersatzanspruch ist das Vorliegen eines Schadens („*elemento central*").[541] Fehlt es an einem Schaden, so entfällt nach spanischem Verständnis schon das Vorliegen einer schädigenden Handlung. Die Beweislast bezüglich des Schadens und seiner Höhe liegt dabei

---

[541] *Sierra Gil de la Cuesta/De Angel Yágüez*, S. 386.

beim geschädigten Kläger.[542] Wie im deutschen, unterscheidet man auch im spanischen Recht zwischen materiellen („*daño patrimonial*"/„*daño material*") und immateriellen Schäden („*daño moral*").[543] Dabei ist die Definition des *daño* in der spanischen Literatur nicht ganz eindeutig. Nach einer verbreiteten Ansicht besteht ein Schaden in jeder materiellen oder immateriellen Minderung, die eine Person erleidet und die durch einen rechtswidrigen Verstoß gegen eine gesetzliche Norm verursacht wurde.[544] Hier fällt bereits die - im Gegensatz zum deutschen Recht - fehlende eingehende Differenzierung zwischen Vermögens- und Nichtvermögensschäden auf. Beide Schadensarten fallen ohne weitere Abgrenzung unter *daño*. Dennoch wird teilweise eine Differenzierung getroffen: Ein *daño material* besteht danach in einer Vermögensbeeinträchtigung beim Geschädigten und umfasst ebenfalls frustrierte Aufwendungen sowie den entgangenen Gewinn. Dies leitet man aus der analogen Anwendung des Art. 1106 C.C. her, der die Haftung bei Vertragsverletzungen regelt.[545]
Während in Art. 1902 C.C. lediglich der Begriff des *daño* benutzt wird, kommt in den ihm folgenden Vorschriften auch die Bezeichnung *perjuicio* vor, z.B. in Art. 1903 C.C.[546] Oftmals werden sie auch zusammen - wie in Art. 1903 C.C. - als *daños y perjuicios* als Synonym für Schaden verwendet. Der Unterschied liegt aber darin, dass der Begriff des *daño* für einen direkten Schaden steht und *perjuicio* für einen abgeleiteten, indirekten Schaden oder Folgeschaden.[547]

---

542 *Herrero-Tejedor*, Honor, Intimidad e Imagen, S. 151.

543 *Díez-Picazo/Gullón*, S. 545.

544 *Santos Briz*, S. 109, zit. nach: *Concepción Rodríguez*, S. 169 f.

545 *Sierra Gil de la Cuesta/De Angel Yágüez*, S. 387; Art. 1106 C.C.: „*La indemnización de daños y perjuicios comprende, no sólo el valor de la pérdida que hayan sufrido, sino también el de la ganancia que haya dejado de obtener el acreedor, salvas las disposiciones contenidas en los artículos siguientes.*"

546 Art. 1903 C.C.: „*La obligación que impone el artículo anterior es exigible, no sólo por los actos u omisiones propios, sino por los de aquellas personas de quienes se debe responder. Los padres son responsables de los daños causados por los hijos que se encuentren bajo su guarda. Los tutores lo son de los perjuicios causados por los menores o incapacitados que están bajo su autoridad y habitan en su compañía. Lo son igualmente los dueños o directores de un establecimiento o empresa respecto de los perjuicios causados por sus dependientes en el servicio de los ramos en que los tuvieran empleados, o con ocasión de sus funciones. Las personas o entidades que sean titulares de un centro docente de enseñanza no superior responderán por los daños y perjuicios que causen sus alumnos menores de edad durante los períodos de tiempo en que los mismos se hallen bajo el control o vigilancia del profesorado del centro, desarrollando actividades escolares o extraescolares y complementarias. La responsabilidad de que trata este artículo cesará cuando las personas en él mencionadas prueben que emplearon toda la diligencia de un buen padre de familia para prevenir el daño.*"

547 *Santos Briz*, S. 110, zit. nach: *Herrero-Tejedor*, Honor, Intimidad e Imagen, S. 151.

b) **Rechtswidriges Tun oder Unterlassen („acción u omisión ilícita o antijurídica")**

Die zivilrechtliche außervertragliche Haftung nach Art. 1902 C.C. erfordert ein aktives Tun oder Unterlassen einer Person, das kausal für den Schadenseintritt sein muss. Diese Voraussetzung ist nach einer stärker werdenden Meinung in der spanischen Literatur gegeben, wenn der Schaden ohne die fragliche Handlung nicht eingetreten wäre.[548] Es scheint sich hier also eine Kausalität im Sinne einer *conditio sine qua no* durchzusetzen. Die spanische Rechtsprechung fordert hingegen adäquate Kausalität, welche gegeben ist, wenn ein bestimmtes Verhalten nach den Regeln menschlicher Erfahrung normalerweise zu dem tatsächlich eingetretenen Schaden führt.[549]

Ob eine Handlung auch rechtswidrig sein muss, beantwortet der Wortlaut des Art. 1902 C.C. nicht ausdrücklich. Nach in Spanien herrschender Ansicht kann aber nur eine rechtswidrige Handlung zur Haftung nach Art. 1902 C.C. führen.[550] Dies ergibt sich aus dem Prinzip des *alterum non laedere* und aus Art. 1089 C.C., der für die Entstehung eines Schuldverhältnisses aus Delikt die Rechtswidrigkeit voraussetzt. Diese Voraussetzung ist stets gegeben, wenn ein Schaden ohne Rechtfertigungsgrund oder Erlaubnis verursacht wurde.

c) **Verschulden („culpa")**

Ein Schadensersatzanspruch nach Art. 1902 C.C. setzt als nächste Voraussetzung Vorsatz oder Fahrlässigkeit des Schädigers voraus. Damit handelt es sich hierbei grundsätzlich um eine Verschuldenshaftung („*responsabilidad subjetiva*").[551] Während im Rahmen der vertraglichen Haftung nach Art. 1101 C.C. Vorsatz („*dolo*") oder Fahrlässigkeit („*negligencia o morosidad*") gefordert wird, ist bei Art. 1902 C.C. lediglich von Verschulden („*culpa*") die Rede. Da beide Ausdrücke ein bestimmtes Verhalten voraussetzen, das in einem voraussehbaren Schaden resultiert, muss *culpa* allerdings wie *dolo* verstanden werden. Die sprachliche Unterscheidung ist mit der Ungenauigkeit des Gesetzgebers zu erklären.[552] Als Fahrlässigkeit gilt - wie im deutschen Recht - das Außerachtlassen der erforderlichen Sorgfalt, um einen möglichen, vorhersehbaren und vermeidbaren Schaden zu verhindern.

Nach der - gerade dargestellten - traditionellen Auffassung über die deliktische Haftung muss der Beweis von Vorsatz bzw. Fahrlässigkeit des Schädigers vom Verletzten geführt werden. In der spanischen Rechtsprechung setzt sich allerdings bei der Haftung aus Art. 1902 C.C. teilweise die Tendenz durch, in gewissen Fällen von diesen Grundsätzen der Verschuldenshaftung abzurücken. Sie hat

---

548 *Herrero-Tejedor*, Honor, Intimidad e Imagen, S. 152.

549 STS de 01 de Abril 1997; STS de 03 de Julio 1998.

550 STS de 25 de Octubre 1968; *Rovira Sueiro*, Responsabilidad civil, S. 32 f.

551 *Bercovitz Rodríguez-Cano*, S. 2121.

552 *Herrero-Tejedor*, Honor, Intimidad e Imagen, S. 152.

durch eine neue Auslegung des Art. 1902 C.C. seine Voraussetzungen - allerdings nur in einigen wenigen Bereichen - objektiviert. So wird beispielsweise in manchen Fällen mittels einer Beweislastumkehr grundsätzlich das Vorliegen des Verschuldens beim Schädiger vermutet.[553] Diese neuartige Sichtweise, weg vom Grundsatz der Erforderlichkeit des Verschuldensbeweises durch den geschädigten Kläger, ist aber nicht in allen, sondern nur in einigen wenigen Bereichen zu entdecken, in denen es um besonders gefährliche oder um unternehmerische Tätigkeiten geht.[554]

d) **Ersatz immaterieller Schäden nach Art. 1902 C.C. („daño moral")**

Auch immaterielle Schäden werden mittlerweile nach allgemeiner und kaum bestrittener Auffassung in Literatur und Rechtsprechung unter den Begriff des *daño* in Art. 1902 C.C. subsumiert.[555] Die wenigen ablehnenden Stimmen, die sich auf die Unmöglichkeit eines Geldausgleichs für diese erlittenen Verletzungen wegen des ideellen Charakters der Persönlichkeitsrechte berufen und meinen, dieser sei stets unzureichend und willkürlich,[556] können vernachlässigt werden. Mit ihrer Meinung, der Schadensersatz mache beispielsweise die Ehre käuflich und diene dazu, Ehrverletzungen in Geld aufzuwiegen,[557] stehen sie in der spanischen Literatur weitgehend allein, da sie zu stark auf - mittlerweile überholte - ideelle und moralische Vorgaben fixiert sind.
Eine genaue und allgemein anerkannte Definition des *daño moral* gibt es - soweit ersichtlich - in Spanien nicht. Teilweise wird er als „Minderung von Glaube, Gefühlen, Würde, sozialer Anerkennung oder der physischen oder psychischen Gesundheit" definiert.[558] Andere grenzen ihn - jedoch ohne genaue Definition - lediglich als Gegenteil zum materiellen Schaden ab: Da materielle Schäden leichter zu definieren seien, zählten damit sämtliche Schäden, die nicht materieller Art sind, zu den *daños morales*.[559] Der *Tribunal Supremo* definiert den *daño moral* als „psychische oder geistige Leiden, die bei einer Person bestimmte Verhaltensweisen, Handlungen oder Folgen hervorrufen können".[560] Typische Fälle des *daño moral* sind - wie im deutschen Recht - Persönlichkeitsverletzungen und Verletzungen anderer Nichtvermögenswerte, z.B. der Gesundheit.[561] Der *daño moral* wurde zum ersten Mal in der spanischen Rechtsprechung im Jahre 1912 in dem bekannten Präzedenzfall anerkannt, in dem es um die Flucht

---

553 STS de 07 de Abril 1997; STS de 19 de Febrero 1998.
554 *Sierra Gil de la Cuesta/De Angel Yágüez*, S. 337 ff.; Im deutschen Recht geht die Rechtsprechung mit den Grundsätzen der Produzentenhaftung in eine ähnliche Richtung.
555 *Díez-Picazo/Gullón*, S. 545.
556 Nachweise bei: *Sierra Gil de la Cuesta/De Angel Yágüez*, S. 390.
557 Nachweise bei: *Sierra Gil de la Cuesta/De Angel Yágüez*, S. 390.
558 *Sierra Gil de la Cuesta/De Angel Yágüez*, S. 389.
559 *Rovira Sueiro*, Responsabilidad civil, S. 246 f.; *Álvarez Vigaray*, ADC 1966, S. 81.
560 STS de 25 de Junio 1984.
561 *Sierra Gil de la Cuesta/De Angel Yágüez*, S. 389.

des Mönchs mit der Minderjährigen, ihren „skandalösen" Nachwuchs, sowie seinen angeblichen Selbstmord ging.[562]

(1) Geschichtliche Entwicklung

Ob der spanische Gesetzgeber bei Erlass des *Código civil* bereits an die Ersetzbarkeit immaterieller Schäden dachte, ist umstritten. Da man sich bereits zu dieser Zeit der Existenz von Nichtvermögensschäden neben materiellen Schäden bewusst gewesen sei und diese - anders als z.B. im deutschen BGB - nicht ausdrücklich von der Ersatzfähigkeit ausschloss, meinen Manche, der spanische Gesetzgeber habe auch den *daño moral* bedacht, als er in Art. 1902 C.C. allgemein von *daño* sprach.[563] In den Art. 1905, 1907 und 1910 C.C. seien Schadensfälle angesprochen, bei denen es typischerweise um Verletzungen immaterieller Güter gehe, nämlich der körperlichen Unversehrtheit, was darauf hindeute, dass der Gesetzgeber schon von Beginn an die Ersatzfähigkeit immaterieller Schäden vorgesehen habe.[564] Dem widersprechen wiederum andere Stimmen in der spanischen Literatur mit der Begründung, der spanische Gesetzgeber habe bei Entstehung des *Código civil* nur den in Geld ersetzbaren Schaden anerkennen wollen, da dies der damals häufigste Fall in der Praxis gewesen sei.[565] Da Art. 1902 C.C. den Schadensersatz regele, könne der Ersatz immaterieller Schäden nicht davon umfasst sein, da in diesen Fällen mangels Vermögenseinbuße gar kein Schaden vorliege.[566]
Jedoch spricht der offene Wortlaut des Art. 1902 C.C. in der Tat für das Bewusstsein des spanischen Gesetzgebers, auch den Ersatz immaterieller Schäden unter der allgemeinen Formel des *daño* anerkennen zu wollen. Dies ergibt sich auch aus der - im Gegensatz zum deutschen BGB - fehlenden Differenzierung des spanischen Gesetzes zwischen materiellen und immateriellen Schäden.
Die spanischen Gerichte erkannten die Ersetzbarkeit immaterieller Schäden allerdings nicht sofort, sondern erst nach einigem Zögern und in drei Schritten an,[567] die von einer generellen Ablehnung zur inzwischen vollen Ersetzbarkeit immaterieller Schäden führte:
Zunächst lehnte man in der spanischen Rechtswissenschaft einen Schadensersatz für immaterielle Schäden völlig ab. Er galt als nicht bemessbar, weil die Verletzung eines immateriellen Gutes überhaupt nicht in Geld aufzuwiegen sei. Jedenfalls sei der Geldersatz für den Betroffenen ungenügend, da die immaterielle Beeinträchtigung auch nach einer Geldzahlung bestehen bleibe und daher über-

---

562 STS de 06 de Diciembre 1912, dazu bereits ausführlich oben: 1. Teil: E.I.1.
563 *García López*, S. 46.
564 *García López*, S. 46.
565 *Álvarez Vigaray*, ADC 1966, S. 99.
566 *Álvarez Vigaray*, ADC 1966, S. 99.
567 *Sierra Gil de la Cuesta/De Angel Yágüez*, S. 390.

haupt nicht durch sie zu kompensieren sei.[568] Dies wurde insbesondere mit der Natur dieser Schäden begründet, weil sie weder direkt noch indirekt das Vermögen betrafen. Da ein Schadensersatz aber die Möglichkeit einer Schadensberechnung in Geld voraussetze, stünden immaterielle Schäden außerhalb der Ersetzbarkeit in Geld.[569] Weil es sich bei den üblichen Schäden beispielsweise um den Verlust naher Angehöriger handele und der Wert eines Menschenlebens nicht in Geld zu bemessen sei, sei es außerdem unmoralisch, den Wert dieser Verletzungen in Geld auszudrücken. Gerade im Bereich der Ehrverletzungen erschien daher das Duell als einzig probates Mittel, Kränkungen und Beleidigungen aus der Welt zu schaffen. Das eingangs der Arbeit zitierte Sprichwort „*Honra y dinero no caminan por el mismo sendero.*" stammt wohl aus dieser Epoche. Hieran hielt man bis zu Beginn des 20. Jahrhunderts fest. Wie oben gezeigt, stellte der deutsche BGB-Gesetzgeber zur gleichen Zeit ähnliche Überlegungen an und nahm aus den gleichen Gründen keinen allgemeinen Entschädigungsanspruch ins BGB auf, sondern beschränkte die Ersatzfähigkeit immaterieller Schäden durch § 253 a.F. BGB.
Danach kam man in Spanien in einem zweiten Schritt zu der Überzeugung, immaterielle Schäden dann in Geld auszugleichen, wenn sie in einem engen Zusammenhang mit materiellen Schäden standen. Dabei waren immaterielle Schäden regelmäßig der Auslöser für materielle Einbußen. Hier spricht man daher von „indirekten Vermögensschäden", die als Folge immaterieller Beeinträchtigungen entstehen.[570] Eine solche Konstellation war beispielsweise in jenem historischen Urteil aus dem Jahre 1912 gegeben, in dem es um die Verletzung der Ehre einer jungen Frau ging und in dem die Rechtsprechung zum ersten Mal einen immateriellen Schadensersatz anerkannte.[571] Die Ehre, das Ansehen und der gute Ruf einer Frau stellten danach „höchste soziale Güter" dar. Deren Verletzung sei der Verlust der „höchsten Wertschätzung" in einer zivilisierten Gesellschaft. Er mache die Frau unfähig, mit unbefleckter Ehre ihre Eigenschaft als "Hüterin und Bewahrerin der geheiligten Ziele des häuslichen Lebens" zu beweisen, welches Grundlage und Eckpunkt der öffentlichen Gesellschaft sei. Somit „erwachse - im Einklang mit juristischen Prinzipien - eine zivilrechtliche Haftung", die in das „alltägliche Recht ausstrahle, wenn man in der Gesellschaft nicht eine selbstmörderische Nachlässigkeit fördern möchte, die in der Verwahrlosung eines sozialen Elementes ersten Ranges auf Kosten der Willkür der öffentlichen Verleumdung" besteht.[572] Damit stützte sich der *Tribunal Supremo* - verklausuliert - auf die Überlegung, die Aussichten des jungen Mädchens seien -

[568] *Bustos Pueche*, S. 55; *Sierra Gil de la Cuesta/De Angel Yágüez*, S. 389 f.; *Álvarez Vigaray*, ADC 1966, S. 95 f.
[569] *Gabba*, S. 252, zit. nach: *García López*, S. 104 f.
[570] *Álvarez Vigaray*, ADC 1966, S. 84.
[571] STS de 06 de Diciembre 1912.
[572] STS de 06 de Diciembre 1912.

wegen ihrer außerehelichen Schwangerschaft - vermindert, einen Ehemann zu finden, der sie wirtschaftlich versorgt. Die Ehrverletzung hatte somit gleichzeitig einen materiellen Vermögensverlust der Betroffenen zur Folge.
An dieser Praxis hielt man in Spanien lange fest: Auch in anderen Fällen ersetzte die Rechtsprechung dem Betroffenen erlittene immaterielle Schäden in Geld als „indirekte Vermögensschäden". Im Jahre 1917 erhielt ein Arzt, der wegen eines ungerechtfertigten Ausschlusses aus einer ärztlichen Berufsvereinigung einerseits Schäden an Ansehen und Ehre erlitt und andererseits Patienten verlor, dafür Schadensersatz.[573] Ende der 40-er Jahre wurde einem Autofahrer, der aufgrund eines Verkehrsunfalls seine Zeugungsfähigkeit verloren hatte, auch ein Ausgleich für diesen „moralischen Schmerz" gewährt.[574] Einer Frau, die aufgrund der Nichtigkeit der ersten Ehe Schwierigkeiten hatte, erneut einen Ehepartner zu finden, erhielt dafür einen Schadensersatz.[575]
Mittlerweile ist der Ausgleich erlittener immaterieller Schäden in Geld in Spanien auch außerhalb des L.O. 1/1982 - dazu später - in Literatur und Rechtsprechung nahezu unbestritten.[576] Dabei spielt es keine Rolle mehr, ob die ideelle Beeinträchtigung auch materielle Schäden nach sich gezogen hat. Der reine *daño moral* ist auch als solcher ohne materielle Auswirkungen ersetzbar. Es hat sich die Überzeugung durchgesetzt, dass es für den Betroffenen besser ist, eine Geldsumme für erlittene Unbill zu erhalten, als völlig leer auszugehen.[577] Man hat sich somit von der vormals entscheidenden Begründung verabschiedet, immaterielle Schäden seien aus moralischen Gründen nicht in Geld aufzuwiegen. Bei diesem Schadensersatz steht der Genugtuungsgedanke im Gegensatz zum reinen Ausgleich im Vordergrund.[578] Von den „alten Skrupeln", gewisse ideelle Güter in Geld aufzuwiegen,[579] hat man sich daher auch in Spanien verabschiedet.

(2) **Typische Fälle des daño moral nach Art. 1902 C.C.**

Die in Spanien anerkannten typischen Fälle der Ersetzbarkeit immaterieller Schäden kann man grob in fünf Gruppen unterteilen:[580] Es handelt sich einmal um die bekannte Gruppe der Ehrverletzungen oder öffentlicher Herabsetzungen. Zweitens kann seit dem Fall des *pregonero de Zaragoza* auch bei Verletzungen des *derecho al la propia imagen* ein Ersatz immaterieller Schäden verlangt werden.[581] Eine dritte Gruppe bilden psychische Beeinträchtigungen aufgrund von

573 STS de 14 de Diciembre 1917.
574 STS de 09 de Diciembre 1949.
575 STS de 21 de Enero 1957.
576 *Albaladejo*, S. 980.
577 *Albaladejo*, S. 980.
578 *Albaladejo*, S. 980.
579 *Cabanillas Gallas*, zit. nach: *Bellón Molina*, AC 1998, S. 393.
580 *Schwarz*, ADC 1974, S. 344.
581 SAT de Zaragoza de 09 de Junio 1967, dazu bereits oben ausführlich: 1. Teil: E.III.1.

Drohungen oder Zwang. Schockschäden nach Unfällen und der Verlust naher Angehöriger sind in Spanien als weitere typische Anwendungsfälle des *daño moral* anerkannt.[582] Eine Begrenzung der Ersetzbarkeit immaterieller Schäden, die das deutsche Recht in § 253 a.F. BGB aufstellt, existiert zwar in Spanien nicht. Nach Betrachtung der typischen Fallgruppen der Ersetzbarkeit des *daño moral* ergibt sich aber, dass sich - trotz der Regelung des § 253 a.F. BGB - im Ergebnis keine großen Unterschiede ergeben. In vielen Fällen, mit denen sich die spanischen Gerichte auseinander setzen müssen, wird es sich um immaterielle Schäden handeln, die auch in Deutschland nach §§ 253 a.F., 847 a.F. BGB ersetzbar wären und unter die dort aufgezählten Rechtsgüter fielen. In Einzelfällen reicht die Ersetzbarkeit immaterieller Schäden nach spanischem Recht jedoch wegen des Fehlens einer dem deutschen § 253 a.F. BGB ähnlichen Vorschrift weiter. Das spanische Recht ist hier flexibler. So wurde beispielsweise in einem Fall der „Schmerz des Verlustes, geliebt zu werden", ersetzt.[583] In einem anderen Fall gestand ein spanisches Gericht einer Rentnerin einen Schadensersatz dafür zu, dass sie die „dramatische Änderung der friedlichen Normalität der häuslichen Ruhe zur Unzeit" dadurch erleiden mussten, dass ihr Haus aufgrund eines Architektenfehlers dringend abgerissen werden musste und sie ohne Vorwarnung in ein Hotel umziehen musste.[584] Ihr wurden nicht nur die Umzugs- und Hotelkosten erstattet, sondern auch ihre immateriellen Schäden. Ein einem anderen Fall verlangte die Frau nach der Auflösung einer Ehe von ihrem ehemaligen Mann einen Schadensersatz in Höhe von 5 Millionen Peseten wegen ihres deswegen erlittenen immateriellen Schadens.[585] Der Mann hatte nur vorgetäuscht, die Frau ernsthaft heiraten zu wollen und wollte lediglich die „physische Ehe"[586] mit ihr vollziehen, um sie direkt danach wieder zu verlassen, was an die Konstellation des in Deutschland mittlerweile abgeschafften § 1300 BGB erinnert. Der Klage wurde in Höhe von 2 Millionen Peseten stattgegeben.[587]

(3) **Bemessung der Höhe des Schadensersatzes („pretium doloris")**

Die Festsetzung der Höhe des Schadensersatzes bei einem *daño moral* liegt nach gefestigter Rechtsprechung des *Tribunal Supremo* ausschließlich bei den Instanzgerichten.[588] Dieser Grundsatz gilt zwar auch im speziellen Anwendungsbereich von Art. 9.3, wird dort aber - wie zu zeigen sein wird - nicht in dieser Absolutheit aufrechterhalten.

---

582 *Sierra Gil de la Cuesta/De Angel Yágüez*, S. 391.
583 STS de 07 de Noviembre 1985.
584 STS de 31 de Mayo 1983.
585 STS de 26 de Noviembre 1985.
586 STS de 26 de Noviembre 1985.
587 STS de 26 de Noviembre 1985.
588 STS de 15 de Diciembre 1982; STS de 18 de Julio 1996 mit weiteren Nachweisen aus der spanischen Rechtsprechung.

An der Erforderlichkeit des Schadensbeweises ändert sich auch beim *daño moral* nichts.[589] Diese zentrale Voraussetzung für einen Anspruch aus Art. 1902 C.C. gilt also sowohl für den Ersatz materieller als auch immaterieller Schäden. Der Kläger hat demnach beispielsweise den Beweis zu führen, dass er unter Schlaflosigkeit oder Depressionen leidet.[590] Die Schwierigkeiten des Klägers, immaterielle Schäden zu beweisen, liegen also auf der Hand. Im Rahmen von Persönlichkeitsverletzungen enthält das L.O. 1/1982 aus diesem Grund eine einzigartige Ausnahme von diesem Grundsatz zugunsten des Verletzten und damit eine Verbesserung seiner Position.[591]
Im Zusammenhang mit dem Ersatz immaterieller Schäden stellt sich die zentrale Frage nach seiner Bemessbarkeit, nach dem *„dinero del dolor"*.[592] Da im Gegensatz zu materiellen Schäden typischerweise keine messbare Vermögenseinbuße vorliegt, ist der *daño moral* schwer zu berechnen. Die Rechtsprechung hat hier mehrere Bemessungskriterien herausgearbeitet. Ein allgemeines Kriterium sind stets die Umstände und Besonderheiten des konkreten Einzelfalls sowie die Schwere des Schadens. Daneben stellt man noch beispielsweise auf die „Umstände der verletzten Person, ihr Alter und soziale Stellung" ab.[593] Bei Verletzungen, die sowohl immaterielle, als auch materielle Schäden nach sich ziehen, ist die Berechnung des Schadensersatzes einfacher, da dem Betroffenen in diesen Fällen ein Gesamtgeldbetrag zugesprochen wird, der mindestens dem materiellen Vermögensverlust entspricht, dem ein weiterer Betrag für die immateriellen Beeinträchtigungen hinzuaddiert wird.[594]
Im Vergleich zum deutschen Recht fällt auf, dass die spanische Rechtsprechung bei der Bemessung der Schadensersatzhöhe regelmäßig keine Unterscheidung zwischen den einzelnen Schadensposten trifft.[595] Die Gerichte gestehen dem Verletzten in den meisten Fällen eine einheitliche Geldsumme als Gesamtschadensersatz zu, eine genaue Aufteilung in Schadensposten nach materiellen und immateriellen Schäden erfolgt nicht, sondern sie werden miteinander vermischt.[596] So würdigt der *Tribunal Supremo* materielle und immaterielle Schäden in einer Zusammenschau: „Unter den Faktoren, nach denen sich der Schadensersatz bemisst, sind hier die Tage der Krankheit, der körperliche Schmerz über den Verlust der rechten Brust, die Kosten der Operation zu ihrer plastischen Wiederherstellung, der ästhetische und psychologische Schaden der Klä-

---

589 *Sierra Gil de la Cuesta/De Angel Yágüez*, S. 407.
590 SAP La Curuña de 09 de Diciembre 1997, zit. nach: *Sierra Gil de la Cuesta/De Angel Yágüez*, S. 407.
591 Dazu ausführlich: 2. Teil: D.II.2.a.
592 *Schwarz*, ADC 1974, S. 345.
593 STS de 06 de Diciembre 1912, STS de 10 de Julio 1928; STS de 19 de Mayo 1934.
594 *Schwarz*, ADC 1974, S. 345.
595 So auch: *von Bar*, FS Deutsch, S. 32 f.
596 *García López*, S. 151; *Schwarz*, ADC 1974, S. 346.

gerin zu berücksichtigen."[597] Nur in Ausnahmefällen nimmt das Gericht eine genaue Bezifferung der einzelnen Schadensposten vor. In dem Fall einer Körperverletzung wurde dem Verletzten in einer Entscheidung beispielsweise eine gewisse Summe für seine Behandlungskosten, also der materielle Schaden und ein gesonderter Betrag als *daño moral* zugestanden.[598]
Durch die Tatsache, dass häufig materielle und immaterielle Schadensposten vermischt werden und auf einen einheitlichen Gesamtschadensersatz erkannt wird, wird eine gewisse Verwirrung der spanischen Rechtsprechung über die Reichweite des *daño moral* deutlich. Dies ist nicht verwunderlich und kann nicht den geringsten Anlass zur Kritik geben, da im spanischen Art. 1902 C.C. lediglich allgemein von „*daño*" die Rede ist, ohne eine Differenzierung zwischen materiellen und immateriellen Schäden zu treffen. Die Gerichte sind damit überhaupt nicht gezwungen, eine solche Unterscheidung vorzunehmen.[599]
Soweit ersichtlich existieren in Spanien keine Schmerzensgeldtabellen. Es sind daher Unterschiede bezüglich der Schadensersatzhöhe der verschiedenen Gerichte in vergleichbaren Fällen bemerkbar. Dieser Mißstand wird dadurch verschlimmert, dass die Festsetzung der Höhe bei den Instanzgerichten liegt. Der *Tribunal Supremo* kann also grundsätzlich die in der Instanz festgelegten Schadensersatzsummen nicht verändern und so keine Klarheit schaffen, an der sich andere Gerichte orientieren können.

e) Funktionen des Schadensersatzes bei immateriellen Schäden

In Spanien besteht - wie in Deutschland - Uneinigkeit über die Funktionen des Schadensersatzes bei immateriellen Schäden. Während man im Bereich des materiellen Schadens nur seine Ausgleichsfunktion („*función reparatoria*"/„*función compensatoria*") sieht, sind demgegenüber die Funktionen des Schadensersatzes im Bereich des *daño moral* umstritten. Wie in Deutschland werden hier mehrere mögliche Funktionen diskutiert:

---

597 STS de 30 de Mayo 1997.

598 STS de 30 de Junio 1979.

599 Die Notwendigkeit der strikten Trennung zwischen Vermögens- und Nichtvermögensschäden entspricht vielmehr allein der deutschen Praxis, die aus der Anordnung des § 253 a.F. BGB resultiert, grundsätzlich nur materielle Schäden zu ersetzen. Im deutschen Recht ist es daher unausweichlich, streng zwischen diesen beiden Arten eines Schadens zu trennen. Hierzulande könnten es sich deutsche Gerichte wegen der Regelung des § 253 a.F. BGB nicht erlauben, im Urteil nicht zwischen materiellen und immateriellen Schäden zu differenzieren und in einer Gesamtschau aller Umstände einen Gesamtschadensersatz festzusetzen. Um den Anwendungsbereich des § 253 a.F. BGB nicht zu berühren, müssen sie den schwierigen Weg über den normativen Schaden oder die Kommerzialisierung bestimmter immaterieller Güter gehen, *Westermann*, Syposium Canaris, S. 132. Dies hat im deutschen Recht allerdings ebenfalls die tatsächliche Verwischung der Grenzen zwischen materiellen und immateriellen Schäden zur Folge.

(1) **Ausgleichs- und Genugtuungsfunktion**

Traditionell sieht man die Aufgabe des Schadensersatzes in Spanien - wie auch in Deutschland - allein darin, dem Geschädigten einen erlittenen Schaden zu ersetzen,[600] so dass insofern keine Unterschiede zwischen der Funktion des Schadensersatzes bei materiellen und immateriellen Schäden bestehen. Art. 1902 C.C. habe danach außer der Ausgleichs- keine Präventiv- oder gar eine Sanktionsfunktion.

Allerdings existieren zahlreiche Stimmen, die sich allgemein und unabhängig von der besonderen Konstellation der Persönlichkeitsverletzungen dem Gedanken geöffnet haben, dem Schadensersatzrecht im Bereich immaterieller Schäden zusätzliche Funktionen zuzuschreiben. Hier rückt vor allem seine Genugtuungsfunktion („*función satisfactoria*") in den Mittelpunkt der Auseinandersetzung. Der Schadensersatz diene danach dem Zweck, dem Verletzten die Möglichkeit zu geben, sich materielle Vorteile zu erkaufen, die helfen sollen, seine erlittenen immateriellen Verluste zu lindern.[601] Das Geld könne hier nicht seine „Gegenwertsfunktion" („*función de equivalencia*") erfüllen, wie beim Ersatz materieller Schäden.[602] Während der Schadensersatz bei materiellen Einbußen allein dazu diene, dem Vermögen des Geschädigten für den erlittenen Vermögensverlust die entsprechende Geldsumme zuzuführen, verfolge der Ersatz immaterieller Schäden einen anderen Sinn und Zweck. Nicht der Vermögensausgleich sei das Ziel der Geldleistung, sondern die damit verbundene Möglichkeit des Verletzten, sich mit dem erhaltenen Geld einen Genuss erkaufen zu können. Die mit dem erhaltenen Geld erkauften oder erkaufbaren Vorteile sollen somit als Gegengewicht zu den erlittenen immateriellen Schäden wirken.[603] Der Betroffene nimmt die Wiederherstellung der verletzten immateriellen Güter daher selbst vor, indem er sich mit dem erhaltenen Geld Annehmlichkeiten gönnt. Bei der Bemessung der Höhe des Schadensersatzes müsse sich das Gericht daher die Frage stellen, wie viel Geld nötig ist, um sich bestimmte Dinge leisten zu können, die bestimmte erlittene immaterielle Schäden vergessen machen bzw. lindern oder beseitigen können. Falsch sei hingegen die Frage nach der Höhe dieses Schadens. Letzteres würde bedeuten, den nicht in Geld messbaren *daño moral* als materiellen Schaden zu begreifen.[604] Der *Tribunal Supremo* erkannte diese Genugtuungsfunktion des Schadensersatzes bei immateriellen Schäden als Ausgleich für entgangene Lebensfreude bereits Mitte des 20. Jahrhunderts an.[605]

---

600 *Bellón Molina*, AC 1998, S. 405.
601 *Battle*, S. 50, zit. nach: *García López*, S. 123.
602 STS de 07 de Febrero 1962.
603 *García López*, S. 127.
604 *Rovelli*, RDPrivato 1933, S. 274, zit. nach: *García López*, S. 125.
605 STS de 07 de Febrero 1962.

Mit dieser Sichtweise tritt ein Unterschied zum deutschen Verständnis der Genugtuung deutlich zu Tage: Nach spanischem Verständnis ist der Ersatz immaterieller Schäden in Geld nichts anderes, als eine „dem Wesen ideeller Schäden entsprechende Form des Ausgleichs auf anderer Ebene" und „eine besondere Funktion des Ausgleichs beim Schadensersatz für ideelle Schäden" wie er teilweise auch im deutschen Recht - allerdings von einer Minderheit - betrachtet wird.[606] Somit ist die Genugtuung nach spanischer Sichtweise fest im Ausgleichsgedanken verwurzelt und hat keine eigenständige Funktion.

(2) **Präventivfunktion**

Daneben soll nach dem Willen von Teilen der Literatur zusätzlich noch eine Präventivfunktion treten. So möchte man dem Schadensersatz bei immateriellen Schäden - auch außerhalb des L.O. 1/1982 - vermehrt weitere Funktionen zuschreiben. Es setzt sich in der spanischen Literatur zunehmend die Überzeugung durch, neben der im Schadensersatzrecht zentralen Ausgleichfunktion seien eine Sanktions- und Präventivfunktion möglich.[607] Es finden sich auch vereinzelte Entscheidungen der Rechtsprechung, die ausdrücklich von einer Straffunktion des Schadensersatzes sprechen: „Die Verurteilung zu einer Geldzahlung hat sowohl Straf- als auch Ausgleichschrakter."[608] Damit vollzieht sich in Spanien eine Tendenz, die sich in Deutschland bereits seit Mitte der 1950-er Jahre seit der Entscheidung des Großen Senats des BGH abgezeichnet hat. Zwar spielt die Diskussion gerade im Zusammenhang mit Persönlichkeitsverletzungen eine große Rolle. Unabhängig von dieser speziellen Frage beschäftigt sich die spanische Rechtswissenschaft aber allgemein mit der Straffunktion des Schadensersatzrechts, so dass dieser Aspekt stetig an Bedeutung gewinnt. Um den Rahmen der Arbeit nicht zu sprengen, wird weiter unten lediglich auf die besondere Konstellation der Funktionen des Schadensersatzes bei Persönlichkeitsverletzungen eingegangen. Dort wird man sich auch mit der Ansicht auseinander setzen müssen, ob der Ersatz des *daño moral* überhaupt noch ein Schadensersatz im eigentlichen Sinne ist oder ob der Schädiger nicht dadurch für sein schädliches Handeln auf zivilrechtlicher Ebene im Sinne einer Privatstrafe bestraft werden soll.[609]

2. Ersatz immaterieller Schäden bei Persönlichkeitsverletzungen, Art. 9.3 L.O. 1/1982

Der Schadensersatz bei Persönlichkeitsverletzungen bestimmt sich inzwischen nach dem L.O. 1/1982. Dort sieht Art. 9.3 ausdrücklich einen Ersatz in Geld

---

606 *Ehlers*, S. 184.

607 Nachweise bei: *Bellón Molina*, AC 1998, S. 407 f.

608 STS de 21 de Enero 1957: „..., *que la condena en dinero tiene tanto de punitiva como de compensatoria*."

609 *Álvarez Vigaray*, ADC 1966, S. 91 f.; dazu ausführlich: 2. Teil: D.II.2.g.

auch für immaterielle Schäden vor. Da Verletzungen der Ehre, der Privatheit oder des Rechts am eigenen Bild ja gerade typischerweise immaterielle Schäden zu Folge haben und diese auf andere Art nur schwer auszugleichen sind, hat dieser Schadensersatzanspruch eine hohe praktische Relevanz.[610]
Zentrale Vorschrift des Schadensersatzes für immaterielle Schäden bei Persönlichkeitsverletzungen ist Art. 9.3:

Das Vorliegen eines Schadens wird stets vermutet, wenn eine intromisión ilegítima *vorliegt. Der Schadensersatz erstreckt sich auf den immateriellen Schaden, der sich nach den Umständen des Einzelfalls und nach der Schwere der hervorgerufenen Verletzung bemisst, wobei die Verbreitung des Mediums zu beachten ist.*	*La existencia de perjuicio se presumirá siempre que se acredite la intromisión ilegítima. La indemnización se extenderá al daño moral que se valorará atendiendo a las circunstancias del caso y a la gravedad de la lesión efectivamente producida, para lo que se tendrá en cuenta en su caso, la difusión o audiencia del medio a través del que se haya producido.*
Ferner ist auch der Gewinn, den der Verletzer aufgrund der Persönlichkeitsverletzung erzielt hat, in die Berechnung des Schadensersatzes mit ein zubeziehen.	*También se valorará el beneficio que haya obtenido el causante de la lesión como consecuencia de la misma.*

Art. 9.3 erwähnt zum ersten Mal in einem spanischen Gesetz ausdrücklich den *daño moral.*[611] Eine überragende Neuerung stellt dies aber nicht dar, da er ja bereits seit 1912 vom *Tribunal Supremo* unter Art. 1902 C.C. subsumiert wurde und dies auch in der Literatur überwiegend Anerkennung fand. Eine folgenreiche Neuheit im spanischen Recht ist aber die grundsätzliche Schadensvermutung („*presunción del daño*“), sobald eine *intromisión ilegítima* vorliegt.[612]

a) Schadensvermutung („presunción del daño“)

Das allgemeine deliktische spanische Schadensersatzrecht nach Art. 1902 C.C. erfordert als erste Voraussetzung den Schadensbeweis durch den Verletzten. Al-

610 *Herrero-Tejedor*, Honor, Intimidad e Imagen, S. 291.
611 *Fayos Gordó*, S. 415; *Bellón Molina*, AC 1998, S. 395.
612 *Fayos Gordó*, S. 375; *Bellón Molina*, AC 1998, S. 395.

lein die Nichterfüllung eines Vertrages oder das Vorliegen einer rechtswidrigen Handlung führt danach noch nicht zu einer zivilrechtlichen Haftung. Im Gegensatz dazu wird in Art. 9.3 das Vorhandensein eines Schadens bei Vorliegen einer *intromisión ilegítima* nach Art. 7 grundsätzlich vermutet. Damit fand mit In-Kraft-Treten des L.O. 1/1982 eine gravierende Abweichung vom allgemeinen Schadensersatzrecht des Art. 1902 C.C. und eine Verschiebung des Schwerpunkts der Haftungsvoraussetzungen vom Schaden auf die Verletzerhandlung statt. Während im Gefüge der allgemeinen Haftung der Beweis eines Schadens zentrale Voraussetzung für einen Ersatzanspruch ist, ist es nun im Bereich des Persönlichkeitsschutzes der Beweis der *intromisión ilegítima.*[613]
Auch der für eine Haftung nach Art. 1902 C.C. erforderliche Beweis von Vorsatz oder Fahrlässigkeit ist nach dem Wortlaut des Art. 9.3 nicht mehr notwendig. Einzige Voraussetzung ist das Vorliegen einer *intromisión ilegítima*, an die das Gesetz von selbst die Rechtsfolgen knüpft. Damit einher geht eine gewisse Objektivierung der Haftung in diesem speziellen Bereich,[614] da dem Wortlaut nach auch auf ein Verschulden verzichtet wird. Somit verlagert das L.O. 1/1982 die Haftungsvoraussetzungen allein auf die Tatbestandsebene. Aus der Tatbestandsmäßigkeit einer Handlung folgen danach grundsätzlich Rechtswidrigkeit und Schuld.[615] Die Schadensvermutung bei Vorliegen einer *intromisión ilegítima* ist somit eine konsequente Folge der Struktur des L.O. 1/1982, in dem typisierte Verletzerhandlungen im Zentrum der Prüfung stehen. Das Festhalten am Erfordernis des Schadensbeweises nach Art. 1902 C.C. hätte damit einen hohen Wirkungsverlust des L.O. 1/1982 zur Folge gehabt.[616] Allerdings bedeutet die grundsätzliche Schadensvermutung bei Vorliegen einer tatbestandlichen *intromisión ilegítima* nicht immer die Verurteilung zum Schadensersatz. Dieser bemisst sich vielmehr nach bestimmten Kriterien, unter anderem nach der Schwere der Verletzung. In weniger schweren Fällen verzichten die Gerichte daher teilweise - trotz Vorliegen einer *intromisión ilegítima* - auf eine Verurteilung zum Schadensersatz.

(1) **Reichweite der Vermutung**

Die Reichweite dieser gesetzlichen Vermutung, ob sie sich also auch auf materielle oder lediglich auf immaterielle Schäden erstreckt, ist nicht ganz eindeutig zu bestimmen. Das Gesetz ist zu ungenau, um daraus klare Schlüsse ziehen zu können: Es spricht in Art. 9.3 lediglich allgemein von der „*existencia de perjuicio*“. Diese gesetzgeberische Ungenauigkeit hat dazu geführt, dass in der praktischen Anwendung dieser Norm Uneinigkeit besteht.

---

613 *Rovira Sueiro*, Derecho a la Imagen, S. 187.
614 *Crevillén Sánchez*, S. 71 f.; *O'Callaghan*, S. 202.
615 Abweichend von diesem Grundsatz wird aber größtenteils auch im Rahmen des L.O. 1/1982 ein Verschulden gefordert, dazu ausführlich: 2. Teil: D.II.2.c.
616 *Fayos Gordó*, S. 376.

In manchen Darstellungen der spanischen Literatur zum L.O. 1/1982 wird beispielsweise überhaupt nicht - und ohne Begründung - zwischen *daño moral* und *daño material* unterschieden.[617] Sie setzen sich nicht mit diesem Problem auseinander setzen, sondern sprechen einfach nur von „*daño*".[618] Die Reichweite der *presunción del daño* bleibt dort unklar. Darin zeigt sich die in Art. 1902 C.C. angelegte Undifferenziertheit gegenüber dem Begriff des „*daño*".[619] Andere Stimmen in der spanischen Literatur möchten sich in diesem Zusammenhang auf das allgemeine Prinzip *ubi lex non distinget nec nos distingere debemus* zurückziehen, wonach bei fehlender gesetzlicher Unterscheidung auch in der praktischen Anwendung nicht unterschieden werden müsse.[620] Im Fall des Art. 9.3 hieße das, mangels eindeutiger Unterscheidung zwischen *daño moral* und *daño material* ist eine Differenzierung entbehrlich, so dass sich bei Vorliegen einer *intromisión ilegítima* die Vermutung sowohl auf materielle als auch immaterielle Schäden erstreckt.

Dem tritt die weit überwiegende Meinung in Spanien jedoch mit Recht entgegen: Die grundsätzliche Vermutung eines Schadens bezieht sich danach nur auf immaterielle Schäden, während materielle dagegen gesondert nachzuweisen sind.[621] Verständlich wird dies im wesentlichen aus zwei Gründen. Zum einen: Der Nachweis immaterieller Schäden bei Persönlichkeitsverletzungen ist in aller Regel schwer. Typischerweise bewegt er sich nicht - im Gegensatz zu materiellen Vermögensschäden - in messbaren Kategorien. Nach allgemeinem spanischen Schadensersatzrecht (Art. 1902 C.C.) ist aber der Schadensbeweis die wichtigste Voraussetzung für einen Schadensersatzanspruch. Von dieser Schwierigkeit soll Art. 9.3 den Betroffenen befreien. Auch der Beweis der Schadenshöhe, der nach Art. 1902 C.C. ebenfalls vom Verletzten zu führen ist, ist bei Persönlichkeitsverletzungen nahezu unmöglich. Ein Wert oder Preis für Persönlichkeitsverletzungen kann nirgendwo gebildet werden. Es gibt keinen Markt, auf dem rein ideelle Persönlichkeitsrechte - wie die Ehre - gehandelt werden. Zwar kann man einen Trend zur Kommerzialisierung ausmachen, der zu einem Ersatz von Schäden führt, die traditionell nicht ersetzbar waren. Im entscheidenden Einzelfall wird der Betroffene das Vorhandensein und die Höhe eines Schadens bei Persönlichkeitsverletzungen aber kaum beweisen können. Um diese Schwierigkeiten aus dem Weg zu räumen, die ein Schadensersatzanspruch nach Art. 1902 C.C. mit sich bringt, hat der spanische Gesetzgeber in Art. 9.3 die grundsätzliche Schadensvermutung bei Vorliegen einer *intromisión ilegítima* angeordnet. Es geht ihm also darum, dem in seinen *derechos de la per-*

---

[617] *Bellón Molina*, AC 1998, S. 395.
[618] Vgl. *Crevillén Sánchez*, S. 66; *López Díaz*, S. 36.
[619] Dies erscheint aus deutscher Sicht im Hinblick auf § 253 a.F. BGB unverständlich
[620] *Rovira Sueiro*, Derecho a la Imagen, S. 190.
[621] *García López*, S. 270; wohl auch: *López Jacoiste*, ADC 1986, S. 1097 f.

sonalidad Verletzten die Verfolgung seiner Interessen zu erleichtern.[622] Da diese beschriebenen Schwierigkeiten aber bei einem materiellen Vermögensschaden nicht entstehen können und daher in diesem Bereich keine Erleichterungen für den Verletzten notwendig sind, kann die Vermutung in Art. 9.3 nur bei immateriellen Schäden gelten.[623] Dazu kommt noch eine zweite Überlegung: Mit der Vermutung auch materieller Schäden bei Vorliegen einer *intromisión ilegítima* würde man das sonstige Schadensersatzrecht zum materiellen Schaden sprengen, das einen Schadensbeweis voraussetzt.[624]
Diese Sicht entspricht auch dem Willen des Gesetzgebers und der Rechtsprechung des *Tribunal Supremo.*[625] In der parlamentarischen Diskussion des Gesetzes machte der Justizminister *Cabanillas Gallas* klar, ein *daño moral* könne widerlegbar angenommen werden, ein materieller Schaden, der daneben immer denkbar sei, müsse hingegen vom Betroffenen bewiesen werden.[626] Der *Tribunal Supremo* meint - soweit ersichtlich - ebenfalls, in Art. 9.3 werde lediglich das Vorliegen eines *daño moral* vermutet, während ein materieller Schaden aber bewiesen werden müsse.[627]
Wenn also eine *intromisión ilegítima* vorliegt, greift die gesetzliche Vermutung des *daño moral* unabhängig davon ein, ob tatsächlich ein immaterieller Schaden entstanden ist. Das Gesetz geht damit davon aus, dass der Betroffene in allen Fällen des Art. 7 einen Nichtvermögensschaden davon trägt.
Aus deutscher Sicht erscheint es zunächst unverständlich, sich nicht detailliert mit Abgrenzungsfragen zwischen Vermögens- und Nichtvermögensschäden auseinander zu setzen. Allerdings erklärt sich diese Praxis aus dem spanischen Recht, in dem eine Regelung fehlt, die es - wie im deutschen Recht wegen § 253 a.F. BGB - zwingend erforderlich macht, zwischen materiellen und immateriellen Schäden zu unterscheiden. Damit ist eine - im deutschen Recht unerlässliche - Abgrenzung zwischen diesen Schadensarten nach spanischem Recht überhaupt nicht erforderlich. Daraus erklärt sich auch der etwas oberflächliche Umgang der Rechtsprechung mit diesen Abgrenzungsfragen und ihre - oben gezeigte - Praxis, in einer Gesamtschau aller Tatsachen auf einen einheitlichen Schadensersatz zu erkennen.

622 *Herrero-Tejedor*, Honor, Intimidad e Imagen, S. 293.
623 *Rovira Sueiro*, Derecho a la Imagen, S. 192 f.
624 *Rovira Sueiro*, Derecho a la Imagen, S. 194.
625 Dem tritt *Koch* (S. 156) mit einem Hinweis auf die Motive des L.O. 1/1982 entgegen. Jedoch äußern sich die Motive gar nicht zu dieser Frage: „*En lo que respecta a la indemnización de perjuicios, se presume que éstos existen en todo caso de injerencias o intromisiones acreditadas, y comprenderán no sólo la de los perjuicios materiales, sino también la de los morales, de especial relevancia en este tipo de actos ilícitos.*"
626 Zit. nach: *Bellón Molina*, AC 1998, S. 393.
627 STS de 29 de Marzo 1996; STS de 18 de Abril 1989; STS de 25 de Abril 1989.

(2) **Widerlegbarkeit der Vermutung**

Neben der Frage der Reichweite der Vermutung ist das Problem ihrer Widerlegbarkeit umstritten. Grundsätzlich legt Art. 1251 C.C. die allgemeine Regel fest, dass eine gesetzliche Vermutung mit dem Beweis des Gegenteils („*prueba en contrario*“) widerlegbar ist, wenn dem kein gesetzliches Verbot entgegen steht.[628]

Es überwiegt die Auffassung, der Grundsatz des Art. 1251 C.C. müsse auch hier gelten, da ein gesetzliches Verbot der Widerlegbarkeit in Art. 9.3 nicht zu erkennen sei.[629] Dies bedeutet im praktischen Ergebnis eine Beweislastumkehr im Vergleich zur vorherigen Anwendung des Art. 1902 C.C. Während der Betroffene im außervertraglichen Haftungsrecht nach Art. 1902 C.C. den Schaden beweisen muss, wird das Vorliegen eines immateriellen Schadens im Bereich des L.O. 1/1982 bei einer *intromisión ilegítima* zu seinen Gunsten vermutet. Diese Vermutung kann der Verletzer zwar mit Beweisen widerlegen, was ihm aber in der Regel praktisch nicht gelingen wird: Er müsste beweisen, dass der Betroffene keinen immateriellen Schaden erlitten hat. Somit wirkt sich das Problem der Beweisbarkeit eines *daño moral*, das bei Art. 1902 C.C. beim Betroffenen liegt, nun im Ergebnis zu Lasten des Schädigers aus, wenn dieser den Gegenbeweis führen soll, dass kein *daño moral* vorliegt.[630]

(3) **Bewertung**

Da die grundsätzliche Vermutung eines immateriellen Schadens bei Vorliegen einer *intromisión ilegítima* im spanischen Recht einzigartig ist, stellt sich die Frage nach der Bewertung dieses Instituts.

Ihr großer Vorteil liegt zunächst klar auf der Hand: Dem Betroffenen steht ohne große Schwierigkeiten ein Schadensersatzanspruch gegen den Verletzer zu, da er ein Verschulden oder einen Schaden nicht beweisen muss. Lediglich auf Tatbestandsebene muss er das Vorliegen einer *intromisión ilegítima* nachweisen. Dadurch wird ihm der Schutz seiner *derechos de la personalidad* erleichtert.

Allerdings begegnet diese Form der Haftung durchaus auch Bedenken. Da der Katalog der Verletzungstatbestände in Art. 7 im Interesse eines wirksamen Persönlichkeitsschutzes nicht abschließend ist, kann es für den Verletzer auch bei nicht ausdrücklich genannten Persönlichkeitsverletzungen zu einer Haftung kommen. Handlungen, die nicht ausdrücklich in Art. 7 genannt sind, können eine *intromisión ilegítima* darstellen, die dann die Rechtsfolgen des Art. 9 auslösen können. Deshalb kann eine Schadensersatzverpflichtung im Einzelfall denjenigen treffen, dessen Handlung keinen speziell genannten Verletzungstatbe-

---

628 Art. 1251 CC: „*...las presunciones establecidas por la ley pueden destruirse por la prueba en contrario, excepto en los casos en que áquella expresamente lo prohíba...*".

629 *Herrero-Tejedor*, Honor, Intimidad e Imagen, S. 295.

630 *Herrero-Tejedor*, Honor, Intimidad e Imagen, S. 295.

stand erfüllt, sondern lediglich durch die richterliche Erweiterung der Tatbestände ein Persönlichkeitsrecht verletzt. Da dies für ihn nicht vorhersehbar ist, ist die Rechtsfolge des Schadensersatzes aus verfassungsrechtlichen Gründen problematisch. Dies gilt umso mehr, als dem Schadensersatz teilweise auch Strafcharakter zugesprochen wird.
Ferner ist auf die Nähe dieser Methode zu einer Art Gefährdungshaftung („*responsabilidad objetiva*") des Verletzers hinzuweisen. Da hier allein die tatbestandliche Verletzungshandlung („*intromisión ilegítima*") vom Betroffenen bewiesen werden muss und das Gesetz daran automatisch die Rechtsfolge knüpft, ohne ein Verschulden zu fordern, scheint hier eine bloße Handlung bereits auszureichen, um die verschuldensunabhängige Haftung des Verletzers herbeizuführen.[631]
Trotz dieser Probleme ist die *presunción del daño* im Sinne eines wirksamen Persönlichkeitsschutzes zu begrüßen.

b) Verhältnis zwischen Art. 1902 C.C. und L.O. 1/1982

Das L.O. 1/1982 hat - wie gezeigt - gravierende Änderungen des Haftungsrechts bei Persönlichkeitsverletzungen mit sich gebracht. Es stellt sich aber die Frage, ob allgemeine schadensrechtliche Grundsätze noch weiterhin gelten, auch wenn das L.O. 1/1982 Anwendung findet.
Manche möchten das L.O. 1/1982 wegen seiner spezifischen Ausgestaltung gänzlich vom Rest des allgemeinen Schadensersatzrechts abtrennen. Ein Urteil einer unteren Instanz scheint dies zu stützen:[632] Die Regelung des Art. 1903 C.C. (Haftung für Hilfspersonen) sei nicht auf die Haftung nach dem L.O. 1/1982 anwendbar. Art. 1903 C.C. sei eine Regelung, die auf anderen Grundsätzen und Voraussetzungen, z.B. Erforderlichkeit eines Schadens, schädigende Handlung, etc., aufbaue, als das L.O. 1/1982, in dem diese Voraussetzungen nicht erforderlich seien.[633]
Dem folgt die überwiegende Meinung in der spanischen Literatur zu Recht nicht. Das L.O. 1/1982 ist nämlich nichts anderes, als die Weiterentwicklung des in Art. 1902 C.C. niedergelegten Grundsatzes des *alterum non laedere*, wie die Verletzungstatbestände des Art. 7 zeigen.[634] Die Regeln der außervertraglichen Haftung nach den Art. 1902 bis 1920 C.C. sind daher ergänzend zum L.O. 1/1982 anwendbar.[635] Wendet man diese allgemeinen Vorschriften der Art. 1902 ff. C.C. an, sind aber auch ihre Voraussetzungen entscheidend. In erster Linie

---

631 *Estrada Alonso*, S. 189; *Crevillén Sánchez*, S. 71.
632 Sentencia del Juzgado de Primera Instancia N° 2 de Madrid, zit. nach: *Herrero-Tejedor*, Honor, Intimidad e Imagen, S. 157.
633 Sentencia del Juzgado de Primera Instancia N° 2 de Madrid, zit. nach: *Herrero-Tejedor*, Honor, Intimidad e Imagen, S. 157.
634 STS de 28 de Octubre 1986; STS de 04 de Noviembre 1986.
635 *Herrero-Tejedor*, Honor, Intimidad e Imagen, S. 158.

muss der Betroffene hier das Verschulden des Verletzers und die Rechtswidrigkeit seiner Handlung beweisen.[636]

Im Vergleich zum Art. 1902 C.C. geht das L.O. 1/1982 allerdings in einem Punkt weiter: Im Gegensatz zu Art. 1902 C.C. bietet es auch ausdrücklich vorbeugenden Rechtsschutz. Nach Art. 9.2 können auch vorbeugende Mittel ergriffen werden („... *para prevenir o impedir intromisiones ulteriores...*"), um weitere *intromisiones ilegítimas* zu verhindern.[637]

c) **Verschulden („culpa")**

Wie bereits kurz gezeigt, ist für die Haftung des Verletzers nach dem Wortlaut des L.O. 1/1982 grundsätzlich kein Verschulden erforderlich. Im Unterschied zur allgemeinen deliktischen Haftung nach Art. 1902 C.C. scheint es sich hier damit auf den ersten Blick eigentlich nicht um eine Verschuldenshaftung, sondern um eine *responsabilidad objetiva*, eine Art Gefährdungshaftung zu handeln.[638] Dies hängt mit der mehrfach angesprochenen zentralen Stellung der *intromisión ilegítima* im L.O. 1/1982 zusammen, nach der bereits auf Tatbestandsebene über die Haftung entschieden wird.

Bei genauerer Untersuchung der Anwendung des L.O. 1/1982 in der Praxis wird jedoch deutlich, dass auf das Merkmal des Verschuldens - entgegen dem Wortlaut des Gesetzes - nicht völlig verzichtet wird. Entgegen der Fassung des L.O. 1/1982 verlangt man in Rechtsprechung und Literatur daher größtenteils ein Verschulden des Verletzers als Voraussetzung für seine Haftung, wobei die Ansichten im Detail auseinander gehen. Manche möchten in diesem Zusammenhang ein Verschulden im Sinne einer strafrechtlichen Schuld etablieren, die Voraussetzung einer Haftung nach Art. 9.3 sein soll:[639] Das Verschulden im Sinne des L.O. 1/1982 sei keine weitere Stufe der Rechtswidrigkeit wie bei Art. 1902 C.C., sondern meine die persönliche Vorwerfbarkeit einer rechtswidrigen Handlung.[640] Dies ergebe sich aus Parallelität des L.O. 1/1982 mit strafrechtlichen Erwägungen. Zwar seien hier strafrechtliche Grundsätze nicht in vollem Umfang anwendbar. Jedoch seien die *intromisiones ilegítimas* des L.O. 1/1982 als *delitos civiles* ausgestaltet, so dass Raum für strafrechtliche Erwägungen bestehe.[641]

Diese Ansicht wird aber in der überwiegenden spanischen Literatur nicht geteilt. Man begründet die Erforderlichkeit eines Verschuldens vielmehr größtenteils mit dem generellen Verschuldensprinzip im Schadensersatzrecht. Eine verschul-

---

636 *Herrero-Tejedor*, Honor, Intimidad e Imagen, S. 158.
637 Dazu bereits oben ausführlich: 2. Teil: B.I.
638 *Crevillén Sánchez*, S. 71; *Fayos Gordó*, S. 375 f.; *O'Callaghan*, S. 202; *Bellón Molina*, AC 1998, S. 394 f.
639 *Herrero-Tejedor*, Honor, Intimidad e Imagen, S. 246 ff
640 *Herrero-Tejedor*, Honor, Intimidad e Imagen, S. 246 ff
641 *Herrero-Tejedor*, Honor, Intimidad e Imagen, S. 246 ff

densunabhängige Haftung ist lediglich die Ausnahme von dieser Regel und als solche restriktiv zu handhaben.[642] Überzeugend erscheinen in diesem Zusammenhang die Argumente des *Tribunal Supremo*, der in einer neueren Entscheidung eine Haftung des Verletzers nach dem L.O. 1/1982 mangels Verschuldens ablehnte.[643] Zur Begründung des Verschuldenserfordernisses zieht er die Rechtsprechung des *Tribunal Constitucional* zum - oben gezeigten - Grundrechtskonflikt zwischen Informationsfreiheit und Ehre heran: Dieser Konflikt ist bei unwahren Tatsachenbehauptungen, die sich erst später als solche herausstellen, danach zu lösen, welche Sorgfalt der Verletzer bei der Suche nach der Wahrheit angewandt hat. Eine Ehrverletzung scheidet danach aus, wenn die erforderliche journalistische Sorgfalt gewahrt wurde, so dass in dieser Konstellation das Grundrecht auf Informationsfreiheit überwiegt. Wenn der Verletzer jedoch unwahre Tatsachen verbreitet, ohne sie zuvor gewissenhaft auf ihren Wahrheitsgehalt untersucht zu haben, schlägt die Lösung dieses Grundrechtskonflikts um: Die Ehre überwiegt gegenüber der Informationsfreiheit. Aus dieser Rechtsprechung, die hier in Form einer Sorgfaltspflichtverletzung ein gewisses Verschulden des Verletzers erfordert, sei - so der *Tribunal Supremo* - daher zu folgern, dass es sich bei den *intromisiones ilegítimas* des L.O. 1/1982 nicht um eine verschuldensunabhängige Haftung handeln könne. Somit sei für eine zivilrechtliche Haftung nach dem L.O. 1/1982 auch ein gewisses Verschulden erforderlich, also entweder Vorsatz oder Fahrlässigkeit.[644] Zwar findet sich diese These zum Teil auch in der spanischen Literatur. Sie ist dort allerdings nur auf Ehrverletzungen beschränkt.[645] Der *Tribunal Supremo* weitet diese Grundsätze neuerdings aber auch auf die kommerzielle Nutzung eines Namens aus. Zu Recht gilt daher die bisher allgemein übliche Handhabung im Schadensersatzrecht: keine Haftung ohne Verschulden.[646]

In der Praxis der üblichen und alltäglichen Persönlichkeitsverletzungen durch Medienberichterstattungen wird sich durch ein Verschuldenserfordernis aber wenig ändern. Es sind kaum Fälle vorstellbar, in denen *derechos de la personalidad* nicht wenigstens fahrlässig verletzt werden. In den bisherigen Entscheidungen des *Tribunal Supremo* war das Verschulden des Verletzers nie fraglich, so dass die Rechtsprechung auf diese Frage nicht einzugehen brauchte. Auch die Tatsache, dass sich der *Tribunal Supremo* in der lebhaften 20-jährigen Geschichte des L.O. 1/1982 erst kürzlich - im Februar 2000[647] - in einem Einzelfall mit der Frage des Verschuldens vertieft auseinander setzen musste, spricht für die Seltenheit dieser Fälle. Der Grund für die mangelnde Beschäftigung mit der

---

642 *Rovira Sueiro*, Responsabilidad civil, S. 232 f.
643 STS de 29 de Febrero 2000.
644 STS de 29 de Febrero 2000.
645 *Salvador Coderch*, CCJC 1992, S. 776 f., zit. nach: *Bellón Molina*, AC 1998, S. 394.
646 *De Angel Yágüez*, CDJ 1993, S. 217.
647 STS de 29 de Febrero 2000.

Voraussetzung eines Verschuldens liegt auf der Hand: Die Tatbestände des Art. 7 sind - als Ausdruck typisierten Unrechts - gerade mit Absicht so formuliert, dass die Tatbestandsmäßigkeit einer Handlung das Verschulden des Verletzers bereits indiziert. Es entspricht ja gerade der Struktur dieses Gesetzes und der darin zentralen *intromisión ilegítima*, bereits auf Tatbestandsebene alle möglichen Umstände des Einzelfalls zu berücksichtigen. Ist Tatbestandsmäßigkeit gegeben, steht einem Schadensersatzanspruch daher regelmäßig kaum noch etwas im Wege. Darin liegt ein zentraler Unterschied zum deutschen Recht, in dem der Schwerpunkt der Prüfung auf der Rechtswidrigkeitsebene im Rahmen der Güter- und Interessenabwägung liegt und dem Betroffenen nur bei schwerer Schuld des Verletzers einen Geldersatz zubilligt.

d) Bemessungskriterien

In vielen Streitigkeiten um Verletzungen der drei geschützten Persönlichkeitsrechte wird es um Schadensersatzansprüche des Betroffenen gegen den Verletzer gehen. Wie zu zeigen sein wird, dient er besonders im Bereich der Privatheit und des Rechts am eigenen Bild, die - z.B. im professionellen Photomodellgeschäft oder in der Werbung - einen kommerziellen Charakter haben können, dazu, Vermögensnachteile beim Betroffenen auszugleichen. Während sich materielle Schäden relativ leicht berechnen lassen, ist dies bei immateriellen schwerer. Typisch für Persönlichkeitsrechte ist ja gerade ihr Charakter als Nichtvermögenswert, für die grundsätzlich kein Markt, also auch kein Preis besteht, zu dem sie gehandelt werden. Aus diesen Gründen enthält das L.O. 1/1982 in Art. 9.3 vier Bemessungskriterien, an denen sich die Gerichte bei der Bestimmung der Schadensersatzhöhe orientieren sollen. Dabei ist der Versuch spürbar, die Schadensersatzhöhe anhand objektiver Kriterien bemessbar zu machen, um richterliche Fehler in Form von zu hohen bzw. zu niedrigen Summen zu vermeiden. Man möchte auf diese Weise Ungleichheiten im sozialen Leben bei Persönlichkeitsverletzungen verhindern.[648] Die Höhe des Schadensersatzes bemisst sich gem. Art. 9.3 nach den „Umständen des Einzelfalles, nach der Schwere der hervorgerufenen Verletzung und der Verbreitung des Mediums, in dem die Verletzung begangen wurde“. Außerdem fließt in die Schadensersatzberechnung der „Gewinn ein, den der Verletzer aufgrund der Verletzung erzielt hat“. Die Einführung dieser Bemessungskriterien ist im spanischen Recht ebenfalls eine Neuheit und - soweit ersichtlich - auch eine Einzigartigkeit:[649] Kein anderes Gesetz gibt dem Richter bei der Berechnung des Schadensersatzes einen Rahmen vor. Der Gesetzgeber wollte sich wohl nicht allein auf „richterliche Weisheit und Urteilskraft“ verlassen.[650] Allerdings wird zu zeigen sein, dass die vom L.O. 1/1982 aufgestellten Bemessungskriterien so allgemein gehalten sind, dass sie

648 *Azurmendi Adarraga*, S. 228.
649 Zit. nach: *Bellón Molina*, AC 1998, S. 393; *Azurmendi Adarraga*, S. 229.
650 *Bellón Molina*, AC 1998, S. 393, 399.

die Gerichte in ihrem vermeintlich zu weiten Bemessungsspielraum kaum einengen.

(1) **Umstände des Einzelfalls („circunstancias del caso")**

Die Bemessung des Schadensersatzes richtet sich zunächst nach den Umständen des Einzelfalls („*circunstancias del caso*"). Dies stellt an sich keine große Besonderheit dar, da sich die Gerichte auch in allen anderen Fällen immer anhand der Umstände des Einzelfalls orientieren müssen. Dieses Bemessungskriterium stellt somit nur eine sehr allgemeine Richtschnur auf. Die Rechtsprechung macht von der Möglichkeit regen Gebrauch, alle möglichen Umstände in die Bemessung der Schadensersatzhöhe einzubeziehen. Beispielsweise nimmt der *Tribunal Supremo* bei der Bemessung der Schadensersatzhöhe auf die persönlichen und sozialen Umstände des Betroffenen Rücksicht.[651] Im Rahmen der Privatheit kann beispielsweise in die Bemessung einfließen, ob es sich bei dem Betroffenen um eine *persona pública* handelt und wie weit er sich selbst freiwillig in der Öffentlichkeit darstellt.[652] Auch der Umstand, ob eine Gegendarstellung des Mediums abgedruckt wurde[653] oder die ehrverletzenden Äußerungen der Vorauflage in einer späteren Auflage gelöscht wurden,[654] bilden typische Umstände des Einzelfalls. Außerdem sollen die persönlichen Besonderheiten des Verletzten und des Verletzers berücksichtigt werden.[655] Hier können beispielsweise das Alter oder die persönlichen Lebensumstände des Betroffenen in die Bemessung einbezogen werden oder ob er das Verhalten des Verletzers in irgendeiner Weise provoziert hat.[656] Als rein objektiver - und erschwerender - Faktor kann auch die besonders auffällige Platzierung eines Bildnisses auf der Titelseite gelten.[657] Gleiches gilt z.B. für die Bildniserschleichung per Teleobjektiv, was bei der Schadensersatzbemessung erschwerend zu berücksichtigen ist.

Das persönliche Verschulden des Verletzers spielt ebenfalls eine große Rolle. Während der Schädiger bei der außervertraglichen Haftung nach Art. 1902 C.C. bereits bei geringem Verschulden den gesamten Schaden ausgleichen muss, dort also grundsätzlich das Prinzip „Alles oder nichts gilt", kann der Richter im Rahmen des Art. 9.3 das Verschulden des Verletzers bei der Festlegung der Schadensersatzhöhe besonders bewerten.[658] Damit wird hier mit dem Verschulden ein typisches Strafzumessungskriterium für die Bestimmung der Schadens-

---

651 STS de 27 de Octubre 1989.
652 *Fayos Gordó*, S. 415.
653 STS de 11 de Diciembre 1989.
654 STS de 04 de Febrero 1993.
655 *Fayos Gordó*, S. 415.
656 *Bellón Molina*, AC 1998, S. 400.
657 STC 186/2001 de 17 de Septiembre 2001 - „Isabel Preysler II".
658 *Herrero-Tejedor*, Honor, Intimidad e Imagen, S. 249 f.

ersatzhöhe bemüht. Die Nähe zu strafrechtlichen Erwägungen ist somit nicht zu leugnen.

(2) **Schwere der Verletzung („gravedad de la lesión")**

Im Gegensatz zum recht allgemeinen Bemessungskriterium der „Umstände des Einzelfalls" erscheint die „Schwere der Verletzung" als nächstes Kriterium konkreter. Da die Schwere der Verletzung aber auch einen anerkannten Umstand des Einzelfalls bildet, ist sie lediglich eine besondere Ausformung und Gesetz gewordene Konkretisierung dieses Merkmals.[659]

Auch hier ist wiederum auffällig, dass den Gerichten eigentlich keine Grenzen bei ihren Erwägungen gesetzt sind, was sie unter einer schweren oder einen weniger schweren Verletzung verstehen. Nähere Angaben dazu fehlen im Gesetzestext. Um sich aber nicht dem Vorwurf der Willkür bei der Lösung der Frage auszusetzen, ob eine schwere oder weniger schwere Verletzung vorliegt, wiederholt der *Tribunal Supremo* - fast gebetsmühlenartig -, bei der Bemessung des Schadensersatzes herrsche „höchste Vernunft" („*prudencia, prudente arbitrio de los Tribunales*").[660]

Diese Vernunft erscheint auch notwendig, da eine Schadensersatzverpflichtung stets einen Eingriff in die Pressefreiheit bedeutet und für Medienunternehmen schwer wiegende Folgen haben kann. In vielen Urteilen nimmt man jedoch die „Schwere der Verletzung" schlicht an, ohne ihren Inhalt oder ihre Voraussetzungen genau zu bestimmen.[661]

(3) **Verbreitung des Mediums („difusión o audiencia del medio")**

Ein weiteres objektives Kriterium für die Bemessung der Schadensersatzhöhe ist die Verbreitung des Mediums, in dem die Persönlichkeitsverletzung begangen wurde. In dem ursprünglichen Gesetzentwurf war dieses Kriterium noch nicht vorgesehen, es fand erst nach den parlamentarischen Verhandlungen zu diesem Gesetz Eingang in seinen Text.[662] Die Nähe und der enge Zusammenhang dieses Merkmals zu dem vorherigen Kriterium, der Schwere der Verletzung, ist augenscheinlich: Je mehr Menschen in der Öffentlichkeit eine Persönlichkeitsverletzung, z.B. die Veröffentlichung einer kompromittierenden Photographie, wahrnehmen, umso schwerer wiegt diese Verletzung für den Betroffenen.

In der Rechtsprechung finden sich zahlreichliche Beispiele, in denen sie auf die Verbreitung des Mediums abstellte, in dem die Persönlichkeitsverletzung stattgefunden hatte: In dem Fall des Verkaufs von Videokassetten über den Todeshergang des Stierkämpfers *Paquirri* in der Ambulanz einer Stierkampfarena nahm der *Tribunal Supremo* ausdrücklich Bezug auf ihre Verbreitung und auf

[659] *O'Callaghan*, S. 209.
[660] STS de 11 de Octubre 1990; STS de 25 de Febrero 1991: „*máxima prudencia*".
[661] Vgl. STS de 31 de Diciembre 1996; so auch: *Koch*, S. 160.
[662] *Bellón Molina*, AC 1998, S. 392.

den Verkauf von insgesamt 55 Videokassetten.[663] Der *Tribunal Supremo* setzte die Höhe des Schadensersatzes auf 250.000 Peseten fest.[664] Ein weiteres gutes Beispiel für die Anwendung dieses Kriteriums bildet eine Entscheidung, in der es um eine Persönlichkeitsverletzung durch ein Buch ging. Hier bestimmte das Gericht, der Verletzer habe die Summe der verkauften Bücher multipliziert mit dem Buchpreis plus zwei Millionen Peseten an den Betroffenen zu zahlen.[665]
Auch im oben zitierten Fall der *Isabel Preysler* rügte der *Tribunal Constitucional* die Entscheidung des *Tribunal Supremo* unter dem Aspekt, dieser habe bei der Bemessung des Schadensersatzes die Auflage der Illustrierten, die in ihre Privatheit eingriff, nicht berücksichtigt.[666] Das *Oficina de Justificación de la Difusión* habe schließlich eine Auflage zwischen 340.000 und 440.000 Exemplaren festgestellt, die in der Entscheidung hätte berücksichtigt werden müssen.[667]
In diesem Zusammenhang drängt sich allerdings die berechtigte Vermutung auf, dass die Gerichte mit diesem Merkmal zumindest auch einen Vermögensausgleich vornehmen wollen und die - in Spanien sowieso unklare - Grenze zwischen materiellen und immateriellen Schäden noch weiter verwischen. Es erscheint nahe liegend, dass bei kommerzieller Ausnutzung von Persönlichkeitsmerkmalen - Name, Bildnis, Stimme nach Art. 7.6 - die Höhe des entgangenen Gewinns des Betroffenen - also dessen materieller Schaden - in unmittelbarem Zusammenhang mit der Verbreitung des Mediums steht. Bei der landesweiten Werbung mit dem Bildnis eines Prominenten beispielsweise wäre das Honorar, das er hätte verlangen können, größer als nur bei regionaler Verbreitung. Das Merkmal der Verbreitung des Mediums scheint daher auch dazu zu dienen, den entgangenen Gewinn des Betroffenen in die Bemessung seines Schadensersatzes mit einzubeziehen. Deutlich wird dies an den gerade genannten Beispielen. Indem der Verkaufspreis des verletzenden Buches zur Grundlage der Schadensersatzhöhe gemacht wird, möchten die Gerichte den Betroffenen wohl offensichtlich am finanziellen Gewinn des Verletzers beteiligen. Damit findet allerdings eine Vermögensverschiebung über das L.O. 1/1982 statt, das die genannten Per-

---

663 Dieser Fall bildet ein in der spanischen Literatur häufig zitiertes Beispiel: Es ging um Filmaufnahmen von *Paquirris* letztem Stierkampf, in deren Verlauf er starke Verletzungen erlitt. Der damals populäre Stierkämpfer wurde daraufhin in der Krankenstation der Stierkampfarena notärztlich behandelt und starb schließlich vor Ort. Auch von der ärztlichen Behandlung und seinem Todeskampf wurden Filmaufnahmen gemacht. Dieser Film wurde dann auf Video unter dem Titel: „*Paquirri*, ein Lied der Liebe und des Todes" von dem Videounternehmen *Prographic, S.A.* angeboten; STC 231/1988 de 02 de Diciembre de 1988 - „Paquirri".

664 STS de 25 de Abril 1989.

665 Urteil der Primera Instancia número 10 de Madrid de 09 de Mayo 1988, zit. nach: *Fayos Gordó*, S. 422.

666 STC 186/2001 de 17 de Septiembre 2001 - „Isabel Preysler II".

667 STC 186/2001 de 17 de Septiembre 2001 - „Isabel Preysler II".

sönlichkeitsrechte eigentlich nur vor immateriellen Schäden schützen möchte, nicht vor materiellen.[668]

(4) **Höhe des Verletzergewinns („beneficio")**

Der Aspekt des Vermögensausgleichs über das - eigentlich ideellen Zwecken dienende - L.O. 1/1982 wird beim letzten Bemessungskriterium in Art. 9.3 noch deutlicher. Danach soll die „Höhe des Verletzergewinns" in die Berechnung der Schadensersatzhöhe einfließen. Man möchte damit zum einen verhindern, dass sich die kommerzielle Nutzung der Persönlichkeit für den Verletzer lohnt, wenn der durch die Persönlichkeitsverletzung erzielte Gewinn höher ist als der zu entrichtende Schadensersatz.[669] Zweitens bietet die Bemessung nach dem Verletzergewinn ein objektives Kriterium, die Höhe des schwer bezifferbaren Schadensersatzes bei Persönlichkeitsverletzungen zu bestimmen. In der ursprünglichen Gesetzesvorlage war noch von einem „Gewinn, den der Verletzer unter Umständen erzielt" („*eventual beneficio*") die Rede, was jedoch im Sinne der heutigen Fassung geändert wurde.[670] Der spanische Gesetzgeber geht somit wohl davon aus, dass es bei Persönlichkeitsverletzungen stets zu einem Gewinn beim Verletzer kommt. Während die Einbeziehung dieses Kriteriums bei Einführung des L.O. 1/1982 ebenfalls eine Neuheit im spanischen Recht darstellte,[671] nehmen mittlerweile auch das spanische *Ley 11/1986 de Patentes* (Art. 66.2a Patentgesetz)[672] und das *Ley 17/2001 de Marcas* (Art. 43.2b Markengesetz)[673] Bezug auf den Verletzergewinn, um den entgangenen Gewinn des

---

668 Siehe Art. 1.1; dazu bereits ausführlich oben: 1. Teil: B.IV.4.a.

669 *Azurmendi Adarraga*, S. 229.

670 *Bellón Molina*, AC 1998, S. 392.

671 *Bellón Molina*, AC 1998, S. 402.

672 Art. 66 Ley de patentes: „*1. La indemnización de daños y perjuicios debida al titular de la patente comprenderá no sólo el valor de la pérdida que haya sufrido, sino también el de la ganancia que haya dejado de obtener el titular a causa de la violación de su derecho.*
2. La ganancia dejada de obtener se fijará, a elección del perjudicado, conforme a alguno de los criterios siguientes:
a) (...)
b) Por los beneficios que este último haya obtenido de la explotación del invento patentado."

673 Art. 43 Ley de marcas: „*1. La indemnización de daños y perjuicios comprenderá no sólo las pérdidas sufridas, sino también las ganancias dejadas de obtener por el titular del registro de la marca a causa de la violación de su derecho. El titular del registro de marca también podrá exigir la indemnización del perjuicio causado al prestigio de la marca por el infractor, especialmente, por una realización defectuosa de los productos ilícitamente marcados o una presentación inadecuada de aquélla en el mercado.*
2. Las ganancias dejadas de obtener se fijarán, a elección del perjudicado, con arreglo a uno de los criterios siguientes:
a) (...)
b) Los beneficios que haya obtenido el infractor como consecuencia de la violación."

Betroffenen bestimmen zu können.[674] Damit rückt der spanische Gesetzgeber die *derechos de la personalidad* in die Nähe des geistigen Eigentums und immaterieller Vermögensrechte. Es stellt sich aber dann die Frage, wie dies mit dem ursprünglichen Charakter der Persönlichkeitsrechte als Nicht-Vermögensrechte nach Art. 1.3 vereinbar ist. Der Widerspruch des Gesetzes, sich einerseits auf die Unübertragbarkeit der außerhalb des Vermögens stehenden Persönlichkeitsrechte festzulegen und andererseits mittels Einwilligung eine Übertragbarkeit zuzulassen, wurde an anderer Stelle bereits gezeigt.[675] Hier tritt er in anderer Form erneut auf, indem das Gesetz offen von einer Kommerzialisierung der eigentlich nicht-kommerzialisierbaren Persönlichkeitsrechte ausgeht.

(a) **Gewinnabschöpfung**

In den Fällen, in denen der Verletzer keinen Gewinn aus einer Persönlichkeitsverletzung gezogen hat, scheint die Rechtsprechung mit der Zubilligung eines hohen Schadensersatzes zurückhaltender zu sein. Sie spricht dem Verletzten in diesen Fällen oftmals nur geringe symbolische Beträge zu, wenn es sich nicht gerade um eine äusserst schwere Verletzung handelt.[676] Der *Tribunal Supremo* äußert in einem Urteil dazu: „Es scheint weder bewiesen zu sein, dass die Klägerin wirtschaftliche Nachteile durch die Persönlichkeitsverletzung erlitten hat, noch, dass die Beklagten dadurch irgendeinen Gewinn erzielt haben. Der *daño moral* wird daher auf 250.000 Peseten festgelegt.“[677]

Indem regelmäßig nur bei hohen Verletzergewinnen auch ein hoher Schadensersatz gezahlt wird, bei geringem Verletzergewinn hingegen ein eher niedriger, zeigt sich erneut: Das L.O. 1/1982 soll dem Betroffenen seinen entgangenen Gewinn ausgleichen, obwohl es eigentlich nur ideellen Interessen dienen soll. Anders lässt sich nicht erklären, welcher Zusammenhang zwischen der beim Betroffenen eingetretenen Persönlichkeitsverletzung und dem Verletzergewinn bestehen soll. Die ideelle Persönlichkeitsverletzung beim Betroffenen besteht schliesslich unabhängig von einem etwaigen Verletzergewinn. Anders ausgedrückt: Die Höhe des Verletzergewinns bestimmt nicht die Intensität der erlittenen Persönlichkeitsverletzung.

Diese Praxis der Gerichte erscheint jedoch aus zwei Gründen problematisch: Zum einen werden dadurch Elemente der ungerechtfertigten Bereicherung in das Schadensersatzrecht aufgenommen, indem der Verletzergewinn in die Schadensberechnung einbezogen wird. Dies ist systemfremd,[678] so dass die Bezugnahme auf den Verletzergewinn einen Fremdkörper im L.O. 1/1982 darstellt.[679]

---

[674] Eine ähnliche Regelung findet sich im deutschen Recht in § 97 Abs. 1 S. 2 UrhG.

[675] Dazu bereits oben ausführlich: 1. Teil: E.V.1.

[676] *Fayos Gordó*, S. 418.

[677] STS de 11 de Febrero de 1992.

[678] *Salvador Coderch*, Libelo, S. 36 f., zit. nach: *Bellón Molina*, AC 1998, S. 412 f.

[679] *Rojo Ajuria*, ADC 1986, S. 146; *Rovira Sueiro*, Derecho a la Imagen, S. 197.

Zum anderen misst die Rechtsprechung den Persönlichkeitsrechten damit einen Vermögenswert zu, was dem im L.O. 1/1982 herrschenden System der *derechos de la personalidad* als Nicht-Vermögenswerte widerspricht. Ziel des Gesetzes soll ja gerade der Schutz vor ideellen Beeinträchtigungen sein. Somit zeigt sich das bereits oben gezeigte Problem des Gesetzes in der Praxis: Es kann nicht mit den Schwierigkeiten umgehen, einerseits dem Schutz ideeller Interessen verpflichtet zu sein, aber andererseits auch dem kommerziellen Persönlichkeitsschutz zu dienen. Diese - im ersten Teil der Arbeit bereits aufgezeigten - Unstimmigkeiten des Gesetzes treten damit auch auf Rechtsfolgenseite auf. Genauso wie die *intromisión ilegítima* nach Art. 7.6 auf Tatbestandsebene ein Fremdkörper in dem Gesetz ist, die entgegen der übrigen Regelungen des L.O. 1/1982 allein dem Schutz kommerzieller Interessen dient, ist die Bezugnahme auf den Verletzergewinn auf Rechtsfolgenseite in diesem Gesetz fehl am Platze.
Die Bezugnahme auf den Verletzergewinn ermöglicht außerdem den Missbrauch der Schadensersatzklagen allein zur persönlichen Bereicherung des Betroffenen.[680] In der Praxis ist die Gefahr nicht zu vermeiden, dass bestimmte Personen, die wegen ihrer Bekanntheit, öffentlichem Ansehen und ihrer Prominenz besonders angreifbar sind, Persönlichkeitsverletzungen zur eigenen Bereicherung ausnutzen, obwohl sie die Verletzung an sich eigentlich nicht besonders stört.[681]

(b) **Bestimmung der Höhe des Verletzergewinns**

Die Einbeziehung des Verletzergewinns in die Berechnung des Schadensersatzes ist auch unter einen anderen Gesichtspunkt verfehlt. Wie man im deutschen Recht ebenfalls erkannt hat, erscheint es unmöglich, den von einem Medium mit einer bestimmten Ausgabe oder Sendung erzielten Gewinn allein auf die darin enthaltene Persönlichkeitsverletzung zurückzuführen. Es spielen vielmehr auch andere Faktoren der Vermarktung eines Produktes eine Rolle, die den Gewinn bestimmen. Hierzu zählen insbesondere die Werbung, das persönliche Geschick des Herausgebers oder Moderators oder die sonstigen publizistischen und redaktionellen Inhalte des Mediums. Daher gestaltet es sich in der Praxis schwierig, den genauen Anteil des Gewinns festzumachen, der auf die Persönlichkeitsverletzung zurückgeht.[682] Die Gerichte weichen diesem Problem entweder dadurch aus, dass sie sich bei der der Bestimmung der Schadensersatzhöhe nie ausdrücklich nur auf den Verletzergewinn stützen. Sie fassen vielmehr sämtliche Bemessungskriterien zusammen und legen unter Bezugnahme auf alle Kriterien des Art. 9.3 einen Gesamtschadensersatz fest.[683] Eine andere Methode, dieses Problem zu umgehen, liegt in der lapidaren Feststellung, es sei unmöglich, im kon-

---

680 *Rojo Ajuria*, ADC 1986, S. 146.
681 *Estrada Alsonso*, S. 193.
682 *Bellón Molina*, AC 1998, S. 403.
683 *Bellón Molina*, AC 1998, S. 403.

kreten Fall den Anteil des Gewinns auszumachen, der auf die Persönlichkeitsverletzung zurückzuführen ist.[684]
In den Fällen, in denen der Verletzer erwiesenermaßen keinen Gewinn erzielt hat, stellen sich diese Probleme nicht. Die Gerichte stellen diesen Umstand dann ausdrücklich fest und berücksichtigen ihn bei der Höhe des - dann meist nur symbolischen - Schadensersatzes.[685]

(5) **Zusammenfassung**

Trotz der scheinbar eindeutigen Festlegung objektiver Bemessungskriterien ist keine Einengung des richterlichen Ermessensspielraums festzustellen. Die Kriterien sind so weit auslegbar, dass die Gerichte alle Freiheiten haben, Schadensersatzverpflichtungen in nahezu beliebiger Höhe festzusetzen. Die in alle Richtungen mögliche Ausfüllung des Bemessungskriteriums der „Umstände des Einzelfalls" unterstreicht diesen Freiraum der Gerichte. Diese Tatsache wird außerdem unter dem Aspekt verdeutlicht, dass die erste Instanz in aller Regel höhere Summen festlegt als die folgenden Instanzen. Im Fall des Toreros *Paquirri* beispielsweise hatte die erste Instanz die Beklagten zu einer Zahlung von 20 Millionen Peseten verurteilt, der *Tribunal Supremo* setzte die Höhe schließlich auf 250.000 Peseten fest. Zwar sind mit diesem gerichtlichen Freiraum neben den gezeigten Unstimmigkeiten auch Gefahren für die Pressefreiheit verbunden. Trotzdem begrüßt man überwiegend die Fassung des Art. 9.3.

e) **Willkür bei der Festlegung des Schadensersatzes**

Neben der Kritik an den Bemessungskriterien bemängeln Teile der spanischen Literatur das Missverhältnis der zugebilligten Schadensersatzsummen im Vergleich zu den Schadensersatzhöhen, die dem Betroffenen bei der Verletzung anderer Rechtsgüter zugesprochen werden.[686] Daneben seien Ungerechtigkeiten in der Behandlung von *personas públicas* und Privatpersonen festzustellen.[687] In vielen Fällen werden bekannten Personen höhere Schadensersatzzahlungen zugesprochen. In einem Fall, in dem intime Details aus dem Leben einer Apothekerin in Form eines Buches verbreitet wurden, billigte der *Tribunal Supremo* ihr einen Schadensersatz in Höhe von 750.000 Peseten zu.[688] Im oben genannten Fall der *Isabel Preysler* bekam sie letztendlich 10 Millionen Peseten als Ausgleich für die verbreiteten Geschichten aus ihrem Privatleben.[689] Es ist daher zu Recht zu fragen, warum zwischen beiden Gruppen solche Unterschiede bestehen, wenn die *personas públicas* nach der Rechtsprechung ein niedrigeres

---

684 STS de 18 de Mayo 1994.
685 STS de 25 de Abril 1989; *Fayos Gordó*, S. 419.
686 *Concepción Rodríguez*, S. 173.
687 *Fayos Gordó*, S. 422.
688 STS de 11 de Octubre 1991
689 STC 186/2001 de 17 de Septiembre 2001 - „Isabel Preysler II".

Schutzniveau ihrer Persönlichkeitsrechte hinnehmen müssen als die in diesem Bereich besser geschützten Privatpersonen. Hier scheinen die Gerichte zu versuchen, gerade im Bereich der kommerziellen Nutzung bekannter Persönlichkeiten einen Vermögensausgleich für entgangene Gage vorzunehmen. Zwar ist diese Praxis vor dem Hintergrund verständlich, dass dieser entgangene Gewinn ebenfalls als *daño* im Sinne des Schadensersatzrechts gilt. Allerdings widerspricht dies - wie oben zu sehen war - dem Willen des L.O. 1/1982, allein dem ideellen Persönlichkeitsschutz zu dienen, nicht dem Vermögensschutz.
Bemerkenswert in diesem Zusammenhang ist ein Urteil der *Audiencia de Madrid*, in dem es um die Ehrverletzung zweier Offiziere ging. Das Gericht trennte - trotz gleicher Verletzung - zwischen beiden Betroffenem nach ihrem Dienstgrad. Der Oberst bekam 15 Millionen Peseten, der Hauptmann dagegen nur 10 Millionen.[690] Zu Recht hob der *Tribunal Supremo* das Urteil daraufhin mit der einleuchtenden Begründung auf, das Recht, von Anderen in seiner Ehre respektiert zu werden, sei innerhalb einer bestimmten Gesellschaftsschicht gleich.[691] Er bestimmte für beide Betroffenen einen Schadensersatz in Höhe von 10 Millionen Peseten.
Damit steht fest, dass die Gerichte völlig frei und - nahezu - willkürlich irgendwelche Schadensersatzsummen festlegen könnten, da ein messbarer Schaden ja typischerweise nicht vorliegt und die Urteile daher schwer in ihrer Höhe überprüft werden können. Selbst die Einführung von Bemessungskriterien, die den Gerichten auf den ersten Blick die Festsetzung der Schadensersatzhöhe erleichtern, trägt nicht zu einer an objektiven Kriterien orientierten Schadensersatzrechtsprechung bei.

f) Änderung der Höhe des Schadensersatzes in der Revision

Es stellt sich in diesem Zusammenhang die Frage, ob die Festsetzung eines für zu hoch oder zu niedrig empfundenen Schadensersatzes in der Revision hinsichtlich seiner Höhe angegriffen werden kann. Diese Frage ist vor allem deshalb interessant, da untere Instanzen gewöhnlich sehr hohe Summen als Schadensersatz bestimmen.
Die Rechtsprechung des *Tribunal Supremo* zu dieser Frage ist unübersichtlich und widersprüchlich. Während er bis Ende der 1980-er Jahre die Überprüfung der Schadensersatzhöhe im Wege der Revision verneinte, da die Festsetzung allein der Tatsacheninstanz obliege,[692] hat sich seine Rechtsprechung mittlerweile gewandelt. Danach liegt zwar die Bestimmung der Höhe des Schadensersatzes nach wie vor grundsätzlich bei der Tatsacheninstanz. Eine Änderung der Höhe durch höhere Instanzen sei aber ausnahmsweise möglich, wenn das erkennende Gericht die Bemessungskriterien des Art. 9.3 „nicht richtig oder rein will-

[690] SAT Madrid de 19 de Septiembre 1994.
[691] STS de 24 de Septiembre 1999.
[692] STS de 11 de Abril 1987; STS de 05 de Octubre 1987.

kürlich, unverhältnismäßig oder irrational" beachtet hat.[693] Damit möchte der *Tribunal Supremo* in erster Linie verhindern, dass untere Instanzen Schadensersatzzahlungen in astronomischer Höhe bestimmen und diese dann nicht mehr zu ändern sind. Das letzte Wort über die Höhe des Schadensersatzes möchte sich somit der *Tribunal Supremo* selbst vorbehalten.
Ein Beispiel für eine solche Konstellation bietet der Fall einer Verletzung der Privatheit durch die Veröffentlichung von Name und Adresse eines Vergewaltigungsopfers. Die Betroffene klagte auf 25 Millionen Peseten Schadensersatz. Während ihr die erste Instanz 6 Millionen zugestand, verminderte die zweite den Schadensersatz auf 1,5 Millionen Peseten. Hier sah der *Tribunal Supremo* eine offenkundige Fehlgewichtung der Bemessungskriterien des Art. 9.3 und erhöhte den Schadensersatz wieder auf 6 Millionen Peseten.[694] In dem bereits mehrfach erwähnten Fall um *Isabel Presyler* hob der *Tribunal Constitucional* das Urteil des *Tribunal Supremo* auch unter dem Aspekt des - von ihm für zu niedrig erachteten - Schadensersatzes von 25.000 Peseten auf.[695] Der *Tribunal Supremo* habe bei der Bemessung des Schadensersatzes die Anforderungen an einen effektiven Schutz der Grundrechte aus Art. 18.1 C.E. nicht hinreichend beachtet. Darin liege eine Verletzung des Rechts auf effektiven Rechtsschutz (Art. 24.1 C.E.). Mit einer solch niedrigen Summe könne man den Schutz der Privatheit nicht sicherstellen.[696]

g) Funktionen des Schadensersatzes

Ebenso wie in der Diskussion in Deutschland um die unterschiedlichen Funktionen des Geldersatzes bei Persönlichkeitsverletzungen, ist dieses Thema auch in Spanien umstritten.

(1) Genugtuungsfunktion („función satisfactoria")

Allgemein anerkannt ist - neben der Ausgleichsfunktion - die Genugtuungsfunktion („*función satisfactoria*") des Schadensersatzes bei Persönlichkeitsverletzungen.[697] Wie oben schon gezeigt, versteht man in Spanien allerdings unter der *función satisfactoria* etwas anderes, als unter der umstrittenen Genugtuungsfunktion im deutschen Schadensersatzrecht. Während die Genugtuungsfunktion im deutschen Recht eindeutig pönale Elemente aufweist, bleibt die *función satisfactoria* nach spanischem Verständnis fest dem Ausgleichsgedanken verhaftet und stellt allein auf den Betroffenen ab. Damit ist sie in Spanien das, was manche deutsche Autoren als eine „dem Wesen ideeller Schäden entsprechende

---

693 STS de 15 de Julio 1995; STS de 21 de Febrero 2000; STS de 13 de Octubre 2000, jeweils mit weiteren Nachweisen.
694 STS de 21 de Febrero 2000.
695 STC 186/2001 de 17 de Septiembre 2001 - „Isabel Preysler II".
696 STC 186/2001 de 17 de Septiembre 2001 - „Isabel Preysler II".
697 *Concepción Rodríguez*, S. 172; *Royo Jara*, S. 176.

Form des Ausgleichs auf anderer Ebene" bezeichnen.[698] Der Geschädigte soll sich mit dem - im Wege des Schadensersatzes erhaltenen - Geld Vorteile und Annehmlichkeiten erkaufen können, die seine Persönlichkeitsverletzung vergessen machen bzw. lindern.

(2) **Präventivfunktion („función preventiva")**

Auch bei der Anerkennung einer Präventivfunktion sind erneut Unterschiede zwischen der deutschen und der spanischen Sichtweise festzustellen. Die im Zusammenhang mit dem Geldersatz bei Persönlichkeitsverletzungen im deutschen Recht so umstrittene und vielfach abgelehnte Präventivfunktion wird in Spanien im Gegensatz dazu größtenteils geduldet. Das L.O. 1/1982 selbst legt es schließlich in seinem Art. 9.2 den Gerichten auf, alle Maßnahmen zu ergreifen, „um weiteren Persönlichkeitsverletzungen vorzubeugen". Die Rechtsprechung nimmt diesen Präventivaspekt auf und möchte dem Gewinnstreben der Medien unter Verletzung von Persönlichkeitsrechten mit hohen Schadensersatzsummen entgegenwirken.[699] Auch in der neueren spanischen Literatur wird die Präventivfunktion des Schadensersatzes mehr und mehr anerkannt.[700] Sie trete neben die Ausgleichsfunktion („*función reparatoria*") und sei ein effektives Mittel, zukünftige Persönlichkeitsverletzungen zu unterbinden, was der Gesetzgeber mit der Bemessung des Schadensersatzes nach dem Verletzergewinn zum Ausdruck gebracht habe.[701] Da der Verletzer nicht mit Gewinnen aus Persönlichkeitsverletzungen rechnen dürfe, werde er von weiteren Verletzungen abgeschreckt.[702] Im Gegensatz zur am Betroffenen ausgerichteten Ausgleichsfunktion wende sich die Präventivfunktion auch an Dritte, um sie von Persönlichkeitsverletzungen abzuhalten.[703] Dieser Gedanke rechtfertige auch die Erhöhung der zu leistenden Schadensersatzsumme, je größer das Verschulden des Verletzers sei.[704] An der Überlegung, das Gesetz erhalte durch diese Funktion, sowie durch seine Formulierung und die zentrale Bedeutung der *intromisiones ilegítimas* einen strafrechtsähnlichen Charakter,[705] nimmt man in Spanien - soweit ersichtlich - kaum Anstoß.

---

698 *Ehlers*, S. 184.
699 STS de 07 de Diciembre 1995.
700 *Rovira Sueiro*, Derecho a la Imagen, S. 164 f.
701 *Rovira Sueiro*, Derecho a la Imagen, S. 164 f., 201 f.; *Bellón Molina*, AC 1998, S. 420.
702 *Bellón Molina*, AC 1998, S. 420.
703 *Royo Jara*, S. 176.
704 *Salvador Coderch/Castibeira Palou*, ohne Seitenangabe, zit. nach: *Bellón Molina*, AC 1998, S. 413.
705 *Herrero-Tejedor*, Honor, Intimidad e Imagen, S. 249.

(3) **Straffunktion und punitive damages**

Während die Präventivfunktion wenig Kritik begegnet und - soweit ersichtlich - Einigkeit besteht, dass dem Schadensersatz auch ein pönales Element innewohnt, beurteilt man die Reichweite einer eigenständigen Straffunkion des Schadensersatzes unterschiedlich.

Manche sind der Auffassung, der Schadensersatz erfülle auch eine Straffunktion, was in den in Art. 9.3 genannten Bemessungskriterien klar zum Ausdruck komme und insbesondere bei den „Umständen des Einzelfalls" zu berücksichtigen sei. Da sich die Schadensersatzhöhe nach den Umständen des Einzelfalls und an der Schwere der Verletzung orientiere, müsse die zugesprochene Geldsumme umso höher sein, je größer das Verschulden des Verletzers sei.[706] Andere Stimmen in der spanischen Literatur möchten eine Straffunktion des Schadensersatzes aus der Bezugnahme des Gesetzes auf den Verletzergewinn („*beneficio ... obtenido*", Art. 9.3) herleiten. Da dem Verletzer nach dem Willen des Gesetzes kein Gewinn aus der Persönlichkeitsverletzung verbleiben dürfe, liege darin eine zivilrechtliche Bestrafung seines Verhaltens.[707] In der Tat kann - wie oben gezeigt - dem Schadensersatz bei Persönlichkeitsverletzungen in Spanien ein pönales Element nicht ganz abgesprochen werden.

Darüber hinaus möchte ein weiterer Teil der Literatur an dieser Stelle noch weiter - und im Ergebnis zu weit - gehen und die im anglo-amerikanischen Recht bekannten *punitive damages* in das spanische Recht einführen. Im Streit um die Funktionen des Schadensersatzes bei Persönlichkeitsverletzungen schlägt man daher teilweise vor, den Schadensersatz in zwei Posten zu unterteilen:[708] Ein Teil solle allein dem Ausgleich erlittener immaterieller Schäden dienen („*compensative damages*"). Davon unabhängig solle eine wirtschaftliche Zivilstrafe gezahlt werden, der ein abschreckender und beispielhafter Charakter zukommt, also den Zweck hat, vor Wiederholungen eines ähnlichen Verhaltens abzuhalten („*punitive damages*"). Andere Stimmen in der Literatur weisen ebenfalls in diese Richtung, ohne allerdings ausdrücklich von *punitive damages* zu sprechen: Neben einem Ausgleich in Geld für die erlittene Persönlichkeitsverletzung müsse eine selbständige Zahlung mit Strafcharakter erfolgen, die aber nicht dem Betroffenen, sondern der Staatskasse zufallen solle. Auf diese Weise sei zu verhindern, dass sich der Betroffene durch eine Persönlichkeitsverletzung bereichere.[709] Diese Ansichten, die unverkennbar Lösungen aus dem anglo-amerikanischen Schadensersatzrecht bemühen, führen die Tendenz weiter, auch

---

[706] *César Rivera*, RDP 1989, S. 121, zit. nach: *Bellón Molina*, AC 1998, S. 408.

[707] *Royo Jara*, S. 176.

[708] *Muñoz Machado*, REDA 1992, S. 171 f., zit. nach: *Bellón Molina*, AC 1998, S. 412.

[709] *Herrero-Tejedor*, Honor, Intimidad e Imagen, S. 304; *Rojo Ajuria*, AC 1988, S. 1085, zit. nach: *Bellón Molina*, AC 1998, S. 411.

im Schadensersatzrecht pönalen Elementen eine herausragende Stellung einzuräumen.
Dieser Richtung kann aber aus verschiedenen Gründen nicht gefolgt werden. So sind keine Anzeichen dafür ersichtlich, dass der spanische Gesetzgeber in Art. 9.3 einen Strafschadensersatz getrennt von der reinen Kompensation anerkennen wollte. Weder im Gesetzestext des L.O. 1/1982 noch im sonstigen übrigen spanischen Schadensersatzrecht lassen sich irgendwelche Hinweise auf eine solche Auslegung finden.[710] Außerdem stellen die Bemessungskriterien in Art. 9.3 in erster Linie auf den verursachten Schaden beim Betroffenen ab („*...gravedad de la lesión efectivamente producida...*“, Art. 9.3) und nur am Rande auf den Schädiger im Rahmen der *circunstancias del caso* und des erzielten Verletzergewinns. Es geht aus diesen Gründen zu weit, in diese Vorschrift eine Aufteilung in zwei unterschiedliche Posten - einen kompensatorischen und einen pönalen - hineinlesen zu wollen. Die bestehende Fassung des Art. 9.3 lässt für diese Lösung keinen Raum. Die Rechtsprechung verweigert sich ebenfalls dieser Tendenz und distanziert sich ausdrücklich von den Forderungen nach *indemnizaciones ejemplares*, also nach *punitive damages.*[711] Zwar erkennt der *Tribunal Supremo* das Ziel des Schadensersatzes an, künftigem Gewinnstreben der Medien mit hohen Schadensersatzsummen entgegenzutreten.[712] Die teilweise daraus gezogenen Schlüsse, dies sei ein erster Schritt in die Richtung der Anerkennung von *punitive damages*, verfehlen aber den Willen der Rechtsprechung. Sie verkennen, dass es sich bei dieser Aussage der Rechtsprechung lediglich um die Hervorhebung der Präventivfunktion des Schadensersatzes handelt. Selbst wenn man hier pönale Aspekte entdecken kann, ist der Weg zu einer Anerkennung von *punitive damages* im spanischen Recht noch weit.
Zusammenfassend ist daher festzustellen, dass dem Schadensersatz bei Persönlichkeitsverletzungen nach spanischem Recht zwar auch ein pönaler Aspekt zukommt, dieser aber nicht im Sinne einer strikten Unterscheidung zwischen Kompensation und Strafe verstanden werden darf, wie es in der angloamerikanischen Praxis der *punitive damages* üblich ist.

h) **Privatstrafe („pena privada”)**

Eng mit dem Problem des Strafcharakters des Schadensersatzes hängt die Frage zusammen, ob dieser überhaupt ein Schadensersatz im ursprünglichen Sinne ist oder nicht vielmehr eine - vom Schadensersatz zu trennende - *pena privada*, eine Privatstrafe.
Teile der spanischen Literatur verstehen den Ersatz des *daño moral* mit unterschiedlichen Begründungen oftmals als *pena privada*. Manche ziehen hierzu -

---

710 *Salvador Coderch/Castibeira Palou*, ohne Seitenangabe, zit. nach: *Bellón Molina*, AC 1998, S. 413.
711 STS de 07 de Diciembre 1995.
712 STS de 07 de Diciembre 1995.

wie oben gezeigt - den vermeintlich strafrechtsähnlichen Charakter des L.O. 1/1982 heran. Dieser komme besonders durch die zentrale Bedeutung der *intromisión ilegítima* und den vorgesehenen Präventiveffekt der möglichen Rechtsfolgen zum Ausdruck, so dass der Schadensersatz eigentlich eine Strafe durch das Zivilrecht sei.[713] Andere leiten die Annahme einer Privatstrafe bei Persönlichkeitsverletzungen aus der Ablehnung des *daño moral* als echtem ersatzfähigen Schaden ab. Wegen des mangelnden vermögensrechtlichen Einschlages immaterieller Schäden seien sie nicht in Geld bemessbar, so dass der Ersatz des *daño moral* überhaupt kein Schadensersatz im eigentlichen Sinne sei. Der Zweck der Verurteilung zu einer Schadensersatzzahlung könne somit - mangels Ersetzbarkeit immaterieller Schäden - gar nicht im materiellen Ausgleich des Verletzten liegen, sondern sei allein die Bestrafung des Verletzers.[714] Hier übernehme das Zivilrecht ein eigentlich strafrechtliches Ziel, in dem ein entsprechender Tatbestand fehle. Es handele sich also bei der Ersatzverpflichtung bezüglich immaterieller Schäden eigentlich um eine *pena privada*, nicht um einen Schadensersatz im eigentlichen Sinne.[715] Daher diene der Ersatz immaterieller Schäden hier nicht dem schadensersatzrechtlichen Ausgleich, sondern habe einen abschreckenden Beispielscharakter („*carácter ejemplar*").[716] Der Begriff des Schadensersatzes sei aus diesen Gründen verfehlt.
Diesen Argumenten muss zwar eine gewisse Schlüssigkeit zugestanden werden.[717] Im Ergebnis halten diese auf den ersten Blick einleuchtenden Erwägungen jedoch einer kritischen Würdigung nicht stand. Zum einen bedeutet die Anerkennung einer Privatstrafe einen Rückschritt in der juristischen Evolution. Das Strafmonopol muss grundsätzlich beim Staat liegen, wenn man von den Ausnahmefällen vertraglich vereinbarter „Strafen" absieht, die keine Strafen im eigentlichen Sinne sind. Die Anerkennung einer *pena privada* würde bedeuten, zur ihr zugrunde liegenden Motivation, dem Rachebedürfnis des Opfers zurückzukehren. Dies sollte mit der Hoheit des Staates über das Strafrecht eigentlich überwunden sein. Außerdem ist die Zielrichtung bei Schadensersatz und Strafe unterschiedlich. Während der Schadensersatz auf das Opfer abzielt, richtet die Strafe ihren Blick auf den Täter. Bei Betrachtung des L.O. 1/1982, insbesondere seines Art. 7, der die *intromisiones ilegítimas* regelt und seines Art. 9.3, der Bemessungskriterien für die Höhe des Schadensersatzes festschreibt, ist die Fokussierung auf den Betroffenen und seinen Schaden eindeutig zu erkennen. Anders

---

713 *Herrero-Tejedor*, Honor, Intimidad e Imagen, S. 249.
714 *Bonilini*, S. 178-279, zit. nach: *García López*, S. 108.
715 Nachweise bei: *García López*, S. 106 f.
716 *Ripert*, S. 348, zit. nach: *García López*, S. 107.
717 Auch die im deutschen Recht getroffene Sprachregelung des „Schmerzensgeldes" allgemein bei immateriellen Schäden und der „Geldentschädigung" speziell bei Persönlichkeitverletzungen erscheint daher eher angemessen als ihre Bezeichnung als „Schadensersatz".

als bei typischen Straftatbeständen wird hier nicht ausdrücklich auf eine besondere qualifizierende Tatbegehung oder die Schädigungsabsicht des Täters abgestellt. Der Ersatz immaterieller Schäden bei Persönlichkeitsverletzungen nach spanischem Recht kann damit - entgegen einigen befürwortenden Stimmen - nicht als *pena privada* charakterisiert werden.

i) **Gesamtschuldnerische Haftung**

Schließlich stellt sich die Frage nach der zivilrechtlichen Haftung der einzelnen Beteiligten, wenn mehrere Verletzer in Erscheinung treten. In Art. 65.2 des *Ley de Prenta e Imprenta* (Gesetz über Presse und Druckerzeugnisse) findet sich eine Regelung über die gesamtschuldnerische Haftung bei Presseerzeugnissen:

Die zivilrechtliche Haftung für ein rechtswidriges, nicht strafbares, Tun oder Unterlassen richtet sich an die Verfasser, die Direktoren, die Herausgeber, die Verleger und die Importeure oder Distributeure ausländischer Presseerzeugnisse gesamtschuldnerisch.

La responsabilidad civil por actos u omisiones ilícitos, no punibles, será exigible a los autores, directores, editores, impresores e importadores o distribuidores de impresos extranjeros, con carácter solidario.

Das vorkonstitutionelle *Ley de Prenta e Imprenta* wurde bisher vielfach geändert und durch andere Regelungen ersetzt. Die in Rede stehende Vorschrift des Art. 65.2 blieb aber davon bislang unberührt.
Es besteht Uneinigkeit, ob Art. 65.2 *Ley de Prenta e Imprenta* mit der Verfassung, insbesondere der in Art. 20.1 C.E. garantierten Meinungs- und Informationsfreiheit, vereinbar ist. Nach den Aufhebungsbestimmungen („*Disposiciones Derogatorias*") der *Constitución Española* werden Vorschriften, die dem in der Verfassung niedergelegten Inhalt entgegen stehen, aufgehoben.[718] Unter diesem Aspekt nehmen einige Stimmen in der Literatur die Verfassungswidrigkeit der gesamtschuldnerischen zivilrechtlichen Haftung wegen eines Verstoßes gegen Art. 20.1 C.E. an.[719] Dem hat sich verschiedentlich auch die unterinstanzliche Rechtsprechung angeschlossen. Nach ihrer Überzeugung widerspreche die weite Haftung des Art. 65.2 *Ley de Prenta e Imprenta* dem Gedanken der Informationsfreiheit, da das L.O. 1/1982 nur die Haftung des Verursachers der *intromisión ilegítima* kenne, so dass auf das frühere *Ley de Prensa e Imprenta* nicht mehr

718 Disposición Derogatoria Nr. 3: „*Asimismo, quedan derogadas cuantas disposiciones se opongan a lo establecido en la presente Constitución.*"

719 *Herrero-Tejedor*, Honor, Intimidad e Imagen, S. 260 f.; *O'Callaghan*, AC 1990, S. 9.

zurückgegriffen werden könne.[720] Dies gelte auch vor dem Hintergrund, dass eine spätere Norm die frühere verdränge und dass höherrangiges Recht einfachen Gesetzen vorgehe. Der *Tribunal Supremo* ist dieser Ansicht aber wiederholt nicht gefolgt. Im Interesse eines wirksamen Schutzes der Betroffenen sei es geboten, an der bisherigen gesamtschuldnerischen Haftung festzuhalten. Da sich das L.O. 1/1982 hinsichtlich einer solchen Haftung nicht äußere, liege keine abschließende Regelung vor.[721] Dabei wendet die Rechtsprechung diese Vorschrift nicht nur auf Presseerzeugnisse, sondern auch auf andere Medien an.[722]
In der Praxis werden Klagen wegen Persönlichkeitsverletzungen daher in der Regel gegen den Autor, den Direktor und den Verlag gerichtet. Soweit ersichtlich wurden bisher keine Klagen gegen die Importeure oder Distributeure ausländischer Presseerzeugnisse erhoben.

j) Alternative Lösungsmöglichkeit: enriquecimiento injusto

Auch in Spanien beschränkt sich die Auseinandersetzung mit dem L.O. 1/1982 nicht auf kritische Anmerkungen, sondern man bietet teilweise auch eigene Lösungsvorschläge an. Aufgrund der vermeintlichen Unfähigkeit des L.O. 1/1982, eine Gewinnabschöpfung beim Verletzer zu Gunsten des Betroffenen vorzunehmen, was das Gesetz mit der Bezugnahme auf den Verletzergewinn eigentlich wolle, wird teilweise die Anwendung der Grundsätze der ungerechtfertigten Bereicherung („*enriquecimiento injusto*") gefordert. In diesem Zusammenhang solle die *condictio por intromisión* als eigene Rechtsfigur geschaffen werden.[723] Wie jedoch genau die Grundsätze der *enriquecimiento injusto* zu vollziehen sind, bleibt unklar. Soweit ersichtlich beschränkt man sich nur auf die Nennung dieser Alternative, ohne detaillierte Lösungswege aufzuzeigen.

3. Zusammenfassung

Liegt eine *intromisión ilegítima* vor, tritt nach Art. 9.3 unabhängig von weiteren Erfordernissen eine zivilrechtliche Haftung des Verletzers ein. Entscheidend für seine Haftung ist somit allein die Tatbestandsmäßigkeit seiner Handlung, womit das Gesetz in Richtung einer Gefährdungshaftung geht. Rechtsprechung und Teile der Literatur steuern dieser Tendenz jedoch entgegen, so dass es in der Praxis bei dem Prinzip bleibt: keine Haftung ohne Verschulden. Ersatzfähig sind sowohl materielle als auch immaterielle Schäden, wobei das spanische Recht nicht streng zwischen diesen Schadensarten trennt. Die Höhe des Schadensersatzes bei Persönlichkeitsverletzungen bestimmt sich nach ausdrücklich im Gesetz genannten, weit auslegbaren Bemessungskriterien. Hervorzuheben ist hier, dass

[720] Sentencia de Juzgado de Primera Instancia N° 2 de Madrid de 09 de Mayo 1986, zit. nach: *Herrero-Tejedor*, Honor, Intimidad e Imagen, S. 260.
[721] STS de 04 de Noviembre 1986; STS 20 de Febrero 1989
[722] Vgl. STS de 20 de Mayo 1993.
[723] *Bellón Molina*, AC 1998, S. 421 f.

sich die Schadensersatzhöhe unter anderem am Verletzergewinn orientiert. Damit können die Gerichte einen Vermögensausgleich zwischen Schädiger und Betroffenem über das L.O. 1/1982 vornehmen. Das begegnet heftiger Kritik, da dieses Gesetz nach seinem Willen lediglich ideellen und nicht kommerziellen Interessen dienen soll. Das auf Tatbestandsebene gefundene Ergebnis bestätigt sich also auch auf Rechtsfolgenseite: Das L.O. 1/1982 dient - entgegen seinen eigenen Bekundungen - auch dem Schutz kommerzieller Interessen.
Nach spanischem Verständnis kommt dem Schadensersatz bei Persönlichkeitsverletzungen - neben dem Ausgleich des Betroffenen - eine Präventivfunktion zu. Die Anerkennung weitergehender Funktionen, wie einer eigenständigen Straffunktion oder eine Annäherung an *punitive damages* hat sich aber bisher noch nicht durchsetzen können.

III. Rechtsvergleich und Folgerungen für das deutsche Recht

Wie bereits der erste Teil der Arbeit gezeigt hat, liegt ein wesentlicher Unterschied der Ausgestaltung des zivilrechtlichen Persönlichkeitsschutzes in Spanien und Deutschland in dem Versuch des spanischen Gesetzgebers, mit Hilfe ausdrücklicher Normen diesen Bereich umfassend zu regeln. Diese betreffen nicht nur die Tatbestandsmäßigkeit einer Persönlichkeitsverletzung, sondern auch die Rechtsfolgenseite. Darüber hinaus bestehen jedoch weitere Unterschiede:

1. Immaterielle Schäden und daño moral

So ist zunächst festzustellen, dass das Problem der generellen Ersetzbarkeit immaterieller Schäden ein - im Vergleich zu Spanien - typisch deutsches Phänomen ist. Während die „Väter" des BGB sich aus - vermeintlich - guten Gründen dazu angehalten sahen, den Ersatz immaterieller Schäden zur Ausnahme zu erklären, hat sich diese Überzeugung in Rechtsprechung und Literatur mittlerweile geändert. Angesichts fortschreitender Kommerzialisierung vieler Bereiche des täglichen Lebens erscheint somit ein starres Festhalten an den Vorgaben des § 253 a.F. BGB - verbunden mit dem Enumerationsprinzp des § 847 a.F. BGB - verfehlt. Die deutsche Rechtsprechung sah und sieht sich aufgrund geänderter Voraussetzungen zunehmend gezwungen, diese Vorschrift zu umgehen. Im allgemeinen Schadensersatzrecht greift sie zur Lösung über die Kommerzialisierung bestimmter - traditionell immaterieller - Güter oder über den Begriff des normativen Schadens. Auch im Bereich des Persönlichkeitsschutzes fühlt sich die Rechtsprechung nicht mehr an die Gesetzeslage aus dem Jahre 1900 gebunden.[724] Indem sie sich teilweise auf weit hergeholte Argumente - wie die „Freiheitsberaubung im Geistigen"[725] - stützt, zeigt sich ihre argumentative Not, die erstrebte Umgehung des § 253 a.F. BGB zu begründen. Damit ist im Laufe der Zeit von seinem Regelungsgehalt wenig übrig geblieben.

---

[724] BGH NJW 1963, 902, 903 - „Fernsehansagerin".
[725] BGH NJW 1958, 827, 830 - „Herrenreiter".

Im Gegensatz zur Situation in Deutschland existiert in Spanien keine dem § 253 a.F. BGB entsprechende oder vergleichbare Vorschrift. Nachdem bereits zu Beginn des 20. Jahrhunderts die ersten Anfangsschwierigkeiten in Form der Anerkennung des *daño moral* durch die Rechtsprechung überwunden waren, konnten die spanischen Gerichte den Anforderungen und Gegebenheiten wechselnder gesellschaftlicher Umstände aufgrund dieser höheren Flexibilität besser gerecht werden. Von den früheren - in Deutschland mit § 253 a.F. BGB Gesetz gewordenen - Bedenken, immaterielle Schäden in Geld zu ersetzen, hat man sich in Spanien mittlerweile verabschiedet. Die spanische Rechtsprechung kann daher bei Schadensersatzklagen in einer Gesamtschau aller Umstände und Schadensposten auf einen Gesamtschadensersatz erkennen, ohne ihn in materielle und immaterielle Posten aufteilen zu müssen. Im Gegensatz zum deutschen Recht, in dem Schadensersatz und Schmerzensgeld zwei voneinander zu trennende eigenständige Ansprüche darstellen, handelt es sich in Spanien um einen einheitlichen Schadensersatzanspruch. Dies führt dort zu einer - im Vergleich zum deutschen Recht - weiten Ersetzbarkeit immaterieller Schäden. Allerdings bestehen in Spanien aufgrund der mangelnden Erforderlichkeit einer Unterscheidung zwischen materiellen und immateriellen Schäden oftmals Schwierigkeiten bei der Abgrenzung, ob ein materieller oder immaterieller Schaden vorliegt. Die Reichweite des *daño moral* ist daher schwer zu bestimmen.

2. Voraussetzungen eines Ersatzes in Geld

Entscheidende Unterschiede ergeben sich außerdem bei den Voraussetzungen eines Ersatzanspruchs in Geld. Während die deutsche Rechtsprechung dem Betroffenen eine Geldentschädigung nur unter hohen Voraussetzungen zugesteht, ist das spanische L.O. 1/1982 in dieser Beziehung großzügiger. Nach deutschem Recht reicht eine Verletzung des allgemeinen Persönlichkeitsrechts, die - als weitere Voraussetzung - erst durch eine umfassende Güter- und Interessenabwägung festzustellen ist, für einen Geldersatzanspruch allein nicht aus. Sie muss vielmehr besonders schwer sein und die Verletzung darf nicht auf anderem Wege zu beseitigen sein. Diese Zurückhaltung der deutschen Rechtsprechung beruht auf dem Willen, nicht unverhältnismäßig in die Pressefreiheit einzugreifen. In Spanien hingegen genügt für einen Schadensersatz das Vorliegen einer - in der Struktur des L.O. 1/1982 zentralen - *intromisión ilegítima.* Auf die Schwere der Persönlichkeitsverletzung kommt es lediglich bei der Höhe des Ersatzes an. Somit entscheidet sich die Haftung in Spanien allein auf Tatbestandsebene, während in Deutschland eine zusätzliche Prüfung auf Rechtswidrigkeits- und Schuldebene vorzunehmen ist.

3. Bemessungskriterien

Die Kriterien, die die Gerichte bei der Bestimmung der Geldersatzhöhe bei Persönlichkeitsverletzungen zu Grunde legen, sind in beiden Ländern nahezu gleich. Einziger Unterschied ist ihre ausdrückliche Kodifizierung in Spanien. In beiden Ländern berücksichtigt die Rechtsprechung dabei das Verschulden des Verletzers, das sowohl in Spanien als auch in Deutschland zu einer Erhöhung bzw. Reduzierung der Schadensersatzhöhe bei Persönlichkeitsverletzungen führt. Auch eine Bemessung des Geldersatzes nach dem Verletzergewinn findet sich in beiden Ländern. Im Unterschied zu Spanien, wo dieses Kriterium im Katalog des Art. 9.3 festgeschrieben ist, hat wurde es in Deutschland erst in der neueren Rechtsprechung Mitte der 1990-er Jahre („Caroline von Monaco I")[726] zur Bemessung der Geldersatzhöhe herangezogen. Sowohl in Spanien als auch in Deutschland sieht sich die Bezugnahme auf den Verletzergewinn Kritik ausgesetzt. Man bemängelt hier wie dort - in Deutschland jedoch vehementer - die Systemfremdheit dieses Merkmals im Schadensersatzrecht. In beiden Ländern möchten zumindest Teile der Literatur daher auf alternative Lösungen ausweichen, um den Verletzergewinn zu Gunsten des Betroffenen abzuschöpfen. Da es in Deutschland an ausdrücklichen gesetzlichen Regelungen dazu fehlt, wäre es der hiesigen Rechtsprechung - im Unterschied zur spanischen - möglich, diese alternativen Lösungswege ernsthaft in Betracht zu ziehen, um zum gleichen Ergebnis zu gelangen. Wie gezeigt, bietet sich in diesem Zusammenhang insbesondere der Weg über das Bereicherungsrecht oder die angemaßte Eigengeschäftsführung an.

4. Funktionen des Ersatzes in Geld

Hinsichtlich der Funktionen des Ersatzes in Geld bei Persönlichkeitsverletzungen ergeben sich Unterschiede sowohl in der tatsächlichen Ausgangslage als auch in der Bewertung.

Zunächst versteht man in Spanien unter der Genugtuungsfunktion etwas anderes als in Deutschland, indem man sie dort allein als Ausgleich definiert, sie aber im Unterschied dazu nach deutschem Recht pönale Elemente enthält. Während nach deutschem Recht lediglich die Ausgleichsfunktion des Geldersatzes allgemein anerkannt ist und die Genugtuungs- und erst recht die Präventivfunktion im Zusammenhang mit Persönlichkeitsverletzungen heftig umstritten sind, bewertet man diese Funktionen in Spanien weniger kritisch. Die Präventivfunktion des Schadensersatzes bei Persönlichkeitsverletzungen wird dort größtenteils begrüßt. Dies entspricht dem Willen des Gesetzgebers, der präventive Erwägungen zur Erhöhung des Persönlichkeitsschutzes ausdrücklich im L.O. 1/1982 verankert hat. Dahinter steht die Überlegung, die Medien seien nur mit hohen Schadensersatzverpflichtungen von zukünftigen Persönlichkeitsverletzungen abzuhalten. An dieser Stelle zeigt sich, dass man dem Persönlichkeitsschutz in Spanien auch auf Rechtsfolgenseite eine hohe Bedeutung zumisst. Liegt tatbestandlich eine *intromisión ilegítima* vor, sind die spanischen Gerichte bemüht, die Persönlichkeitsverletzung angemessen zu kompensieren und dem Betroffenen mit allen möglichen Mitteln zu helfen, auch wenn dies zu Lasten der Pressefrei-

726 BGH NJW 1995, 861 - „Caroline von Monaco I".

heit gehen sollte. Insbesondere hohe Schadensersatzsummen sollen diesem Ziel dienen. Ähnliche Überlegungen - jedoch heftig kritisiert - finden sich auch in Deutschland, indem die Rechtsprechung bei der Frage, ob noch höhere Geldentschädigungen erforderlich sind, ausdrücklich auf das künftige Verhalten der Medien abstellt.[727] Die fehlende kritische Auseinandersetzung mit der Präventivfunktion des Schadensersatzes in Spanien kann aber nicht darüber hinwegtäuschen, dass mit dieser Funktion schwere dogmatische Probleme verbunden sind, die ihrer Anerkennung in Deutschland entgegen stehen.
Kritik wird ferner in beiden Ländern daran geäußert, dass der Ausgleich von Vermögensverschiebungen bei Persönlichkeitsverletzungen über das Schadensrecht erfolgt, das sowohl in Deutschland als auch in Spanien in diesem Bereich eigentlich ideellen Zwecken dienen soll. Ebenfalls wird sowohl in Spanien als auch in Deutschland die - systemwidrige - Vermischung schadensersatz- und bereicherungsrechtlicher Gesichtspunkte bemängelt. Dies führt in beiden Ländern zu der Forderung, in bestimmten Konstellationen einen Ausgleich über das Bereicherungsrecht vorzunehmen.

5. Ersatz in Geld bei Zwangskommerzialisierung

Auffällige Differenzen zwischen Spanien und Deutschland ergeben sich in der Praxis auch hinsichtlich der Rechtsfolgen, wenn der Verletzer aus kommerziellen Gründen in die Persönlichkeit des Betroffenen eingreift. Während auf Tatbestandsebene noch wenig Unterschiede festzustellen sind - die kommerzielle Ausnutzung stellt in beiden Ländern eine Persönlichkeitsverletzung dar -, treten Unterschiede hinsichtlich der rechtlichen Grundlage einer Geldersatzverpflichtung auf.
Die deutsche Rechtsprechung unterscheidet bei der Zubilligung einer Geldsumme zu Gunsten des Betroffenen danach, ob eine Beeinträchtigung im rein ideellen Bereich vorliegt oder durch kommerzielle Ausnutzung von Persönlichkeitsmerkmalen. Während sie ideelle Schäden allein über das Schadensersatzrecht und die Grundsätze der Geldentschädigung abwickelt, nimmt sie bei der Zwangskommerzialisierung in bestimmten anerkannten Konstellationen einen bereicherungsrechtlichen Ausgleich vor. Der bereits mehrfach angedeutete Dualismus zwischen einem kommerziellen und einem rein ideellen Persönlichkeitsschutz macht sich somit in Deutschland auf Rechtsfolgenseite bemerkbar. Hier kann die Konstellation eintreten, dass der Verletzer wegen fehlender besonderer Schwere der Verletzung keine Geldentschädigung zu leisten hat, sich jedoch ein Anspruch des Betroffenen auf eine angemessene Lizenzgebühr nach bereicherungsrechtlichen Grundsätzen ergibt.[728] Dieser bereicherungsrechtliche Anspruch wird in vielen Fällen um ein vielfaches über einem Geldentschädigungs-

[727] OLG Hamburg NJW 1996, 2870, 2872 - „Caroline von Monaco".
[728] LG München I ZUM 2002, 238, 240 - „Uli Hoeneß"; vgl. *Soehring*, NJW 1997, S. 365.

anspruch liegen, da hier anerkanntermaßen Vermögenswerte des Betroffenen in Rede stehen.[729]

Nach spanischem Recht vollzieht sich der Ausgleich generell über das L.O. 1/1982, also über das Schadensersatzrecht. Während das dortige Recht auf tatbestandlicher Seite mit Art. 7.6 eine Unterscheidung zwischen ideellen und kommerziellen Persönlichkeitsverletzungen eingeführt hat, setzt sich diese Unterscheidung auf Rechtsfolgenseite nicht fort. Dort subsumiert die Rechtsprechung sämtliche Schäden des Betroffenen unter *daño* nach Art. 9.3. Sowohl materielle als auch immaterielle Schäden bei Persönlichkeitsverletzungen werden damit über das L.O. 1/1982 abgewickelt. Dabei wird auch die Höhe des Verletzergewinns als objektives Bemessungskriterium herangezogen, um die Höhe des *daño moral* zu bestimmen. Wie gezeigt, bedeutet dies einen Bruch mit schadensersatzrechtlichen Grundsätzen.

Damit versucht man in beiden Ländern auf unterschiedliche Art und Weise dem Umstand gerecht zu werden, dass zwischen rein ideellen Persönlichkeitsverletzungen und Verletzungen, die in der Absicht kommerzieller Nutzung fremder Persönlichkeitsmerkmale begangen werden, ein Unterschied besteht. Dies geschieht in Spanien auf Tatbestands- und in Deutschland auf Rechtsfolgenebene.

6. Folgerungen für das deutsche Recht

In der Praxis zeigen sich - sowohl in Spanien als auch in Deutschland - damit zwei verschiedene Arten von Persönlichkeitsverletzungen: ideelle und kommerziell motivierte. In beiden Ländern hat man erkannt, dass diese Unterschiede rechtlich entsprechend unterschiedlich zu würdigen sind: Ideelle Persönlichkeitsverletzungen können nicht nach den gleichen Kriterien behandelt werden wie kommerzielle. Die daraus gezogenen Konsequenzen weichen jedoch - wie gezeigt - voneinander ab.

Das spanische Recht sollte hinsichtlich der Rechtsfolgen bei Persönlichkeitsverletzungen kein Vorbild sein. Die Untersuchung des spanischen Rechts hat gezeigt, dass eine einheitlich geregelte Rechtsfolge - Schadensersatz - bei den verschiedenen Persönlichkeitsverletzungen - ideellen und kommerziellen - nicht zu empfehlen ist. Ein Schadensersatzanspruch ist nicht bei sämtlichen Persönlichkeitsverletzungen angebracht: Während er bei rein ideellen Beeinträchtigungen - z.B. bei Ehrverletzungen - erlittene Unbill ausgleichen soll und daher gerechtfertigt ist, muss bei der kommerziellen Verletzung von Persönlichkeitselementen etwas anderes gelten. In diesen Fällen sind auf Seiten des Betroffenen vor allem seine materiellen Interessen tangiert, während auf Seiten des Verletzers in erster Linie seine daraus gezogenen finanziellen Vorteile zu berücksichtigen sind. Diese sind aber - entgegen der Lösung in Spanien - nicht allein über das Schadens-

[729] OLG München AfP 2003, 71 - „Boris Becker". *Becker* erhielt hier 210.000 DM; in LG München I ZUM 2002, 238 - „Uli Hoeneß" erhielt der Kläger 50.000 DM; Das OLG Karlsruhe sprach *Ivan Rebroff* 155.000 DM zu (OLG Karlsruhe AfP 1998, 326).

ersatzrecht auszugleichen: Indem Art. 9.3 auf den erzielten Verletzergewinn abstellt, verhält sich das Gesetz systemwidrig: Es vermischt bereicherungs- mit schadensersatzrechtlichen Überlegungen. Der Versuch des spanischen L.O. 1/1982, auch kommerziell motivierte Verletzungen allein über das Schadensrecht auszugleichen, ist in der konkret gewählten praktischen Umsetzung auch aus einem anderen Grunde verunglückt: Das Gesetz soll nach seinem ausdrücklich genannten Zweck in erster Linie ideellem Schutz dienen, womit der gleichzeitige Schutz kommerzieller Interessen jedoch kollidiert.[730]
Daher sollte die gebotene Unterscheidung zwischen den unterschiedlichen betroffenen Interessen nicht - wie in Spanien - auf Tatbestands-, sondern auf Rechtsfolgenseite erfolgen. Eine solche ist im Zusammenhang mit Persönlichkeitsverletzungen bereits in der deutschen Literatur und teilweise auch in der Rechtsprechung anerkannt. Es erscheint - im Gegensatz zur spanischen Praxis - aus diesen Gründen angezeigt, im deutschen Recht zukünftig hinsichtlich der Rechtsfolgen zwischen Persönlichkeitsverletzungen in ideeller und kommerzieller Hinsicht zu trennen.

a) Rechtsfolgen bei ideellen Persönlichkeitsverletzungen

Bei ideellen Beeinträchtigungen muss es bei dem herkömmlichen Geldersatz bleiben. Mit der Rechtsprechung und dem Großteil der deutschen Literatur ist davon auszugehen, dass der Grundrechtsschutz des Betroffenen ohne einen solchen Anspruch „verkümmert".[731] Der gebotene Persönlichkeitsschutz rechtfertigt es jedoch nicht, der Geldentschädigung den Gedanken der Prävention beizugeben. Eine solche ist dem System des Schadensersatzrechts fremd. Liegt eine rein ideelle Persönlichkeitsverletzung vor, ist dem Betroffenen daher ein Geldersatz zuzugestehen, der ausschließlich ihn und seine Verletzung im Auge hat. Da allein der ideelle Schaden des Betroffenen im Vordergrund steht, ist es ebenfalls nicht angezeigt, den Verletzergewinn bei der Bemessung des Geldersatzes zu berücksichtigen. Man sollte sich im System der Geldentschädigung von bereicherungsrechtlichen Erwägungen nicht leiten lassen. Es erscheint gerechtfertigt, an den hohen Voraussetzungen festzuhalten, unter denen die Rechtsprechung einen solchen Anspruch zuerkennt. Da es in erster Linie darum geht, die erlittenen Persönlichkeitsverletzungen des Betroffenen aus der Welt zu schaffen, kann der Geldersatzanspruch nur subsidiär sein.

---

[730] Die spanische Umsetzung im L.O. 1/1982 macht Folgendes klar: Der parallele und gleichzeitige Schutz der Persönlichkeit vor sowohl ideellen als auch kommerziellen Verletzungen ist zwar auf Tatbestandsebene grundsätzlich möglich. In Deutschland stellen diese Handlungen ja ebenfalls eine Verletzung des allgemeinen Persönlichkeitsrechts dar. In ihrer konkreten Ausgestaltung widerspricht die spanische Regelung jedoch ihrem selbst gesetzten Ziel, allein dem ideellem Persönlichkeitsschutz zu dienen, dazu bereits ausführlich oben: 1. Teil: E.V.

[731] BGH NJW 1963, 902, 903 - „Fernsehansagerin".

Gesetzgeberischer Handlungsbedarf besteht aber im Bereich der Herleitung und Begründung dieses Anspruchs, die - nach wie vor - nicht in aller Klarheit feststehen. Da es außerdem angezeigt erscheint, der Allgemeinheit die hohe Bedeutung des zivilrechtlichen Persönlichkeitsschutzes zu verdeutlichen, sollten die schadensersatzrechtlichen Bestimmungen um die „Persönlichkeit“ erweitert werden.

b) **Rechtsfolgen bei kommerziellen Persönlichkeitsverletzungen**

Etwas anderes muss aber bei Persönlichkeitsverletzungen gelten, die aus kommerziellem Antrieb begangen werden. Der in der deutschen Rechtsprechung übliche Vermögensausgleich über die schadensersatzrechtliche Geldentschädigung bei der Beeinträchtigung kommerzieller Belange des Betroffenen und die nur zum Teil anerkannte Ausgleichsmöglichkeit über das Bereicherungsrecht ist eine Fehlentwicklung. Dies gilt besonders für das von der Rechtsprechung eingeführte Bemessungsmerkmal des Verletzergewinns, der nicht über das Schadensersatzrecht abgeschöpft werden kann. Hier bieten sich alternative Lösungsmöglichkeiten an: das Bereicherungsrecht und das Recht der angemaßten Eigengeschäftsführung. Auf diese Art und Weise können die dogmatischen Probleme ausgeräumt werden, hohe Geldersatzsummen zu begründen, die in erster Linie aus Umverteilungsgründen in dieser Höhe ausfallen. Auch anhand des spanischen Beispiels wird deutlich, dass sich die Vermischung bereicherungsrechtlicher Überlegungen mit Grundsätzen des Schadensersatzrechts nicht verträgt, obwohl es dort keine Trennung zwischen materiellen und immateriellen Schäden gibt und somit z.B. auch der entgangene Lizenzgewinn unter *daño* zu subsumieren wäre. Dies sieht man vermehrt auch in der deutschen Literatur, so dass den dort vorgeschlagenen alternativen Lösungen mehr Gewicht zugemessen werden sollte. Da ein systemkonformer Ausgleich der betroffenen Interessen mit den gezeigten alternativen Lösungen möglich ist, bedarf es hier keiner Gesetzesänderung, sondern einer Änderung der Rechtsprechung.

c) **Vorschlag**

Um dieses Konzept eines wirksamen idellen Persönlichkeitsschutzes umzusetzen und um eine eindeutige Rechtsgrundlage für einen Geldentschädigungsanspruch zu schaffen, ist eine Gesetzesänderung ratsam. Der - zu enge und auf teilweise überholten Vorstellungen beruhende - § 253 II n.F. BGB sollte daher um die „Persönlichkeit“ erweitert werden.

Die Vorschrift könnte lauten:

„Ist wegen einer Verletzung des Körpers, der Gesundheit, der Freiheit, *der Persönlichkeit* oder der sexuellen Selbstbestimmung Schadensersatz zu leisten, kann auch wegen des Schadens, der nicht Vermögensschaden ist, eine billige Entschädigung in Geld gefordert werden.“

Zusammenfassung der wesentlichen Ergebnisse

1. Die Diskussion um den Schutz der Persönlichkeit ist im Fluss und bringt ständig neue Erkenntnisse. Sie wird in letzter Zeit auch durch die Heranziehung von rechtsvergleichenden Überlegungen belebt. Dabei spielte die Berücksichtigung des spanischen Rechts im Vergleich zum anglo-amerikanischen Recht bisher eine untergeordnete Rolle.

2. Im spanischen Recht sind die drei besonderen Persönlichkeitsrechte Recht auf Ehre, Recht auf Privatheit und das Recht am eigenen Bild sowohl ausdrücklich in der Verfassung geschützt, als auch durch ein spezielles Gesetz, das L.O. 1/1982.

Das deutsche Recht hingegen trifft zum Persönlichkeitsschutz keine vergleichbare Regelung weder im Grundgesetz, noch auf einfachgesetzlicher Ebene. Hier hilft man sich im Wesentlichen mit der deliktsrechtlichen Generalklausel des § 823 Abs. 1 BGB und über ein aus Art. 1, 2 Abs. 1 GG hergeleitetes allgemeines Persönlichkeitsrecht.

3. Der Weg über ein umfassendes allgemeines Persönlichkeitsrecht in Deutschland bringt den Vorteil eines facettenreichen Schutzes. Aus dem allgemeinen Persönlichkeitsrecht können durch Rechtsprechung und Literatur auf einfache Art und Weise neue Fallgruppen gebildet werden, wodurch eine unkomplizierte und schnelle Reaktion auf neue Bedrohungen möglich ist. Dieser Weg ist in Spanien aufgrund der abschließenden Nennung drei besonderer *derechos de la personalidad* im L.O. 1/1982 versperrt.

4. Die Entscheidung, ob eine Persönlichkeitsrechtsverletzung gegeben ist oder nicht, trifft das deutsche Recht im Rahmen einer Güter- und Interessenabwägung auf der Ebene der Rechtswidrigkeit. Das spanische L.O. 1/1982 verortet die Beantwortung dieser Frage zwar auf die Tatbestandsebene und verzichtet nach seinem Wortlaut auf eine Abwägung. Jedoch nimmt die Rechtsprechung in der Praxis trotzdem eine Abwägung vor. Gesetzliche Regelungen, die bei Vorliegen bestimmter Handlungen ohne weiteres eine Persönlichkeitsrechtsverletzung annehmen, sind daher in der Praxis grundsätzlich nicht umsetzbar.

5. Das Niveau des Persönlichkeitsschutzes ist trotz der gezeigten Unterschiede in Deutschland und Spanien nahezu gleich.

6. Aufgrund der großen Signalwirkung sollte im deutschen Recht der Schutz der Persönlichkeit in § 823 Abs. 1 BGB aufgenommen werden.

7. Die gesetzliche Ausgangslage ist auch hinsichtlich der Rechtsfolgen bei Persönlichkeitsrechtsverletzungen in Deutschland und Spanien unterschiedlich. In Deutschland verbietet der Grundsatz des § 253 Abs. 1 n.F. BGB den Ersatz immaterieller Schäden. In Spanien hingegen sieht das L.O. 1/1982 ausdrücklich einen Ersatz dieser Schäden vor. Aufgrund des Fehlens einer dem § 253 Abs. 1

n.F. BGB vergleichbaren Regelung unterscheiden spanische Gerichte nicht streng zwischen materiellen und immateriellen Schäden, sondern sprechen eine Gesamtsumme zu.

8. Rechtsprechung und Literatur haben in Deutschland zahlreiche Wege bemüht, um einen Ersatzanspruch bei Persönlichkeitsrechtsverletzungen nach dem BGB zu begründen. Keiner der Vorschläge kann jedoch im Ergebnis voll überzeugen.

9. Der Geldersatzanspruch bei Persönlichkeitsrechtsverletzungen dient in erster Linie der Prävention und der Abschöpfung des Verletzergewinns. Diese Motive sind dem auf Restitution ausgerichteten deutschen Schadensersatzrecht fremd. Die Berücksichtigung des aus der Persönlichkeitsrechtsverletzung gezogenen Gewinns kann vielmehr besser auf eine Lösung über die Eingriffskondiktion und die angemaßte Eigengeschäftsführung gestützt werden.

10. Bei ideellen Persönlichkeitsrechtsverletzungen sollte ein Ausgleich wie bisher über den deliktsrechtlichen Geldentschädigungsanspruch herbeigeführt werden. Bei Persönlichkeitsrechtsverletzungen aus kommerziellem Antrieb sollte auf die Eingriffskondiktion und die angemaßte Eigengeschäftsführung zurückgegriffen werden.

11. Um den hohen Stellenwert des Persönlichkeitsschutzes in Deutschland zu verdeutlichen und um den Betroffenen eine taugliche Anspruchsgrundlage zu geben, sollte § 253 Abs. 2 n.F. BGB ebenfalls um die „Persönlichkeit“ erweitert werden.

Literaturverzeichnis

Adomeit, Klaus; **Frühbeck**, Guillermo, Einführung in das Spanische Recht, 2. Aufl., München 2001 (zit.: *Adomeit/Frühbeck*).

Ahrens, Claus, Die Verwertung persönlichkeitsrechtlicher Positionen: Ansatz einer Systembildung, Würzburg 2002 (zit.: *C. Ahrens*).

Ahrens, Hans-Jürgen; **Bar**, Christian von; **Fischer**, Gerfried; **Spickhoff**, Andreas; **Taupitz**, Jochen (Hrsg.), Festschrift für Erwin Deutsch zum 70. Geburtstag, Köln 1999 (zit.: *Ahrens, u.a.* (*Hrsg.*), FS Deutsch).

Albaladejo, Manuel, Derecho civil II, Derecho de obligaciones, 11. Aufl., Barcelona 2002 (zit.: *Albaladejo*).

Alegre Martínez, Miguel Ángel, El Derecho a la propia Imagen, Madrid 1997 (zit.: *Alegre Martínez*).

Álvarez Conde, Enrique, Curso de Derecho Constitucional, Volumen I, 3. Aufl., Madrid 1999 (zit.: *Álvarez Conde*).

Álvarez Vigaray, Rafael, La responsabilidad por daño moral, ADC 1966, Nr. 19, S. 81-116 (zit.: *Álvarez Vigaray*, ADC 1966).

Alzaga Villamil, Óscar, Comentarios a la Constitución Española de 1978, Bd. II, Art. 10 bis 23, Madrid 1996 (zit.: *Bearbeiter*, in: *Alzaga Villamil*, Constitución II).

Amat Llari, Eulalia, El Derecho a la propia Imagen y su valor publicitario, Madrid 1992 (zit.: *Amat Llari*).

Azurmendi Adarraga, Ana, El Derecho a la propia Imagen, Su Identidad y Approximación al Derecho a la Información, Madrid 1997 (zit.: *Azurmendi Adarraga*).

Bajo Fernández, M., Protección del derecho al honor y de la intimidad, in: *Cobo del Rosa* (*Hrsg.*), Comentarios a la legislación penal, Bd. I, Madrid 1982 (zit.: *Bajo Fernández*).

Bar, Christian von, Schmerzensgeld in Europa, in: *Ahrens, u.a.* (*Hrsg.*), FS Deutsch, S. 27-43, Köln 1999 (zit.: *von Bar*, FS Deutsch).

- Schmerzensgeld und gesellschaftliche Stellung des Opfers bei Verletzungen des allgemeinen Persönlichkeitsrechts, NJW 1980, S. 1724-1729 (zit.: *von Bar*, NJW 1980).

Barton, Dirk Michael, Pressefreiheit und Persönlichkeitsschutz, AfP 1995, S. 452-458 (zit.: *Barton*, AfP 1995).

Battle, Manuel, La evaluación del daño en las personas, Madrid 1961 (zit.: *Battle*).

Bellón Molina, Francisco-Antonio, La condena a indemnizar los perjuicios causados en la Ley Orgánica 1/1982. Especial referencia al daño moral, AC 1998, Nr. 18, S. 391-425 (zit.: *Bellón Molina*, AC 1998).

Bercovitz Rodríguez-Cano, Rodrigo (Hrsg.), Comentarios al Código Civil, Navarra 2001 (zit.: *Bercovitz Rodríguez-Cano*).

Beuthien, Volker, Was ist vermögenswert, die Persönlichkeit oder ihr Image?, NJW 2003, S. 1220-1222 (zit.: *Beuthien*, NJW 2003).

Ders.; **Hieke**, Mario, Unerlaubte Werbung mit dem Abbild prominenter Personen, AfP 2001, S. 353-363 (zit.: *Beuthien/Hieke*, AfP 2001).

Ders.; **Schmölz**, Anton, Persönlichkeitsschutz durch Persönlichkeitsgüterrechte, Erlösherausgabe statt nur billige Entschädigung in Geld, München 1999 (zit.: *Beuthien/Schmölz*).

Bonilini, Giovanni, Il danno non patrimoniale, Mailand 1983 (zit.: *Bonilini*).

Böttcher, Reinhard, Festschrift für Walter Odersky zum 65. Geburtstag am 17. Juli 1996, Berlin 1996 (zit.:*Böttcher (Hrsg.)*, FS Odersky).

Bötticher, Eduard, Zur Ausrichtung der Sanktion nach dem Schutzzweck der verletzten Privatrechtsnorm, AcP 158 (1959/60), S. 385-409 (zit.: *Bötticher*, AcP 158 (1959/60)).

- Die Einschränkung des Ersatzes immateriellen Schadens und der Genugtuungsanspruch wegen Persönlichkeitsminderung, MDR 1963, S. 353-360 (zit.: *Bötticher*, MDR 1963).

Brehmer, Nikolaus; **Voegeli**, Wolfgang, Das allgemeine Persönlichkeitsrecht, JA 1978, 374-384 (zit.: *Brehmer/Voegeli*, JA 1978).

Bußmann, Kurt, Anmerkungen zu BGH - „Herrenreiter", GRUR 1958, S. 411 (zit.: *Bußmann*, GRUR 1958).

- Reichen die geltenden gesetzlichen Bestimmungen insbesondere im Hinblick auf die modernenen Nachrichtenmittel aus, um das Privatleben gegen Indiskretion zu schützen?, Gutachten zum 42. Deutschen Juristentag, Tübingen 1957 (zit.: *Bußmann*, Gutachten zum 42. DJT).

Bustos Pueche, José Enrique, Manual sobre Bienes y Derechos de la Personalidad, Madrid 1997 (zit.: *Bustos Pueche*).

Cabezuelo Arenas, Ana Laura, Derecho a la Intimidad, Valencia 1998 (zit.: *Cabezuelo Arenas*).

Caemmerer, Ernst von, Der privatrechtliche Persönlichkeitsschutz nach deutschem Recht, in: *Esser (Hrsg.)*, FS v. Hippel, S. 27-40 (zit.: *von Caemmerer*, FS v. Hippel).

Calderon Ramos, Ramon, Confrontación entre los Derechos reconocidos en el Artículo 18 CE y los contemplados en su Artículo 20, La Constitución y la practica del Derecho, Bd. II, S. 865-879, Pamplona 1998 (zit.: *Calderon Ramos*, La Constitución y la practica del Derecho, Bd. II).

Canaris, Claus-Wilhelm, Grundrechte und Privatrecht, AcP 184 (1984), S. 201-246 (zit.: *Canaris*, AcP 184 (1984)).

- Gewinnabschöpfung bei Verletzungen des allgemeinen Persönlichkeitsrechts, in: *Ahrens, u.a. (Hrsg.)*, FS Deutsch, S. 85-109 (zit.: *Canaris*, FS Deutsch).

Carrillo, M., El Derecho a la propia imagen del art. 18.1 de la C.E., CDJ 1993, Nr. 35 (zit.: *Carrillo*, CDJ 1993).

Castán Tobeñas, José, Los Derechos de la personalidad, RGLJ 1952, Nr. 7/8, S. 5-72 (zit.: *Castán Tobeñas*, RGLJ 1952).

César Rivera, Julio, El derecho a la vida privada. Su regulación y contenido en la legislación y jurisprudencia comparadas, RDP 1989, S. 121 (zit.: *César Rivera*, RDP 1989).

Clavería Gosálbez, Luis-Humberto, Reflexiones sobre los Derechos de la personalidad a la luz de la Ley Orgánica 1/1982, de 5 de Mayo, ADC 1983, Nr. 10-12, S. 1243-1261 (zit.: *Clavería Gosálbez*, ADC 1983).

- Negocios jurídicos de disposición sobre los Derechos al Honor, la Intimidad y la propia Imagen, ADC 1994, Nr. 17, S. 31-69 (zit.: *Clavería Gosálbez*, ADC 1994).

Coing, Helmut, Die Entwicklung der Persönlichkeitsrechte im 19. Jahrhundert, in: *Kaufmann, u.a.*, FS Maihofer, S. 75-86 (zit.: *Coing*, FS Maihofer).

- Zur Entwicklung des zivilrechtlichen Persönlichkeitsschutzes, JZ 1958, S. 558-560 (zit.: *Coing*, JZ 1958).

Concepción Rodríguez, José Luis, Honor, Intimidad e propia Imagen, Barcelona 1996 (zit.: *Concepción Rodríguez*).

Cremades, Javier, Das Grundrecht der Meinungsfreiheit in der spanischen Verfassung, Berlin 1994 (zit.: *Cremades*).

Crevillén Sánchez, Clemente, Derechos a la Personalidad. Honor, Intimidad personal y familiar y propia Imagen en la Jurisprudencia, Madrid 1994 (zit.: *Crevillén Sánchez*).

Däubler, Wolfgang, Die Reform des Schadensersatzrechts, JuS 2002, S. 625-630 (zit.: *Däubler*, JuS 2002).

De Angel Yágüez, Ricardo, Intromisión ilegítima. Antijuridad, culpabilidad, daño y su resarcimiento. Los sujetos activo y pasivo, CDJ 1993, Nr. 35, S. 217 (zit.: *De Angel Yágüez*, CDJ 1993).

Democh, Christoph, Die Entwicklung des Strafschadens als Sanktion, AfP 2002, S. 375-383 (zit.: *Democh*, AfP 2002).

Deutsch, Erwin, Allgemeines Haftungsrecht, 2. Aufl., Köln 1996 (zit.: *Deutsch*).

- Schmerzensgeld und Genugtuung, JuS 1969, S. 197-204 (zit.: *Deutsch*, JuS 1969).

Díez-Picazo, Luis; **Gullón**, Antonio (Hrsg.), Sistema de Derecho privado, Volumen II, 9. Aufl., Madrid 2001 (zit.: *Díez-Picazo/Gullón*).

Dunz, Walter (Bearb.), Das Bürgerliche Gesetzbuch mit besonderer Berücksichtigung der Rechtsprechung des Reichsgerichts und des Bundesgerichtshofes, Kommentar, Bd. II, 5. Teil, §§ 812-823, 12. Aufl., Berlin 1989 (zit.: BGB-RGRK-*Bearbeiter*).

Ehlers, Wolfram, Der Geldersatz für immaterielle Schäden bei deliktischer Verletzung des allgemeinen Persönlichkeitsrechts, Berlin 1977 (zit.: *Ehlers*).

Ehmann, Horst, Zur Struktur des allgemeinen Persönlichkeitsrechts, JuS 1997, S. 193-203 (zit.: *Ehmann*, JuS 1997).

Engels, Stefan; **Schulz**, Wolfgang, Das Bildnis aus dem Bereich der Zeitgeschichte, AfP 1998, S. 574-583 (zit.: *Engels/Schulz*, AfP 1998).

Erichsen, Hans-Uwe (Hrsg.), Recht der Persönlichkeit, Berlin 1996 (zit.: *Erichsen* (*Hrsg.*)).

Erman, Walter (Begr.), Bürgerliches Gesetzbuch, 10. Aufl., Bd. 1, Münster 2000 (zit.: Erman-*Ehmann*, BGB).

Esser, Josef (Hrsg.), Festschrift für Fritz von Hippel zum 70. Geburtstag, Tübingen 1967 (zit.: *Esser (Hrsg.)*, FS v. Hippel).

Estrada Alonso, Eduardo, El Derecho al Honor en la Ley Orgánica 1/1982, de 5 de Mayo, Madrid 1988 (zit.: *Estrada Alonso*).

- El Derecho a la Imagen en la Ley orgánica 1/1982 de 5 de Mayo (I), AC 1990, Nr. 25, S. 347-364 (zit.: *Estrada Alonso*, AC 1990).

Fayos Gordó, Antonio, Derecho a la Intimidad y Medios de Comunicación, Madrid 2000 (zit.: *Fayos Gordó*).

Fernández-Nóvoa, Carlos, Der Schutz von Name, Stimme und eigenem Bild gegen eine Verwendung in der Werbung im spanischen Recht, GRUR Int. 1983, S. 494 (zit.: *Fernández-Nóvoa*, GRUR Int. 1983).

Fikentscher, Wolfgang, Schuldrecht, 9. Aufl., Berlin 1997 (zit.: *Fikentscher*).

Fischer, Robert; **Gessler**, Ernst; **Schilling**, Wolfgang; **Serick**, Rolf; **Ulmer**, Peter (Hrsg.), Strukturen und Entwicklungen im Handels-, Gesellschaftsrecht- und Wirtschaftsrecht, Festschrift für Wolfgang Hefermehl zum 70. Geburtstag am 18. September 1976, München 1976 (zit.: *Fischer, u.a. (Hrsg.)*, FS Hefermehl).

Fromm, Friedrich-Karl, Schadensersatz für Persönlichkeitsrechtsverletzungen, NJW 1965, S. 1201-1206 (zit.: *Fromm*, NJW 1965).

Frömming, Jens; **Peters**, Butz, Die Einwilligung im Medienrecht, NJW 1996, S. 958-962 (zit.: *Frömming/Peters*, NJW 1996).

Funkel, Thorsten, Schutz der Persönlichkeit durch Ersatz immaterieller Schäden in Geld, München 2001 (zit.: *Funkel*).

Gabba, C.F., Questioni di diritto civile, Bd. II, Turin 1898 (zit.: *Gabba*).

García López, Rafael, Responsabilidad civil por daño moral, doctrina y jurisprudencia, Barcelona 1990 (zit.: *García López*).

García Pérez, Carmen, Titulares de los Bienes de la Personalidad, Legitimación para defenderlos, Especial referencia a la Ley Orgánica 1/1982, Valencia 2001 (zit.: *García Pérez*).

Garrido Falla, Fernando, Comentarios a la Constitución, 1980 (zit.: *Garrido Falla*).

Geis, Max-Emanuel, Der Kernbereich des Persönlichkeitsrechts, JZ 1991, S. 112-117 (zit.: *Geis*, JZ 1991).

Gerlach, Jürgen von, Der Schutz der Privatsphäre von Personen des öffentlichen Lebens in rechtsvergleichender Sicht, JZ 1998, S. 741-753 (zit.: *von Gerlach*, JZ 1998).

- Anmerkung zu SchweizerBG, Urteil vom 20.07.2001, JZ 2003, S. 41-43 (zit.: *von Gerlach*, JZ 2003).

- Persönlichkeitsschutz und öffentliches Informationsinteresse im internationalen Vergleich - Divergenzen am Beispiel zweier BGH-Urteile, AfP 2001, 1-8 (zit.: *von Gerlach*, AfP 2001).

Giesen, Dieter, Anmerkung zu BGH NJW 1971, 698 - Pariser Liebestropfen, NJW 1971, S. 801-802 (zit.: *Giesen*, NJW 1971).

Gitrama González, Manuel, Imagen, (Derecho a la propia), NEJ, Bd. 14, Barcelona 1979 (zit.: *Gitrama González*, NEJ 1979).

- El Derecho a la propia Imagen, hoy, Homenaje a Juan Berchmans Vallet de Goytisolo, Madrid 1988 (zit.: *Gitrama González*).

Götting, Horst-Peter, Persönlichkeitsrechte als Vermögensrechte, Tübingen 1995 (zit.: *Götting*).

Gottwald, Stefan, Das allgemeine Persönlichkeitsrecht – Ein zeitgeschichtliches Erklärungsmodell, Berlin 1996 (zit.: *Gottwald*)

Gounalakis, Georgios, Freiräume und Grenzen politischer Karikatur und Satire, NJW 1995, S. 809-816 (zit.: *Gounalakis*, NJW 1995).

- Persönlichkeitsschutz und Geldersatz, AfP 1998, S. 10-25 (zit.: *Gounalakis*, AfP 1998).

Grabenwarter, Christoph, Schutz der Privatsphäre versus Pressefreiheit: Europäische Korrektur eines deutschen Sonderweges?, AfP 2004, S. 309-316 (zit.: *Grabenwarter*, AfP 2004).

Grimm, Dieter, Persönlichkeitsschutz im Verfassungsrecht, in: *Lorenz*, Karlsruher Forum, S. 3-26 (zit.: *Grimm*, Karlsruher Forum).

Großfeld, Bernhard, Die Privatstrafe, Ein Beitrag zu Schutz des Allgemeinen Persönlichkeitsrechts, 1961 (zit.: *Großfeld*).

Hahn, Bernhard, Das Recht am eigenen Bild - anders betrachtet – Informationsinteresse - Anonymitätsinteresse – Kommerzialisie rungsinteresse, NJW 1997, 1348-1350 (zit.: *Hahn*, NJW 1997).

Halfmeier, Axel, Privatleben und Pressefreiheit: Rechtsvereinheitlichung par ordre de Strasbourg, AfP 2004, S. 417-421 (zit.: *Halfmeier*, AfP 2004).

Hartmann, Peter, Persönlichkeitsrecht und Schmerzensgeld (I), NJW 1962, S. 12-16 (zit.: *Hartmann*, NJW 1962).

- Persönlichkeitsrecht und Schmerzensgeld (II), NJW 1964, S. 793-799 (zit.: *Hartmann*, NJW 1964).

Heisig, Carsten, Persönlichkeitsschutz in Deutschland und Frankreich, Hamburg 1999 (zit.: *Heisig*).

Heitmann, Lutz, Der Schutz der materiellen Interessen an der eigenen Persönlichkeitsphäre durch subjektiv-private Rechte, Hamburg 1963 (zit.: *Heitmann*).

Heldrich, Andreas, Persönlichkeitsschutz und Pressefreiheit nach der Europäischen Menschenrechtskonvention, NJW 2004, S. 2634-2636 (zit.: *Heldrich*, NJW 2004).

Helle, Ernst, Der Schutz der Persönlichkeit, der Ehre und des wirtschaftlichen Rufes im Privatrecht - vornehmlich aufgrund der Rechtsprechung, 2. Aufl., Tübingen 1969 (zit.: *E. Helle*).

- Anmerkungen zu BGHZ 35, 363 - „Ginseng" und zu BGH NJW 1963, 904, NJW 1963, S. 1404-1405 (zit.: *E. Helle*, NJW 1963).

Helle, Jürgen, Wirtschaftliche Aspekte zivilrechtlichen Persönlichkeitsschutzes, RabelsZ 1996, S. 448-474 (zit.: *J. Helle*, RabelsZ 1996).

- Recht am eigenen Bild - Veröffentlichung in der Privatsphäre heimlich oder in Überrumpelung aufgenommener Fotos, EWiR 1996, 371-372 (zit.: *J. Helle*, EWiR 1996).

- Besondere Persönlichkeitsrechte im Privatrecht, 1991 (zit.: *J. Helle*).

- Buchbesprechungen, Die Einwilligung zum Eingriff in das Recht am eigenen Bild, AfP 1990, S. 259 (zit.: *J. Helle*, AfP 1990).

- Die Einwilligung beim Recht am eigenen Bild, AfP 1985, S. 93-101 (zit.: *J. Helle*, AfP 1985).

Herrero-Tejedor, Fernando, Honor, Intimidad y propia Imagen, 2. Aufl., Madrid 1994 (zit.: *Herrero-Tejedor*, Honor, Intimidad e Imagen).

Herrmann, Günter, Anmerkung zum Urteil des EGMR vom 24.6.2004, ZUM 2004, S. 665-666 (zit.: *Herrmann*, ZUM 2004).

Higueras, Inmaculada, Valor comercial de la Imagen, Berriozar (Navarra) 2001 (zit.: *Higueras*).

Holleben, Kevin von, Geldersatz bei Persönlichkeitsverletzungen durch die Medien, Freiburg (Brsg.) 1998 (zit.: *von Holleben*).

Holzhauer, Heinz, Zur Vorgeschichte des allgemeinen Persönlichkeitsrechts, in: *Erichsen* (*Hrsg.*), S. 51-71 (zit.: *Holzhauer*).

Honsell, Heinrich, Die Funktion des Schmerzensgeldes, VersR 1974, S. 205-207 (zit.: *Honsell*, VersR 1974).

Hubmann, Heinrich, Das Persönlichkeitsrecht, 2. Aufl., Köln 1967 (zit.: *Hubmann*).

- Anmerkung zu BGH JZ 1964, 291 (Fernsehansagerin), JZ 1964, S. 293-294 (zit.: *Hubmann*, JZ 1964).

- Anmerkung zu BGH v. 19.09.1961 - „Ginseng", JZ 1962, S. 121-122 (zit.: *Hubmann*, JZ 1962).

Igartua Arregui, Fernando, La apropiación comercial de la Imagen y del nombre ajenos, Madrid 1991 (zit.: *Igartua Arregui*)

- El mercado de las ideas, in: *Salvador Coderch,* Mercado, Madrid 1990 (zit.: *Igartua Arregui,* in: *Salvador Coderch,* Mercado).

- Derecho a la intimidad, Comentario a la STS de 28 de Octubre 1986, CCJC 1986, S. 4081 ff. (zit.: *Igartua Arregui*, Comentario a la STS de 28 de Octubre 1986).

Isensee, Josef; **Lecheler**, Helmut (Hrsg), Freiheit und Eigentum, Festschrift für Walter Leisner zum 70. Geburtstag, Berlin 1999 (zit.: *Isensee*, *u.a.* (*Hrsg.*), FS Leisner).

Jänisch, Wolfgang, Artikel 5 Abs. 1 GG und die legitime Neugier des Medienpublikums, AfP 2000, S. 32-34 (zit.: *Jänisch*, AfP 2000).

Jarass, Hans, Das allgemeine Persönlichkeitsrecht im Grundgesetz, NJW 1989, S. 857-862 (zit.: *Jarass*, NJW 1989).

Ders.; **Pieroth**, Bodo, Grundgesetz für die Bundesrepublik Deutschland: Kommentar, 4. Aufl., München 1997 (zit.: *Jarass/Pieroth*, GG).

Kaboth, Daniel, Der EGMR und Caroline von Hannover: Mehr Schutz vor der Veröffentlichung von Fotoaufnahmen aus dem Privatleben Prominenter?, ZUM 2004, S. 818-824 (zit.: *Kaboth*, ZUM 2004).

Kaduk, Hubert, Empfiehlt sich eine Neuregelung der Verpflichtung zum Geldersatz für immateriellen Schaden?, JR 1964, S. 322-327 (zit.: *Kaduk*, JR 1964).

Kaufmann, Arthur; **Mestmäcker**, Ernst-Joachim; **Zacher**, Hans, Rechtsstaat und Menschenwürde - Festschrift für Werner Maihofer zum 70. Geburtstag, Frankfurt 1988 (zit.: *Kaufmann, u.a.*, FS Maihofer).

Kaufmann, Ekkehard, Dogmatische und rechtspolitische Grundlagen des § 253 BGB, AcP 162 (1963), S. 421-439 (zit.: *E. Kaufmann*, AcP 162 (1963)).

Kaufmann, Horst, Allgemeines Persönlichkeitsrecht und Schmerzensgeld, JuS 1963, S. 373-384 (zit.: *H. Kaufmann*, JuS 1963).

Kayser, P., Le droit dit a l'image, Paris 1961 (zit.: *Kayser*).

Kern, Bernd-Rüdiger, Die Genugtuungsfunktion des Schmerzensgeldes - ein pönales Element im Schadensrecht?, AcP 191 (1991), S. 247-272 (zit.: *Kern*, AcP 191 (1991)).

Kirchmann, Julius von, Die Wertlosigkeit der Jurisprudenz als Wissenschaft, 1848 (zit.: *von Kirchmann*).

Klang-Neumann, Sybille, Das Recht am eigenen Bild aus rechtsvergleichender Sicht, 1999 (zit.: *Klang-Neumann*).

Kläver, Magdalene, Vermögensrechtliche Aspekte des zivilrechtlichen allgemeinen Persönlichkeitsrechts, ZUM 2002, S. 205-210 (zit.: *Kläver*, ZUM 2002).

- Bereicherungsrechtliche Ansprüche bei einer Verletzung des allgemeinen Persönlichkeitsrechts, Hamburg 1999 (zit.: *Kläver*)

Knieper, Rolf, Soraya und die Schmerzensgeldrechtsprechung des BVerfG, ZRP 1974, S. 137-140 (zit.: *Knieper*, ZRP 1974).

Koch, Arne, Ehren- und Persönlichkeitsschutz im spanischen Privatrecht, Frankfurt 2002 (zit.: *Koch*).

Koebel, Ulrich, Der Entwurf eines Gesetzes zur Neuordnung des zivilrechtlichen Persönlichkeits- und Ehrenschutzes, JZ 1959, S. 513-518 (zit.: *Koebel*, JZ 1959).

Kohler, Josef, Der Fall der Bismarckphotographie, GRUR 1900, S. 196- 210 (zit.: *Kohler*, GRUR 1900).

Koller, Ingo; **Hager**, Johannes; **Junker**, Michael; **Singer**, Reinhard; **Neuner**, Jörg, Einheit und Folgerichtigkeit im Juristischen Denken, Symposium zu Ehren von Dr. Dr. h.c.mult. Claus-Wilhelm Canaris, München 1998 (zit.: *Koller, u.a. (Hrsg.)*, Symosium Canaris).

Köndgen, Johannes, Haftpflichtfunktion und Immaterialschaden am Beispiel von Schmerzensgeld bei Gefährdungshaftung, 1. Aufl., Berlin 1976 (zit.: *Köndgen*).

Körner, Marita, Zur Aufgabe des Haftungsrechts - Bedeutungsgewinn präventiver und punitiver Elemente, NJW 2000, S. 241-246 (zit.: *Körner*, NJW 2000).

Lackner, Karl; **Kühl**, Kristian, Strafgesetzbuch mit Erläuterungen, 24. Aufl., München 2001 (zit.: *Lackner/Kühl*, StGB).

Ladeur, Karl-Heinz, Schutz von Prominenz als Eigentum - Zur Kritik der Caroline-Rechtsprechung des Bundesverfassungsgerichts, ZUM 2000, S. 879- 890 (zit.: *Ladeur*, ZUM 2000).

Lange, Knut Werner, Schutz des allgemeinen Persönlichkeitsrechts durch zivilrechtliche Prävention?, VersR 1999, S. 274-282 (zit.: *Lange*, VersR 1999).

Larenz, Karl, Lehrbuch des Schuldrechts, Zweiter Band Besonderer Teil, 10. Aufl., München 1972 (zit.: *Larenz*, 10. Aufl.).

- Anmerkung zu BGH NJW 1958, 827 - „Herrenreiter", NJW 1958, 827-829 (zit.: *Larenz*, NJW 1958).

- Das „allgemeine Persönlichkeitsrecht" im Recht der unerlaubten Handlung, NJW 1955, S. 521-525 (zit.: *Larenz*, NJW 1955).

Ders.; **Canaris**, Claus-Wilhelm, Lehrbuch des Schuldrechts, Bd. 2. Besonderer Teil, 13. Aufl., München 1994 (zit.: *Larenz/Canaris*).

Leutheusser-Schnarrenberger, Sabine, Die Zukunft des allgemeinen Persönlichkeitsrechts, Der „Herrenreiter" auf dem Weg ins dritte Jahrtausend, in: *Prinz/Peters* (*Hrsg.*), FS Engelschall, S. 13-23 (zit.: *Leutheusser-Schnarrenberger*, FS Engelschall).

Löffler, Martin, Persönlichkeitsschutz und Meinungsfreiheit, NJW 1959, S. 1-6 (zit.: *Löffler*, NJW 1959).

- Die Grenzen richterlicher Rechtsfindung beim immateriellen Schadensersatz, NJW 1962, 225-228 (zit.: *Löffler*, NJW 1962).

López Díaz, Elvira, El Derecho al Honor y el Derecho a la Intimidad, Jurisprudencia y Doctrina, Madrid 1996 (zit.: *López Díaz*).

López Jacoiste, José Javier, Una aproximación tópica a los Derechos de la personalidad, ADC 1986, Nr. 39, S. 1059-1120 (zit.: *López Jacoiste*, ADC 1986).

Lorenz, Egon (Hrsg.), Karlsruher Forum 1996: Schutz der Persönlichkeit, Karlsruhe 1997 (zit.: *Teilnehmer*, Karlsruher Forum).

Mestmäcker, Ernst-Joachim, Eingriffserwerb und Rechtsverletzung in der ungerechtfertigten Bereicherung, JZ 1958, S. 521-526 (zit.: *Mestmäcker*, JZ 1958).

Meyer-Ladewig, Jens; **Petzold**, Herbert, Die Bindung deutscher Gerichte an Urteile des EGMR, NJW 2005, S. 15-20 (zit.: *Meyer-Ladewig/Petzold*, NJW 2005).

Mincke, Wolfgang, Der Ersatz des immateriellen Schadens bei Persönlichkeitsverletzungen, JZ 1980, S. 86-91 (zit.: *Mincke*, JZ 1980).

Miserre, Roman, Der deliktsrechtliche Schutz des Persönlichkeitsrechts, JA 2003, S. 252-257 (zit.: *Miserre*, JA 2003).

Mugdan, Benno, Die gesamten Materialien zum Bürgerlichen Gesetzbuch, II. Band, Recht der Schuldverhältnisse, Berlin 1899 (zit.: *Mugdan II*).

Müller, Peter, Punitive Damages und deutsches Schadensersatzrecht, Berlin 2000 (zit.: *Müller*).

Muñoz Machado, Santiago, Información y derecho al honor: la ruptura del equilibrio, REDA 1992, Nr. 74, S. 171 (zit.: *Muñoz Machado*, REDA 1992).

Münzel, Karl, Schmerzensgeld für seelische Unlustgefühle, NJW 1960, S. 2025-2028 (zit.: *Münzel*, NJW 1960).

Musielak, Hans-Joachim, Grundkurs BGB, 5. Aufl., München 1997.

Neumann-Duesberg, Horst, Bildberichterstattung über absolute und relative Personen der Zeitgeschichte, JZ 1960, S. 114-118 (zit.: *Neumann-Duesberg*, JZ 1960).

Nörr, Dieter, Zum Ersatz des immateriellen Schadens nach geltendem Recht, AcP 158 (1959), S. 1-15 (zit.: *Nörr*, AcP 158 (1959)).

O'Callaghan Muñoz, Xavier, Derecho al Honor, a la intimidad y a la propia imagen, XII Jornadas de Estudio, Los Derechos Fundamentales y las Libertades Públicas (I), 1992 (zit.: *O'Callaghan*, Jornadas).

- Libertad de expresion y sus limites , Honor, Intimidad e Imagen, Madrid 1992 (zit.: *O'Callaghan*).

- Derecho al Honor, AC 1990, Nr. 1, S. 1-12 (zit.: *O'Callaghan*, AC 1990).

Ohly, Ansgar, „Volenti non fit iniuria" - Die Einwilligung im Privatrecht, Tübingen 2002 (zit.: *Ohly*).

Palandt, Otto; **Bassenge**, Peter (Hrsg.), Palandt Bürgerliches Gesetzbuch, 61. Aufl., München 2002 (zit.: Palandt/*Bearbeiter*, BGB).

Pawlowski, Hans-Martin; **Wiese**, Günther; **Wüst**, Günther (Hrsg.), Festschrift für Konrad Duden zum 70. Geburtstag, München 1977 (zit.: *Pawlowski, u.a. (Hrsg.)*, FS Duden).

Pecher, Hans Peter, Der Anspruch auf Genugtuung als Vermögenswert, AcP 171 (1971), S. 44-81 (zit.: *Pecher*, AcP 171 (1971)).

Pérez Royo, Javier, Curso de Derecho Constitucional, 7. Aufl., Madrid 2000 (zit.: *Pérez Royo*).

Pietzko, Joachim, Die Werbung mit dem Doppelgänger eines Prominenten, AfP 1988, S. 209-222 (zit.: *Pietzko*, AfP 1988).

Poll, Günter, Zur Entwicklung des „Rechts am eigenen Bild", ZUM 1988, S. 454-458 (zit.: *Poll*, ZUM 1988).

Prinz, Matthias, Der Schutz vor Verletzungen der Privatsphäre durch Medien auf europäischer Ebene, ZRP 2000, S. 138-144 (zit.: *Prinz*, ZRP 2000).

- Geldentschädigung bei Persönlichkeitsverletzungen durch die Medien, NJW 1996, S. 953-958 (zit.: *Prinz*, NJW 1996).

- Der Schutz der Persönlichkeitsrechte vor Verletzung in den Medien, NJW 1995, S. 817-821 (zit.: *Prinz*, NJW 1995).

Ders.; **Peters**, Butz (Hrsg.), Medienrecht, Die zivilrechtlichen Ansprüche, München 1999 (zit.: *Prinz/Peters*).

- Medienrecht im Wandel, Festschrift für Manfred Engelschall, 1996, (zit.: *Prinz/Peters* (*Hrsg.*), FS Engelschall).

Prosser, William, Handbook of the law of torts, 1964 (zit.: *Prosser*).

Rebmann, Kurt (Hrsg.), Münchener Kommentar zum Bürgerlichen Gesetzbuch, Bd. 1, Allgemeiner Teil, §§ 1-240, 4. Aufl., 2001 (zit.: MünchKommBGB/*Bearbeiter*).

Reichold, Hermann, Anmerkung zu BGH NJW 1987, 1400, NJW 1987, S. 1402-1403 (zit.: *Reichold*, NJW 1987).

Ripert, Georges, La règle morale dans les obligations civiles, Paris 1949 (zit.: *Ripert*).

Rojo Ajuria, Luis, La tutela civil del honor y la intimidad, AC 1988, Nr. 18, S. 1085 ff. (zit.: *Rojo Ajuria*, AC 1988).

- La tutela civil del Derecho a la Intimidad, ADC 1986, Nr. Nr. 39, S. 133-150 (zit.: *Rojo Ajuria*, ADC 1986).

Romero Coloma, Aurelia María, Honor, Intimidad e Imagen de las personas famosas, Madrid 2001 (zit.: *Romero Coloma*).

Rosengarten, Joachim, Der Präventionsgedanke im deutschen Zivilrecht, NJW 1996, S. 1935 (zit.: *Rosengarten*, NJW 1996).

Rötelmann, Wilhelm, Schmerzensgeld, NJW 1964, S. 1458-1459 (zit.: *Rötelmann*, NJW 1964).

Rothe, Martin, Rechtswörterbuch; spanisch-deutsch, deutsch-spanisch, mit Erläuterungen, Berlin 1996 (zit.: *Rothe*).

Rovelli, Francesco, La risarcibilità dei danni non patrimoniali, RDPrivato 1933, Nr. 2, S. 266-291 (zit.: *Rovelli*, RDPrivato 1933).

Rovira Sueiro, María, El Derecho a la propia Imagen, Especialidades de la Responsabilidad civil en este ámbito, Granada 2000 (zit.: *Rovira Sueiro*, Derecho a la Imagen).

- La responsabilidad civil derivada de los daños ocasionados al Derecho al Honor, a la Intimidad personal y familiar y a la propia Imagen, Barcelona 1999 (zit.: *Rovira Sueiro*, Responsabilidad civil).

Royo Jara, José, La proteccion del Derecho a la propia Imagen, actores y personas de notoriedad pública según Ley 5 de Mayo de 1982, Madrid 1987 (zit.: *Royo Jara*).

Salvador Coderch, Pablo (Hrsg.), El mercado de las ideas, Madrid 1990 (zit.: *Salvador Coderch*, Mercado).

- Comentario a la STC 40/1992, CCJC 1992, Nr. 30, S. 776 ff. (zit.: *Salvador Coderch*, CCJC 1992).

- ¿Qué es difamar? Libelo contra la Ley de Libelo, Madrid 1987 (zit.: *Salvador Coderch,* Libelo).

Ders.; **Castibeira Palou**, María, Prevenir y castigar. Libertad de información y expresión, tutela del honor y funciones del derecho de daños, 1997 (zit.: *Salvador Coderch/Castibeira Palou*).

Santos Briz, José, Derecho de daños, Madrid 1963 (zit.: *Santos Briz*).

Schäfer, Carsten, Strafe und Prävention im Bürgerlichen Recht, AcP 202 (2002), S. 397-434 (zit.: *Schäfer*, AcP 202 (2002)).

Schertz, Christian, Die wirtschaftliche Nutzung von Bildnissen und Namen Prominenter – Eine Fallgruppenbildung zur Frage des Einwilligungserfordernisses bei den verschiedenen Erscheinungsfor- men der Nutzung von Abbildungen und Namen bekannter Persönlichkeiten, AfP 2000, S. 495-505 (zit.: *Schertz*, AfP 2000).

Scheying, Robert, Zur Geschichte des Persönlichkeitsrechts im 19. Jahrhundert, AcP 158 (1959/60), S. 503-525 (zit.: *Scheying*, AcP 158 (1958)).

Schlechtriem, Peter, Bereicherung aus fremdem Persönlichkeitsrecht, in: *Fischer, u.a.* (*Hrsg.*), FS Hefermehl, S. 445-465 (zit.: *Schlechtriem*, FS Hefermehl).

- Inhalt und systematischer Standort des allgemeinen Persönlichkeitsrechts, DRiZ 1975, S. 65-70 (zit.: *Schlechtriem*, DRiZ 1975).

Schricker, Gerhard (Hrsg.), Urheberrecht, 2. Aufl, München 1999 (zit.: Schricker/Gerstenberg/*Bearbeiter*, UrhR).

Schwarz, Hubertus, Cuestiones actuales del daño moral en los Derechos español y alemán, ADC 1974, S. 339-357 (zit.: *Schwarz*, ADC 1974).

Schwerdtner, Peter, Persönlichkeitsschutz im Zivilrecht, in: *Lorenz (Hrsg.)*, Karlsruher Forum, S. 27-51 (zit.: *Schwerdtner*, Karlsruher Forum).

- Der zivilrechtliche Persönlichkeitsschutz, JuS 1978, S. 289-299 (zit.: *Schwerdtner*, JuS 1978).

- Das Persönlichkeitsrecht in der deutschen Zivilrechtsordnung, offene Probleme einer juristischen Entdeckung, 1. Aufl., Berlin 1976 (zit.: *Schwerdtner*).

Sedelmeier, Klaus, Persönlichkeitsrecht und Bildberichterstattung, AfP 1999, S. 450-454 (zit.: *Sedelmeier*, AfP 1999).

Seitz, Walter, Einmal nackt - immer frei? Vom Recht auf Bloßstellung „etwa nach Exklusivverträgen“, NJW 2000, S. 2167-2168 (zit.: *Seitz*, NJW 2000).

- Promischutz vor Pressefreiheit? Oder, Die Presse als unkontrollierte Gewalt, NJW 1997, S. 3216-3217 (zit.: *Seitz (I)*, NJW 1997).

- Staatsehrengrenzen in Europa?, NJW 1997, S. 1346 (zit.: *Seitz (II)*, NJW 1997).

- Prinz und Prinzessin – Wandlungen des Deliktsrechts durch Zwangskommerzialisierung der Persönlichkeit, NJW 1996, S. 2848-2850 (zit.: *Seitz*, NJW 1996).

Ders.; **Schmidt**, German; **Schoener**, Alexander, Der Gegendarstellungsanspruch, Presse, Film, Funk und Fernsehen, 3. Aufl., München 1998 (zit.: *Seitz/Schmidt/Schoener*).

Seyfarth, Georg, Der Einfluss des Verfassungsrechts auf zivilrechtliche Ehrschutzklagen, NJW 1999, S. 1287-1294 (zit.: *Seyfarth*, NJW 1999).

Siemes, Christiane, Gewinnabschöpfung bei Zwangekommerzialisierung der Presönlichkeit durch die Presse, AcP 201 (2001), S. 202-231 (zit.: *Siemes*, AcP 201 (2001)).

- Anmerkung zu OLG Hamburg, AfP 1997, S. 542-543 (zit.: *Siemes*, AfP 1997).

Sierra Gil de la Cuesta, Ignacio; **De Angel Yágüez**, Ricardo (Hrsg.), Comentario del Código Civil, Bd. 8, Arts. 1790-1902, Barcelona 2000 (zit.: *Sierra Gil de la Cuesta/De Angel Yágüez*).

Soehring, Jörg, Caroline und ein Ende?, AfP 2000, S. 230-236 (zit.: *Soehring*, AfP 2000).
- Presserecht, Recherche, Darstellung und Haftung im Recht der Presse, des Rundfunks und der Neuen Medien, 3. Aufl., Stuttgart 2000 (zit.: *Soehring*).

- Die Entwicklung des Presse- und Äußerungsrechts 1994-1996, NJW 1997, S. 360-373 (zit.: *Soehring*, NJW 1997).

Ders.; **Seelmann-Eggebert**, Sebastian, Die Entwicklung des Presse- und Äußerungsrechts 1997-1999, NJW 1999, S. 2466-2480 (zit.: *Soehring/Seelmann-Eggebert*, NJW 2000).

- Die Entwicklung des Presse- und Äußerungsrechts in den Jahren 2000 bis 2004, NJW 2005, S. 571-581 (zit.: *Soehring/Seelmann-Eggebert*, NJW 2005).

Sparmann, Ingo, Interview mit Matthias Prinz, Der Glamouranwalt, justament 3/2002, S. 18-19 (zit.: *Sparmann: Prinz*, justament 3/2002).

Staudinger, Julius von (Begr.), Kommentar zum Bürgerlichen Gesetzbuch, §§ 823-832, 12. Aufl., Berlin 1986 (zit.: Staudinger-*Bearbeiter*, BGB (1986)).

Steffen, Erich, Die Aushilfsaufgaben des Schmerzensgeldes, in: *Böttcher (Hrsg.)*, FS Odersky, S. 723-736 (zit.: *Steffen*, FS Odersky).

- Schmerzensgeld bei Persönlichkeitsverletzungen durch die Medien, Ein Plädoyer gegen formelhafte Berechnungsmethoden bei der Geldentschädigung, NJW 1997, S. 10-14 (zit.: *Steffen*, NJW 1997).

Stoll, Hans, Empfiehlt sich eine Neuregelung der Verpflichtung zum Geldersatz für immateriellen Schaden?, Gutachten für den 45. Deutschen Juristentag, Bd. I, München-Berlin 1964 (zit.: *Stoll*, Gutachten zum 45. DJT).

Stürner, Rolf, Empfiehlt es sich, die Rechte und Pflichten der Medien präziser zu regeln und dabei den Rechtsschutz des einzelnen zu verbessern? Gutachten für den 58. Deutschen Juristentag, Bd. I, München 1990 (zit.: *Stürner*, Gutachten zum 58. DJT).

- Persönlichkeitsschutz und Geldersatz, AfP 1998, S. 1-10 (zit.: *Stürner*, AfP 1998).

Trebes, Anja, Der zivilrechtliche Schutz der Persönlichkeit vor Presseveröffentlichungen im spanischen Recht, GRUR Int. 2003, S. 519-528 (zit.: *Trebes*, GRUR Int. 2003).

Tuhr, Andreas von, Allgemeiner Teil des schweizerischen Obligationenrechts, Bd. I, 3. Aufl., Zürich 1974 (zit.: *von Tuhr-Peter*, OR).

Ullmann, Eike, Persönlichkeitsrechte in Lizenz?, AfP 1999, S. 209-214 (zit.: *Ullmann*, AfP 1999).

Vidal Martínez, Jaime, El Derecho a la Intimidad en la L.O. 1/1982, Madrid 1984 (zit.: *Vidal Martínez*).

Vila Lozano, Jorge, Reconsideración practica y critica del recurso de amparo constitucional an España, Diario La Ley 17/2001, Nr. 5699 (zit.: *Vila Lozano*, Diario La Ley 17/2001, Nr. 5699).

Vollkommer, Max, Zum Schutz der Persönlichkeit vor unbefugter Vermarktung durch die Medien, in: *Isensee, u.a.* (*Hrsg.*), FS Leisner, S. 599-614, Berlin 1999 (zit.: *Vollkommer*, FS Leisner).

Wagner, Gerhard, Das Zweite Schadensersatzrechtsänderungsgesetz, NJW 2002, S. 2049-2064 (zit.: *Wagner*, NJW 2002).

Wallraf, Georg, Persönlichkeitsschutz und Geldersatz, Bericht über die 82. Tagung des Studienkreises für Presserecht und Pressefreiheit in Frankfurt am Main, AfP 1998, S. 46 (zit.: *Wallraf*, AfP 1998).

Warren, Samuel; **Brandeis**, Luis, The right to privacy, Harvard Law Review vom 15.12.1890, Vol. IV, Nr. 5, S. 193-219 (zit.: *Warren/Brandeis*).

Wenzel, Karl Egbert, Das Recht der Wort- und Bildberichterstattung, Handbuch des Äußerungsrechts, 4. Aufl., Köln 1994 (zit.: *Wenzel*).

Werner, Alfred, Anmerkung zu BGHZ 30, 7 - „Catarina Valente", JR 1959, S. 382 (zit.: *Werner*, JR 1959).

Westermann, Harm-Peter, Das allgemeine Persönlichkeitsrecht nach dem Tode seines Trägers, FamRZ 1969, S. 561-572 (zit.: *Westermann*, FamRZ 1969).

- Geldentschädigung bei Persönlichkeitsverletzung - Aufweichung der Dogmatik des Schadensrechts?, in: *Koller*, *u.a.* (*Hrsg.*), Symposium Canaris, S. 125-150 (zit.: *Westermann*, Symposium Canaris).

Wiese, Günther, Persönlichkeitsrechtliche Grenzen sozialpsychologischer Experimente, in: *Pawlowski*, *u.a.* (*Hrsg.*), FS Duden, S. 719-747 (zit.: *Wiese*, FS Duden).

Schriften der Deutsch-Spanischen Juristenvereinigung

Band 1 Santiago Gonzáles-Varas: Die Verwaltung in Privatrechtsform in Spanien und Deutschland. 2002.

Band 2 Eva Romanski: Sozialstaatlichkeit und soziale Grundrechte im Grundgesetz der Bundesrepublik Deutschland und in der spanischen Verfassung. 2000.

Band 3 Alexander von Kuhlberg: Änderung und Revision der spanischen Verfassung vom 29. Dezember 1978. 2000.

Band 4 Kai Christian Fischer: Verbraucherschutz im spanischen Vertragsrecht im Lichte der europäischen Rechtsangleichung. Eine Studie mit rechtsvergleichenden Bezügen zum deutschen Recht. 2000.

Band 5 Miguel Félix Rodríguez y Rowinski: Die Haftung für Hilfspersonen im spanischen Recht. 2001.

Band 6 Ole Brühl: Immissionsschutzrechtliche Vorhabengenehmigung in Deutschland und Spanien. Eine rechtsvergleichende Untersuchung unter besonderer Berücksichtigung der Rechtslage in den Autonomen Gemeinschaften Spaniens. 2001.

Band 7 Florian Pagenkemper: Die Mängelhaftung des Bauunternehmers in Spanien nach der *Ley de Ordenación de la Edificación* und dem *Código civil*. Eine Untersuchung der vertraglichen und gesetzlichen Haftung mit rechtsvergleichenden Bemerkungen zum deutschen Recht. 2002.

Band 8 Daniel Friedrich Berg: Die Rückabwicklung gescheiterter Verträge im spanischen und deutschen Recht. Eine rechtsvergleichende Untersuchung unter besonderer Berücksichtigung des Einheitsrechts. 2002.

Band 9 Maria Isabel Haas: Der Durchgriff im deutschen und spanischen Gesellschaftsrecht. Eine rechtsvergleichende Analyse. 2003.

Band 10 Sonja Kohtes: Das Recht der vorformulierten Vertragsbedingungen in Spanien. Die Umsetzung der Richtlinie 93/13/EWG über missbräuchliche Klauseln in Verbraucherverträgen. 2004.

Band 11 Markus Artz: Kollisionsrecht und ausländisches Recht in spanischen und deutschen Zivilverfahren. Eine rechtsvergleichende Untersuchung. 2004.

Band 12 Johannes F.K. Rheinheimer: Arbeitsrechtliche Fragen nationaler und internationaler Telearbeit in der Europäischen Union an den Beispielen Deutschland und Spanien. 2004.

Band 13 Julia B. Spaethe: Spaniens Abstammungsrecht in Geschichte und Gegenwart. Unter besonderer Berücksichtigung der Nichtehelichkeit. 2004.

Band 14 Thomas Reineke: Das Recht der Arbeitnehmerüberlassung in Spanien und Deutschland und sein Verhältnis zu der geplanten europäischen Regelung. 2004.

Band 15 Christian Gohm: Maßnahmen zur Beschleunigung und Konzentration im neuen spanischen und deutschen Zivilprozess.Eine rechtsvergleichende Analyse im Lichte der Europäisierung des Zivilprozessrechts. 2004.

Band 16 Till Pense: Das spanische Schwurgericht. Die Jury im Spannungsfeld von Rechtsstaat und Demokratie. 2006.

Band 17 Jan Hückel: Persönlichkeitsschutz und Geldersatz im deutschen und spanischen Zivilrecht. 2006.

www.peterlang.de

www.fsc.org
MIX
Papier | Fördert gute Waldnutzung
FSC® C083411

Kolibri 360 GmbH
Ferdinand-Jühlke-Straße 7
99095 Erfurt, Deutschland
produktsicherheit@kolibri360.de

Druck:
CPI Druckdienstleistungen GmbH
im Auftrag der
Kolibri 360 GmbH
Ferdinand-Jühlke-Str. 7
99095 Erfurt